"十二五"普通高等教育本科国家级规划教材

新编21世纪法学系列教材
总主编　曾宪义　王利明

# 侵权责任法

第六版

张新宝　著



Tort Liability Law

中国人民大学出版社
·北京·

## 内容简介

本书共6单元、23章，包括一般规定与基本原理、损害赔偿、关于侵权责任主体的特殊规则、典型侵权责任（上、中、下）等内容，全面、系统地阐述了我国《民法典》侵权责任编及相关法律、法规和司法解释的规定，介绍了与法律规定密切联系的理论和学说，以及适用了这些法律规定的典型案例。为了开阔读者视野，本书也介绍了大陆法系国家及英美法系国家有关侵权责任的经典立法、判例和学说。

本书适合作为高等院校法学专业本科学生的基本教材，也适合作为法学硕士研究生、法律硕士研究生的基本教材。

## 作者简介

**张新宝**　中国人民大学法学院教授、博士研究生导师，教育部长江学者奖励计划特聘教授，国家“万人计划”哲学社会科学领军人才，第三届全国十大杰出中青年法学家。

参与《民法典》等多部法律和司法解释的编纂和起草工作，在民法的诸多领域，特别是侵权责任法、人格权法领域有多部著作出版和大量论文发表，多次获得教育部高等学校科学研究优秀成果奖（人文社会科学）和省部级一等奖。此外，就我国数字法学理论相关主题在《中国社会科学》《中国法学》《法学研究》等期刊上发表过多篇重要论文。

# 总序

曾宪义

在人类文明与文化的发展中，中华民族曾作出过伟大的贡献，不仅最早开启了世界东方文明的大门，而且对人类法治、法学及法学教育的生成与发展进行了积极的探索与光辉的实践。

在我们祖先生存繁衍的土地上，自从摆脱动物生活、开始用双手去进行创造性的劳动、用人类特有的灵性去思考以后，我们人类在不断改造客观世界、创造辉煌的物质文明的同时，也在不断地探索人类的主观世界，逐渐形成了哲学思想、伦理道德、宗教信仰、风俗习惯等一系列维系道德人心、维持一定社会秩序的精神规范，更创造了博大精深、义理精微的法律制度。应该说，在人类所创造的诸种精神文化成果中，法律制度是一种极为奇特的社会现象。因为作为一项人类的精神成果，法律制度往往集中而突出地反映了人类在认识自身、调节社会、谋求发展的各个重要进程中的思想和行动。法律是现实社会的调节器，是人民权利的保障书，是通过国家的强制力来确认人的不同社会地位的有力杠杆，它来源于现实生活，而且真实地反映现实的要求。因而透过一个国家、一个民族、一个时代的法律制度，我们可以清楚地观察到当时人们关于人、社会、人与人的关系、社会组织以及哲学、宗教等诸多方面的思想与观点。同时，法律是一种具有国家强制力、约束力的社会规范，它以一种最明确的方式，对当时社会成员的言论或行动作出规范与要求，因而也清楚地反映了人类在各个历史发展阶段中对于不同的人所作出的种种具体要求和限制。因此，从法律制度的发展变迁中，同样可以看到人类自身不断发展、不断完善的历史轨迹。人类社会几千年的国家文明发展历史已经无可争辩地证明，法律制度乃是维系社会、调整各种社会关系、保持社会稳定的重要的工具。同时，法律制度的不断完善，也是人类社会文明进步的显著体现。

由于发展路径的不同、文化背景的差异，东方社会与西方世界对于法律的意义、底蕴的理解、阐释存有很大的差异，但是，在各自的发展过程中，都曾比较注重法律的制定与完善。中国古代虽然被看成是“礼治”的社会、“人治”的世界，被认为是“只有刑，没有法”的时代，但从《法经》到《唐律疏议》、《大清律例》等数十部优秀成文法典的存在，充分说明了成文制定法在中国古代社会中的突出地位，唯这些成文法制所体现出的精神旨趣与现代法律文明有较大不同而已。时至20世纪初叶，随着西风东渐、东西文化交流加快，中国社会开始由古代的、传统的社会体制向近现代文明过渡，建立健全的、符合现代理性精神的法律文明体系方成为现代社会的共识。正因为如此，近代以来的数百年间，在西方、东方各主要国家里，伴随着社会变革的潮起潮落，法律改革运动也一直呈方兴未艾之势。

从历史上看，法律的文明、进步，取决于诸多的社会因素。东西方法律发展的历史均充分证明，推动法律文明进步的动力，是现实的社会生活，是政治、经济和社会文化的变迁；同时，法律内容、法律技术的发展，往往依赖于一大批法律专家以及更多的受过法律教育的社会成员的研究和推动。从这个角度看，法学教育、法学研究的发展，对于法律文明的发展进步，也有着异常重要的意义。正因为如此，法学教育和法学研究在现代国家的国民教育体系和科学研究体系中，开始占有越来越重要的位置。

中国近代意义上的法学教育和法学研究，肇始于19世纪末的晚清时代。清光绪二十一年（公元1895年）开办的天津中西学堂，首次开设法科并招收学生，虽然规模较小，但仍可以视为中国最早的近代法学教育机构（天津中西学堂后改名为北洋大学，又发展为天津大学）。三年后，中国近代著名的思想家、有“维新骄子”之称的梁启超先生即在湖南《湘报》上发表题为《论中国宜讲求法律之学》的文章，用他惯有的富有感染力的激情文字，呼唤国人重视法学，发明法学，讲求法学。梁先生是清代末年一位开风气之先的思想巨子，在他的辉煌的学术生涯中，法学并非其专攻，但他仍以敏锐的眼光，预见到了新世纪中国法学研究和法学教育的发展。数年以后，清廷在内外压力之下，被迫宣布实施“新政”，推动变法修律。以修订法律大臣沈家本为代表的一批有识之士，在近十年的变法修律过程中，在大量翻译西方法学著作，引进西方法律观念，有限度地改造中国传统的法律体制的同时，也开始推动中国早期的法学教育和法学研究。20世纪初，中国最早设立的三所大学——北洋大学、京师大学堂、山西大学堂均设有法科或法律学科目，以期“端正方向，培养通才”。1906年，应修订法律大臣沈家本、伍廷芳等人的奏请，清政府在京师正式设立中国第一所专门的法政教育机构——京师法律学堂。次年，另一所法政学堂——直属清政府学部的京师法政学堂也正式招生。这些大学法科及法律、法政学堂的设立，应该是中国历史上近代意义上的正规专门法学教育的滥觞。

自清末以来，中国的法学教育作为法律事业的一个重要组成部分，随着中国社会的曲折发展，经历了极不平坦的发展历程。在20世纪的大部分时间里，中国社会一直充斥着各种矛盾和斗争。在外敌入侵、民族危亡的沉重压力之下，中国人民为寻找适合中国国情的发展道路而花费了无穷的心力，付出过沉重的代价。从客观上看，长期的社会骚动和频繁的政治变迁曾给中国的法治与法学带来过极大的消极影响。直至70年代末期，中国社会开始用理性的目光重新审视中国的过去，规划国家和社会的未来，中国由此进入长期稳定、和平发展的大好时期，以这种大的社会环境为背景，中国的法学教育也获得了前所未有的发展机遇。

从宏观上看，实行改革开放以来，经过二十多年的努力，中国的法学教育事业所取得的成就是辉煌的。首先，经过“解放思想，实事求是”思想解放运动的洗礼，在中国法学界迅速清除了极左思潮及苏联法学模式的一些消极影响，根据本国国情建设社会主义法治国家已经成为国家民族的共识，这为中国法学教育和法学研究的发展奠定了稳固的思想基础。其次，随着法学禁区的不断被打破、法学研究的逐步深入，一个较为完善的法学学科体系已经建立起来。理论法学、部门法学各学科基本形成了比较系统和成熟的理论体系和学术框架，一些随着法学研究逐渐深入而出现的法学子学科、法学边缘学科也渐次成型。1997 年，国家教育主管部门和教育部高校法学学科教学指导委员会对原有专业目录进行了又一次大幅度调整，决定自 1999 年起法学类本科只设一个单一的法学专业，按照一个专业招生，从而使法学学科的布局更加科学和合理。同时，在充分论证的基础上，确定了法学专业本科教学的 14 门核心课程，加上其他必修、选修课程的配合，由此形成了一个传统与更新并重、能够适应国家和社会发展需要的教学体系。法学硕士和博士研究生及法律硕士专业学位研究生的专业设置、课程教学和培养体系也日臻完善。最后，法学教育的规模迅速扩大，层次日趋齐全，结构日臻合理。目前中国有六百余所普通高等院校设置了法律院系或法律本科专业，在校本科学生和研究生已达二十余万人。除本科生外，在一些全国知名的法律院校，法学硕士研究生、法律硕士专业学位研究生、法学博士研究生已经逐步成为培养的重点。

众所周知，法律的进步、法治的完善，是一项综合性的社会工程。一方面，现实社会关系的发展，国家政治、经济和社会生活的变化，为法律的进步、变迁提供动力，提供社会的土壤。另一方面，法学教育、法学研究的发展，直接推动法律进步的进程。同时，全民法律意识、法律素质的提高，则是实现法治国理想的关键的、决定性的因素。在社会发展、法学教育、法学研究等几个攸关法律进步的重要环节中，法学教育无疑处于核心的、基础的地位。中国法学教育过去二十多年所走过的历程令人激动，所取得的成就也足资我们自豪。随着国家的发展、社会的进步，在 21 世纪，我们面临着更严峻的挑战和更灿烂的前景。“建设世界一流法学教育”，任重道远。

首先，法律是建立在经济基础之上的上层建筑，以法治为研究对象的法学也就成为一门实践性很强的学科。社会生活的发展变化，势必要对法学教育、法学研究不断提出新的要求。经过二十多年的奋斗，中国改革开放的前期目标已顺利实现。但随着改革开放的逐步深入，国家和社会的一些深层次问题，比如说社会主义市场经济秩序的真正建立、国有企业制度的改革、政治体制的完善、全民道德价值的重建、环境保护和自然资源的合理利用等等，也已经开始浮现出来。这些复杂问题的解决，无疑最终都会归结到法律制度的完善上来。建立一套完善、合理的法律制度，构建理想的和谐社会，乃一项持久而庞大的社会工程，需要全民族的智慧和努力。其中的基础性工作，如理论的论证、框架的设计、具体规范的拟订、法律实施中的纠偏等等，则有赖于法学研究的不断深入，以及高素质人才特别是法律人才的养成，而培养法律人才的任务，则是法学教育的直接责任。

其次，21世纪是一个多元化的世纪。20世纪中叶发生的信息技术革命，正在极大地改变着我们的世界。现代科学技术，特别是计算机网络信息技术的发展，使传统的生活方式、思想观念发生了根本的改变，并由此引发许多人类从未面对过的问题。就法学教育而言，在21世纪所要面临的，不仅是教学内容、研究对象的多元化问题，而且还有培养对象、培养目标的多元化、教学方式的多元化等一系列问题，这些问题都需要法学界去思考、去探索。

中国人民大学法学院建立于1950年，是新中国诞生后创办的第一所正规高等法学教育机构。在半个多世纪的岁月中，中国人民大学法学院以其雄厚的学术力量、严谨求实的学风、高水平的教学质量以及丰硕的学术研究成果，在全国法学教育领域处于领先地位，并开始跻身于世界著名法学院之林。据初步统计，中国人民大学法学院已经为国家培养法学专业本科生、硕士生、博士生一万余人，培养各类成人法科学生三十余万人。经过多年的努力，中国人民大学法学院形成了较为明显的学术优势，在现职教师中，既有一批资深望重、在国内外享有盛誉的法学前辈，更有一大批在改革开放后成长起来的优秀中青年法学家。这些老中青法学专家多年来在勤奋研究法学理论的同时，也积极投身于国家的立法、司法实践，对国家法制建设贡献良多。

有鉴于此，中国人民大学法学院与中国人民大学出版社经过研究协商，决定结合中国人民大学法学院的学术优势和中国人民大学出版社的出版力量，出版一套“21世纪法学系列教材”。自1998年开始编写出版本科教材，包括按照教育部所确定的法学专业核心课程和其所颁布印发的《全国高等学校法学专业核心课程基本要求》而编写的14门核心课程教材，也包括法学各领域、各新兴学科教材及教学参考书和案例分析在内，到2000年12月3日在人民大会堂大礼堂召开举世瞩目的“21世纪世界百所著名大学法学院院长论坛暨中国人民大学法学院成立五十周年庆祝大会”之时，业已出版了50本作为50周年院庆献礼，到现在总共出版了80本。为了进一步适应高等法学教育发展的形势和教学改革的需要，最近中国人民大学法学院与中国人民大学出版社决定将这套教材扩大为四个系列，即“本科生用书”、“法学研究生用书”、“法律硕士研究生用书”以及“司法考试用书”，总数将达二百多本。我们设想，本套教材的编写，将更加注意“高水准”与“适用性”的合理结合。首先，本套教材将由中国人民大学法学院具有全国影响的各学科的学术带头人领衔，约请全国高校优秀学者参加，形成学术实力强大的编写阵容。同时，在编写教材时，将注意吸收中国法学研究的最新的学术成果，注意国际学术发展的最新动向，力求使教材内容能够站在21世纪的学术前沿，反映各学科成熟的理论，体现中国法学的水平。其次，本套教材在编写时，将针对新时期学生特点，将思想性、学术性、新颖性、可读性有机结合起来，注意运用典型生动的案例、简明流畅的语言去阐释法律理论与法律制度。

我们期望并且相信，经过组织者、编写者、出版者的共同努力，这套法学教材将以其质量效应、规模效应，力求成为奉献给新世纪的精品教材，我们诚挚地祈望得到方家和广大读者的教正。

2006年7月1日

# 序言

王利明

法学教育是高等教育的重要组成部分，是建设社会主义法治国家、构建社会主义和谐社会的重要基础，并居于先导性的战略地位。在我国社会转型的新世纪、新阶段，法学教育不仅要为建设高素质的法律职业共同体服务，而且要面向全社会培养大批治理国家、管理社会、发展经济的高层次法律人才。近年来，法学教育取得了长足的进步，法科数量增长很快，教育质量稳步提高，培养层次日渐完善，目前已经形成了涵盖本科生、第二学士学位生、法学硕士研究生、法律硕士研究生、法学博士研究生的完整的法学人才培养体系，接受法科教育已经成为莘莘学子的优先选择之一。随着中国法治事业的迅速发展，我们有理由相信，中国法学教育的事业大有可为，中国法学教育的前途充满光明。

教育的基本功能在于育人，在于塑造德才兼备的高素质人才。法学教育的宗旨并非培养只会机械适用法律的“工匠”，而承载着培养追求正义、知法懂法、忠于法律、廉洁自律的法律人的任务。要完成法学教育的使命，首先必须认真抓好教材建设。我始终认为，教材是实现教育功能的重要工具和媒介，法学教材不仅仅是法学知识传承的载体，而且是规范教学内容、提高教学质量的关键，对法学教育的发展有着不可估量的作用。

第一，法学教材是传授法学基本知识的工具。初学法律，既要有好的老师，又要有好的教材。正如冯友兰先生所言：“学哲学的目的，是使人作为人能够成为人，而不是成为某种人。其他的学习（不是学哲学）是使人能够成为某种人，即有一定职业的人。”一套好的教材，能够高屋建瓴地展示法律的体系，能够准确简明地阐释法律的逻辑，能够深入浅出地叙述法律的精要，能够生动贴切地表达深奥的法理。所以，法学教材是学生学习法律的向导，是学生步入法律殿堂的阶梯。如果在入门之初教材就有偏颇之处，就可能误人子弟，学生日后还要花费大量时间与精力来修正已经形成的错误观念。

第二，法学教材是传播法律价值理念的载体。好的法学教材不仅要传授法学知识，更要传播法律的精神和法治的理念，例如对公平、正义的追求，尊重权利的观念。本科、研究生阶段的青年学子，正处在人生观、价值观形成的阶段，一套优秀的法学教材，对于他们价值观的塑造和健全人格的培养具有重要意义。

第三，法学教材是形成职业共同体的主要条件。建设社会主义法治国家，有赖于法律职业共同体的生成。一套好的法学教材，向法律研习者传授共同的知识，这对于培养一个接受共同的价值理念、共同的法律思维、共同的话语体系的法律共同体，具有重要的作用。

第四，法学教材是所有法律研习者的良师益友。没有好的教材，一个好的教师或可弥补教材的欠缺和不足，但对那些没有老师指导的自学者而言，教材就是老师，其重要作用是显而易见的。

长期以来，在我们的评价体系中，教材并没有获得应有的注重，对学术成果的形式优先考虑的往往是专著而非教材。在不少人的观念中，教材与创新、与学术精品甚至与学术无缘。其实，要真正写出一部好的教材，其难度之大、工作之艰辛、影响之深远，绝不低于一部优秀的专著，它甚至可以成为在几百年甚至更长的时间内发挥作用的传世之作。以查士丁尼的《法学阶梯》为例：所谓法学阶梯，即法学入门之义，就是一部教材。但它概括了罗马法的精髓，千百年来，一直是人们研习罗马法最基本的著述。日本著名学者我妻荣说过，大学教授有两大任务：一是写出自己熟悉的专业及学术领域的讲义乃至教科书；二是选择自己最有兴趣、最看重的题目，集中精力进行终生的研究。实际上，这两者是相辅相成的。写出一部好教材，必须要对相关领域形成一个完整的知识体系，还要能以深入浅出的语言将问题讲清楚、讲明白。没有编写教材的基本功，实际上也很难写出优秀的专著。当然，也只有对每一个专题都有一定研究，才能形成对这个学术领域的完整把握。

虽然近几年我国法学教育发展迅速，成绩显著，但是法学教育也面临许多挑战。各个学校的师资队伍和教学质量参差不齐，这就更需要推出更多的结构严谨、内容全面、角度各有侧重、能够适应不同需求的法学教材，为提高法学教学和人才培养质量、保障法学教育健康发展提供前提条件。

长期以来，中国人民大学法学院始终高度重视教材建设。作为新中国成立后建立的第一所正规的法学教育机构，中国人民大学法律系最早开设了社会主义法学教学课堂，编写了第一套社会主义法学讲义，培养了新中国第一批法学本科生和各学科的硕士生、博士生，产生了新中国最早的一批法学家和法律工作者。中国人民大学法律系因此被誉为“新中国法学教育的工作母机”。半个多世纪以来，中国人民大学法学院为社会主义法制建设培养了大批优秀的法律人才，并为法学事业的振兴和繁荣作出了卓越贡献，也因此成为引领中国法学教育的重镇、凝聚国内法律人才的平台和沟通中外法学交流的窗口，并在世界知名法学院行列中崭露头角。为了对中国法学教育事业作出更大的贡献，我们有义务也有责任出版一套体现我们最新研究成果的法学教材。

承蒙中国人民大学出版社的大力支持，我们组织编写了本套教材，其中包括本科生用书、法律硕士研究生用书、法学研究生用书和司法考试用书四大系列，分别面向不同层次法科教育需求。编写人员以中国人民大学法学院教师为主，反映了中国人民大学法学院整体的研究实力和学术视野。相信本套教材的出版，一定能够为新时期法学教育的繁荣发展发挥应有的作用。

是为序。

2006年7月10日

# 第六版修订说明

本书第五版出版时正值《民法典》颁布不久，故彼时本书进行了较大幅度修改，使其基本面向从《侵权责任法》转到《民法典》侵权责任编。距今，第五版出版已经4年，现时与侵权责任相关的法治理念发生了一些重要变化：中央提出和全面阐述作为习近平新时代中国特色社会主义思想组成部分的习近平法治思想，“努力让人民群众在每一个司法案件中感受到公平正义”① 成为正确理解和实施《民法典》特别是其侵权责任编的基本法治理念。同时，一批含有侵权责任法律规范的单行法律陆续被修订，《最高人民法院关于审理人身损害赔偿案件适用法律若干问题的解释》（以下简称《人身损害赔偿司法解释》）于2022年再次修正，涉及人脸识别侵权责任等内容的司法解释相继出台，《最高人民法院关于适用〈中华人民共和国民法典〉侵权责任编的解释（一）》[以下简称《侵权责任编解释（一）》] 也已颁布、实施。各级人民法院适用《民法典》侵权责任编裁判案件，特别是适用其中的新规定审理新型、疑难侵权纠纷案件，积累了不少经验。所有这些，在本书第六版中得到了较全面的反映。

考虑到本书主要用于本科生教学，且教材篇幅有限，本书第六版删除了少量介绍某些理论和制度发展的历史叙述。为教学方便，将第四单元“典型侵权责任（上）”和第五单元“典型侵权责任（下）”分解为第四单元“典型侵权责任（上）”、第五单元“典型侵权责任（中）”和第六单元“典型侵权责任（下）”，分别讲述各种典型侵权责任。

此外，本书这次修订时更新了参考资料、阅读文献以及部分思考题和练习题，为教学和学习提供了更新的资料。

① 习近平：《论坚持全面依法治国》，5页，北京，中央文献出版社，2020。

本书的这次修订，得到了博士研究生曹权之、魏艳伟、潘宇、卞龙的帮助，在此致谢。

中国人民大学法学院教授
教育部长江学者奖励计划特聘教授　张新宝
国家“万人计划”哲学社会科学领军人才
2024 年 9 月 8 日

# 编写说明

民法学是高等学校法学专业的核心课程之一。作为民法之重要组成部分的侵权责任法近年来在我国法学理论研究、司法解释和审判实践等方面获得了长足的发展，而在未来的民法典中将侵权责任法作为相对独立的一编加以规定，也已成为共识。向法学专业的学生提供一本较全面反映目前侵权责任法理论研究水平和法制建设现状的教材，是本书作者试图完成的任务。

本书分为侵权责任法总论、对自己加害行为的侵权责任、准侵权行为责任和无过错责任与过错推定责任、侵权的民事责任方式及其适用四编，共28章，适合于法学专业本科高年级以及法学硕士和法律硕士作为教材使用。考虑到侵权责任法内容较丰富，建议在教学环节选择本书的主要章节作为必读部分使用。侵害知识产权的责任、国家机关及其工作人员违法执行职务的侵权责任等章节，可能与知识产权法、行政法等课程的内容重复，在教学中请予以注意。

在本书写作过程中得到博士研究生明俊、宋志红的帮助，在此致以谢意。欢迎读者，尤其是使用本书作为教材的教师和同学们，提出批评意见和建议，以进一步修改、完善。

**张新宝**

2006年春节于北京

# 目录

## 第一单元

## 一般规定与基本原理

## 第三单元

# 关于侵权责任主体的特殊规则



## 第四单元

# 典型侵权责任（上）

## 第五单元

## 典型侵权责任（中）



## 第六单元

## 典型侵权责任（下）

| 第一单元 |

# 一般规定与基本原理

# 第一章
# 侵权责任与侵权责任法概述

**常考知识点**

民事权益　侵权责任　侵权责任法的概念和特征　侵权责任法的目的

## 第一节　侵权责任法保护的权利与利益

### 一、概述

《民法典》第3条规定：“民事主体的人身权利、财产权利以及其他合法权益受法律保护，任何组织或者个人不得侵犯。”民事权利（包括人身权利和财产权利）与受民法保护的其他合法权益可以合称为“民事权益”。《民法典》第1165条第1款规定：“行为人因过错侵害他人民事权益造成损害的，应当承担侵权责任。”侵权责任法（编）保护哪些民事权益？法律条文是否需要对其所保护的民事权益作出列举性规定？在列举规定之外是否还有某些民事权益（尤其是尚未上升为民事权利的合法权益）需要得到保护？这些是侵权责任法立法、理论研究以及司法实践都需要直面和解决的问题。

《法国民法典》没有列举侵权责任法所保护的权益种类和范围，对有关条文的文义解释似乎可以得出任何民事权益都受到侵权责任法保护的结论。但这种解释使侵权责任法的调整对象和保护范围过于宽泛，侵权责任法无法承担如此重的职责。因此，在法国合同法领域出现了“责任非竞合”规则，即如果一个案件的事实既构成违约责任又构成侵权责任，则只能以违约为由起诉。法国民法通过“责任非竞合”规则限定侵权责任法的功能。

《德国民法典》在第823条对侵权责任法保护的民事权利进行了列举规定，即生命、身体、健康、（人身）自由和财产所有权等权利。但使用“等权利”为其后的判例等扩张侵权责任法的权利保护范围留下了伏笔。自1905年以来，德国最高法院确认“一般人格权”和“营业权”受侵权责任法保护。

在我国《民法典》没有对侵权责任法（编）保护的民事权益进行列举性规定。已经废止的《侵权责任法》第2条第2款对侵权责任法保护的民事权益作出了列举性规定：“本法所称民事权益，包括生命权、健康权、姓名权、名誉权、荣誉权、肖像权、隐私权、婚姻自主权、监护权、所有权、用益物权、担保物权、著作权、专利权、商标专用权、发现权、股权、继承权等人身、财产权益。”但是，该条只对受到侵权责任法保护的民事权利进行了列举，没有对受到侵权责任法保护的“合法权益”进行列举，它们应该被包含在“等人身、财产权益”中。

## 二、侵权责任法保护的民事权利

《民法典》总则编第五章对各种民事权利进行了列举性规定。已经废止的《侵权责任法》第2条第2款所列举的18种受其保护的民事权利，或为人身权利，或为物权性质的财产权利，或为知识产权。这些权利具有“绝对性”“对世性”等基本特征。所以，可以认为我国侵权责任法保护的民事权利主要是民法上的绝对权或对世权，而“相对权”（如债权）并不在列举的范围之内，只是在第三人故意侵害债权的情形受害人的债权受到侵权责任法的保护。①

《民法典》第109条增加了对人身自由、人格尊严保护的规定，第111条增加了对个人信息保护的规定，第127条增加了对数据、网络虚拟财产保护的规定。这些民事权益受到侵害的，也适用侵权责任法进行救济。

《侵权责任编解释（一）》规定，非法使被监护人脱离监护，侵权人应当承担财产损失（为恢复监护状态而支出的合理费用等财产损失）和精神损害的赔偿责任。在侵权持续期间被监护人死亡的，侵权人还应承担人身损害赔偿责任。此等人身损害赔偿责任与前述财产损失赔偿责任、精神损害赔偿责任，作为近亲属的监护人得合并主张。②

## 三、侵权责任法保护的民事“合法权益”

传统侵权责任法仅仅对民事权利受到的侵害提供救济。但随着社会、经济的发展，侵权责任法的保护范围不断扩大，受侵权责任法保护的合法权益不再局限于人身权和财产权等民事权利，还包括一些合法的人身利益和财产利益。“必须对侵权行为作扩张解释：侵害的‘权’不仅包括民事权利，而且还包括受到法律保护的利益。”③ 学者一般认为，权利与其他法益有划分之必要：权利仅限于名义上被称作权利者，属于广义法益的核心部分；其余民法上的利益均称其他法益。④ 所谓“法益”即受到民事法律保护的合法权益，其与民事权利合称为“民事权益”。

民事权益有两层含义：其一是指民事权利的具体内容；其二是指独立于民事权利但仍然受到民事法律保护的人身或财产利益，即“合法权益”。这里研究的是后者，即合法权益作为侵权责任法之保护对象的问题。民事“合法权益”具有民事权利的某些属性但又有不同于民事权利的特征，部分民事“合法权益”可能上升为民事权利，而另一部分只能以受到法律保护的利益形态存在。

民法不仅保护民事权利，也保护民事“合法权益”。侵权责任法保护的民事“合法权益”主要包括部分“纯粹经济利益”、某些财产性质的信赖利益、某些尚未上升为民事权

---

① 参见黄薇主编：《中华人民共和国民法典侵权责任编释义》，3页，北京，法律出版社，2020。
② 参见《侵权责任编解释（一）》第1条～第3条。
③ 张新宝：《侵权行为法的一般条款》，载《法学研究》，2001（4）。
④ 参见龙卫球：《民法总论》，2版，121页，北京，中国法制出版社，2002。

利的精神利益。首先，侵权责任法保护的民事权益之核心部分是具有绝对权属性的人身权和财产权。其次，没有被法律明确列举的“合法权益”，也可能属于“等人身、财产权益”的范畴，由司法解释确定为受到保护的民事权益。再次，死者的人身利益如姓名、肖像、名誉、隐私、遗体、遗骨等，属于受到保护的人身利益。《民法典》第990条第2款规定，自然人还享有基于人身自由、人格尊严产生的其他人格权益。最后，债权在一定程度上也属于受到保护的财产利益，恶意侵害债权者应承担侵权责任，但是此等侵权责任之构成往往以侵权人的故意为主观条件。

一般说来，未经法律条文列举但需要侵权责任法保护的“合法权益”，应由最高人民法院通过司法解释等加以确认，不宜由当事人主张或由下级人民法院在个案中自行确定。确定受保护的“合法权益”之权力，在侵权责任法理论上谓之“水闸”控制，即由特定的机构和机制控制受保护的“合法权益”的范围，避免失之过宽或失之过严，也避免各法院各行其是。在我国，这一权力属于最高人民法院。

## 第二节 侵权责任的概念、特征与功能

### 一、侵权责任的概念和特征

#### （一）侵权责任的概念

侵权责任为侵权的民事责任的简称，是指侵权人一方对自己的侵权行为或者准侵权行为造成的损害等后果依法应当承担的各种民事责任。侵权责任是与违反合同的民事责任（违约责任）相对应的一类民事责任。侵权人，包括自己实施了侵权行为的人和对他人、物件造成损害依法负有赔偿等救济义务的人。有权主张损害赔偿等请求权的人，为被侵权人，包括侵权行为和准侵权行为的直接被侵权人以及法律规定享有该请求权的人（如死者的近亲属）。“准侵权行为”是法国民法直接使用的概念，指雇员造成损害、被监护人造成损害、动物和物件造成损害等情形。在我国《民法典》第七编第三章关于责任主体的特殊规定部分条文以及第九章关于饲养动物致人损害的规定、第十章关于建筑物和物件损害责任的规定，一般认为属于关于“准侵权责任”的规定；此外，第四章规定的产品责任也被认为是物致人损害的责任。

#### （二）侵权责任的特征

**1. 侵权责任是民事责任的一种基本形式**

《民法典》第176条规定：民事主体依照法律规定或者按照当事人约定，履行民事义务，承担民事责任。民事责任是指当事人违反民事义务所应当承担的民法上的不利后果。民事责任主要可分为侵权责任和违约责任两大类，分别是违反法定义务的责任形式和违反约定义务的责任形式。义务性质的不同导致责任类型的不同。但是，既然侵权责任是民事责任的一种基本形式，那么其就应当遵循有关民事责任的一般规定，侵权责任符合

民事责任的全部特征。

**2. 侵权责任的本质是不利的法律后果**

就本质而言，侵权责任是侵权人一方依法承担的一种法律上的不利后果，这一不利后果包括财产方面的不利性（如因赔偿而减少已有财产）和人身方面的不利性（如因消除影响、恢复名誉、赔礼道歉而导致社会的负面评价等）。在侵权责任领域，最常见的责任承担方式是赔偿损失，即侵权人支付一定数额的金钱救济被侵权人的损失。对于侵权人而言，这是财产性质的不利后果。

**3. 侵权责任的承担形式多样化**

侵权责任法的主要功能在于填补被侵权人一方因广义侵权行为（行为人的侵害行为和准侵权行为）所遭受的损害，从而对被侵权人一方提供救济。

传统民法将侵权行为作为债的发生原因之一，利用债的规则来解决侵权责任问题，损害赔偿被认为是侵权责任的主要承担形式。与损害赔偿相类似的侵权责任承担方式是返还财产、恢复原状。但现代侵权责任法还担负着保护人格权、身份权的重任，在许多情况下单靠损害赔偿还不能消除损害后果，在被侵权人遭受精神损害的情况下更是如此。因此，在损害赔偿之外，还有停止侵害、排除妨碍、消除危险、恢复名誉、消除影响、赔礼道歉等侵权责任承担方式。实践中，法院有时只适用一种侵权责任承担方式，有时可以同时适用两种或两种以上的侵权责任承担方式。对此，《民法典》第179条第3款作出了规定。

## 二、侵权责任的功能

### （一）填补损害

侵权责任最主要的功能是填补被侵权人一方遭受的损失，通过赔偿损失、恢复原状等责任承担方式使被侵权人一方遭受损害的财产或人身权益尽可能恢复到受害前的状况。填补损害的责任承担方式因受损害权益的性质不同而有所不同：对于受到损害的法定财产权，采用返还财产、恢复原状或者赔偿损失的侵权责任承担方式，使受到损害的法定财产权尽可能恢复到受害前的状况；对于受到侵害的人身权，主要采取消除影响、恢复名誉、赔礼道歉以及损害赔偿（包括精神损害赔偿、死亡赔偿、伤害赔偿、残疾赔偿、医疗康复等费用的赔偿），使被侵权人尽可能恢复到受害前的身体或者精神状况，使死者的近亲属得到精神上的慰藉，使受到损害的名誉和人格尊严重新得到社会的正确认可。

### （二）预防损害

自《民法通则》制定以来，我国侵权责任立法适应国际发展潮流，规定了预防损害发生和防止损害扩大的侵权责任承担方式，包括停止侵害、排除妨碍、消除危险（《民法典》第179条第1款）。这些侵权责任承担方式具有十分重要的预防功能，有利于预防和减少损害的发生，发挥侵权责任法的积极规范和调整功能。

### （三）教育与惩戒

侵权责任原则上不具有惩罚性，而只是要求侵权人对被侵权人受到的损害予以填补——损失多少填补多少。[①] 尽管如此，侵权人承担侵权责任仍具有两个方面的不利后果：其一，其行为在法律上被否定评价。其行为被确认为违法行为，侵权人也必然因此而招致社会的某种否定评价。如果侵权人为自然人，这种否定评价不利于其人格尊严，也不利于其未来的社会交往。如果侵权人是法人（如公司），则不利于其商业信誉以及未来的经营活动。一个连续在产品责任诉讼中败诉的公司，很难使人相信其产品是安全的。这是一个无须证明的社会常识。其二，侵权人因此要履行一定的义务，或为财产上的给付（如赔偿一定数额的金钱或返还财产、恢复原状），或为非财产上的义务性作为（如消除影响、恢复名誉、赔礼道歉）。

无论是招致法律上、社会舆论上的否定评价，还是为财产上的给付，抑或为其他非财产上的义务性作为，都是不利于侵权人的。因此，侵权责任对于侵权人具有警戒作用，促使他们不再为侵权行为，例如，可以促使产品制造者严格进行产品质量检验，促使医务工作者谨慎地进行诊断和治疗。

我们说侵权责任原则上不具有惩罚性，是因为只有部分国家和地区的侵权责任法规定了惩罚性赔偿。在英美法国家的司法实践中，法院判决侵权人承担惩罚性赔偿责任是比较常见的。在我国《民法典》第 179 条第 2 款规定：法律规定惩罚性赔偿的，依照其规定。《民法典》第 1185 条、第 1207 条和第 1232 条规定了惩罚性赔偿。

侵权责任在惩戒侵权人的同时，也必然地警戒和教育社会其他成员。其他自然人、法人和非法人组织吸取侵权人的“前车之鉴”，为避免自己也陷入上述不利后果的境地，会自觉地严格约束自己的行为，遇事遇人施以“理性人”应有的注意。

### （四）分担损失与平衡社会利益

侵权责任法通过设立诸如直接侵权人的责任、雇主责任（替代责任）、共同侵权责任、第三人的过错责任、侵权人与被侵权人的共同过错责任、双方均没有过错的损害后果分担和受益人的损失负担，将被侵权人受到的损失全部或者部分转移给侵权人或者其他相关的民事主体，使损失不由被侵权人承担或者不由被侵权人全部承担，而是由侵权人或者其他民事主体全部承担或者部分承担，从而实现侵权责任分散损失的功能。[②]

侵权责任虽然着眼于民事主体法定民事权利之保护与补救，但在客观上能够起到平衡社会利益之功效。这种功效是通过判决赔偿以及确定赔偿数额的方式实现的。是否赔偿、赔偿多少，直接关系到当事人之间的经济利益。从某种意义而言，它是社会财富再分配的一种方式。以产品责任法为例：如果规定更严格的责任标准、更高的赔偿数额，就有可能更多地保护消费者的利益，但同时也会使新产品开发更加困难、企业的负担和风险增大以致丧失竞争能力，进而影响整个社会经济的发展。相反，如果规定较有利于生产者的责任标准以及较低的赔偿数额，则可能影响对消费者的保护，导致生产者为了追求更高的利润而忽视产品安全。这种平衡社会利益的功能，具体表现为对被侵权人一

① 参见张新宝：《侵权责任法立法：功能定位、利益平衡与制度构建》，载《中国人民大学学报》，2009（3）。

② 一位英国学者指出：分散损失是侵权行为法的主要功能。但是分散并不意味着损失的消灭，而是由被侵权人转移给侵权人。实际上，诉讼的结果与社会的或经济的纯粹损失无关。See Michael A. Jones，*Textbook on Torts*，third edition，Blackstone Press Limited，1991，p. 1.

方权益的保护以及对侵权人一方行为自由的保护之间的平衡。[①]

## 第三节 侵权责任法的基本问题

### 一、侵权责任法的概念、特征和体系

#### （一）我国侵权责任法的概念

《民法典》第1164条规定："本编调整因侵害民事权益产生的民事关系。"我国侵权责任法是调整有关侵害他人人身、财产权益的行为（举动）[②] 而产生的相关侵权责任关系的法律规范的总和，或者说侵权责任法是调整被侵权人与侵权人之间以损害赔偿为核心的权利义务关系的法律规范之总和。如果将侵权责任法的调整对象简化为"侵权责任关系"，我国侵权责任法的定义也可以表述为：我国侵权责任法是调整侵权责任关系的法律规范的总和，它是我国民法的一个重要组成部分。

#### （二）我国侵权责任法的特征

**1. 侵权责任法调整侵权责任关系**

侵权责任法所调整的社会关系是一种特定的社会关系，它是侵权人与被侵权人之间以损害赔偿为核心的权利义务关系，即侵权责任关系。侵权责任关系具有如下特征：（1）它是特定人之间的权利义务关系，即侵权人与被侵权人之间的关系；（2）它以已有的法定民事权利义务关系为前提，只有当一方的民事权利或者合法权益受到侵害时，才产生侵权责任关系；（3）它以侵权人的侵害行为或者准侵权行为为事实构成要件；（4）它以法律规定的民事责任为内容。

**2. 侵权责任法是一系列相关法律规范的总和**

侵权责任法不仅包括《民法典》的有关规定，也包括其他法律文件中的相关规定。最高人民法院相关司法解释的规定，也是相关案件的重要裁判规则。侵权责任法的渊源具有广泛性。

**3. 侵权责任法主要是强制性规范**

民法规范多为任意性法律规范，贯彻当事人意思自治（自愿）原则。侵权责任法属于我国民法的一个部分，所调整的也是平等主体之间的财产关系和人身关系，但是一般不贯彻意思自治原则，而是贯彻国家的强制意志，什么情况下构成侵权需要承担侵权责任、承担何种侵权责任、赔偿哪些项目及其计算标准等，均由法律作出规定，当事人不得任意主张。

---

① 参见张新宝：《侵权责任法立法的利益衡量》，载《中国法学》，2009（4）。

② 大多数情况下表现为侵害人的行为，有时表现为限制民事行为能力人、无民事行为能力人的举动或者动物的举动。为了描述方便，通常统一称为行为。

### （三）我国侵权责任法的体系

我国侵权责任法的体系是指我国侵权责任法的内在结构。《民法典》第七编“侵权责任”分为第一章“一般规定”、第二章“损害赔偿”、第三章“责任主体的特殊规定”、第四章“产品责任”、第五章“机动车交通事故责任”、第六章“医疗损害责任”、第七章“环境污染和生态破坏责任”、第八章“高度危险责任”、第九章“饲养动物损害责任”、第十章“建筑物和物件损害责任”。第一章至第三章为总则规定，第四章至第十章是对主要和常见的几类侵权责任的列举性规定。对于没有列举的侵权责任，适用第一章“一般规定”。

总则规定与分则规定的关系是：一般说来，总则的规定适用于一切侵权责任，但分则中对某类侵权责任的构成要件等作出了特别规定的，优先适用分则中的特别规定。

我国侵权责任法的体系还涉及一般侵权责任法与特殊侵权责任法的关系问题。我国的一般侵权责任法是指《民法典》之侵权责任编以及《民法典》总则编关于民事责任的部分规定，我国的特殊侵权责任法是指其他法律中的侵权责任法规范。《民法典》第11条规定，“其他法律对民事关系有特别规定的，依照其规定”。这是特别法优先适用的原则规定。

## 二、侵权责任法在我国民法中的地位

### （一）侵权责任法在民法典各编中的地位

首先，侵权责任法的调整对象属于平等主体的自然人之间、法人（非法人组织）之间、自然人和法人（非法人组织）之间的财产关系和人身关系，因此，我国侵权责任法是民法的重要组成部分，侵权责任是《民法典》的独立一编。其次，物权、人格权、婚姻家庭、继承各编以及知识产权相关法律与侵权责任编的关系是：前者分别从正面规定权利的取得、行使及转让（人身权除外）；后者在上述权利受到侵害时提供保护和救济，以保障民事权益尽可能免受损害，以及使受到损害的权利得到补偿并尽可能地使其恢复到损害前的状况。

### （二）侵权责任法与其他相关法律部门的关系

#### 1. 侵权责任法与刑法

刑法是规定犯罪与刑罚的法律，是公法的重要组成部分，是国家直接干预社会关系、行使统治权力的手段和工具。我国侵权责任法与刑法既相互联系，又有明确的区别。其联系是：（1）二者都是我国社会主义法律体系的重要组成部分，都体现我国法治的基本原则；（2）二者的调整对象都涉及违法行为，绝大多数侵权行为具有违法性；（3）有关过错、因果关系、构成要件等方面的理论，二者可以相互借鉴；（4）部分犯罪行为同时也构成侵害他人民事权益的行为，可能出现两种责任重合的现象。其主要区别是：（1）刑法具有鲜明的惩罚性，而侵权责任法的主要目的是赔偿损失而非制裁违法者；（2）绝大多数刑事案件由国家依职权主动查处，而侵权案件需被侵权人一方提起民事诉讼，法院才会受理；（3）根据我国刑事法律，在刑事案件中，被告方和控诉方原则上不得协商解决（自诉案件除外），而在侵害民事权益的情形中，侵权人和被侵权人之间可以协商解决纠纷。

**2. 侵权责任法与行政法**

行政法作为公法之重要部分，其与侵权责任法的联系和区别似乎很清楚，但有关国家赔偿法的归属存在争议。国家赔偿法是介于行政法与民法（侵权责任法）之间的一项边缘性法律制度。尽管《侵权责任法》、《民法典》之侵权责任编都没有对国家赔偿问题作出规定，修改后的《国家赔偿法》较全面地规定了国家赔偿制度，但二者的联系仍然是密切的。

**3. 侵权责任法与经济法**

经济法是有关国家权力直接干预经济生活的法律的总和，如反垄断法、反不正当竞争法、价格法等。经济法与侵权责任法的关系甚为明晰，但反垄断法、反不正当竞争法中的民事赔偿规定，可被认为是侵权责任法的特别规定。

**4. 侵权责任法与劳动法**

早期的工厂事故之赔偿请求一般以侵权责任法的规定为依据。但现代劳动法为了强化对劳动者的保护，不再用民法的方法处理这类事故，而是作出特殊规定。但在第三人造成工伤的情况下，可能适用侵权责任法追究第三人的赔偿责任。

**5. 侵权责任法与保险法**

侵权责任法与保险法的共同点在于，二者均是以一定的方式补偿被侵权人所受损失，尤其是财产损失。保险法在现代侵权责任法中发挥着巨大作用，一些责任保险将侵权行为所造成的损失分散给社会。二者的区别也十分明显：（1）在侵权责任法中，因侵权行为而产生损害，从而产生赔偿，而在保险法中因保险关系的存在及保险事由的出现而产生赔偿；（2）在保险关系中，赔偿责任以合同关系为基础，而在侵权赔偿中，侵权人与被侵权人之间事先并不一定有合同关系，只是损害发生后才发生侵权责任关系并可能导致赔偿；（3）保险人的责任仅限于财产赔偿，而侵权责任的承担方式多种多样。

## 三、我国侵权责任法的渊源

我国侵权责任法的渊源由以下几个部分组成。

**1. 《宪法》**

《宪法》中保护公民基本权利的某些规定①，涉及对公民的财产权和人身权的保护，应当成为我国侵权责任法的渊源。并且，宪法的规定对于侵权责任法的各种规范在解释

① 如《宪法》第12条～第13条（关于财产权的规定）、第37条～第40条（关于人身权的规定）。

和适用上当然具有指导意义。按照我国的法治理念和司法规则，一般不引用宪法条文作为裁判具体案件的直接依据，但是法院在阐述法理时可以以宪法的相关规定和原则为指导，解释《民法典》或其他法律的具体规定。

**2.《民法典》第七编“侵权责任”和总则编相关规定**

这是我国侵权责任法的主要渊源。《民法典》之侵权责任编共10章、95个条文。第一章“一般规定”和第二章“损害赔偿”适用于所有侵权责任类型，可以被视为侵权责任的“总则”。第三章是关于“责任主体的特殊规定”。第四章至第十章是关于各种特殊侵权责任的具体规定，可以被视为侵权责任的“分则”，主要包括产品责任、机动车交通事故责任、医疗损害责任、环境污染和生态破坏责任、高度危险责任、饲养动物损害责任，以及建筑物和物件损害责任。

《民法典》总则编第八章“民事责任”规定了民事责任，其中大部分也是关于侵权责任的基本规则，构成我国侵权责任法的重要内容。

**3. 单行法律与行政法规**

在《民法典》以外的一些立法文件中，会掺杂若干侵权责任法的规范。它们有的是单行民事法律（如《著作权法》和其他知识产权法律），有的则是其他法律部门的单行立法文件（如《环境保护法》中关于环境侵权及其赔偿的规定）。此外，《产品质量法》、《道路交通安全法》、《铁路法》、《反垄断法》、《反不正当竞争法》、《公司法》、《证券法》等法律中均包含侵权责任法规范。

依《民法典》的相关规定，行政法规原则上不是处理侵权案件的裁判依据，但依据授权制定的某些行政法规例外。此外，行政法规确立的某些行为标准，可能被作为判断过错或行为之违法性的标准。

**4. 司法解释**

最高人民法院涉及侵权案件的司法解释主要包括两种情形：一是一般性的解释。这些司法解释中涉及侵权行为的部分，当然成为我国侵权责任法的渊源（裁判规则）。《最高人民法院关于确定民事侵权精神损害赔偿责任若干问题的解释》（以下简称《民事侵权精神损害赔偿解释》）以及《人身损害赔偿司法解释》为十分重要的有关侵权责任的司法解释。《民法典》颁布后，最高人民法院对涉及侵权责任的各项司法解释进行了修订并制定了关于《民法典》侵权责任编的一般性解释。

最高人民法院发布的相关指导案例对于正确理解和适用《民法典》具有指导意义，各级人民法院审理类似案件时应当参照适用。最高人民法院在其公报中公布的有关侵权行为的案例虽然不具有正式的法律效力，但具有指导作用，它会强烈暗示下级人民法院在审理同类案件时予以考虑。

**5. 民事习惯**

《民法典》第10条规定：“处理民事纠纷，应当依照法律；法律没有规定的，可以适用习惯，但是不得违背公序良俗。”在没有法律规定的情形，公认的民事习惯可以成为裁判侵权案件的规范渊源，但是此等习惯不得违反公序良俗。

## 四、我国侵权责任法的立法目的

### （一）对侵权责任法立法目的的一般理解

已经废止的《侵权责任法》第1条曾规定："为保护民事主体的合法权益，明确侵权责任，预防并制裁侵权行为，促进社会和谐稳定，制定本法。"这是立法关于立法目的的规定。作为我国民法之重要组成部分的侵权责任法，其目的包括保护民事主体的合法权益、明确侵权责任、预防侵权行为和制裁侵权人，以促进社会的和谐、稳定。保护民事主体的合法权益是侵权责任法的基本目的，这一目的的实现途径是"明确侵权责任，预防并制裁侵权行为"。这一目的的实现将促进社会和谐、稳定。促进社会和谐稳定是侵权责任法的目的，也是所有法律的目的。由此看来，这条法律对立法目的之规定是具有明确的层次结构的。

侵权责任法主要通过"明确侵权责任"以及"预防并制裁侵权行为"来实现对民事主体之合法权益的保护。

### （二）明确侵权责任

"明确侵权责任"是实现侵权责任法立法目的的主要途径，也是侵权责任法的主要功能。"明确侵权责任"的含义是：（1）法律对保护的民事权益的种类和范围作出概括或者列举性规定；（2）法律对侵权责任的归责原则、构成要件作出规定；（3）法律对承担侵权责任的各种方式及其适用条件作出规定；（4）法律对减轻和不承担侵权责任的各种事由作出规定；（5）法律对他人造成损害或者物（物件）造成损害的责任承担作出规定；（6）法律对适用无过错责任和过错推定责任（过错责任原则的特殊适用）的特殊侵权责任之构成要件及适用条件作出规定。

我国侵权责任法正是通过这样的规定而使是否应当承担责任、由哪一（或者哪些）主体承担责任、承担何种责任、是否可以减轻或免除责任等侵权责任法所要解决的问题得到较为明确的回答。当然，回答这些问题，除了需要法律作出明确的规定，还有赖社会全体成员对法律规定的正确理解和这些规定在司法活动中的正确执行。

### （三）预防和制裁侵权行为

现代侵权责任法注重预防和制裁功能之发挥。关于侵权责任法的制裁功能或者说侵权责任法是否对侵权行为的实施者具有制裁性，有不同的理解。广义的"制裁"包括各种侵权责任的承担，因为侵权责任对于承担者而言均是不利的；狭义的"制裁"仅指责令侵权人承担超出实际损失的赔偿等责任，最典型的是惩罚性赔偿责任。侵权责任法全面规定了各种侵权责任承担方式，属于广义的"制裁"；同时，侵权责任法还对数种特殊行为规定了惩罚性赔偿，属于狭义的"制裁"。此外，侵权责任法规定的精神损害赔偿，除了具有抚慰被侵权人的功能，还有一定的制裁功能。需要指出的是，制裁应当被理解为对侵权人的制裁。

## 深度阅读

1. 张新宝. 侵权责任编：在承继中完善和创新. 中国法学，2020（4）.

2. 王利明. 论人格权请求权与侵权损害赔偿请求权的分离. 中国法学，2019（1）.

3. 张新宝. 民法分则侵权责任编立法研究. 中国法学，2017（3）.

4. 王利明. 侵权责任法的中国特色. 法学家，2010（2）.

5. 张新宝. 侵权责任法立法：功能定位、利益平衡与制度构建. 中国人民大学学报，2009（3）.

6. 张新宝. 侵权责任法立法的利益衡量. 中国法学，2009（4）.

7. 王利明. 论侵权行为法的独立成编. 现代法学，2003（4）.

8. 王竹. 侵权责任分担论：侵权损害赔偿责任数人分担的一般理论. 北京：中国人民大学出版社，2009：第一章“侵权责任分担论的确立”，第七章“受害人过错参与数人侵权责任分担论”.

## 问题与思考

### 一、思考题

1. 试述侵权责任法保护的民事权利和合法权益。

2. 试述我国侵权责任法的立法目的。

### 二、练习题

1. 简述我国侵权责任法的体系。

2. 试述侵权责任的概念、特征及功能。

# 第二章
# 侵权责任的归责原则

**常考知识点**

归责原则　归责事由　过错责任　无过错责任　严格责任　过错推定

## 第一节　侵权责任的归责原则概述

### 一、归责原则的概念

侵权责任法上的“归责”（imputation）是指确认和追究行为人的侵权责任。归责原则（criterion of liability）是指依何种根据或基础来确认和追究行为人的侵权责任，它所解决的是侵权责任的伦理和正义性基础问题。这里的侵权责任，仅指填补损害性质的侵权责任承担方式，如赔偿损失、恢复原状等，不包括预防性的侵权责任承担方式，如停止侵害、排除妨碍、消除影响等。对应的法律条文是《民法典》第 1165 条和第 1166 条，不包括第 1167 条。

侵权责任的归责原则不同于民法的基本原则。民法的基本原则不仅是民事立法、民事司法应当遵循的准则，而且是民事主体在民事活动的过程中必须遵循的一般性规定。任何民事活动，都不得直接或间接违反这些基本原则。侵权责任的归责原则，其作用范围只限于侵权责任法，其意义只是解决责任的根据问题。但是，侵权责任法作为民法的一个重要组成部分，其归责原则必然也必须体现民法的基本原则，尤其是平等、公平、诚信的基本原则（《民法典》第 4 条、第 6 条和第 7 条）以及民事权益受法律保护的原则（《民法典》第 3 条）。

侵权责任法上的“归责事由”，就是指行为人的某种侵权行为或准侵权行为被确认为应当承担相应的侵权责任（填补损害性质的侵权责任承担方式）的基础。就过错责任而言，行为人承担侵权责任的基础是其过错（故意或者过失）；就无过错责任而言，行为人承担侵权责任的基础不是过错而是其他事由，如危险（引起、保有危险或者对危险有控制力）等。而侵权责任法中的“归责原则”，是对各种具体侵权案件的可归责事由（责任基础）进行的一般性抽象，抽象出同类侵权责任的共同基础。我国侵权责任法将承担侵权责任的基础一般地抽象为过错和无过错（危险等）。

## 二、归责原则体系

### (一) 理论观点

(1) 单一过错责任归责原则说。这种观点否认在过错责任之外确认任何其他的归责原则，主张通过扩大过错责任来解决侵权责任法领域的新的问题（如高度危险作业致人损害、污染环境致人损害等的责任问题）。

(2) 二元归责原则说。二元归责说主张我国侵权责任的归责原则是二元的而不是单一的，米健先生较早主张这一观点。二元归责说认为，过错责任原则和无过错责任原则同为我国侵权责任法所确认的归责原则。对于一般侵权责任，适用过错责任原则进行归责；对于特殊侵权责任，适用无过错责任原则进行归责。适用无过错责任原则的，需要法律作出特别规定（《民法典》第1166条）。

(3) 多元归责原则说。这一观点内部又有许多分歧：有人主张多元的归责原则，包括过错责任原则、危险责任原则和公平责任原则三种。有学者主张我国侵权责任法所确认的归责原则体系由过错责任原则、过错推定原则和无过错责任原则三个归责原则构成，这三个原则各自调整着不同的侵权责任。有学者提出：我国侵权责任法的归责原则体系应当采取多元归责体系，即以过错责任与严格责任作为两项基本的归责原则，并以公平责任原则为补充，以绝对的无过错责任为例外。

### (二) 二元归责体系的合理性

我国侵权责任法采用了过错责任原则和无过错责任原则的二元归责体系，其理由在于以下几点。

首先，作为一个体系，它应当具有周延性即完整性。过错责任和无过错责任，从逻辑学上来看是一种周延的列举，不存在遗漏的情形；从《民法典》所列举的各种具体侵权责任来看，或属于过错责任，或属于无过错责任。这样，由过错责任和无过错责任构成的二元归责原则体系是周延的和完整的。

其次，归责原则的体系应当有明确的法律依据。规定归责原则的法律条文为《民法典》第1165条和第1166条，这些法律条文分别规定了过错责任和无过错责任，而没有规定“危险责任”“公平责任”等。

再次，二元归责体系符合当代侵权责任法的发展潮流。当今世界上归责原则二元化的制度已基本形成，这已是不争的事实。

最后，过错推定、危险责任、公平责任不宜确立为归责原则。过错推定是过错责任原则运用中的一种特殊形式，在大陆法系属于过错责任之一部分；而在英美法系，它属于严格责任之一部分，无独立存在空间。危险责任（liability of dangerous activity）属于无过错责任之一种形态，应归入无过错责任。公平责任在我国民法中解决的不是侵权责任之承担问题，而是特定情况下如何分担损害后果的问题。

## 三、归责原则的意义

### （一）对国家的意义：体现国家对侵权责任的民事立法政策

国家规定侵权责任的归责原则，表明其对不同种类的侵权责任的对策。对于普通侵权责任，规定过错责任原则。这体现了侵权责任法的传统规范功能。而对于机动车交通事故中机动车一方对行人、非机动车一方造成损害，产品致人损害，污染环境与破坏生态致人损害，高度危险致人损害，饲养动物致人损害等侵权责任，则规定适用无过错责任原则。这体现了现代侵权责任法维护弱者利益、保障社会公平的旨趣。当然，各国出于自己国情的考虑，在归责原则的民事立法、政策上会有所不同。

### （二）对司法人员的意义

司法人员正确地掌握归责原则，有利于从案件受理开始，便判明原告有无证明被告过错的举证责任、被告可通过何种途径求得免责，以及预先确定赔偿的范围和最高限额等问题，从而正确地主持诉讼，作出符合法律的判决。

### （三）对当事人的意义

当事人明确自己的案件适用何种归责原则，便可以集中精力收集有利于自己主张的证据，正确地行使诉讼权利和履行诉讼义务，提出合理的诉讼请求等。对于适用无过错责任原则的案件，受害人一方无须收集行为人一方主观上存在故意或者过失的证据。这也是设立无过错责任原则的主要政策目的。① 对于过错责任案件，受害人一方就应当收集此等证据并在诉讼过程中加以举证。

### （四）理论意义

由于归责原则所解决的是侵权责任的责任根据、基础问题，它在侵权责任法中具有统率其他规范的作用，因而归责原则也就必然具有重要的理论意义。任何人要对侵权责任法的基本理论进行探讨，都不可能回避这一问题。

### （五）对于民事立法和侵权案件分类的意义

确立侵权责任的归责原则，有利于对调整侵权责任的法律进行分类，比如划分为调整过错侵权的侵权责任法规范和调整无过错侵权的侵权责任法规范；也有利于对侵权案件进行科学的分类，如将案件划分为过错侵权行为案件和无过错侵权行为案件。

---

① 参见黄薇主编：《中华人民共和国民法典侵权责任编释义》，11 页，北京，法律出版社，2020。

# 第二节　过错责任原则

## 一、过错责任原则的含义

### （一）过错责任的含义

过错责任原则（fault liability）的基本含义是：过错是行为人承担侵权责任的伦理和正义性基础。之所以规定由行为人承担相应的侵权责任，是因为其主观上具有可以归责的事由（故意或者过失），说明了其行为的不正当性和非道德性。行为人如果在主观上不存在过错，当然不应承担民事责任。即使其他的责任构成要件具备，行为人也不承担侵权责任。过错在某种程度上起到了对责任承担的限制作用，以求合适地维护民事主体的行为自由。

“过失责任”与“过错责任”，这两个概念尽管在内涵上存在差异，但是在外延上是一致的。过失为过错的一种，过错除过失以外还包括故意。既然具有过失的心理状态都应承担侵权责任（结合其他构成要件），那么具有故意的心理状态（故意是一种比过失更为恶劣的心理状态）应承担相应的侵权责任（结合其他构成要件）就更不待言。

### （二）有关过错责任的规定及分析

《民法典》第 1165 条第 1 款规定：“行为人因过错侵害他人民事权益造成损害的，应当承担侵权责任。”由此可见：

（1）过错责任原则是一种主观归责原则，它以行为人的主观心理状态作为确定和追究责任的依据，即“有过错方有责任”“无过错即无责任”。而过错总是表现为行为人主观上的故意或过失两种情形，因此一些国家的法律规定直接使用“故意”和“过失”的概念，而不使用抽象的过错概念。

（2）过错责任原则表明行为人的过错为侵权责任（主要是填补损害的侵权责任承担方式）的构成要件和承担侵权责任的根据即归责事由。因此，证明行为人的过错之有无便成为是否确定与追究侵权责任的一个中心环节。

（3）过错责任原则表明行为人之过错的种类与大小对责任范围具有决定性的作用。因此，证明行为人过错的轻重程度、证明行为人与第三人的共同过错或证明被侵权人的过错或被侵权人与行为人的共同过错、被侵权人与有过失等，对于责任范围之确定，均有十分重要的意义。

（4）法律确立过错责任原则有四个方面的理论依据：法律调整应尊重行为的相对自由；法律制裁应起到教育和预防作用；法律规范应当成为昭示道德观念的手段；法律制度应当保持适当的弹性。

过错责任原则也是我国民法公平原则的体现。在多数情况下，由过错方承担民事责任，过错大小决定责任之轻重，体现了法律中包含的公平、正义观念。而且，过错责任原则还有为人们确定行为规范标准、保护人们的行为自由的积极作用。

## 二、过错责任原则的适用

### （一）适用范围

根据《民法典》第 1165 条的规定，过错责任原则适用于对一般侵权行为之归责。只有在法律特别规定适用无过错责任原则的情形，才不适用过错责任原则。但是，过错责任中推定过错的，需要由法律作出特别规定。

### （二）适用方法

过错责任原则的适用方法是指对过错的举证和证明责任负担的分配方法。过错责任原则有两种适用方法：一是谁主张谁举证，通常是由受害人一方对行为人一方的过错进行举证和证明，而行为人一方无须证明自己没有过错。二是过错推定中举证责任的倒置，即推定行为人一方有过错，而由行为人一方承担证明自己没有过错的举证责任。

## 三、关于过错推定

### （一）过错推定的含义和意义

《民法典》第 1165 条第 2 款规定："依照法律规定推定行为人有过错，其不能证明自己没有过错的，应当承担侵权责任。"过错推定的基本方法是法律推定行为人有过错，从而实现举证责任的倒置——由行为人一方证明自己没有过错。如果行为人一方不证明或者不能证明自己不存在过错，则认定其有过错并结合其他构成要件而使其承担相应的侵权责任；如果行为人一方能够证明自己没有过错，则其不承担民事责任。

需要指出，过错推定之适用范围为法律规定的事项，不属于法官裁量或者当事人主张的事项。对哪些种类的案件适用过错推定，由法律直接加以规定。法律没有规定适用过错推定的，法官不得依职权决定适用，当事人也不得主张适用。

过错推定的出现，使法律对受害人一方的保护向前迈进了一步，因为它相较于由受害人证明行为人的过错，显然更有利于受害人一方。

### （二）过错推定与归责原则

过错推定属于过错责任原则的一部分，是过错责任原则适用中的一种特殊情形，它仍然以侵权人一方的过错为责任的根据即归责事由，因此，不可将其与过错责任原则相提并论，更不可将其作为我国侵权责任法的归责原则之一。从我国民事立法的现状来看，过错推定在一些法律条文（如《民法典》第 1199 条、第 1248 条、第 1252～1258 条等）中得到具体的适用，而不是普遍适用，因此没有必要把它从其所依附的过错责任原则中独立出来。《个人信息保护法》第 69 条规定："处理个人信息侵害个人信息权益造成损害，个人信息处理者不能证明自己没有过错的，应当承担损害赔偿等侵权责任。"这是其他法律对过错推定的特别规定，在相关案件中应予以适用。

# 第三节　无过错责任原则

## 一、无过错责任原则概述

### （一）无过错责任原则的含义

对无过错责任的正确理解是：侵权责任之构成，不考虑行为人过错的有无，或者说行为人有无过错对侵权责任的构成和承担不产生影响。基于这一认识，受害人无须就行为人的过错进行举证，行为人也不得以其没有过错为由主张不承担责任或减责。因此，无过错责任是指：无论行为人有无过错，法律规定应当承担侵权责任的，行为人应当对其行为所造成的损害承担侵权责任。这一表述不仅解决了对“无过错”的理解问题，也解决了适用无过错责任原则的侵权责任构成要件问题：侵害行为、损害后果以及二者之间的因果关系。《侵权责任法》第7条改变了《民法通则》第106条第3款的措辞，对无过错责任原则进行了更准确的描述：“行为人损害他人民事权益，不论行为人有无过错，法律规定应当承担侵权责任的，依照其规定。”《民法典》第1166条继受了这一规定：“行为人造成他人民事权益损害，不论行为人有无过错，法律规定应当承担侵权责任的，依照其规定。”

### （二）无过错责任原则的产生和发展

无过错责任起源于19世纪。西方资本主义国家经济的迅速发展，一方面，对社会物质文明作出了巨大的贡献；另一方面，也导致工业灾害频生、交通事故骤增，公害严重损害人们的生命健康以及产品缺陷经常导致消费者的严重损害。在这样的条件下，人们试图寻找一种较传统过错责任原则更为严格的法律对策以为受害人提供保护和救济。这一尝试的第一个步骤是在过错责任的框架下，将过错推定和举证责任倒置的诉讼证明方法适用于上述种类的侵权案件，让法律保护的天平向受害人一方倾斜；进一步的发展则是在过错责任原则之外寻求新的归责原则，即无过错责任原则（no-fault liability，liability without fault），以更进一步保护受害人一方，使其在不考虑行为人有无过错的情形下获得可能的赔偿。

### （三）适用无过错责任原则案件的“可归责事由”

归责原则所解决的是侵权责任的基础（可归责事由）的一般性问题。就过错责任而言，其可归责事由是侵权人的过错。那么，适用无过错责任原则案件的可归责事由是什么呢？将适用无过错责任原则的特殊侵权责任类型案件加以抽象，我们将会发现：（1）这些行为或物（危险物品）即使尚未发生对他人合法民事权益的损害，也包含着造成损害的极大可能性（危险），这种危险是“高度”的或“超常”的或“不合理”的；（2）存在在先的法律关系（如监护、雇佣等），在这样的法律关系中一方（承担无过错责任的主体）对另一方（加害行为的直接实施者）具有控制力；（3）就行为人与受害人的经济地位等相比较，行为人一般处于优势地位。行为或物潜在的对他人产生侵害的高度的、超常的或不合理的危险，在先的特定法律关系以及行为人的优势地位是无过错责任原则的责任基础，即行为人的可归责事由。

### （四）无过错责任原则的特征

无过错责任原则的特征有两个：其一，法律对其适用对象予以特别规定，以与过错责任原则的适用范围区别开来；其二，在侵权责任（填补损害性质的侵权责任承担方式）的构成要件方面，适用无过错责任原则的，不考虑行为人的过错。适用无过错责任原则案件中侵权责任由侵权行为（或准侵权行为）、损害及二者之间的因果关系三项要件构成。

我们所称无过错或不考虑过错，是指不考虑行为人的过错，而绝不意味着不考虑受害人的过错。从1835年的普鲁士铁路法到我国《民法通则》、《侵权责任法》和《民法典》侵权责任编，这一思想是得到明确昭示的，其基本特点就是行为人不得以无过错作为不承担责任的理由。至于案件中考虑受害人的过错，进而减轻行为人的赔偿责任，实则与归责原则无关。

### （五）无过错责任原则的意义

如果说过错责任原则是从对个人主观方面的要求来体现民法的公平原则，符合传统的自然法学的公平、正义标准的话，那么无过错责任原则是从整个社会利益之均衡、不同社会群体力量之强弱对比，以及寻求补偿以息事宁人的角度来体现民法的公平原则，它反映了高度现代化、社会化大生产条件下的公平、正义观，也反映了社会法学的基本理念。

现代无过错责任原则从其产生起就带有鲜明的时代使命感：它是随着工业革命的完成应运而生的，它的重要使命在于处理现代社会化大生产中诸如高度危险作业、污染环境和生态破坏等致人损害的赔偿责任问题。

无过错责任原则在具体适用中还有两个程序法上的意义：一是减轻原告方的举证负担，受害人一方无须对行为人一方的过错进行举证和证明；二是简化诉讼程序，法庭不必对有关行为人的过错进行审理。

无过错责任原则对于保护处于弱势地位的受害人的利益，其意义是不言自明的，但也有其自身的局限性。其局限性之一是它本身未能完全说明这样一个问题：假如行为人真能证明其没有过错，为什么不让其加以证明而判决由其承担侵权责任呢？笔者认为，任何一个法律原则或制度都有其局限性，无过错责任原则也不例外。无过错责任原则对个别案件的适用可能有失公允，但它体现了整体的公平和正义。对于其局限性，法律通常设有一些补救措施，包括规定适用范围、最高赔偿限额（《民法典》第1244条），以及原则上受害人不得主张惩罚性赔偿等。

## 二、无过错责任原则的适用

### （一）适用范围

无过错责任原则的适用范围是指该原则适用于哪些种类的侵权案件。依据《民法典》的规定，无过错责任原则适用于以下类型的案件：（1）产品责任案件（侵权责任编第四章）；（2）机动车交通事故责任（机动车一方对非机动车或行人致害）案件（侵权责任编第五章和《道路交通安全法》第 76 条）；（3）环境污染和生态破坏责任案件（侵权责任编第七章）；（4）高度危险责任案件（侵权责任编第八章）；（5）饲养动物致人损害案件（动物园的责任除外，侵权责任编第九章）；（6）用人单位和用人个人承担雇主责任的案件（侵权责任编第三章）；（7）监护人承担监护人责任的案件（侵权责任编第三章）。

### （二）适用方法

无过错责任原则的适用方法主要是：基于“不考虑行为人有无过错”，免除受害人一方对行为人一方（被告）过错的举证和证明责任。行为人也不得以证明自己没有过错的方式主张免责抗辩。但是，受害人一方仍需证明侵权行为或准侵权行为、损害后果以及二者之间的因果关系（因果关系推定的除外，如《民法典》第 1230 条）。

### （三）责任限制

对于无过错责任原则的适用，法律大多对责任加以限制，如在美国侵权责任法中，原告依严格责任提起诉讼，原则上不得主张惩罚性赔偿。更常见的限制方法是规定最高赔偿限额。这种责任限制的方法在国内、国外和国际民事法律中得到广泛使用，如我国海商法、欧盟产品责任指令以及华沙国际民用航空公约均有关于最高赔偿限额的规定。我国《民法典》第 1244 条规定：“承担高度危险责任，法律规定赔偿限额的，依照其规定，但是行为人有故意或者重大过失的除外。”

### （四）不承担责任的条件

在适用无过错责任原则时，一般由法律设定若干不承担责任的条件。不承担责任的条件包括两个方面。一是一般的不承担责任的条件。我国法律规定的一般的不承担责任的条件包括：（1）不可抗力；（2）受害人故意；（3）第三人过错（仅部分适用）。1922 年《苏俄民法典》曾将受害人的重大过错规定为免责条件（第 404 条）。我国法律未采此说，但《铁路法》将受害人的重大过失作为不承担责任的条件加以规定（第 58 条）。二是特别不承担责任的条件。我国法律规定了对某些特殊侵权责任的特别不承担责任的条件，如《产品质量法》第 41 条将“未将产品投入流通”、“产品投入流通时，引起损害的缺陷尚不存在”以及“将产品投入流通时的科学技术水平尚不能发现缺陷的存在”，规定为不承担责任的条件。

为无过错责任原则规定某些不承担责任的条件，对于避免该原则的消极影响是必要的，但不承担责任的条件不可过多、过宽，否则便失去了无过错责任原则适用的意义。即使是一般的不承担责任的条件，对于特定的无过错侵权行为，也不一定适合作为不承担责任的事由。不能一概将一般的不承担责任的条件适用于一切无过错责任案件，司法实践中还是应该按照法律的明确规定办理。

# 第四节　关于严格责任原则和“公平责任原则”

## 一、严格责任原则

严格责任（strict liability）为英美法系侵权责任法中的概念。在德国法学理论中，这一概念也被使用。在大陆法系国家，与此相对应的是危险责任、客观责任等。依《牛津法律大词典》的解释，严格责任为侵权责任法中的一个术语，是指一种比没有尽到合理的注意而应负责的一般责任标准更加严格的责任标准。但这种责任标准也不是绝对责任，它是一种由制定法规定的标准，如果应该避免的伤害事件发生，则当事人必须负责，而不论其尽到了怎样的注意和采取了怎样的预防措施。如果承担严格责任，则仍有一些（尽管是有限的）对责任的抗辩理由可以援引，但当事人已尽到合理的注意不能作为抗辩的理由。从上述表述中我们可以对严格责任作一些抽象：（1）它与过错责任一样，是一种责任标准；（2）与过错责任（由于没有尽到合理的注意而需负一般责任）相比较，它更为严格；（3）在有限的抗辩理由中，被告不得以无过错（尽到合理注意）为抗辩条件；（4）它不同于绝对责任。

从比较法角度看，在英美法系侵权责任法中，其严格责任原则的适用范围大致等于大陆法系的无过错责任原则的适用范围加上过错责任原则的特殊形式（过错推定）的适用范围。

## 二、关于“公平责任原则”

### （一）“公平责任原则”肯定说

我国民法学界对于我国侵权责任法是否承认公平责任原则有两种截然不同的观点，即肯定说与否定说。持肯定说的学者认为：公平责任原则是指当事人双方在对造成损害均无过错，但是按照法律的规定又不能适用无过错责任的情况下，由人民法院根据公平的观念，在考虑被侵权人的损害、双方当事人的财产状况及其他相关情况的基础上，判令侵权人对被侵权人的财产损失予以适当补偿。这种观点进一步认为：公平责任在性质上是法律责任而非道德责任；公平责任是以公平观念作为价值判断标准来确定责任的；公平责任主要适用于当事人没有过错的情况；公平责任主要适用于侵犯财产权案件。

有些持肯定说的人试图在理论上将公平责任与公平原则区别开来，并认为“公平责任原则”的适用范围包括：（1）无民事行为能力人、限制民事行为能力人致人损害而其监护人尽了应尽职责时，由监护人根据公平责任原则适当承担民事责任；（2）因紧急避险造成他人损失时，如果险情是由自然原因引起，行为人采取的措施又无不当，则行为人不承担民事责任；（3）因见义勇为行为遭受损害时，受益人应依公平责任原则予以适当补偿；（4）当事人对造成损害均无过错，但一方是在为对方的利益或共同利益进行活动的过程中受到损害的，可以责令对方或者受益人给予一定的经济补偿。在笔者看来，前一种情况属于特定情况下法官对司法政策考虑的结果而不是归责原则的适用；后面三种情况本来就不是侵权责任的承担问题，因为并不存在侵权行为或准侵权行为。

### (二)“公平责任原则”否定说

有学者认为公平责任原则不是一个归责原则。其理由有三：一是《民法通则》并没有规定公平责任原则是归责原则，二是公平责任调整的范围过于狭小且不属于严格的侵权行为，三是在实践中双方都无过错的损害赔偿纠纷并非一律适用这个规则。《侵权责任法》与《民法通则》一样，没有规定公平责任原则。《民法典》之侵权责任编更没有接受公平责任原则。《民法典》第 1186 条修改了《侵权责任法》第 24 条，使作出“分担损失”的判决需要有明确的法律依据，避免法官不当行使裁量权裁判相关案件。

公平责任不是独立的归责原则，但是不能否定我国民法的公平原则在侵权责任法中分配损失的作用。有日本学者认为：之所以将公平原则限定在无民事行为能力人的不法行为这样的特殊事例中，而没有作为一般规定采纳，一个重要原因是：以抽象性的市民形式平等为基本原理的民法，是无法与着眼于富人、穷人这样具体关系的社会法原理构成的公平责任原则，毫无矛盾地结合在一起的。公平原则没有一般化的另外一个重要理由是“公平”的内容是模糊的，有可能因为法官的恣意而损害法律的稳定性。正是基于以上理由，许多国家将这一原则一般化的努力都遇到了阻力。

公平责任原则不是我国侵权责任法的归责原则之一，主要理由是：(1) 缺乏法律依据；(2) 没有具体的案件适用对象；(3) 不符合对案件的认识规律。但是，公平原则作为民法的基本原则，同样体现在侵权责任法的规定和适用中。

## 深度阅读

1. 张新宝.“公平责任”的再定位.法商研究，2021 (5).

2. 孙大伟.公平责任“依法”适用之解释论：以《民法典》第 1186 条为中心.政治与法律，2021 (8).

3. 余小伟.“公平责任”是否“公平”：以二十世纪新侵权法理论为视角.政治与法律，2017 (12).

4. 张新宝.侵权责任一般条款的理解与适用.法律适用，2012 (10).

5. 张新宝.侵权行为法的一般条款.法学研究，2011 (4).

6. 王利明.我国《侵权责任法》归责原则体系的特色.法学论坛，2010 (2).

7. 杨立新.中国侵权责任法大小搭配的侵权责任一般条款.法学杂志，2010 (3).

## 问题与思考

### 一、思考题

1. 思考过错推定与过错责任原则之间的关系。

2. 思考无过错责任与严格责任之间的关系。

3. 讨论不同归责原则所对应的归责基础。

**二、练习题**

1. 简述过错推定、无过错责任原则的适用范围。

2. 从归责原则的角度对《民法典》第 1165 条（第 1 款和第 2 款）进行文义解释

3. 从归责原则的角度对《民法典》第 1166 条进行文义解释，并说明其与第 1165 条的关系。

第三章

# 一般侵权责任的构成要件

**常考知识点**

一般侵权责任构成要件　侵害行为　损害　因果关系　法律上的因果关系　事实上的因果关系　过错

## 第一节　一般侵权责任的构成要件

### 一、一般侵权责任构成要件的概念

一般侵权责任，是指基于侵权责任的一般条款认定的侵权责任，也就是基于《民法典》第1165条认定的侵权责任。一般侵权责任的构成要件，是指承担一般侵权责任的作为必要条件的各种因素。侵权责任的一般条款是指在侵权责任法中集中规定采过错责任的侵权责任（损害赔偿）全部构成要件的法律条款。我国《民法典》第1165条、《法国民法典》第1382条即属于此等一般条款。

这里的“一般侵权责任”需要同时符合三个条件：（1）自己侵害行为造成损失的责任；（2）自己侵害行为适用过错责任原则情况下的责任；（3）主要指赔偿损失和恢复原状等填补损害性质的责任承担方式。本章讨论的构成要件适用于一般侵权责任即过错侵权责任，而以无过错责任为归责原则的案件或准侵权案件在责任构成方面有特殊要求。非损害填补性质的侵权责任承担方式的适用，在构成要件方面有一定的不同要求（《民法典》第1167条）。

侵权责任构成要件理论在侵权责任法学中具有十分重要的地位，是研究任何一种一般侵权责任的指南和纲领，也是对立法和司法实践的高度概括、对归责原则的系统阐述。在司法实践中，凡依《民法典》第1165条确认侵权责任时，都需要分析本章所讨论的各个构成要件。

### 二、三要件说与四要件说

#### （一）法国法的三要件说与德国法的四要件说

就基于过错责任原则所认定的侵权责任而言，其构成要件有几种学说。法国法主张损害事实、因果关系和过错三要件说。德国法主张行为的违法性、损害事实、因果关系和过错四要件说。

### (二)《民法典》第 1165 条第 1 款：侵权责任一般条款

《民法典》第 1165 条第 1 款规定：行为人因过错侵害他人民事权益造成损害的，应当承担侵权责任。比较《侵权责任法》第 6 条第 1 款和《民法典》第 1165 条第 1 款，会发现一个重要变化，即增加了“造成损害”四个字。前者规定：行为人因过错侵害他人民事权益的，应当承担侵权责任。后者规定：行为人因过错侵害他人民事权益造成损害的，应当承担侵权责任。增加“造成损害”实际上是重塑了我国侵权责任法过错侵权责任的一般条款，使《侵权责任法》第 6 条第 1 款那样一个关于过错侵权责任一般条款的“不完全条款”变成《民法典》第 1165 条第 1 款这样一个关于过错侵权责任一般条款的“完全条款”。

《侵权责任法》第 6 条第 1 款是关于过错侵权责任一般条款的“不完全条款”，因为虽然它是关于过错侵权责任一般条款的规定，但是没有全面、准确列举过错侵权责任的构成要件，仅仅规定了侵害行为、过错两个责任构成要件，缺乏对另外两个责任构成要件——损害和因果关系的规定。《民法典》第 1165 条第 1 款是关于过错侵权责任一般条款的“完全条款”，因为它不仅是关于过错侵权责任一般条款的规定，而且全面、准确列举规定了过错侵权责任的四个构成要件，即：(1) 过错；(2) 侵害行为；(3) 损害；(4) 因果关系。

对《民法典》第 1165 条第 1 款进行文义解释可以得出如下结论：

(1) 这是行为人过错侵权责任的一般条款，仅规范行为人自己行为造成损害的责任，不规范基于特定法律关系（如监护、雇佣）而产生的对他人致害的责任承担。于后者，由《民法典》侵权责任编第三章“责任主体的特殊规定”加以调整。

(2) 确定了过错侵权责任的四个构成要件。条文中的“过错”表达的是过错责任和过错这一构成要件。

(3) 条文中的“侵害”表达的是侵害行为这一构成要件，同时对该行为作出了法价值上的判断。一个“侵害”性质的行为，当然是为法律所否定的行为，是具有不法性的行为。《民法典》第 1165 条第 1 款中的“侵害（行为）”与第 1166 条规定的“行为人造成他人民事权益损害”的行为在价值判断上区别开来，法律没有对第 1166 条规定的“行为”作出价值判断。

(4) 从构成要件的角度看，条文中的“因……侵害他人民事权益造成损害”表达了两个要件：一是损害要件，即他人的民事权益受到损害；二是因果关系要件，即有过错的侵害行为与损害之间应当具有因果关系。“造成”二字是因果关系这一构成要件的立法表达，强调的是“侵害（行为）”与“他人民事权益损害”之间的因果关系。至于“因过错侵害”中的“因”强调的是过错与侵害（行为）之间的内在关系，并非指向作为过错侵权责任构成要件（侵害行为与损害之间）的因果关系。

由此可见：规定行为人过错责任的《民法典》第 1165 条第 1 款采用了法国侵权责任法的一般条款立法模式，同时吸收了德国关于过错责任的四要件说。这也是我国民法学界长期以来的主流观点。

需要指出的是，法国法的三要件说与德国法的四要件说不存在本质区别。不同的是，德国法的四要件说将过错（内心）与行为不法性（外在）作为两个相对独立的构成要件，而三要件说是将过错与不法行为作为一个整体进行考虑，认为内心的过错（故意或者过失）只有外化为行为的不法才有法律上的意义。按照这两种貌似很对立的理论检视绝大多数侵权案件，得出的结论基本上是一致的。

### （三）司法解释对构成要件的态度

最高人民法院的司法解释没有一般性地确认三要件说或者四要件说，但是最高人民法院曾在一项专门解释中似乎表明其接受四要件说。最高人民法院于 1993 年发布的《关于审理名誉权案件若干问题的解答》（现已废止）之七指出，认定侵害名誉权，应当考虑：（1）受害人确有名誉被损害的事实；（2）行为人的行为违法；（3）违法行为与损害之间有因果关系；（4）行为人主观上有过错。

### （四）主观过错与客观过错

三要件说与四要件说的根本分歧在于对过错之性质的认识之差别：主观过错说认为过错是主观的一种心理状态，而与行为无关。客观过错说认为过错并不在于行为人的主观心理状态具有可非难性，而在于其行为具有可非难性。客观过错说认为过错是违反法定义务、对受害人的权利之侵害或者未达到合理的行为标准的行为。实际上，客观过错说是将行为人的主观心理状态与客观行为合并起来考察，强调从客观方面判断行为的可归责性，弱化对行为人的心理状况的要求。正如有学者指出的那样：主观过错说强调主观过错为归责要件，解释了过错来源于行为人应受非难的主观心理状态，从而奠定了责任自负的基础，突出了侵权责任法的预防和教育功能。而客观过错说虽然有一些优点，但是它割裂了意志与行为的关系，否定了人的意志对行为的决定作用，因而不能准确地说明客观过错的内容和本质。一旦在理论上承认过错的主观性，也就合乎逻辑地接受一般侵权责任四要件构成的理论。

### （五）主张四要件说的结论

考虑到我国民法理论的德国法渊源、《民法典》第 1165 条第 1 款的规定、最高人民法院已往相关司法解释的态度以及我国民法学界多数人的主张，笔者认为，基于过错责任原则确认的一般侵权责任之构成要件应为四个：侵害行为、损害、侵害行为与损害之间的因果关系以及行为人的过错。也有学者称之为：违法行为、损害事实、因果关系和主观过错。

## 第二节　侵害行为

### 一、侵害行为的概念与性质

侵害行为也称为“加害行为”或者“自己实施的侵害行为”，是行为人实施的侵害受害人民事权益的不法行为。侵害行为不具有意思表示的要素，属于一种事实行为。侵害行为是一般侵权责任的构成要件之一。

侵害行为的概念，直接来源于罗马法上的私犯概念。罗马法上有所谓私犯和准私犯之区分。私犯是指自己实施的侵权（害）行为，准私犯则是指应当对他人实施的侵害行为或者物件等造成损害的事件承担侵权责任的情况。在一般侵权责任构成要件的领域，我们仅讨论自己实施的侵害行为作为侵权责任之构成要件的情况。

### （一）侵害行为是行为人自己实施的行为

在侵权责任法理论中，一般侵权责任构成要件中的“侵害行为”仅指行为人（某人既是行为实施者也是责任承担者）所实施的侵害行为（构成狭义侵权行为），而不包括雇员、被监护人等实施的侵害行为，以及动物、物件致害等情况（构成准侵权行为）。

### （二）侵害行为在本质上具有不法性

侵害行为或者说行为的不法性是一般侵权责任的构成要件或者本质特征，某些特殊侵权责任不以行为违法性为要件不能否定一般侵权责任领域侵害行为或者行为的不法性。“不法性”也称违法性，是指侵害行为违反法律或行政法规等规范性文件中的禁止性规定，或侵害受法律保护的民事权益尤其是绝对权利，以及与法律的基本原则、价值相对立。[1] 侵害任何一种绝对权利的行为当然具有明确的违法性；违反以保护他人为目的的法律之侵害行为、故意违反善良风俗的侵害行为，也都是具有广义违法性的行为。《民法典》第1165条第1款使用动词“侵害”一词，表明了法律对“行为”性质的否定判断。

### （三）侵害行为所侵害的是受害人的民事权益

侵害行为所作用的对象是受害人的民事权益。侵害的权利包括人格权、物权和准物权、知识产权和其他无形财产权利。婚姻家庭方面的权利有时也可能成为侵害行为所侵害的客体。债权只有在极其特别的条件下才成为侵害行为侵害的客体，这是由债权的相对性所决定的，单纯违约一般不构成侵权责任。某些人身和财产方面的利益可能成为侵害行为侵害的客体，主要包括受到法律保护的精神利益（如死者的人格利益）和财产利益。

## 二、侵害行为的分类

### （一）自己的侵害行为与他人的侵害行为

自己的侵害行为是指行为人自己实施的侵害他人民事权益的行为。在这一领域，法律一般强调行为人自己责任和过错责任。

准侵权行为，是指他人实施的侵害行为和物件等造成损害的情况。在准侵权行为领域，某些民事主体要对“他人的侵害行为”承担侵权责任。这些民事主体承担侵权责任，首先，不以自己行为为限；其次，不以过错责任为限。对他人行为造成损害承担责任的

---

① 参见王利明：《我国〈侵权责任法〉采纳了违法性要件吗?》，载《中外法学》，2012（1）。

情况通常包括：(1) 雇主对于雇员在执行雇佣事务过程中实施的侵害行为给第三人造成的损害承担侵权责任；(2) 监护人对被监护人给第三人造成的损害承担侵权责任；(3) 法律规定的其他情况。这些侵权责任不属于“一般侵权责任”，不适用《民法典》第1165条第1款的规定，责任承担适用侵权责任编第三章的规定。

#### (二) 直接侵害行为与间接侵害行为

侵害人的侵害行为直接作用于受害人的人身或者财产等受到法律保护的合法权益，为直接侵害行为；侵害人通过他人或者其他介质作用于受害人的人身或者财产等受到法律保护的权益，为间接侵害行为。后者如教唆无民事行为能力人对他人实施侵害，诱使他人违约导致第三人遭受财产损失等。

#### (三) 积极侵害行为与消极侵害行为

实施积极的作为导致他人损害的，为积极侵害行为；消极不履行法定的作为义务，导致受害人损害的，为消极侵害行为。绝大多数侵害行为都需要行为人的积极作为。只有在法律、行政法规等要求当事人承担积极作为义务的情况下，该当事人不履行积极的作为义务才构成消极侵害行为。这样的积极作为义务一般是由法律、行政法规、部门规章、操作规程等明确规定的。

## 第三节 损 害

### 一、损害的概念与分类

#### (一) 损害的概念与特征

损害也称损害后果，是指受害人一方因他人的侵权行为或者准侵权行为而遭受的人身、精神或财产方面的不利后果。损害是一般侵权责任，尤其是赔偿损失、恢复原状等填补损害性质的侵权责任承担方式的构成要件。侵权责任法所救济的损害，是指受害人在人身、精神或者财产方面遭受的不利后果。这种“不利性”表现为：财产的减少、利益的丧失以及精神痛苦或疼痛、生命丧失（死亡）、身体损害（如残疾）、健康损害、自由受限、知识产权等权利的损害等等。损害一般应当为现实的已经存在的“不利后果”，但是法律另有规定时，即使实际损害尚未出现，也认为已存在法律上的损害。

侵权责任法上的损害应当具有以下特征：(1) 损害是侵害合法民事权益所产生的对受害人一方人身或者财产的不利后果；(2) 这种损害在法律上具有救济的必要与可能；(3) 损害应当具有客观真实性和确定性。

#### (二) 损害的分类与证明

可以用不同的标准对损害进行分类，如以损害是否为复合构成，可分为单纯财产损失、单纯人身损害、单纯精神损害，人身损害与财产损失的复合损害、非财产损失与财产损失的复合损害以及人身损害与精神损害的复合损害，财产损失与精神损害及人身损害共同构成的复合损害等。

依据《民法典》第 1179 条至第 1184 条的规定，我们可以将损害作如下分类：

- 损害
  - 人身损害
    - 死亡
    - 伤残（残疾）
  - 精神损害
    - 轻微精神损害
    - 一般精神损害
    - 严重精神损害
  - 财产损失
    - 直接损失
    - 间接损失

关于损害，原则上应当由受害人一方进行举证和证明。受害人应当对损害之存在、损害的种类、范围和程度承担举证责任。但是对于某些非财产上的损害，无法要求受害人一方进行举证和证明，而是采取法律上的推定方式来确认，即法律上推定这种损害在事实上存在，无须当事人举证和证明，如对于侵害名誉权、隐私权的恶劣侵权案件，即可推定存在精神损害。

### （三）现实威胁或妨碍

损害虽然尚未实际发生，但已使他人的人身、财产受到现实威胁或者妨碍的，受到此等现实威胁或妨碍的人得请求停止侵害、消除危险、排除妨碍。（1）现实威胁是指当事人直接面临的遭受人身损害或财产损失的威胁。在面临现实威胁的情况下，人身损害或财产损失虽然尚未发生，但是其发生已经具有现实可能性，随时可能发生。当事人在受到现实威胁的情况下，可以请求停止侵害、消除危险。（2）妨碍是指行为人的行为造成对方行使权利或实现利益的不方便、困难状况，受到妨碍的一方有权请求排除妨碍。如果因行使这样的请求权而支出合理费用或者行为人的行为还导致受害人损失的，受害人得请求相应的损害赔偿。需要指出的是，停止侵害、消除危险、排除妨碍不属于一般侵权责任的责任承担方式，而属于“预防性侵权责任承担方式”，在我国也与物权法上的物权保护方式相交叉或重叠。

## 二、人身损害

人身损害是指侵害受害人的生命权、身体权、健康权导致的损害后果。侵害受害人的生命权，导致的损害后果是受害人死亡。侵害受害人的身体权、健康权，导致的损害后果是受害人的健康水平下降和疾病产生以及肢体、器官等的完好性被破坏、功能丧失或者降低，甚至残疾、丧失劳动能力。国家有关法律、行政法规对伤残程度（丧失劳动能力的程度）作出具体规定的，依其规定判断人身损害的程度。

## 三、精神损害

精神损害是指受害人的人身权益遭受他人侵害而产生的精神方面的痛苦、疼痛和严重的精神反常现象。通常在侵害人身权或者侵害特定的人格关系或精神利益所指向的对象（如死者的名誉、隐私、遗体、遗骨、坟墓等）或具有特定感情意义的物（如具有特殊意义的纪念物品）等案件中可能发生精神损害。一般说来，单纯侵害物权性质的财产权益或者纯粹经济利益、知识产权的财产权益部分，不会导致受害人的精神损害，即使受害人提出这样的主张，法院也不宜支持。

精神损害作为一种存在于受害人主观感受方面的损害，其证明是比较困难的，法律对其救济也采用更灵活的做法。一般将精神损害分为不同的程度，或者予以救济，或者不予救济。精神损害可以分为轻微精神损害、一般精神损害和严重精神损害。对于轻微精神损害，一般不支持以金钱赔偿的方式予以救济，但是被侵权人可以请求停止侵害、赔礼道歉等。对于一般精神损害，多数国家予以救济，而且不需要受害人进行证明即推定其存在。这种“一般损害”所对应的赔偿也是“名义上的赔偿”或者“适当赔偿”，而不是经过计算的较大数额的赔偿。对于严重精神损害，一般需要受害人加以证明，在证明存在严重精神损害时通常能获得较大数额的赔偿。《民法典》第 1183 条第 1 款规定：“侵害自然人人身权益造成严重精神损害的，被侵权人有权请求精神损害赔偿。”精神损害的认定，应当以法律规定或者最高人民法院司法解释的规定为依据。

## 四、财产损失

### （一）财产损失的概念与证明

财产损失（loss in property，economic loss）是指受害人因其财产或人身受到侵害而遭受的经济上的损失。财产损失可以是物的实际毁损，也可以是用具体数额的金钱加以计算的实际物质财富的损失。财产损失应当是实际的损失，想象的、虚构的、不能证明的或不能以具体数额的金钱计算的均不构成财产损失。但是这种实际损失不以侵害行为完成时出现的财产损失为限，已有财产权益的损失和可得财产权益的损失均为实际损失。这种实际损失的产生不以侵害财产权益为限，侵害财产权益诚然会出现财产损失；在有些情况下，侵害他人的人身权益也可能出现间接或附带的损失，此等财产损失也属于实际的财产损失。一般而言，侵害任何民事权益，都可能出现直接或者间接的财产损失。受害人对财产损失负有举证责任，应当证明存在财产损失和财产损失的种类、范围、数额，并对计算标准作出说明。

### （二）财产损失的分类

财产损失可以划分为直接损失和间接损失。前者亦称积极损失，后者亦称消极损失。

#### 1. 直接损失

直接损失一般是侵权行为或准侵权行为直接作用于受害人之财产权的客体所造成的

财产损失，或者受害人为了补救受到侵害的民事权益所为的必要支出。直接损失具有两个特征：（1）侵权行为或准侵权行为直接作用于受侵害的财产导致受害人财产利益的损失，或者侵害行为直接作用于受害人的人身或人格而发生必要的财产（金钱）支出。（2）直接损失，是受害人已有财产的减少。

**2. 间接损失**

间接损失是指受害人由于受到侵害而发生的可得财产利益的丧失，包括：（1）可得的财产之法定或天然孳息的丧失；（2）可得的经营利润等的丧失；（3）可得的收入包括工资、奖金等的丧失；（4）未来的可能的挣钱能力的丧失或者降低。间接损失具有如下特征：（1）在受害人受到侵害时，该财产权益尚未存在；（2）在通常情况下，如果受害人不受到侵害，这一财产上的权益是必然或者极有可能得到的。

## 第四节　因果关系

### 一、因果关系的概念

侵权责任法上的因果关系是指侵害行为与损害之间的引起与被引起关系。在对他人造成的损害承担责任或者对物的内在危险之实现导致的损害承担责任的情形（准侵权行为情形），因果关系是指他人的侵害行为或者物的内在危险之实现与损害之间的内在联系。行为人自己的侵害行为、他人（如被监护人、雇员等）的侵害行为或者物之内在危险的实现（如建筑物倒塌）是损害发生的原因，受害人遭受的损害则是结果。在这样的因果关系中，内在的联系应当是客观的，而且原因发生于结果之前，原因对于结果而言是近因并符合“相当因果关系”等的检验标准。因果关系是一般侵权责任，尤其是赔偿损失、恢复原状的侵权责任承担方式必须具备的条件。

### 二、两大法系关于因果关系的主要理论

#### （一）大陆法系因果关系的主要理论

（1）条件说。其基本含义是：凡是对于损害后果之发生起重要作用的条件行为，都是该损害后果法律上的原因。条件说又分为必要条件说与充分条件说。目前多数大陆法系国家不再坚持条件说的因果关系理论。

（2）相当因果关系说。相当因果关系说也称充分原因说，其基本含义是：行为人必须对以他的不法行为为相当条件的损害负赔偿责任，但是对于超出这一范围的损害后果不负侵权责任。相当原因必须是损害后果发生的必要条件，并且具有极大的导致损害后果发生的可能性即“客观可能性”。

（3）盖然因果关系说。这一理论实质上不是完整意义上的因果关系之认定理论，而仅仅是因果关系的一种证明方式。其基本含义是：受害人证明侵害行为与损害之间存在

相当程度的因果关系的可能性即达到了其证明责任的要求，然后由行为人对此进行反证。如果行为人不能证明因果关系不存在则认定因果关系存在；反之，则认定不存在因果关系。

### （二）英美法系侵权责任法上的因果关系理论

**1. 法律上的因果关系与事实上的因果关系**

英美法系侵权责任法理论将因果关系分为法律上的因果关系与事实上的因果关系。所谓法律上的因果关系是指原告所主张的事实和请求与某种特定的侵权诉因之间的关系：如果符合某种侵权诉因的要求，则认为存在法律上的因果关系；如果不符合该侵权诉因的要求，则认为不存在法律上的因果关系，被侵权人即使遭受损害也得不到相关法律规则的救济。所谓事实上的因果关系是指侵害行为（或者还包括大陆法系的“准侵权行为”）与损害之间的客观的内在联系，与大陆法系上的因果关系略同。

**2. 近因理论**

近因（proximate cause）理论是英美法系侵权责任法上关于因果关系的一种理论。依有些学者的见解，近因一词大致包含了事实上的因果关系问题和可能被称为“法律上的原因”或者“应当承担责任的原因”问题两方面的内容，但是更多的是指后者。严格说来，近因方面的问题与时间和空间的远近关系不大，只是在事实上的因果关系得到确认之后才发生。在法律规则要求存在一个“法律上的近因”，侵害行为与损害之间存在一个公平、公正意义上的“近距离”的时候，近因一词才有意义。比如，被告驾驶的汽车撞到另一辆汽车，导致被撞的汽车脱离道路而撞倒一根电线杆，输电线被拉断，该地区的供电停止。显然，事实上被告的过错是引起停电造成损害的事实上的原因，但是近因规则将在这一案件中被适用，被告将至少被免除部分责任。这只是由于公平的基本原理告诉我们：这些损害已经被远远地排除在过失驾驶的危险之外。

## 三、因果关系的检验方法

**1. 原因现象的客观性**

作为原因的现象应当是一种客观存在。质言之，只有外化的行为人的具体行为，才可能构成原因。相反，行为人的内在心理状态或受害人的主观猜测、估计等均不可能成为原因。此外，损害也应当是客观的。

**2. 时间上的顺序性**

在原因和结果之间必然存在时间上的顺序性。凡原因现象必然先于结果现象出现。因此，只有先于结果出现的现象，才可能成为其原因；凡后于结果出现的现象，均不可能成为其原因，而应被排除在因果关系的认定范围之外。如果“损害”在行为人实施“侵害行为”之前即已存在，则“侵害行为”与“损害”之间不存在因果关系，行为人无须为损害承担责任。

**3. 必要条件的检验**

原因是结果的必要条件。其基本含义是，作为原因的现象应当是作为结果的现象的必要条件。其检验方法主要有三。

一是反证检验法（but for），即提出一个反问句：要是没有甲现象，乙现象也会出现吗？如果回答是肯定的，则甲现象不是乙现象发生的原因；如果回答是否定的，则甲现象可能为乙现象发生的原因。“假如没有（but for）被告的过错行为，原告的损害就不会发生的话，那么被告的过错行为就是损害发生的一个原因。这并不排除还存在其他相关的原因。”

二是剔除法（elimination）。其特点是在思维上重建一个拟制的模式，排列各种可能的原因现象，然后一个接一个地剔除这些现象，观察结果现象是否会发生。如果某一现象被剔除时结果现象仍然发生，则可认定被剔除的现象不是原因。

三是“代替法”。它不是把行为人的行为从案情中剔除出去，而是在思维模式上将该行为由一合法行为取代。如果被取代后，损害后果仍然发生，则被取代的行为不是原因；反之，被取代的行为就是原因。

**4. 实质要素的补充检验**

实质要素（substantial factor）的补充检验之基本含义是，如果侵害行为实际上足以引起损害结果的发生，那么它就是引起损害结果的原因。实质要素的补充检验不是对必要条件检验方法的否定，而是对必要条件检验方法的一种补充。考虑到实质要素的补充检验与必要条件检验的关系，在具体适用中我们总是先使用必要条件检验的三种方法，只有在必要时才补充使用实质要素的检验方法。

上述四个方面的检验，既考虑到哲学上因果关系的共性，又充分体现了侵权责任法中因果关系的个性。通过这四个方面的检验，我们能排除各种无关的或相关的非原因因素，找到具体案件中引起损害结果的真正的实际原因。

## 四、因果关系的形态

行为人的侵害行为与损害后果之间的因果关系表现为多种不同形态。这也体现了哲学上因果联系多样性的共性。

**1. 一因一果**

在侵权责任的认定中，一因一果是指原因和结果均为单数，原因为行为人的单个侵害行为，结果为受害人的单一损害后果。这是侵权责任认定中最常见的一种因果联系形态。

**2. 一因多果**

一因多果是指原因为单数、结果为复数（两个或两个以上），原因为行为人的单个侵害行为，结果为数个受害人的损害后果或一个受害人的多个损害后果，如汽车司机甲违法超车而撞上正在正常行驶的另一汽车，同时撞伤该车里的几位乘客。于一因多果情形，行为人应对多个损害后果承担责任。

**3. 多因一果**

多因一果是指原因为复数、结果为单数，原因为多个行为人的多个侵害行为，结果为受害人的单一损害后果。假设甲误伤乙后随即将乙送进医院治疗，但医院疏于医护，导致乙伤口感染化脓并造成严重后遗症。在此，甲的行为与医院的行为均为原因，它们共同导致了乙的损害后果。《民法典》第1171条、第1172条规定了两种形态的多因一果："多因"共同作用下的"一果"，"多因"分别作用下的"一果"。于后者，因果关系具有推定的性质。

**4. 多因多果**

多因多果是指原因为复数、结果也为复数，原因为多个行为人的多个侵害行为，结果为受害人的多项损害后果或多个受害人的损害后果。

无论是在一因多果的情形还是在多因多果的情形，都应当将各种结果分别计算清楚。但在具体处理时又应当将其视为案件的一个整体，而不是将其中任何一项结果孤立对待。我们称"多因一果"和"多因多果"两种情形为"多因现象"。还需要指出的是，共同侵权行为中虽然有数个行为人参与了侵害行为，但是其各自的行为并不具有独立的价值，而只是构成具有关联性的统一行为的一个部分，正是这一具有关联性的统一行为导致了损害结果的发生。因此，共同侵权行为不属于多因现象的情况。

## 五、因果关系的证明与推定

### (一)"谁主张谁举证"与"举证责任倒置"

无论是根据实体法的要求还是根据民事诉讼法"谁主张谁举证"的原则，在一般情况下，证明因果关系的责任应由原告承担，即原告为证明的主体。但是我国法律规定了三种特别情况：(1) 被告欲以"损害是因受害人故意造成的"为由否认其责任的，不仅应当证明受害人主观上的故意，而且应当证明其基于故意的行为与损害后果之间的因果关系(《民法典》第1174条)。(2) 被告欲以"第三人的过错造成损害"为由否认其责任的，不仅应当证明第三人的过错，而且应当证明第三人基于过错的行为与损害后果之间的因果关系(《民法典》第1175条)。(3) 被告欲以被侵权人的过错为由主张减轻损害赔偿责任的，不仅应当证明被侵权人的过错，而且应当证明被侵权人的过错行为与损害的发生或者扩大存在因果关系(《民法典》第1173条)。

为了保护受害人的利益，在某些特定条件下，法律可以直接规定由被告承担证明因果关系不存在的责任。《民法典》第1230条规定：因污染环境、破坏生态发生纠纷，行为人应当就法律规定的不承担责任或者减轻责任的情形及其行为与损害之间不存在因果关系承担举证责任。

### (二) 证明的程度

一般说来，传统的侵权责任法要求原告对因果关系之存在进行充分的证明，以完全揭示出原因现象与结果现象之间的内在联系。但随着过错推定，尤其是无过错责任原则的运用，在一些情况下法律降低了对证明程度的要求，具体表现为两种情形：一是当原告证明至一定程度时，法律认为可将举证责任转移给被告一方——由被告证明因果关系之不存在。二是在一定条件下接受统计学和社会流行病学（epidemiology）的证明方法等。这样的证明方式现较多运用于某些污染环境、破坏生态致人损害案件，缺陷产品致人损害案件，以及某些有害物体致人损害案件。原告所证明的与其说是因果关系之存在，倒不如说是因果关系存在的较大可能性（盖然性）。

## 第五节　过　错

### 一、过错的概念与属性

过错是指行为人的一种可归责的心理状况，表现为故意和过失两种形态。过错责任原则是侵权责任法的主要归责原则，即一般侵权责任的构成以行为人一方的过错为要件。

关于过错的性质，在学说上主要有两种主张，即主观过错说和客观过错说。主观过错说的核心观点是：过错是指行为人的主观方面，即过失或故意的心理状况，因而应当把过错与行为的不法性区别开来，“过错与人相关，不法则是对行为的描述”。主张客观过错的学术则观点认为，过错和侵害行为是彼此不可分离的，因而将二者结合为一个责任构成要件。依据这样的观点，一般侵权责任的构成要件不是四个而是三个，即过错、损害和因果关系。其中的“过错”是客观的，即过错不是或者主要不是行为人的主观心理状态，而是行为人的行为的违法性质。主观说和客观说各有可取之处，但也都存在一定的局限性。完全否认主观方面的过错与侵害行为之间的联系，是一种机械的认识；将主观方面的过错与客观上的行为违法性混为一谈，又忽视和抹杀了其各自的特点和独立价值。就其本质而言，过错是一种主观的东西，是行为人的可归责的心理状况，它具体表现为故意和过失两种形态。

过错作为可归责的事由，在于其本质上的不正当性或者不良性。其不正当性或不良性有两层含义：其一，过错作为不正当或者不良的心理状态，表现为它不同于一个正常的人在正常情况下的正常心理反应，它是一种不正当或者不良的心理反应过程。其二，过错不同于普通的心理状态的内容，这种心理状态包含了不良的或者不正当的动机或目的，或者包含了引起他人损害的心理驱动力。如果这种心理状况通过一定的行为反映出来，必将对他人造成损害和对民事秩序产生破坏。基于这两个方面的不正当性或者不良性，侵权责任法将过错确认为一种最常见的“可归责事由”，行为人应当对自己的过错心理状态承担可能的责任。

行为人的过错往往通过一定侵害行为反映出来，我们可以通过对其外在行为的研究来判断其有无过错或过错的大小、种类。行为人的过错只有外化为侵害行为，才具有法律上的意义。正如我们不得在刑事法律领域追究所谓“单纯思想犯”的刑事责任，如果当事人仅有过错（如企图损害他人之财物）而没有实施具体的侵害行为，也不构成侵权责任。行为人的过错与其侵害行为的关系是：过错是侵害行为的心理基础和驱动力，侵害行为是过错的外在表现；但是存在过错并不必然出现侵害行为，出现侵害行为也并不必然基于过错（如无过错责任案件中的侵害行为）。

过错作为侵权责任构成之要件，表明了法律和道德的价值评判。在这一领域（过错责任领域），法律和道德只是对有过错者作出否定的评价，并以此作为侵权责任的基础对行为人予以特别警告和对社会公众予以一般警告。

## 二、故意

### （一）故意的概念与分类

行为人预见到损害后果的发生并希望或放任该结果发生的心理状态，谓之故意（intention）。故意可以分为直接故意和间接故意。直接故意，是指行为人预见到自己的行为可能导致损害后果，但仍然追求损害后果发生的一种心理状况。间接故意，是指行为人预见到损害结果的发生，但是放任这种结果发生的一种心理状态。与过失不同，故意表现为行为人对损害后果的追求、放任心态，而过失表现为行为人不希望、不追求、不放任损害结果发生的心态。刑法比较严格区分直接故意与间接故意，因为二者对行为人的刑事责任影响甚大。民事责任不同于刑事责任，通常不是以行为人主观恶性之大小来确定法律责任，因此在实践中多不必对故意的形态作深入研判。此外，学理上还将故意区分为一般故意与恶意。恶意，为故意中之恶劣者，某些侵权责任之构成（如恶意诉讼）以行为人主观上有恶意为要件。

### （二）故意的可归责性

行为人应当对其故意行为造成的损害承担责任，因为他具有直接追求或者间接放任他人的合法权益受到损害的恶劣心态。这种心理状态的不正当性和不良性是显然的。如果不由具有这样心理状态的行为人承担相应的侵权责任，势必从根本上破坏现存的民事法律秩序，使多数人的合法权益得不到保障。故意的心理状态之所以具有可归责性，还在于行为人对于损害的发生具有完全的控制力和主动性。在自己对损害结果有控制力和主动性的情况下致人损害，当然应当承担相应的民事责任。

故意是一种典型的可归责的心理状况，但它也必须通过行为人一定的侵害行为表现出来。在某些情况下，通过对行为人之行为的整个过程的考察，我们可以认定行为人的故意。而在一些极端性的侵权案件（如持刀连续伤害多人）中，事件本身就足以说明行为人的故意心理状况，而无须就其过错进行举证。

### （三）故意的内容与判断标准

在侵权责任法领域，故意的内容表现为行为人对他人之合法权益的主动、积极的否定：首先是“明知”损害结果发生的可能性，其次是“希望”或者“放任”损害结果发生之心理状态。故意的判断标准为主观标准，即行为人自身是否“明知”并“希望”或“放任”的心理状态，是判断其有无故意的标准。

## 三、过失

### （一）过失的概念与分类

“行为人丧失他的应有的预见性，叫作过失。”过失（negligence）为过错之一种，它表现为行为人因疏忽或轻信而未达到应有的注意程度的一种不正常或不良的心理状态，是侵权责任法中最常见的过错形态。过失可以分为两种：一种表现为行为人对自己行为的后果应当或者能够预见而没有预见，谓之疏忽的过失；另一种表现为行为人虽然预见到了其行为的后果，却轻信此种后果可以避免，谓之轻信的过失。

### （二）过失的可归责性

过失的可归责性也在于这种心理状态的不正当性或者不良性。同时还应当看到，一个人生活在法治社会，一方面享有广泛的权利和行为自由，另一方面又必须履行自己的义务、尊重他人的权利和自由。在侵权责任法领域，过失的可归责性在于，行为人主观上能够预见到损害结果的发生，而未能预见损害结果的发生，或者虽然预见到了损害结果的发生，但是未施以必要程度的注意，而致使其行为在客观上有损他人权益。行为人的行为就本质而言是处于其控制之下的，且损害结果是可以因为行为人的适当注意而避免的。正是行为人在主观上的疏忽或者轻信，放任了自己的行为而导致损害结果的发生，所以行为人应当对自己的过失承担相应的责任。

### （三）过失的内容

过失作为一种可归责的心理状态，或表现为疏于一般注意，或表现为疏于特别注意。前者是法律对于一般人（无特别义务或职责的人）在通常情况下的一种心理状况的要求。后者是法律对于从事特别职业的人（如消防队员）在特别情况下的一种心理状况的要求，比如，法律要求一名消防队员在灭火救人时不得有放任火势之心理，更不得贪生怕死。

### （四）过失的程度

在侵权责任法中，过失依程度可以分为重大过失、一般过失和轻微过失。重大过失表现为行为人的极端疏忽或极端轻信的心理状况，疏于特别的注意义务往往属于重大过失，如外科医生在缝合胸腔时无视操作规程的要求，没有进行检查而将手术钳遗留在患者体内。一般过失是指一般人在通常情况下的过失。轻微过失是指较小的过失，如偶然误入他人土地，即可认为是轻微过失。区分不同的过失程度对于实践中行为人对损害后果承担责任等具有重要意义。在有的案件中，行为人的过失达到了比较严重的程度方构成侵权责任。在有些案件中，法官出于司法政策考量，不区别故意与重大过失，有所谓重大过失等同故意。在立法上，某些侵权责任的构成，也以故意或重大过失为要件。

## 四、过失的判断标准

行为人存在过失与否，判断的基本标准是其是否达到了应当达到的注意程度。如果他达到了应当达到的注意程度就没有过失，反之则有过失。“应当达到的注意程度”，或者是法律、行政法规、部门规章、操作规程等所明确要求的，或者是一个理性人的行为所要求的。此外，在判断行为人的过失时，也会适当考虑其自身情况。在侵权责任法理论上，关于判断过失的标准有主观说、客观说和折中说。笔者认为折中说比较合理，判断是否有过失主要应当考虑行为人是否达到了法律、行政法规、部门规章、操作规程等的要求以及一个理性人在当时、当地条件下所应作出的合理反应，不是仅仅考虑行为人自身的情况。

### (一)“理性人”的注意程度对行为人注意程度的要求

#### 1. 侵权责任法上的“理性人” (reasonable man)

在多数情况下，人们对于他人的民事权益之保护仅仅负有一般的注意义务。此时，“理性人”的客观标准就发挥重要作用。“理性人”，也称“诚信之人”“善良家父”“善良管理人”等。“理性人”可以分为初始状态的“理性人”和附加一定条件的“理性人”。“理性人”不是一个具有崇高觉悟的社会先进分子，也不是受过特别高级教育的知识分子或者掌握特别技能的技术人员；他也不是道德水平低下、缺乏一般教育、没有任何谋生技能的人。他是具有其所处的社会的一般道德水平、一般教育程度等“一般性”的特征的人。

#### 2. “理性人”的注意程度

这个“理性人”在遇到一定的涉及他人权益的情况时，在主观心理上会达到一定的注意程度，在客观上会按照自己的已有的注意程度指导自己的行为。我们将“理性人”的注意程度作为判断行为人有无过失的标准，具体做法是：将一个“理性人”在当时当地及其他同样条件下所达到的注意程度与行为人的注意程度相比较。“理性人”的注意程度，就是法律对于一般的人所要求的注意程度。如果行为人的注意程度达到或者超过了“理性人”的注意程度，也就达到或超过了一般的注意程度，在法律上就不认为行为人存在过失；反之，如果行为人未能达到“理性人”的注意程度，也就没有达到一般的注意程度，在法律上就认为其存在过失。

一个“理性人”的注意程度的标准在理论上往往是抽象的，只有将其运用于具体的案例，才可能得到较为具体的理解。比如，一个人开车行驶在街道上，见到道路的不远处有一物体，很可能是有人躺在街道上（如病人、醉汉）或者是他人车上失落的物品。这时，可能出现至少三种不同的心理状况：（1）想到停车，给予他人或者失落物品之人以尽可能的帮助；（2）想到减速缓行，绕过前面的物体；（3）毫不心动，甚至想开车轧过去，或者想停车趁火打劫。第一种心理状况属于具有高尚道德水平的人所具有的，应当提倡，但是难以作为一般的标准来要求全体社会成员。第三种心理状态属于落后的社会成员所具有的，也不适合将它作为一般标准来放任其他社会成员。只有第二种心理状态符合多数社会成员的道德水平，可以用以要求全体社会成员一体达到这样的标准。这就是一个“理性人”的注意程度的标准。

### 3. 对于“理性人”的“一般性”把握

困难的是，“一般的道德水平”“一般的教育程度”“一般的技能”等是较为不确定的。在英美法国家，也许陪审团成员所达成的共识能够反映其社会的道德水平、教育程度、技能程度等的“一般性”。而在没有陪审制的诉讼中，这个“一般性”就主要取决于法官的认识。法官深刻理解社情民意是正确判断“一般性”的基础。

## （二）法律、行政法规、部门规章和操作规程等对特别注意程度的要求

有些法律专门规定了在特定情况下特定行为人的特别注意程度，例如医生对于患者之健康的注意程度，律师对于当事人的诉讼权利的注意程度，运送乘客的运输公司对于客人的生命、健康安全的注意程度等，都有专门的法律规定，都比一般的注意程度高得多。

除了法律、行政法规和部门规章等对特定主体在特殊情况下的特别注意义务有要求，一些行业的操作规程也对有关人员的注意义务予以特殊的规定，要求当事人应当达到特别的注意程度，如在医院手术室工作的人应当遵循一定的消毒程序，外科医生进行某项手术应当遵循一定的操作规范，护士在进行青霉素等药品注射前应当对患者进行皮下试验等。

负有特别注意义务的当事人，不仅要达到一般的注意程度，而且要达到特别的注意程度。只有在心理上达到了法律、行政法规、部门规章、操作规程等规定的特别注意程度，才不具备“可归责的”心理状态，进而不承担侵权责任。

## （三）关于行为人的自身情况（主观因素）

行为人的自身情况，是指行为人的年龄、智力、知识、经历、经验等方面的情况。这些情况对于行为人而言，虽然是“主观因素”，却也是一种客观存在。在判断行为人有无过失时，是否应当考虑其自身的因素呢？笔者认为：（1）对于负有特别注意义务的人而言，无须考虑其自身的因素，因为负有特别义务的人首先就是法律对其职业有特殊要求的人，如对于医生、律师等，法律均规定了其任职的条件和资格。如果具备了相应的条件和资格，就必须能够达到有关的特别注意的要求。（2）我国民事法律原则上不考虑当事人的“主观因素”对于判断其有无过失或是否尽到一般注意的影响。但是，我们注意到了“理性人”在具体的案件中可能的附加因素和条件，实际上也就从另外一面考虑了行为人的自身情况。所不同的是，我们采取的是通过修改或者完善标准（较为灵活地确定“理性人”的注意程度）的方法来实现个案的实质公平、正义。

**深度阅读**

1. 程啸. 论个人信息侵权责任中的违法性与过错. 法制与社会发展，2022 (5).

2. 柳经纬，周宇. 侵权责任构成中违法性和过错的再认识. 甘肃社会科学，2021（2）.

3. 叶金强.《民法典》第 1165 条第 1 款的展开路径. 法学，2020（9）.

4. 王利明. 我国《侵权责任法》采纳了违法性要件吗?. 中外法学，2012（1）.

5. 朱虎. 过错侵权责任的发生基础. 法学家，2011（1）.

6. 张新宝. 侵权责任构成要件研究. 北京：法律出版社，2007：第二部分（损害），第三部分（因果关系），第四部分（过错）.

7. 叶金强. 侵权构成中违法性要件的定位. 法律科学（西北政法学院学报），2007（1）.

8. 张新宝. 侵权行为法的一般条款. 法学研究，2001（4）.

## 问题与思考

**一、思考题**

1. 简述主观过错与客观过错对一般侵权责任构成要件的影响。

2. 试述因果关系的判断以及推定。

3. 简述关于侵权责任构成要件的“三要件说”和“四要件说”。

**二、练习题**

1. 简述一般侵权责任的构成要件。

2. 简述过错的概念、属性以及判断标准。

3. 简述我国侵权责任法上的损害。

第四章

# 数人共同的侵权责任

**常考知识点**

共同侵权行为　共同危险行为　意思联络　行为关联　连带的侵权责任　按份的侵权责任　补充的侵权责任

## 第一节　数人共同的侵权责任概述

### 一、数人共同的侵权责任的概念与分类

#### （一）数人共同的侵权责任的概念以及其特征

**1. 数人共同的侵权责任的概念**

在侵权责任法领域，单个的责任主体对某一损害后果单独承担侵权责任为常态，数个独立的主体对同一损害后果承担共同的侵权责任则为例外，需要由法律加以特别规定。这种由数个主体对同一损害后果承担侵权责任的责任承担情形，为数人共同的侵权责任。这是对数人共同的侵权责任的广义理解。狭义的共同侵权责任，仅指连带的侵权责任。《民法典》规定了连带的侵权责任、按份的侵权责任以及补充的侵权责任。本章从广义的角度讨论数人共同的侵权责任。

**2. 数人共同的侵权责任的特征**

数人共同的侵权责任具有以下法律特征：（1）承担侵权责任的主体为二人或者二人以上，即责任主体为复数，可以是数个自然人，也可以是数个法人或非法人组织，或者数个自然人和法人或非法人组织的集合。这些人均为独立承担民事责任的主体，而不存在雇主与雇员之间的关系、监护人与被监护人的关系或者其他替代责任关系。（2）数人对同一损害后果承担侵权责任，而不是数人对不同的损害后果承担责任。也就是说，被侵权人一方对该数人享有一个统一的损害赔偿（或其他民事责任承担方式）的请求权，数人承担共同侵权责任是为了满足该统一的请求权。（3）数人承担共同的侵权责任的方式，即数个责任主体与被侵权人一方的请求权之间的联系，具有多样性。数人承担何种共同的侵权责任，由法律加以规定。

### （二）数人共同的侵权责任的分类

依据我国民事法律和司法解释的规定，就数人对同一损害后果承担的共同的责任可以作以下分类：（1）数人对同一损害后果承担连带的侵权责任；（2）数人对同一损害后果承担按份的侵权责任；（3）在数个责任主体中，部分责任主体承担全部侵权责任，部分责任主体承担全部或者部分补充的侵权责任。

## 二、数人承担连带的侵权责任

### （一）连带的侵权责任的概念

《民法典》第 178 条第 1 款规定："二人以上依法承担连带责任的，权利人有权请求部分或者全部连带责任人承担责任。"《民法典》侵权责任编（第 1168 条至第 1171 条）规定了连带的侵权责任的一般规则。

数人承担连带的侵权责任，是指数个责任主体作为一个整体对损害共同承担责任；其中任何一个责任主体对全部损害都要承担侵权责任；责任主体之一人（或者部分人）对全部损害承担了侵权责任之后，他有权向未承担责任的其他责任主体追偿，请求偿付其应当承担的赔偿份额。而从被侵权人一方来看，他既可以向全部责任主体主张权利，请求他们承担对全部损害的赔偿责任，也可以向部分责任主体主张权利，请求他（或他们）承担全部赔偿责任。一旦责任主体中的一人（或者部分人）赔偿了全部损害，也就履行了全部赔偿义务，被侵权人一方不得再对其他责任主体提出请求；反之，如果被侵权人一方的请求没有得到实现或者没有完全得到实现，则他可以向其他责任主体请求赔偿全部损害或者赔偿剩余的部分损害。连带的侵权责任主要适用于赔偿损失的责任承担方式。但理论上，其对于恢复原状的责任承担方式也是适用的。

### （二）数个责任主体承担连带的侵权责任后的内部追偿

《民法典》第 178 条第 2 款规定："连带责任人的责任份额根据各自责任大小确定；难以确定责任大小的，平均承担责任。实际承担责任超过自己责任份额的连带责任人，有权向其他连带责任人追偿。"在一个或者数个责任主体清偿了全部赔偿债务后，支付了赔偿金的责任主体有权请求其他共同责任主体支付一定的金额，以补偿其承担超出自己应承担的赔偿责任而受到的损失。这就是数个责任主体承担连带的侵权责任后的内部追偿。

数个责任主体承担连带的侵权责任后的内部追偿应当遵循以下原则：（1）比较过错原则，即对数个共同责任主体在实施共同侵权行为时的过错进行比较，过错较大的最终分担较大份额的赔偿金额；过错较小的最终分担较小份额的赔偿金额；过错不相上下、难以比较大小的，原则上平均分担。（2）比较原因力原则，即对数个共同责任主体在实施共同侵权行为时各自所起的作用进行比较，所起作用重要的最终分担较大的赔偿额，所起作用较小的最终分担较少的赔偿额，如果每个侵权人的作用不相上下原则上平均分担。（3）衡平考虑原则。该原则也称公平考虑原则或者司法政策考虑原则，是指在共同责任主体之间最终分担赔偿份额时适当考虑各侵权人的经济状况和其他相关因素。《民法典》第178条体现了这样的法律精神。

### （三）连带的侵权责任之适用范围

《民法典》第178条第3款规定：连带责任，由法律规定或者当事人约定。依据我国法律规定，连带的侵权责任适用于以下五种情形：（1）实施共同侵权行为的数个侵害行为人；（2）帮助、教唆他人实施侵权行为的人；（3）实施共同危险行为的数个危险行为人；（4）原因竞合情况下的多数侵权人；（5）法律直接规定数个责任主体承担连带的侵权责任的情况。《民法典》第1195条、第1197条规定了网络侵权中的两种连带责任，第1211条、第1214条、第1215条规定了机动车交通事故责任中的三种连带责任，第1241条和第1242条规定了高度危险造成损害的两种连带责任，第1252条规定了建筑施工造成损害的连带责任。

我国其他法律和司法解释规定数个责任主体承担连带的侵权责任的情况主要包括以下几种。

**1. 广告法上的共同侵权责任**

《广告法》（2021年修正）第56条第2款和第3款规定："关系消费者生命健康的商品或者服务的虚假广告，造成消费者损害的，其广告经营者、广告发布者、广告代言人应当与广告主承担连带责任。""前款规定以外的商品或者服务的虚假广告，造成消费者损害的，其广告经营者、广告发布者、广告代言人，明知或者应知广告虚假仍设计、制作、代理、发布或者作推荐、证明的，应当与广告主承担连带责任。"

**2. 证券法上的共同侵权责任**

根据《证券法》（2019年修订）第24条、第44条、第85条、第163条、第183条规定，以下情况构成共同侵权：

（1）国务院证券监督管理机构或者国务院授权的部门对已作出的证券发行注册的决定，发现不符合法定条件或者法定程序，尚未发行证券的，应当予以撤销，停止发行。已经发行尚未上市的，撤销发行注册决定，发行人应当按照发行价并加算银行同期存款利息返还证券持有人；发行人的控股股东、实际控制人以及保荐人，应当与发行人承担连带责任，但是能够证明自己没有过错的除外。

股票的发行人在招股说明书等证券发行文件中隐瞒重要事实或者编造重大虚假内容，已经发行并上市的，国务院证券监督管理机构可以责令发行人回购证券，或者责令负有责任的控股股东、实际控制人买回证券。

（2）上市公司、股票在国务院批准的其他全国性证券交易场所交易的公司持有5%以上股份的股东、董事、监事、高级管理人员，将其持有的该公司的股票或者其他具有股权性质的证券在买入后6个月内卖出，或者在卖出后6个月内又买入，由此所得收益归该公司所有，公司董事会应当收回其所得收益。但是，证券公司因购入包销售后剩余股票而持有5%以上股份，以及有国务院证券监督管理机构规定的其他情形的除外。

前述董事、监事、高级管理人员、自然人股东持有的股票或者其他具有股权性质的证券，包括其配偶、父母、子女持有的及利用他人账户持有的股票或者其他具有股权性质的证券。

公司董事会不按照前述规定执行的，股东有权要求董事会在30日内执行。公司董事会未在上述期限内执行的，股东有权为了公司的利益以自己的名义直接向人民法院提起诉讼。

公司董事会不按照前述的规定执行的，负有责任的董事依法承担连带责任。

（3）信息披露义务人未按照规定披露信息，或者公告的证券发行文件、定期报告、临时报告及其他信息披露资料存在虚假记载、误导性陈述或者重大遗漏，致使投资者在证券交易中遭受损失的，信息披露义务人应当承担赔偿责任；发行人的控股股东、实际控制人、董事、监事、高级管理人员和其他直接责任人员以及保荐人、承销的证券公司及其直接责任人员，应当与发行人承担连带赔偿责任，但是能够证明自己没有过错的除外。

（4）证券服务机构为证券的发行、上市、交易等证券业务活动制作、出具审计报告及其他鉴证报告、资产评估报告、财务顾问报告、资信评级报告或者法律意见书等文件，应当勤勉尽责，对所依据的文件资料内容的真实性、准确性、完整性进行核查和验证。其制作、出具的文件有虚假记载、误导性陈述或者重大遗漏，给他人造成损失的，应当与委托人承担连带赔偿责任，但是能够证明自己没有过错的除外。

（5）证券公司承销或者销售擅自公开发行或者变相公开发行的证券的，责令停止承销或者销售，没收违法所得，并处以违法所得1倍以上10倍以下的罚款；没有违法所得或者违法所得不足100万元的，处以100万元以上1 000万元以下的罚款；情节严重的，并处暂停或者撤销相关业务许可。给投资者造成损失的，应当与发行人承担连带赔偿责任。对直接负责的主管人员和其他直接责任人员给予警告，并处以50万元以上500万元以下的罚款。

**3. 证券市场虚假陈述的共同侵权责任**

最高人民法院《关于审理证券市场虚假陈述侵权民事赔偿案件的若干规定》规定了几类构成共同侵权的情形：

（1）发行人的控股股东、实际控制人组织、指使发行人实施虚假陈述，致使原告在证券交易中遭受损失的，原告起诉请求直接判令该控股股东、实际控制人依照该规定赔偿损失的，人民法院应当予以支持。

（2）公司重大资产重组的交易对方所提供的信息不符合真实、准确、完整的要求，导致公司披露的相关信息存在虚假陈述，原告起诉请求判令该交易对方与发行人等责任主体赔偿由此导致的损失的，人民法院应当予以支持。

（3）有证据证明发行人的供应商、客户，以及为发行人提供服务的金融机构等明知发行人实施财务造假活动，仍然为其提供相关交易合同、发票、存款证明等予以配合，或者故意隐瞒重要事实致使发行人的信息披露文件存在虚假陈述，原告起诉请求判令其与发行人等责任主体赔偿由此导致的损失的，人民法院应当予以支持。

**4. 《产品质量法》规定的共同侵权责任**

（1）产品质量认证机构对不符合认证标准而使用认证标志的产品所承担的连带责任。

产品质量认证机构违反《产品质量法》第 21 条第 2 款的规定，对于不符合认证标准而使用认证标志的产品，未依法要求其改正或者取消其使用认证标志资格的，对于因产品不符合认证标准给消费者造成的损失，与产品的生产者、销售者承担连带责任；情节严重的，撤销其认证资格。

（2）社会团体和中介机构向社会推荐产品的连带责任。社会团体、社会中介机构对产品质量作出承诺、保证，而该产品又不符合其承诺、保证的质量要求，给消费者造成损失的，与产品的生产者、销售者承担连带责任。

## 三、数人承担按份的侵权责任

### （一）数人承担按份的侵权责任的概念

《民法典》第 177 条规定："二人以上依法承担按份责任，能够确定责任大小的，各自承担相应的责任；难以确定责任大小的，平均承担责任。"按份责任是与连带责任相对的一种数人共同的侵权责任。数人承担按份的侵权责任，是指在数个责任主体承担共同侵权责任之情形，每一个责任主体只对其应当承担的责任份额负清偿义务，不与其他责任主体发生连带关系的侵权责任，即不存在追偿问题。任何一个责任主体在承担了自己份额的赔偿责任后，即从损害赔偿等侵权责任关系中解脱出来。从被侵权人一方来看，于数人承担按份的侵权责任之情形，他只能分别向各责任主体主张不同份额的损害赔偿，这些主张的总和等于其全部损害。但是，这样的分别主张原则上应当在一个诉讼中提出，各责任主体应当作为同一案件的共同被告。

### （二）数人承担按份的侵权责任之份额确定

数人承担按份的侵权责任，其责任份额由两个因素决定：（1）各责任主体的过错大小，过错较大的承担较大份额的责任，过错较小的承担较小份额的责任；（2）各责任主体的侵害行为原因力的大小，其行为原因力较大的承担较大份额的责任，其行为原因力较小的承担较小份额的责任。

在无法对过错大小和侵害行为原因力大小进行比较（法律规定的难以确定责任大小）的情况下，数个侵权人平均承担赔偿责任。

## 四、数人中部分承担全部侵权责任、部分承担补充的侵权责任

### （一）补充的侵权责任的概念

补充的侵权责任，简称为补充责任或补充赔偿责任，是指在一个侵权行为造成的损害事实产生了两个相重合的赔偿请求权的情况下，法律规定权利人必须按照先后顺序行使赔偿请求权，只有排在前位的赔偿义务人的赔偿不足以弥补损害时，才能请求排在后位的赔偿义务人赔偿。在这样的案件中，后位赔偿义务人承担的侵权责任为补充的侵权责任。

### （二）补充的侵权责任的适用范围

《民法典》第 1198 条第 2 款规定了安全保障义务人的补充责任："因第三人的行为造成他人损害的，由第三人承担侵权责任；经营者、管理者或者组织者未尽到安全保障义务的，承担相应的补充责任。经营者、管理者或者组织者承担补充责任后，可以向第三人追偿。"《民法典》第 1201 条规定了教育机构的补充责任："无民事行为能力人或者限制民事行为能力人在幼儿园、学校或者其他教育机构学习、生活期间，受到幼儿园、学校或者其他教育机构以外的第三人人身损害的，由第三人承担侵权责任；幼儿园、学校或者其他教育机构未尽到管理职责的，承担相应的补充责任。幼儿园、学校或者其他教育机构承担补充责任后，可以向第三人追偿。"此外，依据我国法律的规定，监护人责任实际上也是补充责任（《民法典》第 1188 条第 2 款）。《民法典》第 1254 条第 2 款规定的物业服务企业未尽到安全保障义务承担的侵权责任，一般认为也是补充责任。

### （三）全部补充责任与相应补充责任

侵权责任法规定了两种补充责任，即全部补充责任与相应补充责任。监护人承担的是全部补充责任，安全保障义务人和教育机构等承担的是相应补充责任。于前者，"缺多少补多少"，补充责任之承担将使被侵权人的全部损害得到赔偿。于后者，承担补充责任者只是承担与其过错大小相适应的补充责任，同时还可能考虑盈利状况等因素。

# 第二节　共同侵权行为

## 一、共同侵权行为的概念与分类

《民法典》第 1168 条规定："二人以上共同实施侵权行为，造成他人损害的，应当承担连带责任。"理论上，按照共同侵权数人之间有无主观上的共同过错（共同故意或共同过失），可将共同侵权分为两类：有意思联络的共同侵权和无意思联络的共同侵权。（1）数个侵权人有共同故意或共同过失的共同侵权，是指二人以上共同故意或者共同过失致人损害的情形。数人之间的共同过错，可以是数人都是故意或者数人都是过失，也可以是部分人为故意、部分人为过失。这是所谓的"主观说"。（2）数个侵权人无共同故意或共同过失的共同侵权，是指虽无共同故意、共同过失，但其侵害行为"直接结合，发生同一损害后果"的情形。这种情况下，即使数个侵权人之间没有共同故意或者共同过失，只要其行为"直接结合"，产生同一损害后果，仍构成共同侵权行为。这是所谓的"客观说"或"行为关联说"。所谓"直接结合"，是指数人的行为密切关联，作为一个整体导致损害的发生，各行为人的行为对于损害结果的发生是不可或缺的，且无法比较其原因力大小。相关司法解释曾确认此两种共同侵权行为，但《民法典》只承认前一种共同侵权行为及相关的连带责任。

## 二、共同侵权行为的构成要件

共同侵权行为首先是侵权行为，其构成应当符合某一特定侵权行为的要件。此外，共同侵权行为还需要符合一些特别要件，才能构成“共同”的侵权行为，数个侵权人也才因此而承担连带/按份责任。

### （一）主体的复数性

所谓主体的复数性，是指侵权人为二人或者二人以上的数人。这些“数人”均为独立承担侵权责任的主体，而不存在雇主与雇员之间的关系或者其他替代责任关系。同一企业的数个雇员在执行职务时对第三人造成损害也不属于共同侵权，因为承担责任的不是这些雇员而是他们共同的雇主。

### （二）意思联络或者行为关联

关于共同侵权行为的构成要件，有主观说、客观说和折中说三种学说。主观说主张共同侵权行为的构成需要意思上的联络。所谓意思上的联络，是指数个行为人对侵害行为存在“必要的共谋”，如事先策划、分工等。客观说认为，即使数个侵权人之间没有意思上的联络，但其共同行为相互关联，造成损害的，也为共同侵权行为，数个侵权人应当承担连带责任。“民法上之共同侵权行为与刑法上之共犯不同，苟各自之行为，客观上有关联共同，即为足矣。”折中说则认为：构成共同侵权，数个侵权人均需要有过错，或者为故意或者为过失，但是无须共同的故意或者意思上的联络；各侵权人的过错的具体内容是相同或者相似的。在行为方面，各侵权人的行为密切联系，构成不可分割的引起损害发生的统一的原因。

### （三）结果的统一性

结果的统一性是指共同侵权行为所导致的损害后果是一个统一的不可分割的整体。它有两层含义：其一，损害后果构成一个整体，被侵权人为同一主体，受到侵害的民事权益是同一类别或者相似类别，损害后果在事实上或法理上不具有独立性。其二，共同侵权行为与作为一个整体的损害后果之间具有因果关系。用必要条件检验方法可以排除不属于共同侵权行为的其他行为，因为即使没有这种行为，损害后果也会出现。

## 三、共同侵权行为的主要形态

### （一）“共同正犯”

“共同正犯”是指在实施侵害行为时所有共同侵权人都处于同样的地位，都实施了具体的行为，其作用相当或者大致相当。在实践中，“共同正犯”是共同侵权最常见、最典型的形态。在有意思联络的共同侵权行为中，不同的侵权人承担不同的任务不妨碍其都被认定为“共同正犯”。

### （二）教唆者、帮助者

《民法典》第1169条规定："教唆、帮助他人实施侵权行为的，应当与行为人承担连带责任。教唆、帮助无民事行为能力人、限制民事行为能力人实施侵权行为的，应当承担侵权责任；该无民事行为能力人、限制民事行为能力人的监护人未尽到监护职责的，应当承担相应的责任。"

教唆者，即造意者，是指鼓动、唆使或策划他人实施侵权行为的人。帮助者，是指为他人实施侵权行为提供帮助的人。教唆、帮助者为共同侵权人，应当承担连带责任；教唆、帮助无民事行为能力人、限制民事行为能力人实施侵权行为的，由教唆、帮助者承担侵权责任。如果被教唆、帮助的无民事行为能力人或者限制民事行为能力人的监护人未尽到监护责任的，其应当承担相应的责任。这种"相应责任"不是取代教唆、帮助者的责任，而是在其无力承担全部责任时补充其承担相应的责任。而且监护人先行支付赔偿费用后，就超过自己相应责任的部分有权向教唆者、帮助者追偿。[①]

### （三）关于团伙集合行为的共同侵权责任

一些较早的民法典没有对团伙成员（gang member）的共同侵权责任问题作出专门规定，但是1992年实施的《荷兰民法典》第6：166条对此作出了专门规定："如果一个团伙成员不法造成损害，如果没有其集合行为则可以避免造成损害的危险之发生，如果该集合行为可以归责于这一团伙，则这些成员承担连带责任。"第6：99条对此作了补充："在损害可能产生于两个或者两个以上的人各自应当承担责任的事件时，如果能够认定损害至少产生于此等事件之一，这些人中的每一个都对赔偿承担责任，除非他能证明损害不是由于他所负有责任的事件造成的。"这是个全新的规范，值得我们认真研究和适当借鉴。认定团伙成员对团伙行为的连带责任无疑有利于对被侵权人的保护，也有利于对团伙不法行为的控制（尽管这不是侵权行为法的主要功能）。但是需要界定的是：（1）团伙的定义；（2）集合行为的定义。犯罪集团、犯罪团伙、违反治安法规的团伙、黑势力帮派、邪教组织、其他自发组织等可以被界定为团伙，这些团伙的集体行为或者惯常行为可以被认定为其集合行为。团伙成员无论是否具体参与了某次侵害行为，均对该侵害行为承担连带责任，除非他能证明该侵害行为不属于团伙的集合行为。

## 四、被侵权人起诉部分共同侵权行为人与放弃对部分共同侵权行为人的赔偿请求

依连带责任的原理，即使被侵权人向部分共同侵权行为人主张全部赔偿，他也可以获得全部赔偿；即使被侵权人在诉讼中放弃对部分共同侵权行为人的赔偿请求，他也可以从剩余的共同侵权行为人处得到全部赔偿。剩下的只是共同侵权行为人之间的追偿问题。

针对涉及共同侵权连带责任在诉讼中的问题，最高人民法院在《人身损害赔偿司法

---

① 参见《侵权责任编解释（一）》第12条、第13条。

解释》中规定：赔偿权利人起诉部分共同侵权人的，人民法院应当追加其他共同侵权人作为共同被告。赔偿权利人在诉讼中放弃对部分共同侵权人的诉讼请求的，其他共同侵权人对被放弃诉讼请求的被告应当承担的赔偿份额不承担连带责任。责任范围难以确定的，推定各共同侵权人承担同等责任。人民法院应当将放弃诉讼请求的法律后果告知赔偿权利人，并将放弃诉讼请求的情况在法律文书中叙明。依此司法解释，在赔偿权利人放弃对部分共同侵权人提出诉讼请求，法院在进行实体审判前或者审判中，对共同侵权的赔偿责任进行按份分割。

## 第三节　共同危险行为

### 一、共同危险行为的概念

共同危险行为也称为“准共同侵权行为”，是指二人或者二人以上共同实施侵害他人民事权益的危险行为，对所造成的损害后果不能判明谁是具体侵权人的情况。《民法典》第1170条规定：“二人以上实施危及他人人身、财产安全的行为，其中一人或者数人的行为造成他人损害，能够确定具体侵权人的，由侵权人承担责任；不能确定具体侵权人的，行为人承担连带责任。”

### 二、共同危险行为的特别构成要件

#### （一）数人同时或者相继实施具有危险性的行为

共同危险行为之构成，要求数人同时或者相继实施了具有危险性的行为。如果危险行为人只有一人，或者虽然有数人，但是其所实施的行为不是同时的或者相继的，不存在任何时间上的相继性、同一性或密切性，则不构成共同危险行为。侵权行为人的复数性以及行为的同一性或相继性是共同危险行为的要件。

#### （二）数人的行为均具有危险性

数人的行为构成共同危险行为，要求他们每个人的行为都具有危险性，而且均为积极作为。消极行为或部分主体的消极行为，不构成共同危险行为，但是可能构成其他类型的侵权责任。无论是同时向他人所在的方向射击，还是在同一林间小道上扔烟头，抑或在路边燃放鞭炮，这样的行为都具有危险性。这种危险性表现为：它所威胁或将要损害的或已经损害的客体是受到民法保护的他人的民事权益；这种危险是现实存在的，而不是一种可能性或者盖然性。

#### （三）具体侵权人具有不确定

共同危险行为实质上只是部分行为人的行为造成了被侵权人的损害，而另一些行为人的行为并没有造成损害。但是由于认识方面的主、客观限制，无论是被侵权人还是法院，都无法确认到底是谁的行为造成了被侵权人的损害。具体侵权人是共同危险行为人中的一个（或者一部分），但是无法确认到底是哪一个（或者哪一部分）。需要指出的是，虽然在部分高空抛物致人损害案件中难以确定行为人，但是不能将一幢建筑物的全部（或部分）所有者、居住者作为共同被告，以“共同危险行为”为由请求其承担连带的赔偿责任，因为在这样的案件中，尽管不能确定具体侵权人，但是能确定其中部分人（乃至全部人）并没有实施侵害行为或危险行为，他们自然不应承担共同危险行为的责任。

#### （四）结果的统一性与原因的整体性之推定

共同危险行为的连带责任之构成要求结果的统一性。共同危险行为造成的损害应当作为一个整体，这一损害后果是共同危险行为作为一个整体原因所导致的结果，而不考虑其中某一行为人的个别行为与损害有无因果关系。所不同的是，这种“整体原因”是推定的，是可以反证其不存在的。

### 三、部分共同危险行为人的免责条件

既然具体侵权人具有不确定性，那么就存在是否允许部分被告提出证据证明自己不是共同危险行为人的问题。理论界对此有肯定说和否定说。

肯定说认为：在共同危险致人损害的案件中，由于“原因的整体性”或者说“共同侵权人”是推定的，应当允许部分人证明自己没有实施具有危险性的侵害行为或者自己的行为与被侵权人的损害之间没有因果关系，进而免除其责任。进行这种反证时，无须证明他人为具体侵权人，也无须解决其他行为人不确定的问题。不能进行这种反证的剩余的行为人被认定为共同危险行为人，承担相应的连带责任。我国相关司法解释接受了这一主张。

否定说认为：某个危险行为实施者仅仅证明自己的危险行为与损害之间没有因果关系尚不能免责，他还要证明损害到底是由哪一个（或哪几个）危险行为人的行为造成的，方能免责。《民法典》接受了后一种观点，但是从比较法的角度来看，前一种观点为通论。

## 第四节　原因叠加行为

### 一、原因叠加行为概述

《民法典》第 1171 条规定：“二人以上分别实施侵权行为造成同一损害，每个人的侵权行为都足以造成全部损害的，行为人承担连带责任。”“原因叠加”（也有人称之为“充分原因偶然竞合”）是指两个或者两个以上相互独立的致害原因（通常是人的侵权行为，也可以是其他原因）对损害的发生都起到了作用；就单个致害原因而言，它“足以”导致损害的发生；就全部致害原因而言，它们之间相互独立，发生作用时互不依赖、互不关联；就损害而言，只是发生了一个损害，即“同一损害”。

在实践中，我们可以举出这样的例子来理解“原因叠加”：甲养有一条烈犬，而被其邻居乙和丙痛恨，乙和丙欲除之而后快。在未经通谋的情况下，在很接近的时间里，乙和丙分别给该烈犬投下含有大剂量毒药的食物（每人投毒的量都足以毒死该烈犬）。烈犬吃完两份有毒食物（不分先后）即暴毙。此时乙和丙的行为构成“原因叠加”行为。

## 二、原因叠加行为侵权责任的构成要件

### （一）原因叠加行为侵权责任的一般要件

原因叠加行为侵权责任之构成，首先需要具备侵权责任构成的一般要件。由于侵权责任法规定的“原因叠加”限于行为责任而不包括物件致害责任，因而在过错责任领域，其一般构成要件包括行为人分别的过错（每一个行为人都有过错，包括故意或者过失）、实施了侵害行为（通常为积极的侵害行为）、损害，以及在法律上作为整体看待的数个侵害行为与损害之间存在因果关系。在无过错责任领域，不需要考虑过错要件。

### （二）原因叠加行为侵权责任的特别构成要件

在上述一般构成要件之外，构成原因叠加行为侵权责任还需要具备以下特别要件：

（1）主体的复数性，即“二人以上”的主体。这与共同侵权行为、共同危险行为侵权责任之特别构成要件是一样的。

（2）行为的分别性，即各行为人实施侵害行为时在主观上不存在共同的故意或过失，在客观上不存在“关联”或者“直接结合”、“间接结合”。这与共同侵权行为具有本质区别。

（3）结果的同一性，即数个行为人分别实施的侵害行为造成了同一的损害，而不是多个案件中的多项损害。这与共同侵权行为、共同危险行为侵权责任之特别构成要件也是一样的。

（4）原因的叠加性与推定性，即每一个行为人的行为都“足以”导致损害之发生，其行为对损害的发生都具有100%的原因力。从原因与损害结果的关系来看，发生作用的原因力是导致损害所需的原因力之2倍、3倍或者更多倍。在这样的情况下，法律不再要求对每一个行为人的侵害行为所产生的后果进行深究，而是在立法上推定这些叠加的原因（数个行为人分别实施的侵害行为）是损害发生的法律上的原因。

## 三、原因叠加行为人的连带责任

有些国家的法律对原因叠加行为人的责任规定了“不真正连带责任”，这是基于因果关系等因素的考虑：每一个行为人的行为都足以导致损害的发生，因此让他承担全部赔偿责任并不冤枉；由于被侵权人只有一个“同一损害”，因而他只能得到一份赔偿，而不能得到多份赔偿，也就是他只能向其中一个行为人提出全部赔偿请求；由于行为人之间缺乏意思联络和行为关联，因而行为人不承担连带责任，一个行为人承担全部赔偿责任之后不得向其他行为人追偿。

有人认为不真正连带责任在此处的适用不利于对被侵权人的保护（如果他错误地选择了一个赔偿能力较低的行为人作为被告，最终将面临判决执行不能的困难）；对于数个侵权行为人而言，有的全赔，有的逍遥于赔偿责任之外，也不尽公平。权衡之后，侵权责任法选择了连带责任，即二人以上分别实施侵权行为造成同一损害，每个人的侵权行为都足以造成全部损害的，行为人承担连带责任，而不是不真正连带责任。

## 深度阅读

1. 张平华.《民法典》多数人侵权体系及相关法律适用问题.东南学术，2020（5）.

2. 杨立新.多数人侵权行为及责任理论的新发展.法学，2012（7）.

3. 王利明.论共同危险行为中的加害人不明.政治与法律，2010（4）.

4. 张新宝.侵权责任法立法研究.北京：中国人民大学出版社，2009：第九篇“共同侵权责任十论”.

5. 王竹.侵权责任分担论：侵权损害赔偿责任数人分担的一般理论.北京：中国人民大学出版社，2009：第三章“风险责任分担论”.

6. 程啸.共同危险行为论.比较法研究，2005（5）.

7. 张新宝，明俊.侵权法上的原因力理论研究.中国法学，2005（2）.

8. 程啸.论意思联络作为共同侵权行为构成要件的意义.法学家，2003（4）.

## 问题与思考

**一、思考题**

1. 试述共同侵权行为的构成要件及主要形态。

2. 试述原因叠加的侵权行为及其责任承担。

**二、练习题**

1. 某日晚10点30分甲酒后驾车回家，车速为每小时80公里，某路段限速60公里。甲为躲避乙逆向行驶的摩托车，将行人丙撞伤，丙因住院治疗花去10万元。关于丙的损害责任承担，下列哪一说法是正确的？（　　）

A. 甲应承担全部责任　　B. 乙应承担全部责任

C. 甲、乙应承担按份责任　　D. 甲、乙应承担连带责任

2. 简论共同危险行为的构成要件以及免责条件。

第五章
# 民事责任竞合与法律责任聚合

**常考知识点**

责任竞合　请求权竞合　责任聚合

## 第一节　民事责任竞合

### 一、民事责任竞合的概念与特征

#### （一）民事责任竞合的概念

现代法律均为抽象规定，并从不同的角度调整社会关系，所以时常发生同一事实符合数个法律规范的要件，致使这些规范都可以适用于该事实的现象。这种现象在学说上称为规范竞合。由于规范竞合之存在，当事人对同一行为可能依不同的规范应承担数个不同的法律责任。这就是所谓责任竞合。而对方当事人则可能存在几个与此对应的请求权，这些请求权相互对立、不得同时实现，形成请求权竞合。“责任竞合和规范竞合常常是相似的，它们是从不同的角度来研究竞合现象的。”①

对规范竞合或者责任竞合概念的理解，有广义与狭义两说。广义的竞合概念认为，规范竞合有的发生在不同的法律领域，也有的发生在同一法律领域。② 狭义的竞合概念仅指同一法律部门的规范竞合或责任竞合现象，如刑法中的犯罪竞合及民法中侵权责任与违约责任的竞合等，而不包括对同一事实（行为）所应承担的不同性质的法律责任。本书采狭义的责任竞合概念。对于对同一事实（行为）所应承担的不同性质的法律责任，应依不同的原则和程序处理，此即后面讨论的“责任聚合”。

在民法上，行为人实施的某一违法行为符合多种民事责任的构成要件，从而在法律上导致构成多种民事责任的现象被称为“民事责任竞合”。有学者指出，民事责任竞合是指因为某种法律事实的出现，导致两种或两种以上的民事责任产生，各项民事责任相互发生冲突的现象。③ 出现民事责任竞合的根本原因是，民事法律规定相互之间交叉及效

---

① 张新宝：《中国侵权行为法》，2版，198页，北京，中国社会科学出版社，1998。

② 参见崔建远：《合同责任研究》，152页，长春，吉林大学出版社，1992。

③ 参见杨立新：《侵权责任法》，3版，133页，北京，法律出版社，2018。

力边缘不清晰。

### （二）民事责任竞合的特征

#### 1. 行为人仅实施了一个不法行为

从责任的事实构成来看，行为人只实施了一个不法行为，而不是实施了多个不法行为。当然，数人共同侵害他人或实施共同危险行为，也是一个不法行为。如果行为人实施了数个不法行为，则不论其所违反的法律规范是否相同，均不属于责任竞合，行为人应当分别承担责任。

#### 2. 同一不法行为违反两个或两个以上民事法律规范，构成两个或两个以上民事责任

民事责任竞合就其本质而言是民法的各个部分相对独立与分离造成的。违约责任和侵权责任的分离是合同法与侵权责任法的分离所产生的。同一不法行为既违反合同法的规定构成违约责任，又违反侵权责任法的规定构成侵权责任，而这两种民事法律都规定了这一不法行为的民事责任，这就形成了民事责任竞合。

#### 3. 数个民事责任相互冲突

虽然不同的民事法律都对同一不法行为规定了民事责任，但这些民事责任是相互冲突、不能相互吸收或同时并存的。由于数个民事责任相互冲突，不管其他情形（包括法律的有关规定、被侵权人的选择等）如何，侵权人最终只就其所实施的不法行为承担一个民事责任。

数个民事责任相互排斥的性质，将民事责任竞合与责任聚合区别开来。所谓责任聚合，是指不法行为人实施某一违法行为，违反一项民事法律规范，但依法应承担多种民事责任。如某人撰文侵害他人之名誉权，并且造成受害人精神损害，此时就产生责任聚合，即侵权人应承担停止侵害、恢复名誉、消除影响、赔礼道歉以及赔偿损失的民事责任。

#### 4. 请求权竞合

由于行为人的一个不法行为违反两个或两个以上民事法律规范，从这些不同的民事法律规范来看，该行为的被侵害一方就同一内容的民事责任享有多重的请求权；但从民法的整体规定以及不法行为人的行为之内容、性质和结果来看，这些请求权又是彼此冲突、不能相互吸收或同时并存的，这就是请求权的竞合。请求权竞合与责任竞合具有共同的内容，只是观察问题的角度不同：前者是从被侵权人方面进行观察的，而后者是从不法行为人的角度进行观察的。在请求权竞合情形下，受到侵害的一方最终只能有一个请求权得到实现。

## 二、侵权责任与违约责任

### （一）侵权责任与违约责任竞合

侵权责任与违约责任竞合是指行为人的同一行为既违反侵权责任法的有关规定、符

合侵权责任之构成要件，同时又违反合同法的有关规定或当事人的约定、符合违约责任的构成要件，因此而产生的侵权责任与违约责任并存且相互冲突的现象。侵权责任与违约责任是最基本的两类民事责任。在民事法律领域，责任竞合主要发生于侵权责任与违约责任之间。

### (二) 违约责任与侵权责任的关系

违约责任又称违反合同的责任或合同责任，是指在合同成立并生效的情况下，合同当事人不履行或不适当履行合同债务时依法产生的法律责任。而侵权责任是侵权人的行为侵害他人民事权益而依法应承担的民事责任，或其他赔偿义务人依法律直接规定应当承担的包括损害赔偿等责任承担方式在内的民事责任。违约责任与侵权责任均为民事责任，这是二者最基本的同一性。

有学者将违约责任与侵权责任的区别归纳为九个方面：（1）归责原则不同。承担违约责任适用严格责任原则甚或无过错责任原则；承担侵权责任一般适用过错责任原则，特殊侵权责任适用无过错责任原则。（2）举证责任不同。主张对方承担违约责任时，受害人无须对违约行为等进行举证；主张对方承担侵权责任时，多数情形下受害人一方要对责任构成要件的多个方面进行举证，但法律有特别规定时除外。（3）义务内容不同。承担违约责任通常以违反约定义务为前提，承担侵权责任通常以违反法定义务为前提。（4）时效的区别。法律对承担违约责任和承担侵权责任分别规定了不同的时效期间。但是，《民法典》统一了诉讼时效期间，这一“区别”已经不存在。（5）责任构成要件和免责条件不同。承担违约责任只需要两个要件，即约定的义务和违反该义务的行为；而承担侵权责任视案件具体情况需要符合三个或四个构成要件。此外，法律对这两种民事责任规定了不同的免责事由。（6）责任形式不同。现行法律规定，有些民事责任承担方式可适用于这两种责任，但有些则是专属的，如支付违约金的民事责任承担方式只适用于违约责任。（7）责任范围不同。承担违约责任，赔偿范围一般为可预期的履行利益；承担侵权责任，赔偿范围通常为全部实际损失和合理的间接损失。（8）对第三人的责任不同。（9）诉讼管辖不同。① 这九个方面从不同的角度在不同的层次上揭示了违约责任与侵权责任的区别。

二者的根本区别还在于责任基础不同：违约责任的责任基础是违反当事人之间的约定义务，侵权责任的责任基础是行为人违反法律直接规定的法定义务。于前者在责任之构成与法律（合同法）规定之间存在当事人基于意思自治的合意过程，于后者在责任之构成与法律（侵权责任法）规定之间不存在当事人基于意思自治的合意过程。

### (三) 责任竞合产生的原因

侵权责任与违约责任竞合，其根本原因还是合同法与侵权责任法既相对独立又局部复叠（法律规范竞合）。有学者认为两者出现竞合的原因有四：（1）合同当事人的违约行为同时侵犯了法律规定的强制性义务；（2）侵权行为直接构成违约的原因；（3）不法行

---

① 参见王利明主编：《民法·侵权行为法》，225～229页，北京，中国人民大学出版社，1993。

为人实施故意侵害他人权益并造成他人损害的侵害行为时，当事人之间事先存在合同关系；（4）一种违法行为虽然只符合一种责任要件，但法律从保护受害人的利益出发，要求合同当事人依侵权责任法提出请求或将侵权责任纳入违约责任。①

### （四）责任竞合的立法对策

对于侵权责任与违约责任竞合的现象，有三种基本的法律对策，即禁止竞合、允许竞合和限制竞合。有人曾对这三种法律对策作过一个形象的比喻，认为各国关于责任竞合的三种解决办法的区别在于："法国法的回答是，原告只有一个通行证，并且通行的途径是既定的；德国法的回答是，原告有两个可以自由选择的通行证；而英美法的回答是，原告可以有两个通行证，但在入口处必须交出一个，有时法律还指令他必须交出哪一个。"②

#### 1. 禁止竞合

禁止竞合的观点认为，合同的当事人不得将对方当事人的违约行为视为侵权行为，只有在没有合同关系时才产生侵权责任。有无合同关系存在是判断违约责任与侵权责任的分水岭。此说以法国法为代表。表面观之，禁止竞合似有两个优点：一是在更大程度上尊重当事人意思自治，凡当事人有合意者均按当事人合意处理。这样，可以避免将具有强制性的侵权责任法规则适用于合同关系。二是可以避免受害一方获得双重请求权而具有得到更多的法律保护的可能性。但是，完全禁止竞合在实践中是很难执行的，"每一起双重违法诉案首先要确定是否与有效的合同有关，然后才能决定法律适用，这就使此类诉讼的程序复杂化。同时，为避免竞合，必须通过大量的特殊法和判例来补充和解释合同法和侵权法，这又使合同法与侵权法的字面含义与其实际适用范围发生矛盾"③。由于禁止竞合的理论与立法模式存在上述不可克服的缺点，因而我国一些学者不支持禁止竞合的观点。

#### 2. 允许竞合

允许竞合的观点认为，合同法与侵权责任法不仅适用于典型的违约行为，也适用于双重违法行为，被侵权人基于侵权人之行为的双重违法性质而产生两个请求权（被侵权人既可以提起违约之诉，也可提起侵权之诉），如果一项请求权因时效届满而被驳回，被侵权人还可行使另一项请求权。但被侵权人之双重请求权因其中之一的实现而消灭。质言之，被侵权人不能实现两项请求权。德国法是允许竞合的典型代表。无疑，允许竞合的理论能够克服禁止竞合的固有缺陷，为法律解释和司法活动带来便利。但是，不加限制地允许被侵权人享有双重请求权有可能导致利益的天平偏向被侵权人一方，而且被侵权人就同一事实提起两次诉讼（在第一个请求权之实现失败后行使第二个请求权），势必加重对方当事人的诉讼负担，加重法院的审判负担。

#### 3. 限制竞合

限制竞合的观点一方面承认被侵权人的双重请求权，另一方面又对这种双重请求权

---

① 参见王利明：《侵权行为法研究》（上卷），660～661 页，北京，中国人民大学出版社，2004。

② 张新宝：《中国侵权行为法》，2 版，198 页，北京，中国社会科学出版社，1998。

③ 王利明、董安生：《合同责任与侵权责任竞合的比较研究》，载《法学研究》，1989（1）。

之行使作出一些限制性的规定。英美法系侵权责任法是限制竞合的典型代表。英美法系侵权责任法一般认为，责任竞合制度主要是解决诉讼法上的问题而非实体法上的问题，因此其所主张的限制竞合不同于德国法的允许竞合。同样，根据限制竞合的原理，即使被侵权人享有双重请求权，但一经行使其中之一（如以侵权为诉因而起诉），另一请求权（如请求承担违约责任）即告消灭。限制竞合的理论和法律对策无论是在民法的基本理念（如平衡当事人之利益）上还是在实际操作（如简化法律解释、减轻审判和诉讼负担）中都似更为可取。但是，仅仅认为请求权竞合或责任竞合只是诉讼程序上的问题是不尽妥当的。无疑，它是一个程序法问题，但它同时还是一个实体法问题：是否允许或限制被侵权人的双重请求权，以及如何行使这一双重请求权，最终将在很大程度上影响当事人的实体利益。

### （五）我国的立法态度

1999年《合同法》第122条规定："因当事人一方的违约行为，侵害对方人身、财产权益的，受损害方有权选择依照本法要求其承担违约责任或者依照其他法律要求其承担侵权责任。"该规定明确了违约责任和侵权责任发生竞合后，应当由被侵权人作出选择。《民法典》第186条规定："因当事人一方的违约行为，损害对方人身权益、财产权益的，受损害方有权选择请求其承担违约责任或者侵权责任。"

侵权责任与违约责任竞合规则的适用条件为：（1）必须是当事人之间存在合同关系并且一方实施了违约行为。（2）一方当事人的违约行为，同时侵害了对方的人身、财产权益。这里的"人身、财产权益"，一般认为应当是"固有利益"即绝对权项下的利益或者其他性质相当的合法权益，而不包括合同约定的履行利益。（3）被侵权人享有选择权，可以选择请求违约（侵权）方承担违约责任，也可以请求侵权（违约）方承担侵权责任。

有学者认为，被侵权人选择请求权的期限是最迟在一审开庭前，一旦开庭，即按照被侵权人选择的请求权开始审理。在允许竞合的前提下，有学者主张对责任竞合进行一定的限制。[①] 笔者认为，我国民事立法在这一问题上的基本对策是承认有限制的责任竞合：（1）承认责任竞合为一种客观现象，不可能或不必要一概否认；（2）在立法技术允许的前提下，避免规范竞合过多出现之情形；（3）被侵权人享有双重请求权，但一旦行使其中之一，另一请求权也就当然消灭；（4）在民事责任竞合情形，法官应对当事人进行释明，告知其享有选择的请求权以及选择不同请求权可能产生不同的后果。

## 三、侵权责任与返还不当得利责任

### （一）侵权责任与返还不当得利责任竞合概述

#### 1. 不当得利的概念

《民法典》第985条规定：得利人没有法律根据取得不当利益的，受损失的人可以请

---

① 参见王利明：《侵权行为法研究》（上卷），671～672页，北京，中国人民大学出版社，2004。

求得利人返还取得的利益，但是有下列情形之一的除外：（1）为履行道德义务进行的给付；（2）债务到期之前的清偿；（3）明知无给付义务而进行的债务清偿。不当得利是指没有法律依据取得不当利益，受损失的人可以请求得利人返还获得的利益。不当得利返还责任之构成一般应具备四个要件：（1）一方获得利益；（2）他方受有损失；（3）利益和损失之间有因果关系；（4）得利没有合法依据。①

**2. 侵权责任与返还不当得利责任竞合的条件**

（1）得利人实施了侵害行为，并致他人损害。（2）得利人因为实施侵害行为而获利。获利包括财产的积极增加和本该减少的财产没有减少（财产的消极增加）。（3）得利人受益没有法律上的根据。

**3. 侵权责任与返还不当得利责任竞合的情形**

发生侵权责任与返还不当得利责任竞合的情形主要包括：无权处分行为；非法出租他人财产；非法利用他人之物获取利益；侵害知识产权、人格权（如肖像权、名称权等）获取利益。

### （二）关于返还不当得利责任与侵权责任竞合的几种学说

**1. 竞合否定说**

这种观点认为，“如果有理由提出损害赔偿的请求，就不能提出返还不当得利的请求。损害赔偿的请求，是不当得利人有过错；而因不当得利所产生的请求，是不当得利人没有过错。因此，这两种请求是相互排斥的”②。

**2. 竞合肯定说**

这种观点主要是将不当得利区分为给付不当得利与非给付不当得利两类。非给付不当得利主要是指因得利人实施侵害行为而产生的不当得利，这种不当得利人的返还责任往往与侵权责任相竞合。

**3. 限制竞合说**

这种观点一方面认为在返还不当得利责任与侵权责任之间存在竞合，应当允许被侵权人有两个并存的请求权；另一方面又对这种并存的请求权及其行使设置若干限制。有人指出，“不当得利与赔偿责任同时并存，只有在不当得利返还不足以填补被侵权人损失的情况下，才会成为事实。如果不当得利返还完全能使被侵权人的损失得到补偿，就没有赔偿责任的适用余地，因为赔偿责任的成立是以损害事实的存在为条件的”③。

### （三）我国的规定与学理观点

我国民事立法尚未对返还不当得利责任与侵权责任的竞合问题作出明确规定，最高

---

① 参见王家福主编：《中国民法学·民法债权》，569～572页，北京，法律出版社，1991。

② ［苏］坚金、布拉图斯主编：《苏维埃民法》，第3册，中国人民大学民法教研室译，396页，北京，法律出版社，1957。

③ 崔建远：《不当得利研究》，载《法学研究》，1987（4）。

人民法院的司法解释及人民法院审理的民事案件也较少涉及。为了保护被侵权人的合法权利，合理平衡双方的利益关系，减少法律解释的烦琐性和减轻法院的审判负担，在民事立法中宜采用限制竞合说来解决返还不当得利责任与侵权责任之间的相互关系问题。有学者认为，选择侵权责任的请求权还是返还不当得利的请求权，应当注意三方面的问题：第一，看行为人一方在造成损害的当时在主观上是否有过错，考虑举证责任的不同和债务是否可以抵销。第二，看行为人实施行为的结果是否使自己获得了利益，考虑赔偿范围和返还财产的不同。第三，看对于损害后果是否需要采用其他责任形式予以救济，考虑行为人所承担的责任承担方式的不同。①

从《民法典》第 1182 条的规定来看，立法条文暗含了侵权责任（赔偿损失）请求权在一定程度上吸收了返还不当得利请求权的内容。此外，《民法典》第 987 条规定："得利人知道或者应当知道取得的利益没有法律根据的，受损失的人可以请求得利人返还其取得的利益并依法赔偿损失。"这一规定解决的不是民事责任竞合问题，而是请求权（或者说民事责任）聚合的问题：在构成不当得利存在其他损失的情况下，受损失的人有权请求返还不当得利，并有权请求依法赔偿损失。二者不竞合，不矛盾，不相互替代。

## 第二节　侵权责任与行政责任、刑事责任聚合

### 一、法律责任聚合概述

法律责任聚合，亦称责任重合，是指行为人的同一行为同时违反两个或两个以上不同性质的法律规范，符合两个或两个以上不同性质的法律责任之构成要件，行为人依法应当承担多种不同性质的法律责任之制度。《民法典》第 187 条规定："民事主体因同一行为应当承担民事责任、行政责任和刑事责任的，承担行政责任或者刑事责任不影响承担民事责任；民事主体的财产不足以支付的，优先用于承担民事责任。"

从本质上而言，责任聚合是近现代法律制度区分不同法律部门的结果，它具有以下特征。

**1. 行为人只实施了一个违法行为**

与责任竞合一样，在事实构成方面，行为人只实施了一个违法行为，而不是实施了多个违法行为。只有在行为本身具有同一性的前提下，讨论责任聚合才有意义。

**2. 行为人的行为具有多重违法性**

责任聚合是同一行为符合不同性质的法律（不同法律部门）规定的数个责任构成要件。比如，故意伤害他人身体，既违反刑法、符合相关刑事责任之构成要件，又违反侵权责任法、符合相关民事责任之构成要件。

**3. 侵权人承担多重责任**

责任聚合不同于责任竞合，侵权人不是仅承担一种法律责任，而是承担多重责任，

---

① 参见杨立新：《侵权法论》，2 版，240～241 页，北京，人民法院出版社，2004。

如既承担民事责任也承担刑事责任，还可能承担行政责任。这是法律责任聚合与法律责任竞合在处理结果上的主要区别。

**4. 追究程序的复杂性**

由于部门法之分割，不同的实体法律部门有不同的程序法，这就使追究侵权人之多重责任的程序变得十分复杂。这些程序中有的相互依存，有的相对独立，有的又有主从关系，例如，在刑事诉讼中附带有民事诉讼程序。但诉讼程序的主从或附带关系，并不意味着实体权利的主从关系。

## 二、侵权责任与刑事责任聚合

侵权责任与刑事责任之聚合，是指行为人的同一行为既违反侵权责任法规范、符合侵权责任之构成要件，又违反刑法规范、符合刑事责任之构成要件。依据法律之规定，此种情形下，侵权人除应承担侵权责任之外，还应承担相应的刑事责任，这两种法律责任不可相互吸收、抵销或者替代。

我国《刑事诉讼法》第101条规定："被害人由于被告人的犯罪行为而遭受物质损失的，在刑事诉讼过程中，有权提起附带民事诉讼……被害人的法定代理人、近亲属有权提起附带民事诉讼。如果是国家财产、集体财产遭受损失的，人民检察院在提起公诉的时候，可以提起附带民事诉讼。"第104条规定："附带民事诉讼应当同刑事案件一并审判，只有为了防止刑事案件审判的过分迟延，才可以在刑事案件审判后，由同一审判组织继续审理附带民事诉讼。"可见：(1) 部分既构成犯罪又构成侵权（主要是侵害财产权）的案件中，被害人可在刑事诉讼中提起附带民事诉讼。这是被害人的诉讼权利。(2) 既构成犯罪又侵害人身权（如名誉权、生命权、健康权）的案件中，被害人可否在刑事诉讼中提起附带民事诉讼呢？法律对此无明确规定。相关司法解释规定，对于因犯罪行为受到的精神损失的赔偿请求，人民法院不予受理。① 该司法解释进一步认为，因受到犯罪侵犯，即使单独提起民事诉讼要求赔偿精神损失的，人民法院也不予受理。笔者认为，被侵权人对损害赔偿的民事请求权应当得到充分保障，如果因为某种原因被侵权人一方未能在刑事诉讼过程中提出民事赔偿请求，也应依法保护其诉权，允许其在刑事诉讼程序结束后提出民事赔偿请求，只要没有超过民事法律所规定的诉讼时效。(3) 在刑事诉讼法规定的刑事附带民事诉讼中，被害人（被侵权人）有权提出物质损失的赔偿请求，并不排除死亡赔偿请求和残疾赔偿请求。

## 三、侵权责任与行政责任聚合

侵权责任与行政责任的聚合，是指行为人的同一行为既违反侵权责任法规范、符合侵权责任的构成要件，又违反行政法律规范、符合行政责任的构成要件。依据法律规定，

---

① 参见2021年修订的最高人民法院《关于适用〈中华人民共和国刑事诉讼法〉的解释》第175条第2款："因受到犯罪侵犯，提起附带民事诉讼或者单独提起民事诉讼要求赔偿精神损失的，人民法院一般不予受理。"

此种情形下，侵权人除应承担行政责任外，还应承担相应的侵权责任。这两种法律责任不可相互吸收、抵销或者替代。

侵权责任与行政责任之聚合应当符合责任聚合的一般特征，即：(1) 行为人只实施了一个违法行为；(2) 这一行为不仅违反侵权责任法，也违反行政法；(3) 侵权人应当既承担侵权责任也承担行政责任。较之单纯侵权的民事责任之承担，侵权责任与行政责任聚合的案件的诉讼程序更为复杂。

对于侵权责任与行政责任聚合的案件之处理，应区别不同情况进行，大致有四种基本程序：(1) 行政诉讼（或行政处罚程序）程序与民事诉讼程序（或仲裁、调解、和解程序）分别进行，二者不直接相互影响或牵制；(2) 行政诉讼附带民事诉讼；(3) 行政处理的结果对于行为人过错之认定、损害范围之确定等具有重要意义；(4) 被侵权人首先必须请求行政处理，只有在不服行政处理时方可向人民法院提起诉讼。①

## 四、民事赔偿责任优先的规则

在某些案件中，侵权人的可执行财产较少，不足以既赔偿被侵权人的损失又支付行政罚款或刑罚罚金或没收财产。此时，应考虑“私权优先”的原则，即优先赔偿被侵权人的损失：侵权人被判决同时承担民事赔偿责任、刑罚罚金或者没收财产、行政罚款的，应当以侵权人的可执行财产优先承担民事赔偿责任。对此，已经废止的《侵权责任法》第 4 条第 2 款作出了专门的规定：“因同一行为应当承担侵权责任和行政责任、刑事责任，侵权人的财产不足以支付的，先承担侵权责任。”《民法典》第 187 条后半段“民事主体的财产不足以支付的，优先用于承担民事责任”承继了这条规定的精神。此外，《证券法》第 220 条也有类似规定：“违反本法规定，应当承担民事赔偿责任和缴纳罚款、罚金、违法所得，违法行为人的财产不足以支付的，优先用于承担民事赔偿责任。”

之所以适用民事赔偿责任优先规则或“私权优先”原则，是因为获得相应数额的金钱赔偿对被侵权人一方具有重大利益，是对被侵权人损失的填补；但行政罚款或刑罚罚金对于国库收入所起作用甚微，其体现的是对侵权人的惩罚而非对国家损失的填补。有限的资源应当配置到最需要的地方，这也体现了国家保护人权，立法、司法为民，构建和谐社会的理念。

### 深度阅读


1. 崔建远. 民法总则应如何设计民事责任制度. 法学杂志，2016 (11).

2. 叶名怡. 违约与侵权竞合实益之反思. 法学家，2015 (3).

3. 李明发. 论民事赔偿责任优先原则的适用：我国《侵权责任法》第 4 条第 2 款规定之解读. 南京大学学报（哲学・人文科学・社会科学），2015 (2).

4. 谢鸿飞. 违约责任与侵权责任竞合理论的再构成. 环球法律评论，2014 (6).


---

① 参见张新宝：《中国侵权行为法》，2 版，215～216 页，北京，中国社会科学出版社，1998。

5. 王利明. 侵权责任法与合同法的界分：以侵权责任法的扩张为视野. 中国法学，2011 (3).

6. 张新宝. 侵权责任法立法研究. 北京：中国人民大学出版社，2009：第十四篇"侵权责任请求权与不当得利返还请求权的关系".

7. 王利明. 论返还不当得利责任与侵权责任的竞合. 中国法学，1994 (5).

8. 蓝承烈. 民事责任竞合论. 中国法学，1992 (1).

## 问题与思考

**一、思考题**

1. 试述侵权责任与违约责任竞合的法律对策。

2. 简述民事赔偿责任优先规则的法理基础。

**二、练习题**

1. 甲公司为食品有限责任公司，其所生产的食品严重违反食品安全法，造成部分消费者中毒乃至死亡的现象。消费者依法提起了侵权之诉。市场监督管理部门依法对该公司进行罚款。经查该公司还存在偷、漏税行为。因该公司财产不足以支付，发生纠纷。依照《民法典》，该公司的财产应如何支付？（　　）

A. 应优先承担对消费者的侵权责任　　B. 应优先补交罚款

C. 应优先补缴税款　　D. 应平均支付上述款项

2. 简述民事责任竞合的概念与特征。

第六章

# 责任抗辩

**常考知识点**

侵权责任能力　抗辩事由　正当防卫　紧急避险　受害人自甘风险　自助　不可抗力　被侵权人过错　受害人过错与故意　第三人原因造成损害

## 第一节　责任抗辩概述

### 一、责任抗辩的概念和意义

责任抗辩有广义和狭义之分。广义的责任抗辩是指在侵权案件中，行为人一方针对受害人一方的指控和请求所提出的一切有关不承担或者减轻其侵权责任的主张。而狭义的责任抗辩仅指行为人一方针对受害人一方的指控和请求所提出的因具备特定的抗辩事由而不承担或者减轻其侵权责任的主张。一般来说，某一侵权案件中侵权责任的任何一个构成要件不具备，均属于“免责事由”或者说“不承担责任的情形”，行为人一方因此而不承担侵权责任。这是广义的责任抗辩所包含的内容。但责任抗辩的一般原理主要关注的不是某一侵权责任的构成要件之具备与否的问题，而是狭义的责任抗辩，即由法律专门规定的影响（不承担或者减轻）行为人一方之侵权责任的特定的抗辩事由。已经废止的《侵权责任法》第三章规定了“不承担责任和减轻责任的情形”，《民法典》总则编第八章“民事责任”对不可抗力（第 180 条）、正当防卫（第 181 条）、紧急避险（第 182 条）等不承担侵权责任的抗辩事由作出了规定，侵权责任编对被侵权人有过错（第 1173 条）、受害人故意（第 1174 条）、第三人原因造成损害（第 1175 条）、受害人自甘风险（第 1176 条）和自助行为（第 1177 条）等不承担侵权责任或者减轻侵权责任的抗辩事由作出了规定。

侵权责任法中的抗辩事由亦称不承担责任或或者减轻责任的事由，是指法律规定的可以减轻或不承担侵权责任的特定事由。它具有对抗性、客观性、法定性和适用范围的特定性等特征。所谓“对抗性”，是指其专门针对受害人一方的请求，具有部分或全部抵消受害人一方之请求的功能。所谓客观性，是指抗辩事由均为客观存在的事实，而不是当事人的主观臆想。这样的事实应由行为人一方加以举证和证明。所谓法定性和适用范围的特定性，是指哪些客观事实能够成为抗辩事由应由法律作出规定，而不是由法官的自由裁量或当事人的主张决定；不同种类的抗辩事由适用于哪些类型的侵权案件，也由法律明确规定。

## 二、抗辩事由的分类

### （一）正当理由的抗辩事由和外来原因的抗辩事由

正当理由的抗辩事由是指损害虽然是行为人的行为所致，但其行为具有合法性，如正当防卫、紧急避险等，因此行为人可依法不承担责任。外来原因的抗辩事由是指损害不是行为人的行为所致，而是外在于其行为的独立原因造成，如不可抗力，因此，行为人的行为与损害结果之间不具有因果关系，行为人不应承担相应的侵权责任。

### （二）一般抗辩事由与特殊抗辩事由

一般抗辩事由是由法律作出一般性规定，普遍适用于各种侵权案件的侵权责任之不承担或者减轻的特定事由。它包括如下几类：（1）基于行为人的行为之正当性的抗辩事由，主要有正当防卫、紧急避险、依法执行职务等；（2）基于客观事件的抗辩事由，主要指不可抗力；（3）基于受害人或者第三人过错的抗辩事由。特殊抗辩事由，是指具体适用于某一特殊类别侵权案件的侵权责任之不承担或者减轻的特定事由。这类特殊抗辩事由不是由侵权责任法在"一般规定"中作出规定，而是由规定某类侵权责任的法律条款作出具体规定。

### （三）绝对免责的抗辩事由和相对免责的抗辩事由

绝对免责的抗辩事由，是指只要存在该特定的抗辩事由，就当然、绝对地免除行为人的民事责任，而无须考虑其他因素，尤其是不考虑行为人的主观方面和受害人是否同意。相对免责的抗辩事由，又称为附条件的抗辩事由，是指在存在该特定抗辩事由时，得酌情考虑减轻或者免除行为人的侵权责任，但是否减轻或者免除其侵权责任还要考虑其他相关因素，尤其是行为人的主观方面、行为的方式和场合等。

### （四）不承担责任的抗辩事由和减轻责任的抗辩事由

前者是指可以完全免除行为人之侵权责任的抗辩事由，后者则指只能部分免除行为人之侵权责任即减轻侵权责任的抗辩事由。

## 三、侵权责任能力问题

### （一）侵权责任能力的概念

侵权责任能力是指民事主体违反法律规定侵害他人人身、财产等民事权益而应当承担侵权责任的能力。民事主体的侵权责任能力与民事行为能力虽然有一定的联系，但并不相同。其区别在于：第一，目的不同。民事行为能力的目的在于使主体按照自己的意思以自己的行为追求自身利益，享受权利和承担义务；而侵权责任能力的目的在于对主体的违法行为追究侵权责任，保护他人和社会利益。第二，性质不同。民事行为能力总是具体的，有一定的范围，行为人超出自己的民事行为能力范围从事的民事法律行为将不生效。而侵权责任能力是抽象的，并无一定的范围，行为人的行为无论是否超出民事行为能力的范围，只要构成侵权，行为人均应承担不利的法律后果。第三，效力不同。民事行为能力为决定行为是否有效的根据，侵权责任能力为决定主体是否自己承担侵权责任的根据。

研究侵权责任能力的意义在于：只有具有侵权责任能力的人才对自己的侵害行为承担相应的侵权责任；没有侵权责任能力的人不对自己造成的损害承担责任，而由其他主体（如监护人）承担侵权责任。在有些案件中，后者的被侵权人可能无法得到赔偿救济。

### （二）自然人的侵权责任能力

完全民事行为能力人有侵权责任能力，限制行为能力人和无行为能力人的侵权责任能力应依具体情况作出判断。而意思能力即对行为性质和后果的认识能力是主要考量因素。但是法学理论一般认为，侵权责任能力之判断，不能一概以行为时有无意思能力为准，亦即须就各个具体的行为，审查行为人有无识别能力，以决定其责任。

《民法典》第 1190 条对于完全民事行为能力人暂时没有意识或者失去控制致人损害的责任承担问题作出了规定："完全民事行为能力人对自己的行为暂时没有意识或者失去控制造成他人损害有过错的，应当承担侵权责任；没有过错的，根据行为人的经济状况对受害人适当补偿。完全民事行为能力人因醉酒、滥用麻醉药品或者精神药品对自己的行为暂时没有意识或者失去控制造成他人损害的，应当承担侵权责任。"这条规定在一定程度上贯彻了侵权责任能力理论，即使是完全民事行为能力人，在其没有过失的前提下暂时没有意识或者失去控制致人损害，无须承担侵权责任，最多也只是视其经济状况对遭受损失的人予以适当补偿。至于完全民事行为能力人因自己的过失（如醉酒、滥用麻醉药品或者精神药品）而对自己的行为暂时没有意识或者失去控制造成他人损害，应当承担侵权责任的规定，仍然是过错责任原则的要求：尽管行为人对于暂时没有意识或者失去控制造成他人损害没有过失，但是其对于自己陷入暂时没有意识或者失去控制的状况有过失，因而要承担侵权责任。

### （三）法人的侵权责任能力

《民法典》第 61 条第 2 款规定："法定代表人以法人名义从事的民事活动，其法律后果由法人承受。"第 3 款规定："法人章程或者法人权力机构对法定代表人代表权的限制，不得对抗善意相对人。"第 62 条规定："法定代表人因执行职务造成他人损害的，由法人承担民事责任。法人承担民事责任后，依照法律或者法人章程的规定，可以向有过错的法定代表人追偿。"此等规定表明，法人具有侵权责任能力。

法人的法定代表人因执行职务造成他人损害的，法人被认为是"行为人"，承担直接的侵权责任。法人作为用人单位，其工作人员因执行工作任务造成他人损害的，由法人（用人单位）承担（雇主）责任（《民法典》第 1191 条）。此等责任，在侵权责任法理论上被认为是一种替代责任。法人对于工作人员因执行工作任务造成他人损害承担侵权责任，也表明法人有侵权责任能力。

## 第二节　正当理由的抗辩事由

### 一、正当理由的抗辩事由概述

#### （一）正当理由的抗辩事由之含义与特征

虽然行为人的行为在客观上造成他人损害，但该行为具有法律上的正当性和合法性，因而行为人可以以这种正当性和合法性作为抗辩事由，主张不承担民事责任。这就是正当理由的抗辩事由。

正当理由的抗辩事由具有以下特征：第一，行为人实施了某种行为（或存在某些"准行为"），而且这种行为在客观上致人损害，行为与损害之间存在因果关系。第二，行为人实施该行为，是法律（主要是民事法律）所鼓励、允许的，至少是不为法律所禁止的，因而该行为具有合法性。第三，法律对于各种正当理由的抗辩事由一般具有明确的规定。

#### （二）正当理由的抗辩事由之分类

大陆法系学者一般将正当理由的抗辩事由划分为：（1）正当防卫；（2）紧急避险；（3）自助；（4）法定权力或者其他合法权力，也有人称之为依法行使职务；（5）受害人同意。在美国侵权责任法中，有学者将正当理由的抗辩事由分为七类，包括：（1）受害人同意；（2）正当防卫；（3）防卫他人；（4）拘捕与防范犯罪；（5）对财产的防卫；（6）从动产和不动产上获取权益；（7）执行军事命令与纪律。

各国民法或侵权责任法所规定的正当理由的抗辩事由之范围并不完全相同，自卫（正当防卫）和紧急避险被普遍确认为正当理由的抗辩事由，而自助不被普遍承认为一种抗辩事由。在我国《民法典》明确规定正当防卫（第 181 条）、紧急避险（第 182 条）、受害人自甘风险（第 1176 条）和自助（第 1177 条）为正当理由的抗辩事由。

### 二、正当防卫

#### （一）正当防卫概述

正当防卫是指行为人为了保护自己的合法权益或者社会公共利益、他人的合法权益，对于现实违法的攻击（或者正在进行的不法侵害）所采取的必要限度内的防卫措施。我国《民法典》第 181 条规定："因正当防卫造成损害的，不承担民事责任。正当防卫超过必要的限度，造成不应有的损害的，正当防卫人应当承担适当的民事责任。"

## （二）正当防卫的条件

正当防卫的条件是指某项行为得被确认为正当防卫所应具备的全部主、客观条件。这些条件都是必要的，缺一不可，而其总和便构成正当防卫的充分必要条件。正当防卫的条件主要表现在四个方面：（1）对象条件；（2）目的条件；（3）时间条件；（4）限度条件。

### 1. 正当防卫的对象条件

正当防卫的对象条件是指正当防卫行为所针对的具体对象，它包括正当防卫所针对的行为与其所针对的行为人（行为的实施者）两个方面：（1）正当防卫是针对不法侵害行为进行的。首先，必须有不法侵害行为这一事实状况存在。这种不法侵害行为既可能是侵害防卫人自己的合法权益，也可能是侵害社会公共利益或他人的合法权益。其次，侵害行为具有不法性。对于合法行为（如依法执行公务的行为）不能实施防卫。最后，不法侵害一般是人（自然人或法人）所实施的，但有时也可以是由饲养动物实施的，因此正当防卫主要是针对人或饲养动物的防卫。（2）正当防卫是针对不法侵害行为的实施者进行的。第一，防卫只能针对不法侵害行为的实施者本人进行，而不可对其家属或其他任何第三人进行。第二，在共同侵权之情形，防卫可以针对共同侵权人之一部分或全部进行。第三，对于无民事行为能力人或限制民事行为能力人实施防卫应当更为慎重。正当防卫是针对不法侵害行为的实施者所采取的必要措施，既可以是针对其人身的（如健康、自由），也可以是针对其财产的。选择不法侵害行为人的人身的哪一方面或财产的哪一部分作为防卫的具体对象，取决于以下因素：第一，是否足以制止不法侵害、保护合法权益；第二，防卫人实施防卫之可能与便利；第三，防卫限度；第四，社会公共利益和善良风俗。

### 2. 正当防卫的目的条件

正当防卫的目的条件，是指防卫人通过实施防卫行为所要达到的目标或后果。目的的合法性是正当防卫的必备条件之一，也是正当防卫作为侵权责任法上的不承担责任之抗辩事由的根据和正当防卫权的存在基础。

在我国，正当防卫的目的应当是保护防卫人本人、他人的合法权益或公共利益，包括以下几个方面的特性：（1）有本人、他人的合法权益或公共利益之存在。（2）出于加害对方之目的，对其进行挑拨、激怒或引诱，然后实施侵害，貌似“正当防卫”，实则不具备正当防卫的目的之合法性和正当性。（3）在相互非法侵害（如打架斗殴）行为中，因为都有侵害他人的不法目的，所以一般不能认为其中一方或双方属于正当防卫。但一方已明确放弃侵害，另一方仍穷追不舍、继续加害，放弃侵害的一方不得已而进行反击，亦可以认定为正当防卫。（4）如果某人错误地认为防卫是必要的，但实际后果完全不同于其所追求的目的，则行为人原则上应负赔偿责任。

### 3. 正当防卫的时间条件

正当防卫必须在正确的时间实施，只有在正确的时间实施的防卫才可能构成正当防卫。这就是正当防卫的时间条件。根据正当防卫时间条件的要求，防卫人不得在不法侵害行为发生之前进行所谓的“事先防卫”，也不能在不法侵害行为结束后进行所谓的“事后防卫”。但一个不法侵害行为既可能是突发性的，也可能经过必要的准备阶段。如果这种准备行为已具有现实危险性（如为了伤害他人而非法制造枪支），也可实施适当程度的防卫。所谓“不法侵害行为结束”，是指行为人已经完成了一个侵害行为并转入一个相对稳定、现实危险性大大降低或消除的状况。对于已经结束的不法侵害行为的实施者进行事后防卫（如报复），不属于正当防卫。但如果不法侵害行为属于连续性的，则不认为其现实危险性已大大降低或消除，防卫人可以实施适当程度的防卫。

**4. 正当防卫的限度条件**

正当防卫的限度条件，是指防卫的方式和强度的适当性。防卫的方式和强度是密切联系的，一种比较温和的防卫方式一般所能达到的强度有限，相反，一种比较激烈的防卫方式则能达到很高的强度。防卫所使用的力量强度须与侵害强度相适应。防卫超过必要的强度，则可能构成防卫过当。

### （三）正当防卫的效果与防卫过当的民事责任

**1. 正当防卫的效果**

在必要限度内进行正当防卫，即使给被防卫人造成损害，防卫人也不承担民事责任。但是如果防卫超过必要的限度，造成不应有的损失，则防卫人应当承担适当的民事责任。

**2. 防卫过当的民事责任**

防卫过当，即防卫超过必要限度，是指防卫人实施的防卫行为虽然符合正当防卫的对象条件、目的条件和时间条件，但不符合正当防卫的限度条件，或者选择的防卫方式不当或者使用的力量过度，从而造成被防卫人（不法加害行为的行为人）过重的或不应有的人身或财产损失。从正当防卫到防卫超过必要限度，反映了从合法到不法的量变—质变过程。

我国法律规定，防卫超过必要限度造成不应有的损害的，防卫人应当承担适当的侵权责任，而不是完全赔偿责任。“适当的民事责任”应当被理解为一种减轻或从轻的侵权责任。在轻重两种民事责任均可适用时，选择轻者；在涉及财产责任时，应当扣除防卫在必要限度内的损害部分，再确认“适当”的赔偿数额。

## 三、紧急避险

### （一）紧急避险概述

为了使本人或者第三人的人身或财产或者公共利益免遭正在发生的、实际存在的危险而不得已采取的一种加害于他人人身或财产的损害行为，称为紧急避险。《民法典》第182条规定：“因紧急避险造成损害的，由引起险情发生的人承担民事责任。危险由自然原因引起的，紧急避险人不承担民事责任，可以给予适当补偿。紧急避险采取措施不当或者超过必要的限度，造成不应有的损害的，紧急避险人应当承担适当的民事责任。”

作为一种正当理由的抗辩事由，紧急避险与正当防卫既有一些相似之处，也有一些原则区别。其相似之处表现为：(1) 都是为了保护公共利益、本人或他人的合法民事权益，即其目的条件是一致的；(2) 都是对正在发生的侵害（或危险）采取相应措施，即其时间条件是一致的；(3) 法律要求正当防卫在必要限度内进行，紧急避险也不得超过必要限度，因此，二者的限度条件也是一致的。二者的主要区别有：(1) 正当防卫主要是针对他人的不法侵害行为，即侵害大多来自人的行为（有时也来自饲养动物的危险）；紧急避险中的危险既可能是由他人行为造成的，也可能是由自然原因引起的。(2) 正当防卫所施加的对象是不法侵害行为人的人身或其财产；紧急避险则是施加于第三人，造成第三人人身或财产的损失。即二者的对象条件不同。(3) 任何人均不对必要限度内的正当防卫负赔偿责任；但即使是必要限度内的紧急避险，受害的第三人原则上也应从受益一方获得补偿，即二者的法律后果不同。

### （二）紧急避险的必要限度与效力

#### 1. 紧急避险的必要限度

各国法律均规定紧急避险不得超过必要限度。这里涉及一个权衡将要保护（避免受到损失）的利益与实施紧急避险行为将要损害的利益之间的轻重问题。其基本规则是“两利相权取其重，两害相权取其轻”：如果其所保护的利益大于所造成的损害，则认为紧急避险符合“必要限度”的要求；反之，则认为紧急避险超过了“必要限度”的要求。

如果两种利益均属财产性质，则很容易用计算具体数额的办法来进行比较。但如果其中之一或二者均为人身性质，则比较甚为困难。笔者认为比较的考虑因素有如下几种：(1) 高度重视人的生命、身体、健康和人格尊严；(2) 公共利益优先；(3) 发挥公序良俗、公共道德作为辅助判断标准的积极作用。

#### 2. 紧急避险的效力

行为人在必要限度内实施紧急避险行为时，因其所保护的利益大于所造成的损害，所以其行为具有正当合理性。但是，与正当防卫使不法侵害行为人（危险之制造者）的人身或财产遭受损失不同的是，紧急避险使没有过错的无辜第三人遭受人身或财产上的损失。对于这种损失，是否应当赔偿（补偿）？在何种程度上给予赔偿？应当由谁赔偿呢？

(1) 紧急避险行为人的补偿。关于行为人在必要限度内实施紧急避险行为，造成第三人损害，行为人应否承担赔偿责任，有三种立法例：1) 赔偿肯定说，规定原则上应当赔偿。2) 赔偿否定说。绝大部分大陆法系民法典规定行为人对必要限度内的紧急避险所造成的损害不负赔偿责任。3) 折中说或公平补偿说。其基本观点是：“为了保护本人或第三人以免遭现有和重大危险而对他人造成损害者，仅在法官认为公平的范围内予以赔偿。”我国《民法典》规定，紧急避险人不承担侵权责任，可以给予适当补偿。

(2) 受益人的补偿。如果危险是由自然原因引起的，且紧急避险人采取的措施并无不当（在主观上没有过错，在客观上没有超过必要限度），则由受益人对受害人予以补偿，紧急避险行为人无须补偿。

(3) 险情引起者的责任。我国法律规定，因紧急避险造成损害的，由引起险情发生的人承担民事责任。险情引起者所应承担的民事责任一般以财产性责任为限，其范围应当是对被侵权人的全部损失进行赔偿。在此等情形下，如果紧急避险行为人采取的措施并无不当，则无须补偿。

### (三) 紧急避险超过必要限度和措施不当的后果

**1. 紧急避险超过必要限度和措施不当的概念**

紧急避险超过必要限度，是指行为人的避险行为虽然符合紧急避险的对象条件、时间条件和目的条件，但不符合其限度条件，避险行为所造成的损害大于其所保护的公共利益或本人、他人的合法权益。紧急避险措施不当，是指行为人为避险而采取的方法和措施不能或不适合处理当时当地的险情。紧急避险超过必要限度不同于紧急避险措施不当。前者避险的基本思路和方法是正确的，只是未能正确地把握“度”的要求；后者避险的基本思路和方法是错误的，即采取的有关措施不能或不适合处理当时当地的险情。紧急避险超过必要限度或采取措施不当，均可能造成不应有的财产或人身损失。

**2. 紧急避险超过必要限度和措施不当的后果分担**

依法律规定，因紧急避险超过必要的限度，或者采取措施不当造成不应有的损害的，紧急避险人应当承担适当的民事责任。在此，有必要对“适当的民事责任”之适用进行具体分析。

(1) 险情是由自然原因引起的。如果险情是由自然原因引起的，紧急避险人只是对超过必要限度部分的损害（大于其所保护的合法利益的部分或者不应有的损害部分）承担适当的民事责任，而受益人应对被侵权人在紧急避险的必要限度内的损失给予适当补偿。

(2) 险情是由第三人引起的。如果险情是由第三人引起的，紧急避险人只是对超过必要限度部分的损害承担适当的民事责任，险情的引起者应对被侵权人在紧急避险的必要限度内的损失承担全部赔偿责任。

(3) 险情是由避险行为人引起的。如果险情是由避险行为人自己引起的，他应对避险行为造成的一切损害后果承担民事责任。

## 四、受害人自甘风险

### (一) 受害人自甘风险概述

《民法典》第 1176 条规定：“自愿参加具有一定风险的文体活动，因其他参加者的行为受到损害的，受害人不得请求其他参加者承担侵权责任；但是，其他参加者对损害的发生有故意或者重大过失的除外。活动组织者的责任适用本法第一千一百九十八条至一千二百零一条的规定。”我国法律规定的自甘风险作为侵权责任的抗辩事由，仅适用于“具有一定风险的文体活动”。

文体活动是指文化活动和体育活动两类活动。文艺表演，如相声、曲艺表演、杂技魔术表演等，属于文化活动。所谓风险，是指从事某类活动发生意外人身伤害等事故的危险性。凡事故率较高的为高风险，不出事故或者事故率低的为零风险或者低风险。有些文化活动没有风险或者风险极低，如歌唱、相声表演；有些文化活动具有一定的风险，如杂技魔术表演、武术气功表演等。体育活动也如此：一些体育活动没有风险或者风险较低，如在社区使用供群众（特别是老年人）健身的器材，只有极低的风险；但是，大多数竞技体育项目，特别是身体直接接触的竞技体育项目则有较高程度的风险；拳击一类的体育项目则有极高的风险。具有一定风险的文体活动，应当是合法的文体活动，至少是不为法律、行政法规和管理性规定禁止的活动。赌博、封建迷信活动、地下拳击比赛、非法飙车等活动具有违法性质，不属于上文第1176条所称的“具有一定风险的文体活动”。

法律、行政法规和管理性规定将某些文体活动界定为较高风险文体活动的，依照其规定。依据常识和生活经验，一个理性人能够判断为“具有一定风险的文体活动”的，则认定此等文体活动为具有一定风险的文体活动。对风险程度的判断，以通常参加此等活动，对其有较充分、全面了解的“理性人”之认知为判断依据。其认知的基础，往往包括但是不限于：活动的性质、周围环境对安全的影响、对抗的激烈程度、发生事故特别是人身伤害的概率、发生人身损害的严重程度、防范措施、救助和救济手段能力等。

### （二）自甘风险作为抗辩事由的构成要件

受害人自愿冒险参加具有一定风险的文体活动，即使发生意外损害也不追究致害的其他参加者的侵权责任，其他参加者致害的以受害人“自甘风险”为抗辩事由主张不承担侵权责任的，需要具备以下构成要件。

**1. 受害人适格**

如果某项具有一定风险的文体活动对参加者的条件或者资格具有一定要求，受害人须是符合此等条件和资格的参加者。不符合条件和资格，参加此类文体活动遭受损害，不宜使用“自甘风险”作为责任抗辩事由，而应该按照过错责任以及受害人过错等规则处理。

**2. 受害人知晓风险**

参加具有一定风险的文体活动者知道该活动的风险，也是自甘风险作为责任抗辩事由的构成要件。如果参加者都不知道或者不可能知道风险之所在，就无从讨论其“自愿承担损害后果”的问题。关于受害人知晓风险可以从两个方面判断：其一，活动的组织者对风险进行了明确和充分的告知或者提示；其二，依据参加者的经验和知识应当知道风险的存在和风险的程度，从而推定参加者应当知道风险。比如，参加F1方程式职业赛的选手当然知道或者应当知道此等赛事的高风险性。

**3. 受害人自愿参加**

受害人自愿参加具有一定风险的文体活动，而不是被强迫、胁迫、欺骗参加此等活动。在自愿参加的前提下，受害人以明示或者默示的方式表示自己愿意承受活动的风险，如果发生意外损害，不追究他人的侵权责任。自甘风险包含两层自愿的含义：一是自愿参加具有一定风险的文体活动，二是自愿接受此等活动的风险以及可能造成的损害。

### （三）适用对象与适用范围

**1. 文体活动的其他参加者**

依据《民法典》第1176条的规定，自甘风险适用于与受害人一起参加文体活动的其他参加者，如篮球（足球等）比赛的对方球员或者本方队友、拳击赛的对方拳手。实践中，对方人员致害发生较多，己方人员致害也偶有发生。法律并不区别作为其他参加者的对方人员和己方人员，在其行为致害之情形均可以援引自甘风险作为抗辩事由，主张不承担侵权责任。

需要指出的是，作为其他参加者的对方人员和己方人员在相关文体活动中对损害发生有故意或者重大过失的，不能援引自甘风险作为侵权责任的抗辩事由。即使受害人一方符合自甘风险的全部构成要件，致害的其他参加者也由于对损害的发生具有故意或者严重过失而不能免于侵权责任。比如，在体育比赛中故意犯规、恶意冲撞他人身体等行为造成损害的，不能援引《民法典》第1176条主张免责。

法律在规定自甘风险作为责任抗辩事由的同时，规定了故意行为和重大过失行为的当然可归责性，体现了社会主义核心价值观（如“友善”）和民法基本原则（如“诚实信用”）对民事活动的根本要求。

**2. 活动组织者的责任不适用《民法典》第1176条**

《民法典》第1176条适用于具有一定风险的文体活动的其他参加者，明确不适用于文体活动的组织者。有关组织者的侵权责任问题，适用《民法典》第1198～1201条关于违反安全保障义务承担侵权责任的规定。

**3. 适用范围问题讨论**

《民法典》第1176条在措辞上限定适用于“具有一定风险的文体活动”。在立法过程中也有人主张扩大适用范围，但是该意见没有被采纳。在实施中，《民法典》第1176条是否可以适用于一定风险的文体活动之外的其他活动呢？笔者倾向于认为：（1）不宜直接援引《民法典》第1176条作为其他活动中的责任抗辩事由，因为该条的文义被限定在“一定风险的文体活动”，其适用范围是确定和封闭的，没有用“等”字样留下扩张的空间。（2）该条规定所包含的法律原理和精神源于民法的自愿原则、诚信原则和过错责任原则，这些原则在其他案件，包括类似于“一定风险的文体活动”致害案件中，也是适用的，可以通过对这些原则的理解和适用并援引最接近的条文（如《民法典》第1173条关于“被侵权人过错”的规定）作出正确的判决。

### （四）关于“受害人同意”

有些国家将“受害人同意”作为与受害人自甘风险并列的责任抗辩事由加以规定。理论上认为：受害人同意作为一种正当理由的抗辩事由，是指由于受害人事先明确表示自愿承担某种损害后果，行为人在其所表示的自愿承担的损害后果的范围内对其实施侵害时不承担民事责任。也有学者称之为“受害人承诺”。受害人的同意构成一种正当理由的抗辩事由，应当同时具备以下要件：（1）受害人事先有明示的真实意思表示。受害人的同意应当是在加害行为实施之前表示出来的意思，而不是事后表示的意思。（2）行为人主观上是善意的。行为人主观上的善意应当是受害人同意这种正当理由的抗辩事由的构成要件，否则，其行为人有可能利用受害人的同意。（3）不超过同意的范围和限度。行为人对受害人实施加害，不得超过受害人同意的范围和限度，否则，其应对超出限度和范围的损害承担侵权责任。（4）受害人之同意不违反法律与社会公序良俗。我国《民法典》没有将受害人同意作为责任抗辩事由单独加以规定，遇此等情况时如果符合受害人自甘风险的构成要件，可以解释为受害人自甘风险。

## 五、自助

### （一）自助概述

《民法典》第1177条规定："合法权益受到侵害，情况紧迫且不能及时获得国家机关保护，不立即采取措施将使其合法权益受到难以弥补的损害的，受害人可以在保护自己合法权益的必要范围内采取扣留侵权人的财物等合理措施；但是，应当立即请求有关国家机关处理。受害人采取的措施不当造成他人损害的，应当承担侵权责任。"自助是《民法典》新规定的抗辩事由。自助行为具有正当性，造成他人损害时，行为人不承担侵权责任。

自助是指行为人（受害人）于情势紧急无法求助公权力保护自己的合法权益时，对侵权人的财产等采取符合必要限度要求的合理措施。因此给侵权人造成损害的，行为人（受害人）不承担侵权责任。但是，行为人（受害人）应当立即请求有关国家机关处理。行为人（受害）人采取的措施不当造成他人损害的，行为人（受害人）应当承担侵权责任。

### （二）自助的构成要件

自助作为正当理由的抗辩事由之一，应当具备以下构成要件：（1）目的要件。行为人实施自助行为，其目的是保护自己的合法权益。这与正当防卫和紧急避险的目的条件不尽相同，后二者可以是为了保护他人的合法权益或公共利益。对于非法利益，不得采取自助方式进行自我保护。（2）情势要件。自助行为必须于情势紧急而无法求助公权力救济之时为之。如有寻求公权保护的机会和渠道，则不能实施自助行为进行自我保护。（3）对象要件。自助行为必须是针对侵权人的财产等，依立法精神，原则上不宜针对他人的人身自由。（4）限度要件。对侵权人实施自助行为，不得超过必要限度。如果是对其财产实施扣押，以足以保护债权人的权益（如与债务数额相当）为限。自助超过必要限度，或自助行为人趁机损坏债务人的财产、加害其人身的，行为人均应承担相应的民事责任。

### （三）自助的效力

自助产生不承担损害赔偿责任的抗辩效果。但是，在现代法治社会，民事纠纷一般宜通过当事人之间的平等协商解决，协商不成时，应努力寻求国家公权力的裁判和救济；原则上不鼓励私人之间以强权的方式加以解决，自助属于紧急情况下的例外规则。行为人在采取自助措施后，应当尽快联系公权力部门，寻求纠纷的依法解决。

受害人采取的措施不当造成他人损害的，应当承担侵权责任。

# 第三节 外来原因的抗辩事由

## 一、不可抗力

### （一）不可抗力概述

《民法典》第180条规定："因不可抗力不能履行民事义务的，不承担民事责任。法律另有规定的，依照其规定。不可抗力是不能预见、不能避免且不能克服的客观情况。"由此可见，不可抗力是不承担民事责任的抗辩事由，但是法律另有规定的，依照其规定。

学理上，关于不可抗力有三种学说：（1）主观说。该说主张以行为人的预见能力和抗御能力作为判断标准，如果行为人已尽了最大注意仍然不能防止损害后果的发生，可认定为不可抗力。（2）客观说。该说主张以事件的性质及外部特征为标准，凡属于一般人无法抗御的重大外来力量为不可抗力。（3）折中说。该说兼采主、客观标准，既承认不可抗力是一种客观的外部因素，也强调当事人以最大的注意预见、以最大的努力仍不可避免和克服者为不可抗力。我国法律对不可抗力的界定，采取了折中说的理论。

### （二）不可抗力的分类

在侵权责任法领域，"因不可抗力不能履行民事义务"应当被理解为负有注意义务的人不能履行注意义务，不可抗力造成他人损害。不可抗力是减轻或者不承担违约责任或侵权责任的一般性抗辩事由，可分为以下三类。

**1. 自然原因的不可抗力**

达到一定强度的自然现象，如地震、台风、洪水、海啸等，为自然原因的不可抗力。自然原因的不可抗力构成不可抗力的主要部分。

作为不可抗力的自然现象，必须具备一定的条件，包括：（1）不可预见性。行为人对于某些具有强大强制力的自然现象无法预见是抗辩的必要条件，而能否预见的判断标准，对于一个普通人，应为一个一般善意之人的认识能力和关注程度；对于负有特殊义务或责任的人，应为一个具有相关专业知识的人的认识能力和特别关注程度。（2）不可避免并不能克服。这一条件要求作为不可抗力的自然现象具有强大的强制力，足以产生一般人无法抵抗的破坏后果，即使当事人尽到一个一般善意之人乃至专业人员（如对当事人注意程度有特别要求之情形）应尽的各种努力，也不能免于损害。不可避免和不能克服，表明事件的发生和事件造成损害具有必然性。（3）客观性。作为不可抗力的自然原因，总是客观的而不是任何人为的因素造成的。这首先是排除受害人和行为人的过错因素，其次是排除第三人的过错因素，最后是排除社会或国家的原因。

**2. 社会原因的不可抗力**

社会原因的不可抗力，是指由于社会矛盾激化而构成的不能预见、不能避免并不能克服的客观情况。战争、武装冲突可以一般地作为社会原因的不可抗力，而劳动力缺乏只能有条件地作为社会原因的不可抗力，因为后者在大多数情况下是可以预见的，而且“劳动力缺乏”这一事件本身所具有的强制力比较低。

构成社会原因的不可抗力，也应当具备三个条件：（1）不可预见性；（2）不可避免并不能克服；（3）原因的社会性，即产生这一事件的原因来自社会，而不是来自当事人过错、第三人过错、国家行使行政或司法权力、自然现象。

**3. 国家原因的不可抗力**

国家权力的行使及其后果，有时也是人们无法预见、不能避免并不能克服的，可构成不可抗力，为“国家原因的不可抗力”。国家原因是指因为国家行使行政、司法职能而导致损害之发生或扩大。在实践中，作为不可抗力的国家原因较多地发生在合同关系领域，较少发生在侵权责任领域。

### （三）不可抗力作为侵权责任抗辩事由的效果

不可抗力作为侵权责任抗辩事由的效果，是指行为人一方以不可抗力作为抗辩事由所达到的不承担或减轻其侵权责任的后果。由于不可抗力对不同类别的侵权责任的抗辩效果不同，而且不可抗力对损害发生和扩大的原因力不同，因而有必要进行更为具体的说明。

**1. 不可抗力对过错责任的抗辩效果**

在以过错责任为归责原则的侵权案件中，以不可抗力作为抗辩，因为不可抗力对损害发生或扩大的原因力不同，其所达到的抗辩效果也不相同。

如果不可抗力是损害发生和扩大的唯一原因，则当事人不承担民事责任，不可抗力成为免责的抗辩事由。如果不可抗力是损害发生和扩大的部分原因，主张不可抗力这一抗辩事由只能部分减轻行为人的侵权责任，而剩余的部分责任应按相关当事人的过错进行分担。在不可抗力和行为的过错共同构成损害发生的原因的情况下，应本着“部分原因应当引起部分责任”的规则，令行为人按其行为原因力大小承担部分责任。

**2. 不可抗力对无过错责任的抗辩效果**

在以无过错责任为归责原则的侵权案件中，由于对行为人的责任要求更为严格，以不可抗力作为抗辩的效果也就不同于上述在过错责任案件中的情形。《民法典》第 180 条第 1 款所称“法律另有规定的，依照其规定”，即在此体现。

（1）不得以不可抗力作为抗辩。于《民法典》侵权责任编第八章规定的情形，原则上不能以不可抗力作为抗辩，只有在法律有特别规定的情形才能以不可抗力作为抗辩。

（2）限制不可抗力的范围。虽然允许行为人以不可抗力作为抗辩事由主张不承担责任或减轻责任，但对不可抗力的范围严加限制。

（3）规定当事人的特别义务。虽然允许行为人以不可抗力作为抗辩事由主张不承担责任或减轻责任，但要求其履行特别义务，尤其是在避免和减少损失方面作出特别努力。

（4）唯一原因与部分原因。实践中，不可抗力可能是损害发生的唯一原因，也可能是损害发生的部分原因。于前一种情形，如果符合法律规定的其他条件，自然应免除行为人的侵权责任。于后一种情形，其构成比较复杂：在不可抗力构成损害发生和扩大的部分原因时，一般应根据其行为的原因力之大小，适当减轻行为人的侵权责任。在具体案件中，如果法律规定行为人可以以第三人过错或被侵权人过错进行抗辩，行为人还可提出相应抗辩事由，以减轻剩余部分的侵权责任。但是，无论何种情形下，行为人都不得把自己没有过错作为抗辩事由。

### （四）关于意外事件

意外事件是指非因当事人的故意或过失而偶然发生的事故。无论是依据我国现行立法，还是从理论和司法实践来看，在我国侵权责任法中，意外事件不能构成一种抗辩事由。其理由如下：（1）从法律逻辑学的角度来看，意外事件与不可抗力具有包含关系，不可能将二者完全区别开来；（2）我国《民法典》并未将意外事件规定为一种抗辩事由；（3）主张意外事件作为抗辩事由者，完全是在套用有关不可抗力的学说，并无理论上的新意。

## 二、被侵权人过错

### （一）被侵权人过错作为抗辩事由概述

《民法典》第 1173 条规定："被侵权人对同一损害的发生或者扩大有过错的，可以减轻侵权人的责任。"该条是关于被侵权人"与有过失"时可以减轻侵权人责任的规定。

从《民法通则》到《侵权责任法》及《民法典》和相关司法解释，都对此作出了基本相同的规定。被侵权人对同一损害的发生或者扩大有过失的，可以减轻侵权人的责任。这是各国侵权责任法均确认的一项抗辩事由。在大陆法系，被侵权人对同一损害有过失的，可以减轻侵权人的责任，谓之受害人（被侵权人）"与有过失"或者"过失相抵"的抗辩。在英美法系，相似的制度是"比较过失"。《民法典》第 1173 条所称"责任"，字面解释上是指任何方式的侵权责任，实际上多指赔偿损失的责任承担方式，但也不排除恢复原状的责任承担方式。

在"与有过失"情形，被侵权人的过错只能是过失，不包括故意。于后者，法律专门设置条文（《民法典》第 1174 条）加以规范。被侵权人的过失，可以是疏忽大意的过失，也可以是盲目轻信的过失。判断其有无过失的标准是：（1）存在法律、行政法规或者其他规定的，依照其规定。（2）在没有法定标准的情况下，以一个理性人的注意义务和注意程度作为判断标准。如果一个理性人在当时当地等相同情况下认为有合理关照、保护自己利益之必要并达到适当的注意程度，被侵权人也认识到有合理关照、保护自己利益之必要并达到适当的注意程度，则认为被侵权人没有过失；反之，则认为被侵权人有过失。

被侵权人的过失如果仅仅存在于内心，并不产生减轻侵权人之责任的效果。之所以产生减轻侵权人之责任的效果，是因为被侵权人的过失外化为一定的行为，包括作为或者不作为，而这样的基于过失的作为或者不作为构成了同一损害发生或者扩大的部分原因。被侵权人对于侵权人将要承担侵权责任的同一损害之发生或者扩大有过失，是指被侵权人在疏忽大意或者盲目轻信的不良心态驱动下的作为或者不作为，构成同一损害发生或者扩大的部分原因，其有过失的行为的“参与”导致了损害的发生或者扩大。

被侵权人有过失的积极行为或者消极不作为，既可能是同一损害发生的部分原因，也可能是同一损害扩大的部分或者全部原因。只要具备二者之一，被侵权人的“与有过失”就产生可以减轻侵权人之侵权责任的效果。如果既导致同一损害的发生又导致同一损害的进一步扩大，当然更加会产生可以减轻侵权人之侵权责任的效果。

### （二）被侵权人过错作为抗辩事由的适用

**1. 适用范围**

依据《民法通则》和《侵权责任法》之规定，“与有过失”似乎仅适用于过错责任案件，因为法律条文强调了被侵权人“也有过错”，意味着侵权人当然有过错（过失）。《民法典》第1173条的措辞发生了些微变化，“也有”为“有”所取代，暗含的侵权人有过错被取消。这样的变化，使我们更有理由认为，“与有过失”的抗辩不仅适用于过错责任案件，在法律没有特别规定的情况下也一般地适用于无过错责任案件。

**2. 适用方法**

在被侵权人存在过失，其基于过失的作为或者不作为构成同一损害发生或者扩大的部分原因时，将侵权人的过错与被侵权人的过错（过失）进行比较，主要是就各自的过错行为对损害的发生或者扩大所起的作用进行比较。在一些情况下，也考虑过错的种类和程度，通过对过错的种类和程度的比较来确定减轻或者不减轻侵权人的责任以及减轻侵权人责任的具体程度。

**3. 适用效果**

（1）过错责任案件。

侵权人因故意或者重大过失导致同一损害发生，被侵权人只有一般过失的，不减轻侵权人的责任。侵权人因一般过失导致同一损害发生，被侵权人有一般过失的，应适当减轻侵权人的责任。侵权人因一般过失导致同一损害发生，被侵权人有重大过失的，应当较大幅度减轻侵权人的责任。侵权人因一般过失导致同一损害发生，但是同一损害之扩大完全是被侵权人的过失行为造成的，则对于扩大部分侵权人不承担责任。

（2）无过错责任案件。

在无过错责任案件中，适用被侵权人“与有过失”来减轻侵权人的侵权责任，一般采取比较谨慎的态度，避免因为“过失相抵”而损害无过错责任原则所追求的倾斜保护被侵权人的价值。因此，只有在被侵权人有重大过失的情况下才适用“与有过失”的抗辩，减轻侵权人的部分侵权责任，或者说抵消被侵权人应得的部分损害赔偿请求。

## 三、受害人故意

### （一）受害人故意作为抗辩事由概述

《民法典》第1174条规定：“损害是因受害人故意造成的，行为人不承担责任。”受害人故意，是指受害人追求损害结果的发生，或者明知损害结果会发生而以自己的行为放任损害结果的发生。在机动车交通事故案件中，撞车自杀者为故意，“碰瓷”者虽然不追求自己死亡但是明知发生死亡或者伤残的概率极大，仍然铤而走险，碰撞机动车以骗取赔偿，也属于故意。《道路交通安全法》第 76 条第 2 款规定：“交通事故的损失是由非机动车驾驶人、行人故意碰撞机动车造成的，机动车一方不承担赔偿责任。”受害人故意作为免除行为人之侵权责任或者说认定行为人不承担侵权责任的抗辩事由，适用于一切侵权案件，包括过错责任及过错推定案件，也适用于无过错责任案件。

《民法典》第 1174 条对相关当事人的称呼不同于前条，没有使用“侵权人”“被侵权人”的概念，而是使用“行为人”“受害人”的概念。这表明，立法不认为此等情况下的“行为人”是侵权人、“受害人”是被侵权人，进而可以推论的是：受害人故意造成损害（也不要求是否为同一损害）的，并不构成行为人的侵权责任。比如，在交通事故“碰瓷”的案件中，受害人直接追求或者高度放任（间接故意）损害的发生，果真发生了死亡或者伤残的后果。在此，行为人的行为不过是被“受害人”利用，当然不构成侵权责任。“受害人”是对其遭受损害的一种客观描述——依常识其在人身、财产方面遭受了损失——没有附加法律价值上的评判，更不涉及他人的责任问题。

### （二）受害人故意的形态和内容

受害人故意是一种不良的甚至恶劣的心理状态，分为两种形态：受害人积极追求损害发生的不良乃至恶劣的心理状态，或者明知损害会发生或者具有极大的发生概率而放任损害发生的不良心理状态。

受害人的故意如果仅仅停留在心理层面并不产生法律效果。只有在受害人在其故意驱使下实施某种积极行为或者消极不作为，该积极行为或者消极不作为成为损害发生的原因导致损害的发生，受害人的故意才有法律上的意义——发生行为人不承担责任的效果。

如果法律对特定案件中受害人故意的内容作出了规定，则依照其规定来判断受害人是否存在故意。比如《道路交通安全法》第 76 条第 2 款规定：“交通事故的损失是由非机动车驾驶人、行人故意碰撞机动车造成的，机动车一方不承担赔偿责任。”此处的“故意”的内容不是追求死亡或者伤残等交通事故后果的不良心态，而是“故意碰撞机动车”。“碰瓷”者无须具有追求死亡或者伤残等交通事故后果的故意，只需具有碰撞机动车的故意。此等“受害人”与试图通过交通事故自杀的“受害人”在故意内容上是不相同的。

### （三）受害人故意的抗辩效果：行为人不承担责任

受害人故意导致全部损害发生的，行为人对该全部损害不承担责任。行为人的行为导致全部损害发生的，行为人是侵权人，对该全部损害承担责任；对于该损失之发生，被侵权人（受害人）有过失的，应当依据《民法典》第 1173 条的规定减轻侵权人（行为人）的责任；受害人故意造成损害扩大的，应自己承担扩大部分的损害后果，侵权人（行为人）对扩大部分的损害不承担责任。

此外，在有些案件中受害人故意不仅导致自己遭受损害，而且导致行为人或者第三人遭受损害。在这样的案件中，受害人不仅要承受自己的损害后果，而且要对行为人遭受的损害和第三人遭受的损害依法承担侵权责任。在对机动车故意“碰瓷”的案件中，实施“碰瓷”行为的“受害人”不仅要承受自己的人身、财产损失，而且要对机动车一方的损失（如车辆的修理费用等）承担赔偿责任。

对上述损害的承担和责任分配，体现了社会主义核心价值观和民法基本原则的要求。自古以来的法律谚语是：任何人不得从其不法行为中获得利益。受害人的故意行为属于不法行为时，其不仅不能从中获得利益、不能获得赔偿，而且对于对行为人或者第三人造成的损害还应当依法承担赔偿责任。

#### （四）事故保险责任之免除

受害人故意造成损害的，受害者本人或者相关人员请求保险公司支付责任保险金的，往往不被支持。此等情形，有时可能构成保险诈骗犯罪。依据《道路交通安全法》等制定的《机动车交通事故责任强制保险条款》第10条规定，因受害人故意造成的交通事故损失，机动车交通事故责任强制保险（以下简称“交强险”）不予赔付。

### 四、第三人原因造成损害

#### （一）第三人原因造成损害作为抗辩事由概述

《民法典》第1175条规定：“损害是因第三人造成的，第三人应当承担侵权责任。”这是关于第三人原因造成损害抗辩事由的规定。在第三人原因造成损害的情况下，行为人不承担侵权责任。

第三人原因与行为人的加害行为的联系状况，以及二者与损害结果之间的联系形态有四种：（1）损害完全是第三人原因造成的；（2）第三人的行为与行为人的行为构成共同侵权，导致损害的发生；（3）行为人和第三人分别实施侵权行为造成同一损害，每个人的侵权行为都足以造成全部损害；（4）行为人和第三人分别实施侵权行为造成同一损害，或者能够确定责任大小，或者难以确定责任大小。

只有在第一种情形下，即损害完全是第三人原因造成的时，第三人承担全部侵权责任，行为人不承担侵权责任。但在第二种、第三种和第四种情形下，行为人与第三人一起承担连带责任或者按份责任。

《民法典》第1175条的规定，对于作为被告的侵权人（行为人）来说，是一项外来原因的抗辩。是否能够完全免于责任，取决于第三人之行为介入正在进行的因果关系进程导致的因果关系进行与完成所发生的变化。这条规定中，“因”“造成”等文字，界定了第三人之行为为损害发生或者扩大的原因这一基本要素。

#### （二）第三人原因造成损害抗辩事由的适用

**1. “第三人原因”范围**

法律仅仅规定损害是因第三人造成的，第三人应当承担侵权责任。没有规定造成损害的“第三人原因”是只包括第三人的积极行为，还是既包括其积极行为也包括其消极不作为。依文义解释，笔者倾向于认为，《民法典》第1175条规定的“第三人原因”既包括其造成损害的积极行为，也包括其造成损害的消极行为。

同样，法律没有区分第三人实施的侵权行为和应当承担侵权责任的准侵权行为。依文义解释，笔者倾向于认为，“第三人原因”既包括第三人自己实施的侵权行为，也包括第三人应当承担侵权责任的准侵权行为。

**2. 因果关系中断与原因加入**

在完全是第三人原因造成被侵权人损害，第三人原因的介入导致正在进行的因果关系中断，第三人的侵权行为或准侵权行为完全代替行为人的行为发挥致害的原因作用等情况下，第三人应当对由此产生的损害承担全部责任，行为在先的行为人不承担责任。如果该在先的行为人被被侵权人起诉，请求承担侵权责任，其可以依据《民法典》第1175条主张完全免责。

在先行为人的行为已经造成被侵权人损害，第三人原因的介入导致正在进行的因果关系发生变化，加入的第三人原因扩大了损害或者导致新损害的，在先的行为人应当对已经造成的损害承担侵权责任，第三人则应当对扩大的损害或者新的损害承担侵权责任。

对于第三人的侵权行为或者准侵权行为与在先行为人的侵权行为或者准侵权行为共同发生作用，导致损害的发生或者扩大，是否可以适用《民法典》第1175条的规定，还是应该适用《民法典》第1168条、第1171条或第1172条的规定来处理他们对被侵权人应当承担的责任，法律没有作出明确规定。笔者倾向于认为，在不对被侵权人之请求权的实现产生不利影响的情况下，在先的行为人可以进行选择：他可以选择适用《民法典》第1175条主张第三人承担相应的责任，也可以选择主张第三人与其承担按份责任或者连带责任。

## 深度阅读

1. 王利明. 论受害人自甘冒险. 比较法研究，2019 (2).

2. 周友军. 民法典中的违法阻却事由立法研究. 四川大学学报（哲学社会科学版），2018 (5).

3. 杨立新，赵晓舒. 我国《侵权责任法》中的第三人侵权行为. 中国人民大学学报，2013 (4).

4. 冯珏. 论侵权法中的抗辩事由. 法律科学（西北政法大学学报），2011 (4).

5. 王利明. 侵权责任法研究：上卷. 北京：中国人民大学出版社，2010：第六章“免责和减轻责任事由”.

6. 杨立新. 侵权法论. 3版. 北京：人民法院出版社，2005：第十二章第八节“商业侵权”.

7. [德] 克雷斯蒂安·冯·巴尔. 欧洲比较侵权行为法：下卷. 北京：法律出版社，2001：第五部分“一般抗辩事由”.

## 问题与思考

**一、思考题**

1. 试述侵权责任能力与侵权责任成立之间的关系。

2. 试述抗辩事由的分类。

3. 试述增加自甘风险和自助作为抗辩事由的意义。

**二、练习题**

1. 我国《民法典》总则编第八章和侵权责任编规定的责任抗辩事由有哪些?

2. 简述不可抗力作为侵权责任抗辩事由的效果。

3. 兹有四个事例：(1) 张某驾车违章发生交通事故致搭车的李某残疾；(2) 唐某参加王某组织的自助登山活动因雪崩死亡；(3) 吴某与人打赌举重物因用力过猛致残；(4) 何某心情不好，邀好友郑某喝酒，郑某畅饮后驾车撞树致死。根据公平正义的法治理念和民法有关规定，下列哪一观点可以成立?（　　）

A. 张某与李某未形成民事法律关系合意，如让张某承担赔偿责任，是惩善扬恶，显属不当

B. 唐某应自担风险，如让王某承担赔偿责任，有违公平

C. 吴某有完整意思能力，其自担损失，是非清楚

D. 何某虽有召集但未劝酒，无须承担责任，方能兼顾法理与情理

| 第二单元 |

# 损害赔偿

# 第七章
# 侵权责任方式与损害赔偿概述

**常考知识点**

民事责任方式　侵权责任　惩罚性赔偿　损益相抵　过失相抵　赔偿损失　精神损害赔偿　各种侵权责任方式的概念与适用

## 第一节　侵权责任方式概述

### 一、侵权责任和侵权责任方式的概念

侵权责任，是指在侵权责任构成的情况下侵权人依法应当对被侵权人一方承担的人身、财产面的不利法律后果。此等不利法律后果的具体类别和适用范围、适用方法由法律作出明确的规定。由于侵害行为或准侵权行为导致的损害后果的多样性，侵权责任方式也与侵权损害后果的性质和种类相对应。

侵权责任方式，是指侵权人依法应当对被侵权人受到的损害承担的不利法律后果的形式和类别。一个国家的侵权责任法规定哪些侵权的民事责任方式，取决于该国的民事立法政策和法律文化传统等因素。我国法律规定恢复原状赔偿损失两种主要的承担侵权责任方式，还规定了多种预防损害发生（扩大）的责任方式，以及消除影响、恢复名誉和赔礼道歉等具有人身意义的侵权责任方式，构成我国侵权责任承担方式的完整体系。

### 二、恢复原状与赔偿损失：两种主要的侵权责任方式

在西方国家的侵权责任法中，侵权责任方式主要有两种：英美法系侵权责任法确定的侵权责任方式主要是赔偿，无论被侵权人受到什么类型的损害，法律一般都采用赔偿的方式对其予以救济。大陆法系侵权责任法确定的侵权责任方式主要是恢复原状[①]和适当条件下的损害赔偿。我国《民法通则》规定的侵权责任方式既包括停止侵害，也包括

---

① 大陆法系民法强调恢复原状的民事责任方式，但是如果恢复原状不可能、不合理、不经济，则不采用恢复原状的民事责任方式，而采用损害赔偿等民事责任方式。参见《意大利民法典》第 2058 条、《德国民法典》第 251 条、《葡萄牙民法典》第 566 条第 1 款、《奥地利民法典》第 1323 条第 1 款。

赔偿损失，还包括广义的恢复原状（如返还财产、消除影响、恢复名誉、赔礼道歉）和狭义的恢复原状。从《民法通则》第 134 条的规定中，我们不能确定立法者是采用了以损害赔偿为主的侵权责任方式还是采用了以恢复原状为主的侵权责任方式。《民法通则》第 134 条实际上采用了违约责任方式与侵权责任方式混合立法主义，赔偿损失责任方式与恢复原状责任方式并重，财产性质的侵权责任方式与人身性质的侵权责任方式相结合，救济损害的责任方式为主，兼顾消除危险、预防损害发生等责任发生的立法模式。这样的侵权责任方式体系提供了更多的救济方式，能够更充分地发挥侵权责任法的功能。《侵权责任法》第 15 条规定了八种侵权责任方式，在立法旨趣和逻辑方法上与《民法通则》第 134 条略同。尽管《侵权责任法》没有规定恢复原状或赔偿损失哪一种侵权责任方式优先适用，但从其第 16 条至第 25 条的规定来看，赔偿损失的责任方式显然处于优越地位。《民法典》总则编第八章大致沿袭了"大民事责任"的思路，即统一集中规定各种民事责任方式，但是在侵权责任编以专章（第二章）规定"损害赔偿"，凸显了赔偿损失责任方式的优先地位。

## 三、我国侵权责任方式的体系和分类

《民法典》第 179 条第 1 款规定，承担民事责任的方式主要有：（1）停止侵害；（2）排除妨碍；（3）消除危险；（4）返还财产；（5）恢复原状；（6）修理、重作、更换；（7）继续履行（8）赔偿损失；（9）支付违约金；（10）消除影响、恢复名誉；（11）赔礼道歉。这些民事责任方式有的专门适用于违约责任，如修理、重作、更换以及支付违约金；有的专门适用于侵权责任，如停止侵害、排除妨碍、消除危险、消除影响、恢复名誉和赔礼道歉；有的则既适用于违约责任也适用于侵权责任，如返还财产、赔偿损失。

《民法典》侵权责任编没有对侵权责任方式另行作出规定，依据法律适用的原则，侵权责任方式适用第 179 条的规定。上述侵权责任方式可分为两大类，即填补损害类型的侵权责任方式与预防（防止损害扩大）类型的侵权责任方式。返还财产、恢复原状、赔偿损失、赔礼道歉、消除影响、恢复名誉为填补损害类型的侵权责任方式，停止侵害、排除妨碍、消除危险为预防类型的侵权责任方式。

## 四、侵权责任方式的适用方法

《民法典》第 179 条第 3 款规定：本条规定的承担民事责任的方式，可以单独适用，也可以合并适用。考虑到有些侵害行为（准侵权行为）造成的损害需要用两种或者两种以上的侵权责任方式予以救济，有必要规定法院须根据案件的具体情况判决侵权人承担两种或者两种以上的侵权责任。

除了法定的侵权责任方式，司法解释或法官在审理具体案件中是否可以创设新的侵权责任方式呢？从对《民法典》第 179 条的字面解释来看，似乎得不出确定的答案。因为该条列举的是"承担民事责任的主要方式"，最高人民法院在必要时似可通过司法解释创设某些"次要方式"。但是为了法制统一，各级地方人民法院在审理具体侵权案件时一般不得创设新的侵权责任方式。

## 第二节 赔偿损失的基本问题

### 一、赔偿损失的概念

赔偿损失的侵权责任方式，是指侵权人通过支付一定数额金钱的方式承担对被侵权人受到的损害予以救济的侵权责任方式。狭义的赔偿损失，是指对被侵权人所受损害的金钱赔偿。在一些立法例和文献中，“赔偿”或“损害赔偿”在广义上被使用。其含义不仅包括金钱赔偿，也包括其他填补损害类型的侵权责任方式。① 在这样的情况下，“赔偿”或“损害赔偿”实际上与侵权的责任方式内涵相同。本书在狭义上使用“赔偿”和“赔偿损失”的概念。本书所说的赔偿或赔偿损失，仅指金钱赔偿，它是侵权责任方式之一种。

### 二、赔偿损失的适用范围与原则

赔偿损失的适用范围包括：(1) 直接和间接财产损失的赔偿。这里的财产损失既包括侵害物权性质的财产权、知识产权等导致的财产损失，也包括侵害财产利益导致的财产损失。(2) 对人身损害案件中各种相关财产损失的赔偿。(3) 对死亡与残疾损害后果的赔偿。(4) 法律、司法解释等规定的各种精神损害赔偿。

在财产损失领域，直接损失是指被侵权人已有财产的减少，间接损失是指被侵权人可得利益的丧失。而对人身损害、精神损害的赔偿，一般不区分直接财产损失与间接财产损失。

依现行法律和司法解释规定，对被侵权人的实际财产损失，采用完全赔偿的原则②；对被侵权人的间接财产损失，采用合理赔偿原则，即间接损失必须是合理的，而不是无限扩大的；对于精神损害赔偿，采用法定项目与法官酌定数额（自由裁量）相结合的原则，对于人身损害，尤其是死亡赔偿与残疾赔偿，采用法定主义的赔偿原则。

### 三、关于惩罚性赔偿

#### (一) 惩罚性赔偿概述

《民法典》第 179 条第 2 款规定：“法律规定惩罚性赔偿的，依照其规定。”惩罚性赔偿（punitive damages）是指损害赔偿中，超过被侵权人或者合同的守约一方遭受的实际

---

① 参见《埃塞俄比亚民法典》第 2118 条以下“其他形式的赔偿”。

② 有人指出：“完全赔偿原则是指侵害人对给被侵权人造成的财产损失，应负责全部赔偿。”（唐德华：《民法教程》，453 页，北京，法律出版社，1987。）

损失范围的额外赔偿。也即在赔偿了实际损失之后，再加罚一定数额或者一定倍数的赔偿金。惩罚性赔偿是超过实际损害的范围，判决侵权人对被侵权人进行额外的金钱赔偿，以示对侵权人的惩罚。广义的惩罚性赔偿包括精神损害赔偿，狭义的惩罚性赔偿只是法律对特定情况下的侵权行为（或准侵权行为）规定的具有惩罚性的金钱赔偿。这里讨论的是狭义的惩罚性赔偿。

1986年颁布的《民法通则》没有规定惩罚性赔偿制度。2002年立法机关开始起草《侵权责任法》，其中是否规定惩罚性赔偿曾作为一个重大立法问题被认真讨论。

比较法上就是否承认惩罚性赔偿一直存在十分显著的分歧。以德国法为代表的一些大陆法系国家民法及其法理认为：民事主体之间的惩罚即被侵权人对侵权人的惩罚，缺乏正当性基础；损害赔偿的目的在于填补损害而不是惩罚侵权人；如果被侵权人获得惩罚性赔偿，尤其是获得高额的惩罚性赔偿，可能导致不当得利。相反，以美国为代表的英美法国家，则较多适用惩罚性赔偿制裁侵权人，在一些产品责任案件中，判处侵权人承担巨额的惩罚性赔偿责任。

考虑到当时国内的实际情况，同时也考虑到比较法上的分歧，立法采取了折中、稳妥的选择。《侵权责任法》仅仅在一个条文中对惩罚性赔偿作出了规定，而且为其设定了较严格的适用条件："明知产品存在缺陷仍然生产、销售，造成他人死亡或者健康严重损害的，被侵权人有权请求相应的惩罚性赔偿。"（第47条）法律规定的特别要件包括主观要件"明知"和客观要件"他人死亡或者健康严重损害"，但是没有对惩罚性赔偿的数额或者计算方法（如赔偿的倍数）作出规定。

尽管《侵权责任法》只规定了惩罚性赔偿的一种适用情形，但是《消费者权益保护法》规定，经营者提供商品或者服务有欺诈行为的，应当按照消费者的要求增加赔偿其受到的损失，增加赔偿的金额为消费者购买商品的价款或者接受服务的费用的3倍。2013年修改后的《消费者权益保护法》增加规定了惩罚性赔偿的最低数额（500元）。《食品安全法》第148条第2款对惩罚性赔偿作出了规定："生产不符合食品安全标准的食品或者经营明知是不符合食品安全标准的食品，消费者除要求赔偿损失外，还可以向生产者或者经营者要求支付价款十倍或者损失三倍的赔偿金；增加赔偿的金额不足一千元的，为一千元。但是，食品的标签、说明书存在不影响食品安全且不会对消费者造成误导的瑕疵的除外。"

分两步走的民法典编纂工作之第一步是编纂民法典总则。2017年《民法总则》选择扩大适用惩罚性赔偿，将它作为一种与其他民事责任方式相并列的民事责任方式加以规定："法律规定惩罚性赔偿的，依照其规定。"（第179条第2款）这虽然只是一款指引性规定，不包含具体的法律规则，但是将惩罚性赔偿上升为一般意义的民事责任方式，为其后民法典各分编（侵权责任编）和其他法律扩大惩罚性赔偿的适用范围指引了方向。

编纂民法典的第二步是编纂民法典各分编，包括侵权责任编。2020年编纂完成的民法典分则各编与已经颁布的《民法总则》合并成为《民法典》。《民法典》保留了《民法总则》第179条第2款，并在侵权责任编设置了三个惩罚性赔偿条文（第1185条、第1207条和第1232条）。

以《民法典》第 1185 条为基础，结合此后修订的《著作权法》《商标法》《专利法》的有关规定，我国故意侵害知识产权的惩罚性赔偿制度也建立起来。

从理论上看，惩罚性赔偿可以在侵权责任方式中得到有限制的适用。这些限制条件包括：其一，侵权人有故意；其二，侵害的客体是他人的生命、健康、身体、人身自由或者具有感情意义的财产。因此，在适用无过错责任原则的案件中，一般不得判决侵权人支付惩罚性赔偿，除非被侵权人在诉讼中能够证明侵权人的过错为故意或明知等。此外，惩罚性赔偿的最高额应有一定限度。

惩罚性赔偿的制度意义在于惩罚责任人（侵权人或者违约方）而不在于救济被侵权人的损失。被侵权人的损失在对其实际损失的赔偿部分即已获得救济。侵权责任法规定惩罚性赔偿，有利于特别警示和一般警示人们尊重他人的民事权益不为侵权行为，从而实现社会的和谐稳定。

### （二）惩罚性赔偿的适用

合同法上，不少违约责任具有惩罚性，如定金规则：两倍返还或者没收定金就包含着对违约方的惩罚。约定的违约金往往也具有一定的惩罚性。

由于惩罚性赔偿的惩罚性，法律对其适用设定了特别要件或者说加重要件。依据《民法典》第 179 条第 2 款和相关条文的规定，在我国适用惩罚性赔偿，要求在主观上侵权人是故意的或者明知，在客观上其行为所造成的损害后果是严重的。对于侵害知识产权而言，承担惩罚性赔偿责任往往要求侵权行为情节严重。

**1. 主观要件：故意或者明知**

侵权人主观上的故意是我国惩罚性赔偿制度在知识产权保护、生态环境保护领域适用的特殊要件，如《民法典》第 1185 条①、第 1232 条②，以及《专利法》第 71 条第 1 款③、《著作权法》第 54 条第 1 款④等。通说认为，故意包含行为人的认识要素和意志要素：行为人不但要对其行为所导致的后果有所认知，且在对行为后果有所认知后具有追求该后果实现的决意。⑤ 故意可以进一步区分为直接故意和间接故意。所谓直接故意，是指行为人认识到其行为的损害后果后，追求损害后果发生的主观状态；所谓间接故意，是指行为人认识到其行为的损害后果后，放任损害后果发生的主观状态。《商标法》第 63 条规定了恶意侵犯商标专用权的惩罚性赔偿：在文义上，“恶意”应被限定为直接故

---

① 《民法典》第 1185 条规定：“故意侵害他人知识产权，情节严重的，被侵权人有权请求相应的惩罚性赔偿。”

② 《民法典》第 1232 条规定：“侵权人违反法律规定故意污染环境、破坏生态造成严重后果的，被侵权人有权请求相应的惩罚性赔偿。”

③ 《专利法》第 71 条第 1 款规定：“侵犯专利权的赔偿数额按照权利人因被侵权所受到的实际损失或者侵权人因侵权所获得的利益确定；权利人的损失或者侵权人获得的利益难以确定的，参照该专利许可使用费的倍数合理确定。对故意侵犯专利权，情节严重的，可以在按照上述方法确定数额的一倍以上五倍以下确定赔偿数额。”

④ 《著作权法》第 54 条第 1 款规定 ：“侵犯著作权或者与著作权有关的权利的，侵权人应当按照权利人因此受到的实际损失或者侵权人的违法所得给予赔偿；权利人的实际损失或者侵权人的违法所得难以计算的，可以参照该权利使用费给予赔偿。对故意侵犯著作权或者与著作权有关的权利，情节严重的，可以在按照上述方法确定数额的一倍以上五倍以下给予赔偿。”

⑤ 参见程啸：《侵权责任法》，2 版，264 页，北京，法律出版社，2015。

意的主观状态；但结合《民法典》对侵害知识产权的惩罚性赔偿主观要件的统一规定和《关于审理侵害知识产权民事案件适用惩罚性赔偿的解释》（以下简称《侵害知识产权民事案件惩罚性赔偿司法解释》）的相关规定，应对“恶意”作扩张解释，其含义与“故意”相一致。[①] 另外，故意作为一种内在的心理状态，难以被直接感知，需要通过外在行为加以判断。如《关于审理生态环境侵权纠纷案件适用惩罚性赔偿的解释》（以下简称《生态环境侵权惩罚性赔偿司法解释》）第 6 条规定：侵权人的故意应当根据侵权人的职业经历、专业背景或者经营范围，因同一或者同类行为受到行政处罚或者刑事追究的情况，以及污染物的种类，污染环境、破坏生态行为的方式等因素综合判断。该解释第 7 条还规定了应认定为故意的具体情形。这类规定对于司法实践中侵权人“故意”的认定具有重要意义。

依据《民法典》第 1207 条[②]，确定缺陷产品的生产者、销售者承担惩罚性赔偿，须责任主体具备明知缺陷、拒绝补救的主观条件。“明知”是指缺陷产品的生产者、销售者确实、明确知道产品存在缺陷。从过错角度看，侵权人存在故意或者重大过失。“明知”排除一般过失和轻微过失。“明知”需要被侵权人一方证明。从法律条文的文义来看，“明知”与未采取补救措施的关系是选择关系，即只要具备其中之一就满足主观条件。但是，从认知逻辑来看，拒绝采取补救措施，一般也就可以推定已经明知存在缺陷了。

明知强调侵权人对行为后果的认识程度，未对侵权人对损害后果发生态度的意志要素作出限制。在这一点上明知与故意不同。确认产品的生产者、销售者承担惩罚性赔偿责任，以其主观上认识到产品存在缺陷为已足，不论其是追求、放任还是反对损害后果的发生。也就是说，产品责任中的惩罚性赔偿责任涵盖了行为人出于故意和重大过失的情形。

**2. 客观要件：损害后果严重**

法律规定，承担惩罚性赔偿责任，需要造成严重后果，即在损害后果方面出现被侵权人遭受严重人身损害（如死亡、严重伤残）和数额巨大的财产损失等情形。造成多人严重损害，也可以认定是“造成严重后果”的情形。另外，《生态环境侵权惩罚性赔偿司法解释》第 8 条规定，“人民法院认定侵权人污染环境、破坏生态行为是否造成严重后果，应当根据污染环境、破坏生态行为的持续时间、地域范围，造成环境污染、生态破坏的范围和程度，以及造成的社会影响等因素综合判断”。

**3. 行为方面：情节严重（限于侵害知识产权）**

侵害知识产权通常不会导致被侵权人遭受严重人身损害，故对侵害知识产权行为适用惩罚性赔偿，要求侵权行为情节严重。《侵害知识产权民事案件惩罚性赔偿司法解释》第 4 条规定，“对于侵害知识产权情节严重的认定，人民法院应当综合考虑侵权手段、次数，侵权行为的持续时间、地域范围、规模、后果，侵权人在诉讼中的行为等因素。被告有下列情形的，人民法院可以认定为情节严重：（一）因侵权被行政处罚或者法院裁判

① 参见张新宝：《中华人民共和国民法典侵权责任编理解与适用》，91 页，北京，中国法制出版社，2020。

② 《民法典》第 1207 条规定：“明知产品存在缺陷仍然生产、销售，或者没有依据前条规定采取有效补救措施，造成他人死亡或者健康严重损害的，被侵权人有权请求相应的惩罚性赔偿。”

承担责任后，再次实施相同或者类似侵权行为；（二）以侵害知识产权为业；（三）伪造、毁坏或者隐匿侵权证据；（四）拒不履行保全裁定；（五）侵权获利或者权利人受损巨大；（六）侵权行为可能危害国家安全、公共利益或者人身健康；（七）其他可以认定为情节严重的情形”。

### (三) 惩罚性赔偿数额的确定

**1. 概述**

惩罚性赔偿是在赔偿被侵权人实际损害之外，通过使侵权人加付赔偿金发挥其惩戒、威慑效果的金钱损害赔偿制度。惩罚性赔偿数额的确定对于发挥其惩治侵权的功能具有重要意义。目前，我国法律规定的确定惩罚性赔偿数额的方式主要由倍数确定法和法定数额确定法构成。

**2. 以“倍数”方法确定**

所谓以“倍数”方法确定惩罚性赔偿数额，是指先按照一般的侵权损害赔偿数额的计算方法确定侵权行为产生的人身损害赔偿金、财产损失数额作为基数，以该基数的法定倍数确定惩罚性赔偿的数额的计算方法（确定惩罚性赔偿数额的下限或上限）。如《生态环境侵权惩罚性赔偿司法解释》第 10 条将对污染环境、破坏生态的侵权人适用惩罚性赔偿的数额上限确定为相应人身损害赔偿金、财产损失数额的 2 倍。再如《商标法》第 63 条第 1 款将惩罚性赔偿数额规定为 1 倍以上、5 倍以下，即通过倍数方法确定了惩罚性赔偿数额的上限和下限。在个案中，侵权人究竟被判处多少倍的惩罚性赔偿，还有赖于人民法院依照侵权人的主观恶意程度、侵权情节、对损害后果的补救措施以及是否已经承担行政罚款、刑事罚金等要素来具体确定。

**3. 以法定赔偿数额确定**

所谓以法定赔偿数额确定惩罚性赔偿数额，是指依照法律的规定直接确定侵权人承担一定数额的惩罚性赔偿金。在部分情形下，按照一般的侵权损害赔偿数额的计算方法确定的侵权行为产生的人身损害赔偿金、财产损失数额，较之侵权人从侵权行为的获利而言较少。此时，若再按照倍数法确定惩罚性赔偿数额的上限，就难以发挥惩罚性赔偿对侵权行为的威慑作用。对此，应按照法定数额直接确定惩罚性赔偿数额（如《食品安全法》第 148 条第 2 款）。

## 四、赔偿费的支付

长期以来，司法实践中多采用一次性方式支付赔偿费。2003 年发布的《人身损害赔偿司法解释》首次引入了定期金的支付方式（第 33 条），现行有效的《人身损害赔偿司法解释》（第 20 条①）延续此条，规定：残疾赔偿金、辅助器具费，在提供担保的情况

① 《人身损害赔偿司法解释》第 20 条规定：“赔偿义务人请求以定期金方式给付残疾赔偿金、辅助器具费的，应当提供相应的担保。人民法院可以根据赔偿义务人的给付能力和提供担保的情况，确定以定期金方式给付相关费用。但是，一审法庭辩论终结前已经发生的费用、死亡赔偿金以及精神损害抚慰金，应当一次性给付。”

下，法院可以根据侵权人的给付能力和提供担保的情况确定以定期金方式给付相关赔偿费用。这是一个较好的规定。2009 年《侵权责任法》没有采纳 2003 年司法解释关于定期金的支付方式的经验，而是规定了“分期付款”的支付方式。《民法典》第 1187 条规定：“损害发生后，当事人可以协商赔偿费用的支付方式。协商不一致的，赔偿费用应当一次性支付；一次性支付确有困难的，可以分期支付，但是被侵权人有权请求提供相应的担保。”

相对于定期金支付方式，分期支付方式所要解决的问题只是“一次性支付确有困难”，而不是在赔偿费的支付方式上更精当地调整双方的利益关系，避免一次性支付带来的负面效果：一次性支付较大金额的残疾赔偿金等赔偿费，但被侵权人在其后不久因其他原因而死亡的，可能形成其近亲属的不当得利；反之，也可能一次支付的赔偿金较少，而被侵权人生存年期很长，加上物价上涨因素情况，出现不利于被侵权人的利益失衡状况。定期金支付方式更优越于分期支付方式。二者的适用条件有相同之处，即都要求侵权人一方提供担保。

## 五、影响赔偿数额的若干规则

### （一）损益相抵

损益相抵，是指被侵权人在遭受损失的同时也得到利益的，应将其所得到的利益从应得的赔偿金额中扣除的一项规则。被侵权人得到的“利益”仅限于经济利益或者可以用金钱计算的财产性质的利益，不包括感情、精神利益。对于被侵权人得到的细微经济利益，一般也无须采用损益相抵的方式进行处理。

英美法系侵权责任法有一条著名的谚语：“损害赔偿不是中六合彩。”意思是说赔偿不过是为了使被侵权人得到补偿，使其财产、人身等方面恢复到受害前的状况，而不是使被侵权人得到过多的利益。这一法谚不仅要求赔偿的数额与损害程度相当，也要求将被侵权人从被侵害过程中得到的利益予以扣除。在大陆法系侵权责任法中，有所谓“得利禁止”的规则，其含义与英美法系侵权责任法的相关规则的含义略同。意大利最高法院曾从损益相抵的角度作出判决：儿童的死亡也终止了父母亲的法定抚养义务。① 奥地利最高法院在大量的案件中认定：奥地利的法定养老金（特别是遗孀养老金）构成因事故而获得的利益，应当在认定遗孀（针对侵权人）之损害赔偿请求权时加以考虑。②

### （二）过失相抵

《民法典》第 1173 条规定：“被侵权人对同一损害的发生或者扩大有过错的，可以减轻侵权人的责任。”第 1174 条规定：“损害是因受害人故意造成的，行为人不承担责任。”过失相抵也称为“与有过失”或“比较过失”，是指被侵权人（受害人）对损害之发生有过错（故意）的，应当依据其过错的种类或大小减轻直至免除侵权人（行为人）的责任。

---

① 参见意大利最高法院 1996 年 5 月 7 日第 4242 号判决，载 Resp. Civ. EPrev，1176 页，1996。

② 参见奥地利最高法院 1991 年 1 月 31 日的判决，载 JBl，654 页，1991。

在侵权责任法中规定过失相抵的规则，实际上是贯彻了过错责任原则：行为人对自己有过错的行为导致的损害承担责任；受害人（被侵权人）也对自己的过错导致的损害或者损害之扩大承担相应后果。

过失相抵的结果不仅可能导致减轻侵权人的民事责任，而且可能导致免除行为人的责任，如果受害人的过失极其严重且其行为构成损害发生的主要原因力或全部原因的话。过失相抵不仅适用于被侵权人的过错“导致损害发生”的情况，也适用于被侵权人的过错“导致损害扩大”的情况。过失相抵的规则不仅适用于过错侵权的案件，它也被现代侵权责任法扩展运用到无过错责任领域。[①] 但是法律对被侵权人的过错要求作出特别规定（如要求被侵权人有故意或者重大过失）的，应当优先适用特别规定。在一些特别类型的案件中，限制民事行为能力人或高龄老人的过失不能作为减轻侵权人的赔偿责任的理由。

被侵权人的过错程度对于减轻侵权人的赔偿责任具有重要意义。一般说来，被侵权人的过错越大，侵权人的赔偿责任减轻越多；反之，被侵权人的过错越小，侵权人的赔偿责任减轻越少。而受害人的故意，几乎无例外地构成行为人不承担侵权责任的理由。

### (三) 衡平规则

民事法律的基本原则，如公平原则、诚信原则、禁止权利滥用原则、不违反公序良俗原则等，应当贯彻于民事法律的始终，也应当贯彻于对侵权案件的审判。司法政策是司法部门，尤其是最高人民法院在司法过程中所掌握的政策。对侵权案件进行裁判，判决侵权人承担赔偿责任，首先要考虑的是具体种类的侵权责任之构成要件和抗辩事由。在考虑这些要素之后，还要考虑民事法律的基本原则和司法政策。

民事法律的基本原则不仅是当事人进行民事活动必须遵循的总的准则，也是司法审判必须遵循的最高裁判规则。判决的最终结果符合民事法律的基本原则的要求，是每一个民事法官在司法实践中都必须做到的。在确定侵权人的侵权责任方式和赔偿数额时，考虑民事法律的基本原则和司法政策，就是授权法官根据民事法律的基本原则和司法政策对判决的最终结果进行妥当性的考虑并作出可能的调整，以使判决结果符合民事法律的基本原则和司法政策的宏观要求。这样可以充分发挥法官的能动性和创造力，更好地实施法律。

并非多数案件的判决结果都要在这种考虑之下进行调整，实际上只是极少数案件的判决结果要依据这种考虑加以调整，以使其更加符合民事法律的基本原则和司法政策的要求。在个别案件中，按照法律具体条文规定的构成要件，侵权人应当完全赔偿被侵权人的损失，但是这样的结果可能又是不公平的或者违反公序良俗的。在这样的情况下，法官应当考虑通过公平原则和公序良俗原则的适用来减少赔偿数额。

对此，法官有较大的自由裁量权限，最高人民法院可通过司法解释使其适用规范化。比如，未成年人或者精神病人造成损害的，仅赔偿直接损失；未成年人承担赔偿责任的，不得剥夺其日常生活资力，并保留其受教育的费用；侵权人的财产状况远远不如被侵权人之财产状况的，可以考虑作为减轻的考虑事项。基于公平原则和公序良俗原则对某些

---

① 参见《牛津法律大辞典》，207 页，“共同过失”词条，北京，光明日报出版社，1988；Michael A. Jones, *Textbook on Torts*, 3rd ed., Blackstone Press Ltd., 1991, p. 381。

侵权案件的赔偿额予以减少，反映了法律内在的公平要求，也是维护社会公共秩序和善良风俗的要求。法院是社会公平正义的最终执掌者，法院的裁判对当事人的重大利益具有终局性质，因此，在考虑了侵权案件的侵权责任之具体构成要件之后，对判决的结果进行依公平原则和善良风俗原则的衡量并作出某些可能的调整，使其符合公平原则的实质要求并与社会善良风俗相一致，是完全必要的。基于这样的认识，一些国家的民法典对此作出了专门规定。①

## 第三节　其他侵权责任方式

### 一、停止侵害

#### （一）停止侵害的概念

《民法典》第 1167 条对停止侵害作出了规定，侵权行为危及他人人身、财产安全的，被侵权人可以请求侵权人承担停止侵害的侵权责任。停止侵害，是指依被侵权人请求，判令侵权人停止正在实施的侵权行为的一种侵权责任方式。停止侵害的侵权责任方式具有避免损害发生或进一步扩大的积极功能，因此晚近的一些民法典都十分重视停止侵害侵权责任方式的适用。

停止侵害的侵权责任方式与物上请求权和其他绝对权利的请求权存在部分竞合。如果侵权行为针对的是物权性质的权利或者人格权、知识产权等类别的权利，停止侵害既可以认为是侵权责任方式之一种的适用，也可以认为是物上请求权或者其他绝对权利上的请求权的行使。无论是被理解为侵权责任方式的适用，还是被理解为绝对权利的请求权的行使，其适用条件和效果都是一致的。

#### （二）停止侵害的适用

停止侵害适用于各种正在进行的侵权行为，不适用于已经终止和尚未实施的侵权行为。所谓“正在进行的侵权行为”，是指侵权行为处于进行状态、尚未完成，或者损害结果尚未出现或尚未完全出现的情况。停止侵害的侵权责任方式之适用，不以侵权人一方有过错为要件，也不以损害结果已经发生为要件。在网络侵权案件中，由于加害行为的特殊性，“删除”“屏蔽”“断开链接”相关侵权信息也属于“停止侵害”责任方式的具体适用。

停止侵害的侵权责任方式可以单独适用，也可以与其他侵权责任方式合并适用。如果侵权行为尚未造成任何实际损害后果，人民法院依被侵权人的请求可以单独适用停止侵害的侵权责任方式；如果侵权行为已经造成被侵权人的财产损失或人身损害、精神损害等损害，依被侵权人的请求，人民法院可以将停止侵害的侵权责任方式与赔偿损失等侵权责任方式合并适用。停止侵害之适用，不以侵权人有过错为前提。

---

① 参见《俄罗斯联邦民法典》第 1983 条（斟酌被侵权人的过错和致害人的财产状况）、《德国民法典》第 829 条、《埃塞俄比亚民法典》第 2099 条、《蒙古国民法典》第 394 条（对被侵权人的过错和侵权人财产状况之参酌）。

## 二、排除妨碍

### （一）排除妨碍的概念

《民法典》第 1167 条对排除妨碍作出了规定，侵权行为危及他人人身、财产安全的，被侵权人可以请求侵权人承担排除妨碍的侵权责任。“排除妨碍”，也称为“排除妨害”，是指依被侵权人的请求，人民法院判令侵权人以一定的积极行为除去妨碍，使被侵权人正常行使合法权益的侵权责任方式。

### （二）排除妨碍的适用

排除妨碍通常适用于侵害所有权或者他物权的情况，也适用于侵害知识产权的情况。施工占有他人所有或者合法使用的土地、擅自截堵自然流水、堵塞历史上已经自然形成的通道等，均可能构成对他人权利之妨碍，在相关案件中人民法院可以适用排除妨碍的侵权责任方式。排除妨碍的适用不以侵权人有过错为要件。排除妨碍所发生的费用及侵权人一方因此受到的财产损失，应由侵权人一方承担。此外，同停止侵害一样，排除妨碍的侵权责任方式可能与绝对权的请求权相竞合。于此情形，无论是将其理解为侵权责任方式的适用，还是理解为绝对权的请求权的行使，其适用条件和效果都是一样的。排除妨碍可以单独适用，也可以与其他侵权责任方式合并适用。排除妨碍之适用，不以侵权人有过错为前提。

## 三、消除危险

### （一）消除危险的概念

《民法典》第 1167 条对消除危险作出了规定。侵权行为危及他人人身、财产安全的，被侵权人可以请求侵权人承担消除危险的侵权责任。消除危险，是指依人身或财产受到现实威胁的被侵权人之请求，法院判令造成此等威胁或对此等威胁负有排除义务的侵权人消除危险状况，保障被侵权人人身、财产安全的侵权责任方式。侵权人的侵权行为或其行为造成的某种后果或其保有（所有或以其他方式对物件具有直接支配力）的物件构成对他人人身或者财产的现实威胁，为侵权责任法上的“危险”。

多数侵权责任之构成以造成被侵权人实际损害为要件，但是法律规定，被侵权人在受到人身或财产之现实威胁时，也可以请求消除危险。因此，消除危险的侵权责任方式具有预防损害发生的积极功能。消除危险所发生的费用及侵权人一方受到的损失，应由侵权人一方承担。

### （二）消除危险的适用

消除危险的侵权责任方式通常适用于污染环境，对他人之权利或合法利益造成威胁的情况；危旧建筑物、土地工作物、道路、桥梁、路旁枯朽的树木对他人的正常通行构成威胁的情况；高度危险作业对他人人身、财产安全构成严重威胁的情况。承担消除危险的责任，不以侵权人有过错为要件。同停止侵害、排除妨碍一样，消除危险的侵权责任方式可能与绝对权的请求权相竞合。于此情形，无论是将其理解为侵权责任方式的适用，还是理解为绝对权的请求权的行使，其适用条件和效果都是一样的。消除危险所发生的费用及侵权人一方受到的损失，应由侵权人一方承担。消除危险可以单独适用，也可以与其他侵权责任方式合并适用。消除危险之适用，不以侵权人有过错为前提。

## 四、返还财产

### （一）返还财产的概念

返还财产是指人民法院依被侵权人的请求，判令非法侵占他人财产的侵权人将侵占的财产返还给被侵权人的一种侵权责任方式。作为侵权责任方式的返还财产与物权请求权存在竞合的情况。物权的绝对性、对世性派生出来的物权请求权包括权利人得请求无权占有人无条件返还占有物（善意取得除外）。这种物权请求权所包含的返还请求权，不以占有人的过错为要件。从比较法角度看，在行使权利的时效期限上也与侵权责任法的返还财产的时效期限有所不同，但我国法律无明确规定。物权请求权所包含的返还限于原物返还，侵权责任方式中的返还不限于原物返还。

### （二）返还财产的适用

返还财产的侵权责任方式，其适用的前提是被侵占的财产尚存在并具有返还的价值。如果被侵占的财产已经不存在或者返还不具有经济上的合理性，则不适用返还财产侵权责任方式，而代之以赔偿损失等侵权责任方式。

返还财产，适用于侵占他人财产的侵权行为，而不适用于合法占有。在侵占他人财产的侵权人承担返还财产侵权责任的案件中，尽管通过返还财产使被侵权人的损害得到减少，但是如果侵权人对非法占有的他人财产造成一定损害，财产的价值因此而贬损的，侵权人除了应当返还财产，还应按该财产的实际价值贬损程度承担相应的赔偿责任。

适用返还财产的侵权责任方式，必须返还财产及财产之孳息。返还是所有权或物权原则的要求，不法占有人无论善意与恶意，如果不能取得占有物之所有权，当然也不能取得该物之孳息的所有权。

在违反合同的民事责任以及合同被解除、撤销或认定无效的情况下，也发生当事人一方或双方返还财产的义务与责任，其与作为侵权责任方式的返还财产的主要区别在于：（1）取得对方财产的原因不同；（2）承担返还财产责任的要件不同。

## 五、恢复原状

### （一）恢复原状的概念

《民法典》第 1167 条对恢复原状作出了规定。恢复原状，是指人民法院依被侵权人的请求，判令毁损他人财产的侵权人通过修理（包括自行修理或委托他人修理）等手段，使受到损坏的他人财产恢复到受损坏前的状况的一种侵权责任方式。

### （二）恢复原状的适用

恢复原状的侵权责任方式，适用于财产受到损害的情况。恢复原状作为承担侵权责任的方式之一，其适用需要符合以下条件：(1) 恢复原状有事实上之可能。(2) 恢复原状有价值上之必要，即被侵权人认为恢复原状是必要的而且具有经济上的合理性。如果通过修理的方式恢复原状使财产的价值显著超过其受损坏前的价值，则可以判决被侵权人予以适当补偿（损益相抵规则的适用）；如果修理以后不能完全达到受损前的状况，侵权人应对该物的价值贬损部分予以赔偿。如果侵占的财产已经不存在或者进行修复已经没有经济上的合理性，则不应适用恢复原状的侵权责任方式。因恢复原状所发生的费用，应由侵权人承担。

恢复原状的适用往往需要侵权人与被侵权人之间的合作，如果双方难以合作，则无法实现恢复原状。相关法律没有明确规定恢复原状与赔偿损失哪一种责任方式优先适用，笔者趋向于以赔偿损失为优先适用的侵权责任方式。

## 六、消除影响、恢复名誉

### （一）消除影响、恢复名誉的概念

《民法典》第 1167 条对消除影响、恢复名誉作出了规定。消除影响、恢复名誉，是指依被侵权人请求，法院责令侵权人在一定范围内采取适当方式消除对被侵权人名誉的不利影响，以使其名誉（尤其是名誉的客观方面，即社会评价方面）得到恢复的一种侵权责任方式。

### （二）消除影响、恢复名誉的适用

消除影响、恢复名誉的侵权责任方式主要适用于人格权受到侵害的情况，尤其适用于侵害自然人名誉权、姓名权、肖像权、人身自由的情况。消除影响、恢复名誉侵权责任方式一般不适用于侵害隐私权的情况，因为消除影响、恢复名誉应当是公开进行的，而这种公开消除影响和恢复名誉又可能进一步披露被侵权人的隐私，造成进一步的损害。但是被侵权人要求公开消除影响、恢复名誉的，不受此限制。恢复名誉、消除影响的范围一般应当与侵权所造成的不良影响的范围相一致。此外，侵害法人和非法人组织的名誉、商誉，诽谤其财产和服务及侵害其他权益的，也可适用消除影响、恢复名誉侵权责任方式。依具体情况，消除影响、恢复名誉可以与赔礼道歉、停止侵害、赔偿损失（包括精神损害赔偿）等侵权责任方式合并适用。

## 七、赔礼道歉

### （一）赔礼道歉的概念

《民法典》第 1167 条对赔礼道歉作出了规定。赔礼道歉是指侵权人通过口头或者书面等方式向被侵权人进行道歉，以取得其谅解的一种侵权责任方式。

### (二) 赔礼道歉的适用

赔礼道歉的内容须事先经人民法院审查，可以采取书面形式，也可以采取口头形式。公开在媒体上发表道歉声明（谢罪广告），是最典型的书面赔礼道歉形式。

赔礼道歉是否必须以公开方式进行呢？有人认为需采用公开形式。法律没有规定赔礼道歉应以公开方式进行，笔者以为，赔礼道歉不以采用公开形式为要件，依法律判决之要求，侵权人可以公开进行，也可以向被侵权人不公开进行。这是赔礼道歉与消除影响、恢复名誉的重要区别。如果赔礼道歉以公开方式进行，这种责任承担的方式也就具有某种消除影响、恢复名誉的性质。

当事人可以就赔礼道歉的内容和方式进行协商，如果当事人达成的协议不违反法律规定，人民法院应当予以认可。败诉的侵权人拒绝向被侵权人赔礼道歉的，人民法院可以采用公告、快报等方式，将判决书的主要内容和有关情况公布于众，以达到赔礼道歉的实际效果；相关费用由败诉方（被执行人）承担。依具体情况，赔礼道歉可以与消除影响、恢复名誉、停止侵害、赔偿损失（包括精神损害赔偿）等侵权责任方式合并适用。

## 深度阅读

1. 王利明. 我国《民法典》侵权责任编损害赔偿制度的亮点：以损害赔偿为中心的侵权责任形式. 政法论丛，2021 (5).

2. 张新宝，赖成宇. 定期金给付方式在我国人身损害赔偿中的适用. 法学评论，2021 (6).

3. 徐建刚. 论损害赔偿中完全赔偿原则的实质及其必要性. 华东政法大学学报，2019 (4).

4. 郑晓剑. 侵权损害完全赔偿原则之检讨. 法学，2017 (12).

5. 朱广新. 惩罚性赔偿制度的演进与适用. 中国社会科学，2014 (3).

6. 葛云松. 赔礼道歉民事责任的适用. 法学，2013 (5).

7. 叶金强. 论侵权损害赔偿范围的确定. 中外法学，2012 (1).

8. 杨立新. 论侵权请求权的优先权保障. 法学家，2010 (2).

9. 张新宝，李倩. 惩罚性赔偿的立法选择. 清华法学，2009 (4).

10. 张新宝. 侵权责任法立法研究. 北京：中国人民大学出版社，2009：第十三篇“侵权责任请求权与物权请求权的关系”.

11. 王轶. 论侵权责任承担方式. 中国人民大学学报，2009 (3).

12. 王利明. 惩罚性赔偿研究. 中国社会科学，2000 (4).

## 问题与思考

### 一、思考题

1. 试述赔偿损失作为主要侵权责任方式的理由。

2. 试述过失相抵的认定以及其对侵权责任的具体影响。

3. 试述侵权责任请求权与物权请求权二者之间的关系。

4. 在侵权责任领域，如何正确认识返还财产的侵权责任方式与赔偿损失的侵权责任方式之间的关系？

5. 排除妨碍、消除危险及恢复原状所发生的费用，如何承担？

**二、练习题**

1. 简述我国侵权责任方式的体系。

2. 在损害赔偿责任构成的情况下，影响赔偿数额的因素包括哪些？

3. 惩罚性赔偿适用的限制条件包括哪些？

4. 我国法律所规定的具有人格性质的侵权责任方式包括哪些？如何正确适用？

5. 预防性侵权责任方式包括哪些类型？这些类型的内容为何？

6. 叶某将自有房屋卖给沈某，在交房和过户之前，沈某擅自撬门装修，施工导致邻居赵某经常失眠。下列哪些表述是正确的？（　　）

A. 赵某有权要求叶某排除妨碍　　B. 赵某有权要求沈某排除妨碍

C. 赵某请求排除妨碍不受诉讼时效的限制　　D. 赵某可主张精神损害赔偿

# 第八章
# 人身损害赔偿

**常考知识点**

人身损害赔偿　死亡赔偿　残疾赔偿

## 第一节　人身损害赔偿概述

### 一、人身损害赔偿的概念、功能与主要规定

#### （一）人身损害赔偿的概念

侵害他人的生命权、身体权、健康权，造成被侵权人死亡、伤残等多种损害后果，同时也可能导致被侵权人、被侵权人近亲属的精神损害，造成被侵权人或其近亲属的财产损失。法律以赔偿损失的侵权责任承担方式救济生命权、身体权、健康权受到侵害的被侵权人或其近亲属，谓之“人身损害赔偿”。人身损害赔偿是赔偿损失的侵权责任承担方式在人身损害案件中的具体运用，是损害赔偿制度（《民法典》侵权责任编第二章“损害赔偿”）的主要组成部分之一，《民法典》第1179～1181条对此作出了专门规定。

#### （二）人身损害赔偿的功能

人身损害赔偿是法律对被侵权人的生命权、身体权、健康权受到侵害后产生的一系列损害后果采取的以金钱赔偿为内容的一种法律救济措施。对人身损害，法律主要采取金钱赔偿的方式进行救济，这是因为人死亡无法复生、残疾难以真正恢复原状。在人身损害赔偿中，既包括了对被侵权人的赔偿，也包括了对被侵权人近亲属的赔偿；既包括了对财产损失的赔偿，也包括了“纯粹的”死亡赔偿与残疾赔偿；既包括了对已经发生的损失的赔偿，也包括了对未来将要发生的损失的赔偿。这就决定了人身损害赔偿在救济功能上的多样性：它既具有保护与救济生命权、身体权、健康权的功能，也具有填补实际经济损失和保护被侵权人及其近亲属之精神利益的功能，还具有保障被侵权人近亲属之基本生活来源的功能。

#### （三）人身损害赔偿的主要规定及其适用范围

《民法典》对人身损害赔偿作出了3条（第1179条～第1181条）规定，确立了我

国人身损害赔偿制度的体系。依据这些条文的规定，我国人身损害赔偿制度的赔偿项目主要有：(1) 各种合理费用（包括医疗费、护理费、交通费、营养费、住院伙食补助费等）；(2) 残疾赔偿金和辅助器具费；(3) 死亡赔偿金和丧葬费。此外，依据《民法典》第 1183 条的规定，在人身损害案件中被侵权人或者其近亲属有权请求精神损害赔偿。

现行法律不再对死者或者残疾者的被抚养人的抚养费作出规定，但引入了死亡赔偿金和残疾赔偿金制度。从立法的本意来看，死亡赔偿金和残疾赔偿金吸收了“对被抚养人的抚养费”赔偿项目。现行有效的《人身损害赔偿司法解释》第 16 条规定：“被扶养人生活费计入残疾赔偿金或者死亡赔偿金。”

## 二、我国人身损害赔偿制度的发展

### (一) 法律和司法解释建立起来的人身损害赔偿制度

1986 年《民法通则》第 119 条对人身损害赔偿制度作出了规定，赔偿的项目包括医疗费、因误工减少的收入、残废者生活补助费等费用；造成死亡的，应当支付丧葬费、死者生前扶养的人必要的生活费等费用。

2003 年《人身损害赔偿司法解释》第 17 条规定的赔偿项目包括：(1) 一般情形，赔偿医疗费、误工费、护理费、交通费、住宿费、住院伙食补助费、必要的营养费；(2) 于侵权致残情形，赔偿残疾赔偿金、残疾辅助器具费、被扶养人生活费因康复护理、继续治疗实际发生的必要的康复费、护理费、后续治疗费；(3) 于侵权致死情形，除了赔偿一般情形产生的费用外，还应赔偿丧葬费、被扶养人生活费、死亡补偿费以及受害人亲属办理丧葬事宜支出的交通费、住宿费和误工损失等其他合理费用。

《侵权责任法》规定的赔偿项目包括：(1) 医疗费、护理费、交通费等为治疗和康复支出的合理费用，以及因误工减少的收入。(2) 造成残疾的，还应当赔偿残疾生活辅助器具费和残疾赔偿金。(3) 造成死亡的，还应当赔偿丧葬费和死亡赔偿金。《最高人民法院关于适用中华人民共和国侵权责任法若干问题的通知》规定：“四、人民法院适用侵权责任法审理民事纠纷案件，如受害人有被扶养人的，应当依据《最高人民法院关于审理人身损害赔偿案件适用法律若干问题的解释》第二十八条的规定，将被扶养人生活费计入残疾赔偿金或死亡赔偿金。”

《民法典》第 1180 条的规定与《侵权责任法》第 17 条的规定相同。《民法典》颁布后，最高人民法院修改《人身损害赔偿司法解释》，删除了被《民法典》吸收的若干内容，修改了与《民法典》的规定不一致的相关条文和表述。此后，2022 年最高人民法院对司法解释进一步作出修改：将残疾赔偿金、死亡赔偿金由原来按照城镇居民人均可支配收入或者农村居民人均纯收入标准计算修改为按照城镇居民人均可支配收入标准计算；将被扶养人生活费由原来按照城镇居民人均消费性支出或者农村居民人均年生活消费支出标准计算修改为按照城镇居民人均消费支出标准计算。残疾赔偿金、死亡赔偿金以及被扶养人生活费不再区分城乡居民分别计算，而是统一按照政府统计部门公布的各省、自治区、直辖市以及经济特区和计划单列市的城镇居民指标计算。由此完善了死亡和残疾赔偿的城乡统一标准。

### （二）几项重要制度的发展

**1. 死亡赔偿金和残疾赔偿金制度的确立**

《民法通则》没有规定死亡赔偿金和残疾赔偿金。依其规定侵权行为导致被侵权人死亡的，如果生前没有被扶养人，无须对死亡这一损害进行赔偿。如果生前有被扶养人的，则须要赔偿被扶养人的生活费。2003 年《人身损害赔偿司法解释》试图改变这种状况，在赔偿项目中除保留被扶养人的生活费外，增加了死亡赔偿金："死亡赔偿金按照受诉法院所在地上一年度城镇居民人均可支配收入或者农村居民人均纯收入标准，按二十年计算。但六十周岁以上的，年龄每增加一岁减少一年；七十五周岁以上的，按五年计算。"（第 29 条）但是这一城乡"同命不同价"的规定一直受到质疑。《侵权责任法》直接规定了死亡赔偿金项目，《民法典》承继了相关规定，最高人民法院后续发布的《人身损害赔偿司法解释》要求"被扶养人生活费计入残疾赔偿金或者死亡赔偿金"。至此，死亡赔偿金正式作为人身损害赔偿项目得到确认，被扶养人生活费计入残疾赔偿金或者死亡赔偿金项目。

残疾赔偿金作为人身损害赔偿项目的确认历程与死亡赔偿金的大致相同，所不同的是，计算标准不涉及城乡二元结构问题，引发的争议比较小。被扶养人生活费也计入残疾赔偿金项目。

**2. 被扶养人生活费被吸收**

《民法通则》第 119 条[①]被后来的《侵权责任法》第 16 条[②]和《民法典》第 1179 条[③]规定的死亡赔偿金和残疾赔偿金吸收，计入死亡赔偿金或残疾赔偿金。

**3. 精神损害赔偿性质的变化**

《民法通则》没有对死亡赔偿金和残疾赔偿金作出规定，也没有规定人身损害赔偿案件中被侵权人的精神损害赔偿请求权。2001 年《人身损害赔偿司法解释》规定：（1）生命权、健康权、身体权受到侵害的，被侵权人一方的请求精神损害赔偿（第 1 条）；（2）精神抚慰的方式包括死亡赔偿金和残疾赔偿金（第 9 条）。至此，虽然法律没有对死亡赔偿金和残疾赔偿金的规定，但是司法解释规定了死亡、残疾赔偿案件中的精神损害赔偿，精神损害赔偿似乎起到了死亡赔偿金和残疾赔偿金的作用。

2003 年《人身损害赔偿司法解释》确认死亡赔偿金项目和残疾赔偿金项目，并将二

---

① 《民法通则》第 119 条规定："侵害公民身体造成伤害的，应当赔偿医疗费、因误工减少的收入、残废者生活补助费等费用；造成死亡的，并应当支付丧葬费、死者生前扶养的人必要的生活费等费用。"

② 《侵权责任法》第 16 条规定："侵害他人造成人身损害的，应当赔偿医疗费、护理费、交通费等为治疗和康复支出的合理费用，以及因误工减少的收入。造成残疾的，还应当赔偿残疾生活辅助具费和残疾赔偿金。造成死亡的，还应当赔偿丧葬费和死亡赔偿金。"

③ 《民法典》第 1179 条规定："侵害他人造成人身损害的，应当赔偿医疗费、护理费、交通费、营养费、住院伙食补助费等为治疗和康复支出的合理费用，以及因误工减少的收入。造成残疾的，还应当赔偿辅助器具费和残疾赔偿金；造成死亡的，还应当赔偿丧葬费和死亡赔偿金。"

者界定为财产性质的赔偿（第 31 条），同时保留相关的精神损害赔偿（第 18 条）。[①] 至此，死亡赔偿金和残疾赔偿金与精神损害赔偿并存。《侵权责任法》吸收了司法解释的这一成果，于第 17 条规定了死亡赔偿金和残疾赔偿金，于第 22 条规定精神损害赔偿也适用于死亡和残疾的赔偿案件。《民法典》承继了《侵权责任法》的规定：侵害他人造成人身损害的，应当赔偿医疗费、护理费、交通费、营养费、住院伙食补助费等为治疗和康复支出的合理费用，以及因误工减少的收入。造成残疾的，还应当赔偿辅助具费和残疾赔偿金；造成死亡的，还应当赔偿丧葬费和死亡赔偿金。

## 第二节　死亡赔偿金、丧葬费、残疾赔偿金和残疾辅助器具费

### 一、死亡赔偿金

#### （一）死亡赔偿金的概念与性质

死亡赔偿金是指被侵权人因侵权人的侵权行为而死亡，侵权人应当支付给被侵权人近亲属的金钱赔偿。死亡赔偿金的意义在于维持其近亲属与被侵权人死亡前的物质生活水平大致相当的物质生活水平。死亡赔偿，是财产性质的损害赔偿而非精神损害赔偿；是对近亲属自身利益受损进行的救济，而不是对生命本身的赔偿，所以不存在“同命同价”或者“同命不同价”的问题；是近亲属自身依法享有的损害赔偿请求权，而不是从死者处继承来的损害赔偿请求权（《民法典》第 1181 条第 1 款）。

#### （二）死亡赔偿金的计算标准

2003 年和 2020 年的《人身损害赔偿司法解释》曾规定：死亡赔偿金按照受诉法院所在地上一年度城镇居民人均可支配收入或者农村居民人均纯收入标准，按 20 年计算。但 60 周岁以上的，年龄每增加 1 岁减少 1 年；75 周岁以上的，按 5 年计算。该二司法解释确定的死亡赔偿金城乡二元计算标准一致受到争议，过分简单化的城乡二元赔偿标准缺乏足够的公平正义基础，而完全相同数额的死亡赔偿金更不妥。对此，当时缓和此等争议的实践中的做法是：（1）不以户口所在地，而以实际的工作、生活、上学地作为判断“城镇居民”的标准，将没有城镇户口但是在城镇工作、生活、学习的人认定为“城镇居民”。（2）试点取消此等二元标准，统一适用城镇居民可支配收入标准计算死亡赔偿金。

尽管《民法典》第 1179 条没有对死亡赔偿的标准或者数额作出规定，但 2022 年最高人民法院对 2020 年《人身损害赔偿司法解释》作出了修改，将其第 15 条修改为：“死

---

① 2003 年《人身损害赔偿司法解释》第 18 条第 1 款规定：“受害人或者死者近亲属遭受精神损害，赔偿权利人向人民法院请求赔偿精神损害抚慰金的，适用《最高人民法院关于确定民事侵权精神损害赔偿责任若干问题的解释》予以确定。”第 31 条规定：“人民法院应当按照民法通则第一百三十一条以及本解释第二条的规定，确定第十九条至第二十九条各项财产损失的实际赔偿金额。”“前款确定的物质损害赔偿金与按照第十八条第一款规定确定的精神损害抚慰金，原则上应当一次性给付。”

亡赔偿金按照受诉法院所在地上一年度城镇居民人均可支配收入标准，按二十年计算。但六十周岁以上的，年龄每增加一岁减少一年；七十五周岁以上的，按五年计算。”由此正式确立了人身损害赔偿标准的城乡居民统一。笔者认为，未来侵权案件中死亡赔偿金的计算，应当更多考虑死者的个体差异，特别是其生前的收入情况。

此外，2022 年《人身损害赔偿司法解释》第 18 条第 1 款规定：“赔偿权利人举证证明其住所地或者经常居住地城镇居民人均可支配收入高于受诉法院所在地标准的，残疾赔偿金或者死亡赔偿金可以按照其住所地或者经常居住地的相关标准计算。”此为死亡赔偿金计算的“就高不就低”原则。

### （三）同一侵权行为造成多人死亡的死亡赔偿金确定

《民法典》第 1180 条规定：“因同一侵权行为造成多人死亡的，可以以相同数额确定死亡赔偿金。”该条中的“同一侵权行为”，包括行为人实施的同一侵权行为，也包括同一致害原因的准侵权行为。在实践中，恶性交通事故、矿难事故、空难事故、生产事故、环境事故等，作为“同一侵权行为”造成多人死亡的情况较常见。对这里的“同一”一般应从侵权行为或者准侵权行为作为同一原因来界定。单一原因造成损害（多人死亡）、数个原因结合发生作用导致多人死亡，属于该条规定的“同一侵权行为”造成多人死亡。

立法和司法解释没有对“多人”到底是多少人或者多少人以上作出规定。学界对此存在争议，有人认为三人以上即为多人。笔者倾向于认为，对此处的“多人”不宜从人们一般理解的文义上进行界定，而应该从立法目的上进行理解。法律区别二人死亡与三人死亡，设专门条文规定于前者不适用相同数额的死亡赔偿金，于后者可以适用相同数额的死亡赔偿金，是没有任何意义的。《民法典》设第 1180 条处理多人死亡的死亡赔偿金问题，旨在及时处理案件避免群体事件发生影响社会稳定。而能导致群体事件发生影响社会稳定的，绝非三人、四人，而应该是众多的多人。所以，笔者倾向于认为这条法律主要适用于死亡人数众多，如数十人、数百人、数千人等大规模侵权案件。交通事故责任中死亡三人或者死亡二人，并无本质区别，也无设置特别规定处理死亡赔偿金的必要性。

有学者主张《民法典》第 1180 条中的“可以”是“应该”的意思。在此等案件中法官应该判决相同数额的死亡赔偿金对死亡的多人之近亲属予以赔偿救济；如果适用不同数额的死亡赔偿金，则应说明理由。笔者认为，这里的“可以”就是“可以”而不是“应该”。如果立法者要限制法官的裁量权，使其原则上都判决相同数额的死亡赔偿金，就会使用“应该”的措辞而不是使用“可以”。如果《侵权责任法》制定时没能使用“正确”的措辞，而立法者的本意是“应该”，则立法者会在《民法典》中予以纠正，使用“应该”。但是立法者并没有作这样的修正。这表明立法者在此希望表达的仍然是“可以”而不是应该。

在法律条文的文义解释上，对“可以”可解释为“可以”和“可以不”两种情况。依此解释，于同一侵权行为造成多人死亡的，法官可以以相同数额确定对死者近亲属的死亡赔偿金，也可以以不同数额确定对死者近亲属的死亡赔偿金。法官在此等情形下享有依据具体情况作出不同选择的裁量权。

## 二、丧葬费

### （一）丧葬费的概念

丧葬费是指在被侵权人死亡的情形下，为火化、安葬等支出的必要费用。有些国家（或者其特定的州）的法律拒绝丧葬费的赔偿，认为人迟早总是要死的，应当为自己的死亡“买单”。我国古代法以来就确认丧葬费的赔偿，名称上有所谓“烧埋银”等。自《民法通则》实施以来，丧葬费一直是人身损害（侵权致死）赔偿的一个项目。

### （二）丧葬费的标准

2022 年《人身损害赔偿司法解释》第 14 条规定：“丧葬费按照受诉法院所在地上一年度职工月平均工资标准，以六个月总额计算。”这是一个动态的计算标准，如果受诉法院所在地上一年度职工月平均工资逐年提高，丧葬费也将水涨船高。

## 三、残疾赔偿

### （一）残疾赔偿与残疾赔偿金的概念

残疾赔偿，是指被侵权人的身体、健康受到侵害，出现伤残的损害后果，尤其是出现残疾的损害后果时，侵权人对其支付的各相关项目的赔偿。这些项目主要包括残疾赔偿金、被侵权人精神损害赔偿、残疾辅助器具费、医疗费和其他相关费用。此处主要讨论残疾赔偿金和残疾辅助器具费。残疾赔偿金，是指侵权人对被侵权人的健康（身体）实施侵害导致其残疾，而应对残疾这一单纯的损害后果进行的金钱赔偿。

### （二）残疾赔偿金的概念和性质

残疾赔偿金是侵权人对被侵权人残疾损害后果赔偿的金额。关于残疾赔偿金的性质，学说上有三种不同观点，即“所得丧失说”“劳动力丧失说”“生活来源丧失说”。《人身损害赔偿司法解释》对残疾赔偿金主要采取“劳动能力丧失说”。“劳动能力丧失说”是根据残疾等级抽象评定劳动力丧失的程度，并以此评价被侵权人的利益损失的学说。“劳动能力丧失说”是与“收入丧失说”相对立的学说。依据“收入丧失说”，只有实际取得收入的被侵权人才会有收入损失，也只有实际减少收入的人才存在收入损失。未成年人、待业人员都不存在收入损失，因此不能获得赔偿。被侵权人虽然因伤致残，但实际收入没有减少的，也不应获得赔偿。这显然不合理。因此，立法例上通常都是以“收入丧失说”结合“劳动能力丧失说”作为评价残疾赔偿金的理论依据。法律规定了残疾赔偿金这一赔偿项目，但未对其性质和计算标准等作出明确规定。司法解释以“劳动能力丧失说”为原则，同时综合考虑收入丧失与否的实际情况，以平衡当事人双方的利益。

### （三）残疾赔偿金的计算标准与调整

2022 年《人身损害赔偿司法解释》确立了残疾赔偿金的城乡居民统一标准，其第 12

条规定："残疾赔偿金根据受害人丧失劳动能力程度或者伤残等级，按照受诉法院所在地上一年度城镇居民人均可支配收入标准，自定残之日起按二十年计算。但六十周岁以上的，年龄每增加一岁减少一年；七十五周岁以上的，按五年计算。""受害人因伤致残但实际收入没有减少，或者伤残等级较轻但造成职业妨害严重影响其劳动就业的，可以对残疾赔偿金作相应调整。"该司法解释虽然采取了"劳动能力丧失说"，但是在计算残疾赔偿金时采取的仍然是"定型化赔偿"的方式，即通过固定的赔偿标准和期限来确定残疾赔偿金。

计算残疾赔偿金的固定赔偿标准为"受诉法院所在地上一年度城镇居民人均可支配收入"。所谓"可支配收入"，是指城镇居民可用于最终消费支出和其他非义务性支出以及储蓄的总和，即居民家庭可以用来自由支配的收入。它是家庭总收入扣除交纳的所得税、个人交纳的社会保险费以及调查户的记账补贴后的收入，包括四个部分：工资性收入、家庭经营收入、财产性收入、转移性收入。这两项收入的计算应按照政府统计部门公布的各省、自治区、直辖市以及经济特区和计划单列市上一年度相关统计数据确定。所谓"上一年度"，是指一审法庭辩论终结时的上一统计年度。因此，这里的受诉法院所在地自然是指受理案件的人民法院所在的"省、自治区、直辖市以及经济特区和计划单列市"。计算残疾赔偿金的固定赔偿期限为：自定残之日起按 20 年计算；但 60 周岁以上的，年龄每增加 1 岁减少 1 年；75 周岁以上的，按 5 年计算。此外，在前述提及的死亡赔偿金"就高不就低"（2022 年《人身损害赔偿司法解释》第 18 条）原则，对于残疾赔偿金的计算也是适用的。

### （四）残疾赔偿金的调整

2022 年《人身损害赔偿司法解释》第 12 条第 2 款规定，在以下两种情形下可对残疾赔偿金进行调整：第一，被侵权人因伤致残但实际收入没有减少的，可以对残疾赔偿金作相应调整。被侵权人在遭受伤害之前获得的收入并不取决于其劳动能力，因此虽然部分丧失或者完全丧失了劳动能力，但是被侵权人的实际收入并不发生减少。第二，被侵权人的伤残等级较轻，但造成职业妨害，严重影响其劳动就业的，可以对残疾赔偿金作相应调整。2022 年《人身损害赔偿司法解释》第 12 条之规定有一定的弹性，授权法官根据具体情况对残疾赔偿金进行调整。这显然是十分合理的。

## 四、残疾辅助器具费的赔偿

### （一）残疾辅助器具费的概念

残疾辅助器具费，是指因伤致残的被侵权人在因侵权行为造成身体器官、肢体等功能全部或部分丧失后而购买、配置生活自助用具而支出的相关费用。残疾辅助器具主要包括：（1）肢残者用的支辅具、假肢及其零部件、义眼、假鼻、内脏托带、矫形器、矫形鞋、非机动助行器、代步工具（不包括汽车、摩托车）、生活自助具、特殊卫生用品；（2）视力残疾者使用的盲杖、导盲镜、助视器、盲人阅读器；（3）语言、听力残疾者使用的语言训练器、助听器；（4）智力残疾者使用的行为训练器、生活能力训练用品。

### （二）残疾生活辅助器具费的赔偿确定标准

2022 年《人身损害赔偿司法解释》第 13 条规定：“残疾辅助器具费按照普通适用器具的合理费用标准计算。伤情有特殊需要的，可以参照辅助器具配制机构的意见确定相应的合理费用标准。”“辅助器具的更换周期和赔偿期限参照配制机构的意见确定。”

# 第三节　人身损害赔偿中的相关财产损失赔偿

## 一、医疗费、护理费、交通费、营养费

### （一）医疗费

医疗费是指为医治受伤的被侵权人所花费的诊疗费、医药费、住院费等费用，包括抢救医疗费用和相关的一般治疗的医疗费用，包括即时医疗费用和后续医疗费用。被侵权人死亡前发生的医疗费用也属于应当赔偿的医疗费用。2022 年《人身损害赔偿司法解释》第 6 条规定：“医疗费根据医疗机构出具的医药费、住院费等收款凭证，结合病历和诊断证明等相关证据确定。赔偿义务人对治疗的必要性和合理性有异议的，应当承担相应的举证责任。”“医疗费的赔偿数额，按照一审法庭辩论终结前实际发生的数额确定。器官功能恢复训练所必要的康复费、适当的整容费以及其他后续治疗费，赔偿权利人可以待实际发生后另行起诉。但根据医疗证明或者鉴定结论确定必然发生的费用，可以与已经发生的医疗费一并予以赔偿。”

### （二）护理费

护理费是指被侵权人受到人身伤害在医疗、康复期间使用护理人员发生的费用，以及因残疾而使用护理人员照护，日常发生的费用。2022 年《人身损害赔偿司法解释》第 8 条规定：“护理费根据护理人员的收入状况和护理人数、护理期限确定。”“护理人员有收入的，参照误工费的规定计算；护理人员没有收入或者雇佣护工的，参照当地护工从事同等级别护理的劳务报酬标准计算。护理人员原则上为一人，但医疗机构或者鉴定机构有明确意见的，可以参照确定护理人员人数。”“护理期限应计算至受害人恢复生活自理能力时止。受害人因残疾不能恢复生活自理能力的，可以根据其年龄、健康状况等因素确定合理的护理期限，但最长不超过二十年。”“受害人定残后的护理，应当根据其护理依赖程度并结合配制残疾辅助器具的情况确定护理级别。”

### （三）交通费

交通费是指处理人身损害相关事项发生的交通费用。2022 年《人身损害赔偿司法解释》第 9 条规定：“交通费根据受害人及其必要的陪护人员因就医或者转院治疗实际发生的费用计算。交通费应当以正式票据为凭；有关凭据应当与就医地点、时间、人数、次数相符合。”在目前使用自有乘用车的情况下，使用自有乘用车发生的费用如燃油费、过

路费等，似乎也应当计入可以获得赔偿的交通费。

### （四）营养费

营养费是指为了促进被侵权人身体康复、技能和体能恢复，购买必要营养食品所发生的费用。2022 年《人身损害赔偿司法解释》第 11 条规定："营养费根据受害人伤残情况参照医疗机构的意见确定。"购买没有明确疗效或缺乏科学依据的"保健品"，其费用一般不能计入可以获得赔偿的"营养费"。

### （五）住院伙食补助费

住院伙食补助费是指被侵权人在住院期间为了治疗和康复需要而提高、改善膳食额外增加的伙食费用。2022 年《人身损害赔偿司法解释》第 10 条规定："住院伙食补助费可以参照当地国家机关一般工作人员的出差伙食补助标准予以确定。""受害人确有必要到外地治疗，因客观原因不能住院，受害人本人及其陪护人员实际发生的住宿费和伙食费，其合理部分应予赔偿。"住院伙食补助费应以治疗和康复之必要为限。

## 二、误工减少的收入

误工减少的收入，是指被侵权人受到人身损害导致不能正常工作而减少的工资收入或其他类型的合理收入。根据《民法典》第 1179 之规定，侵权人应当赔偿被侵权人因误工减少的收入损失。2022 年《人身损害赔偿司法解释》第 7 条规定："误工费根据受害人的误工时间和收入状况确定。""误工时间根据受害人接受治疗的医疗机构出具的证明确定。受害人因伤致残持续误工的，误工时间可以计算至定残日前一天。""受害人有固定收入的，误工费按照实际减少的收入计算。受害人无固定收入的，按照其最近三年的平均收入计算；受害人不能举证证明其最近三年的平均收入状况的，可以参照受诉法院所在地相同或者相近行业上一年度职工的平均工资计算。"

## 三、康复费赔偿

### （一）康复的概念与康复治疗的范围

按照世界卫生组织的界定，康复（rehabilitation）是指综合地、协调地应用医学的、教育的、社会的、职业的各种方法，使病、伤、残（包括先天性残疾）者已经丧失的功能尽快地、尽最大可能地得到恢复和重建，使他们在体格上、精神上、社会上和经济上的能力得到尽可能的恢复，使他们重新走向生活，重新走向工作，重新走向社会。

康复治疗的方法主要包括以下几种：（1）物理疗法（PT），包括物理治疗、体育疗法、运动疗法。（2）作业疗法，包括功能训练、心理治疗、职业训练及日常生活训练方面的作业疗法，目的是使患者能适应个人生活、家庭生活及社会生活的环境。（3）语言治疗，即对失语、构音障碍及听觉障碍的患者进行训练。（4）心理治疗，即对心理、精神、情绪和行为有异常的患者进行个别或集体心理调整或治疗。（5）康复护理，如体位处理、心理支持、膀胱护理、肠道护理、辅助器械的使用指导等，以促进患者康复，预防继发性残疾。（6）康复工程，即利用矫形器、假肢及辅助器械等补偿生活能力和感官的缺陷。（7）职业疗法，如就业前职业咨询、职业前训练。（8）传统康复疗法，即利用传统中医针灸、按摩、推拿等疗法，促进康复。

### （二）关于康复费赔偿的规定

2022 年《人身损害赔偿司法解释》第 6 条第 2 款和第 13 条已经专门规定了后续治疗费用（器官功能恢复训练所必要的康复费、适当的整容费以及其他后续治疗费）以及残疾辅助器具费的赔偿。其第 6 条第 2 款规定的“器官功能恢复训练所必要的康复费”仅指为使被侵权人遭受损害的器官功能重新恢复而进行的训练，包括物理疗法、语言治疗以及作业疗法中的“功能训练”（认知功能训练、手足功能训练），因而支付的费用。至于进行心理治疗、职业疗法所付出的费用，不包括在“器官功能恢复训练所必要的康复费”之内。被侵权人因人身伤害遭受心理痛苦而需要心理治疗所需要的费用，可以通过追究侵权人的精神损害赔偿责任的方式得到赔偿。

## 深度阅读


1.《最高人民法院关于审理人身损害赔偿案件适用法律若干问题的解释》（法释［2022］14 号）.

2. 张新宝，曹权之. 刑事附带民事诉讼案件的死亡赔偿金问题研究. 中州学刊，2021（11）.

3. 徐银波. 论城乡统一的人身损害赔偿计算规则之构建. 私法研究，2020（1）.

4. 田源. 刑事附带民事诉讼“两金”赔偿问题研究. 法学论坛，2017（2）.

5. 张新宝. 人身损害鉴定制度的重构. 中国法学，2011（4）.

6. 张新宝，葛维宝. 大规模侵权法律对策研究. 北京：法律出版社，2011.

7. 张新宝.《侵权责任法》死亡赔偿制度解读. 中国法学，2010（3）.

8. 张新宝. 侵权死亡赔偿研究. 法学研究，2008（4）.

9. 王利明主编. 人身损害赔偿疑难问题：最高法院人身损害赔偿司法解释之评论与展望. 北京：中国社会科学出版社，2004.


## 问题与思考

**一、思考题**

1. 试述死亡赔偿金的性质。

2. 试述我国人身损害赔偿制度的发展。

**二、练习题**

1. 简述我国残疾赔偿金的概念和性质。

2. 在人身损害案件中有哪些财产性质的赔偿项目？

3. 医疗费的赔偿数额应当如何计算？

# 第九章
# 精神损害赔偿

**常考知识点**

精神损害　精神损害赔偿　精神损害赔偿的数额确定　具有人身意义的特定物

## 第一节　精神损害赔偿概述

### 一、精神损害赔偿的概念与范围

#### （一）精神损害的概念与分类

精神损害是指被侵权人一方因人身权益遭受侵害而产生的精神痛苦、肉体疼痛或其他精神严重反常情况。从受害的主体来划分，精神损害可以分为被侵权人的精神损害与被侵权人近亲属的精神损害；从损害的程度来划分，可以分为轻微精神损害、一般精神损害与严重精神损害。需要指出的是，我国法律不承认法人和非法人组织的精神损害。

#### （二）广义的精神损害赔偿与狭义的精神损害赔偿

广义的精神损害赔偿是指对精神痛苦、肉体疼痛和其他严重精神反常等损害后果的赔偿，也包括对死亡、残疾等后果的金钱赔偿。狭义的精神损害赔偿仅包括对精神痛苦、肉体疼痛和其他严重精神反常后果的金钱赔偿。依据现行法律和相关司法解释的规定，我国侵权责任法上的精神损害赔偿不包括死亡赔偿和残疾赔偿，它们分别为独立的损害赔偿请求内容。我国法律规定的精神损害赔偿属于狭义的概念。精神损害赔偿是以支付赔偿金的方式救济被侵权人一方因人身权益遭受侵害而产生的精神损害的一项损害赔偿制度。

在侵权行为导致被侵权人死亡或者伤残的案件中，被侵权人或者其近亲属除了有权请求残疾赔偿金或死亡赔偿金，还可以向人民法院请求赔偿精神损害抚慰金（赔偿金）。

### 二、精神损害赔偿的功能

#### （一）精神损害赔偿侵权责任承担方式的补充或救济功能

对精神受到损害的人给予金钱赔偿和补偿的法律救济是十分必要的，被侵权人一方可以使用所获得的金钱赔偿或补偿，进行一些有利于身心健康的活动，如旅游、休闲、娱乐等，从中得到乐趣，达到消除或者减轻精神痛苦的效果。

### （二）精神损害赔偿侵权责任承担方式的惩罚性功能

由侵权人对被侵权人一方的精神损害承担金钱赔偿责任，具有一定的惩罚性，因为这样的“损害”实际上是难以用定量的金钱数额来表示的。侵权人作出此等赔偿，本质上不是对被侵权人之实际经济损失的填补，因而对侵权人来说具有惩罚性。精神损害赔偿，无论是对侵权人本人还是对其他社会成员来说，都有警戒和教育的作用——绝大多数正常人不会愿意支付这份赔偿金，而且支付这份赔偿金会或多或少地影响到责任承担者的物质生活乃至精神状况。这将从另一个方面发挥侵权责任法的社会功能，减少侵害他人人身权益的侵权行为之发生。

## 三、我国精神损害赔偿制度的建立与发展

精神损害赔偿是以支付赔偿金的方式救济被侵权人一方因人身权益遭受侵害而产生的精神损害的一项损害赔偿制度。《民法通则》颁布后的较长一段时间，法律规定和司法实践不承认精神损害赔偿。直到 2001 年《民事侵权精神损害赔偿解释》，精神损害赔偿才作为一项正式的侵权责任制度得以确立。该司法解释对精神损害赔偿的适用范围、请求精神损害赔偿的主体、确定精神损害赔偿数额的因素等基本内容作出了确定。2009 年颁布的《侵权责任法》（第 22 条）吸收了该司法解释的主要内容但是将死亡赔偿金、残疾赔偿金从精神损害赔偿中排除出去，从立法上建立了我国的精神损害赔偿制度。《民法典》第 1183 条与《侵权责任法》第 22 条的内容大致相同，继受了业已形成的精神损害赔偿制度，而且增加的第 2 款吸收了 2001 年《民事侵权精神损害赔偿解释》第 4 条的成果，规定了侵害自然人具有人身意义的特定物造成严重精神损害时的损害赔偿。《民法典》颁布后，最高人民法院修改并发布了 2020 年《民事侵权精神损害赔偿解释》，2020 年的司法解释删除了被《民法典》吸收的内容，修改了与《民法典》规定不一致的条文。

目前较大的争议是，在刑事案件中被害人（被侵权人）一方可否主张精神损害赔偿。最高人民法院的司法解释多次否定了这一请求权①，但是理论界有较强的意见认为刑事案件的被害人（被侵权人）应当依据民法的有关规定享有精神损害赔偿请求权。②

---

① 对于刑事案件中被害人由于被告人的犯罪行为而遭受精神损失所提起的附带民事诉讼，或者在该刑事案件审结以后，被害人另行提起精神损害赔偿民事诉讼的，最高人民法院曾作出不予受理的批复，文件可参见《最高人民法院关于人民法院是否受理刑事案件被害人提起精神损害赔偿民事诉讼问题的批复》［法释（2002）17 号］。该批复现已被《最高人民法院关于适用〈中华人民共和国刑事诉讼法〉的解释》的相关内容代替，该批复的相关精神亦为新的司法解释所吸收。具体而言，现行有效的《最高人民法院关于适用〈中华人民共和国刑事诉讼法〉的解释》（法释［2021］1 号）第 175 条明确规定：“被害人因人身权利受到犯罪侵犯或者财物被犯罪分子毁坏而遭受物质损失的，有权在刑事诉讼过程中提起附带民事诉讼；被害人死亡或者丧失行为能力的，其法定代理人、近亲属有权提起附带民事诉讼。因受到犯罪侵犯，提起附带民事诉讼或者单独提起民事诉讼要求赔偿精神损失的，人民法院一般不予受理。”

② 参见张新宝、曹权之：《刑事附带民事诉讼案件的死亡赔偿金问题研究》，载《中州学刊》，2021（11）；李军：《论刑事案件被害人精神损害赔偿》，载《甘肃政法学院学报》，2004（4）；冷传莉、顾龙涛：《刑事案件中精神损害的定位与救济》，载《政治与法律》，2006（5）；于晓青：《论刑事被害人之精神损害赔偿》，载《政治与法律》，2004（5）。

# 第二节 精神损害赔偿的适用

## 一、精神损害赔偿的适用范围

### （一）精神损害赔偿侵权责任承担方式适用的具体案件类别

2003年的《民事侵权精神损害赔偿解释》曾对精神损害赔偿侵权责任的范围作出了明确规定：（1）自然人的人格权（包括生命、健康、身体、名誉、荣誉、姓名、肖像、人身自由）或隐私利益等受到侵害的；（2）监护或其他亲属关系受到侵害的；（3）死者的名誉、隐私、姓名、肖像、遗体、遗骨（所谓延伸的人格利益载体）等受到侵害的；（4）具有人格象征意义的特定纪念物品永久性灭失或者毁损的。《侵权责任法》没有对精神损害赔偿的适用范围作出列举性规定，适用的案件是"侵害自然人人身权益"的案件，要求被侵权人遭受的精神损害的后果是严重的（第22条）。其他法律对特别类型的案件适用精神损害赔偿侵权责任承担方式作出规定的，适用其规定。如我国《产品质量法》第44条第2款中的"其他重大损失"，可以理解为精神损害。《民法典》承继了《侵权责任法》的规定，于其第1183条第1款规定："侵害自然人人身权益造成严重精神损害的，被侵权人有权请求精神损害赔偿。"2020年《民事侵权精神损害赔偿解释》大体沿袭了2003年司法解释的规定，其第1～3条将精神损害赔偿侵权责任的范围规定为：（1）因人身权益或者具有人身意义的特定物受到侵害；（2）非法使被监护人脱离监护，导致亲子关系或者近亲属间的亲属关系遭受严重损害；（3）死者的姓名、肖像、名誉、荣誉、隐私、遗体、遗骨等受到侵害。

单纯违约造成财产损失时不适用精神损害赔偿。但学理上认为以下两种情况可能适用精神损害赔偿：（1）违约行为属于"加害给付"，既违反当事人的合同约定，也侵害另一方当事人（被侵权人）的人身权益；（2）违反的合同之主给付义务为给对方带来精神愉悦（如旅游合同）。前者属于违约责任与侵权责任的竞合问题；后者仅属于违约责任问题，由合同法规则调整。

### （二）法人和非法人组织不得主张精神损害赔偿

法人和非法人组织不具有自然人的思想情感，它们不可能出现类似于自然人之精神损害的痛苦、疼痛等，因此不得请求法院判令被告承担精神损害赔偿责任。对此，2020年《民事侵权精神损害赔偿解释》第4条作出了明确规定："法人或者非法人组织以名誉权、荣誉权、名称权遭受侵害为由，向人民法院起诉请求精神损害赔偿的，人民法院不予支持。"但是法人或者非法人组织在其名称、名誉、荣誉等人格权及相关合法权益等受到他人侵害而出现财产损失时，得请求财产上的损害赔偿。

### （三）轻微的和一般程度的精神损害不适用损害赔偿

从受害的程度来划分，精神损害可以分为轻微精神损害、一般精神损害和严重精神损害。对于轻微精神损害，往往不适用法律救济。《民法典》第 1183 条规定：“侵害自然人人身权益造成严重精神损害的，被侵权人有权请求精神损害赔偿。因故意或者重大过失侵害自然人具有人身意义的特定物造成严重精神损害的，被侵权人有权请求精神损害赔偿。”司法解释规定，侵权人非法使被监护人脱离监护，导致父母子女关系或者其他近亲属关系受到严重损害的，应当认定为“严重精神损害”[①]。

侵权致人精神损害但未造成严重后果，被侵权人请求赔偿精神损害（一般精神损害）的，人民法院一般不予支持，可以根据情形判令侵权人停止侵害、恢复名誉、消除影响、赔礼道歉。侵权致人精神损害，造成严重后果的，人民法院除判令侵权人承担停止侵害、恢复名誉、消除影响、赔礼道歉等侵权责任外，可以根据被侵权人一方的请求判令其赔偿相应的精神损害抚慰金。

### （四）精神损害赔偿侵权责任承担方式在无过错责任案件中的适用

我国相关法律和司法解释对于无过错责任案件中是否适用精神损害赔偿侵权责任承担方式没有作出直接规定。考虑到相关司法解释是从被侵权人一方受到侵害的权利或利益的角度来界定精神损害赔偿侵权责任承担方式之适用范围的，侵权行为的方式以及侵权人的过错情况不是适用精神损害赔偿侵权责任承担方式的要件。笔者认为，精神损害赔偿侵权责任承担方式适用于故意或过失侵害他人人身权益的案件；在无过错责任案件中，法律有特别规定的，依其规定处理。比如，《俄罗斯联邦民法典》明确规定，高度危险来源造成公民生命、健康损害的，适用精神损害赔偿的侵权责任承担方式。

一般认为，在我国产品责任案件中，精神损害赔偿是适用的；在交通事故责任案件中，精神损害赔偿也是适用的，甚至“交强险”赔付也包括了精神损害项目。

## 二、精神损害赔偿的请求权人

### （一）被侵权人的精神损害赔偿请求权

精神损害赔偿请求权属于人格权益或身份关系或有人格象征意义的物品等受到侵害的被侵权人，通常只有被侵权人能够依据相关法律和司法解释的规定向侵权人提出赔偿请求。赔偿法理论确认，精神损害赔偿（抚慰金）的请求权不得继承与转让，但是，侵权人一方已经以书面方式承诺予以金钱赔偿或者被侵权人一方已经向法院起诉的除外，因为在这两种情况下，精神损害赔偿请求权已经转化为比较现实的经济利益，可以与被侵权人的主体资格分离开来。

### （二）近亲属的精神损害赔偿请求权

相关法律和司法解释规定，有以下情况的，近亲属享有精神损害赔偿请求权：死者的名誉、隐私、姓名、肖像、遗体、遗骨等受到侵害。

我国学者曾对于在未成年人受到严重身体伤害的情况下父母亲的精神损害赔偿请求权

---

① 参见《侵权责任编解释（一）》第 2 条。

作出讨论，并在学者建议的民法典草案中引入了这一观点。一些国家的法律和司法实践在一定程度上承认近亲属对“反射性损害”享有精神损害赔偿请求权，最典型的例子是丈夫因受到人身伤害而性功能丧失，妻子因此获得对“反射性损害”的精神损害赔偿请求权。

## 三、刑事附带民事诉讼案件中的精神损害赔偿

最高人民法院通过司法解释将死亡赔偿和残疾赔偿从“精神损害赔偿”中分离出去，确定其为财产性质的损害赔偿。给予这样的安排后，刑事附带民事诉讼案件中的被侵权人仍可以请求残疾赔偿金；被侵权人死亡的，其近亲属也可以请求死亡赔偿金。但是，这样的损害赔偿已经不是精神损害赔偿而是对“财产损失”的赔偿。但需要指出的是，《侵权责任法》和《民法典》都没有认可这样的司法解释，而是规定刑事责任、行政责任的承担不影响侵权责任（包括精神损害赔偿责任）之承担，而且民事侵权赔偿责任的实现还具有优先性（《民法典》第187条）。

# 第三节　精神损害赔偿的数额

## 一、决定精神损害赔偿数额的考虑因素

最高人民法院在司法解释中多次对据以确定精神损害赔偿数额的考虑因素作出了规定，2020年《民事侵权精神损害赔偿解释》第5条规定考虑因素包括：（1）侵权人的过错程度，但是法律另有规定的除外；（2）侵权行为的目的、方式、场合等具体情节；（3）侵权行为所造成的后果；（4）侵权人的获利情况；（5）侵权人承担责任的经济能力；（6）受诉法院所在地的平均生活水平。此外，法律对精神损害赔偿数额有明确规定的，适用其规定。

### （一）侵权人的过错程度

过错程度是精神损害赔偿数额的决定因素之一。侵权人故意甚或恶意侵害他人之人身权益的，应当承担较高数额的精神损害赔偿责任；具有重大过失的侵权人可能承担较高数额的精神损害赔偿责任；反之，侵权人仅因为轻微过失侵害他人的，可能少量赔偿甚至不赔偿精神损害。

### （二）侵权行为的目的、方式、场合等具体情节

侵权人具体侵权情节的不同，反映出侵权人的主观恶意程度和行为社会危害性大小的不同。比如在诽谤（侵害名誉权）的案件中，口头传播还是利用大众媒体传播、侵权行为实施于私人场合还是公众场合、侵权手段一般还是极其卑鄙下流……这些具体情节的差异都反映出侵权人的主观恶性程度以及侵权行为的客观社会影响。此外，具体情节的不同，给被侵权人带来的心理痛苦程度也是不同的，从而损害程度也不同。因此，侵权行为的目的、方式、场合等具体情节是确定精神损害赔偿数额的重要考虑因素。

### （三）侵权行为所造成的后果

精神损害赔偿原则上以侵权行为带来严重精神损害后果为前提：在损害后果不严重的情况下，无须精神损害赔偿；后果严重，则精神损害也更严重，侵权人的赔偿责任也更重。可见，侵权行为所造成的后果也是确定精神损害赔偿数额的重要考虑因素。

### （四）侵权人的获利情况

确定精神损害赔偿数额，之所以要考虑侵权人的获利情况，是因为：在有些情况下，可能被侵权人仅遭受了精神损害，没有经济利益的损失，但侵权人获得了利益。如果不考虑侵权人的获利情况而允许侵权人赔偿后仍然获得利益，显然不合理，无法体现精神损害赔偿对侵权人的惩戒功能与对被侵权人的抚慰功能。

### （五）侵权人承担责任的经济能力

关于侵权人承担责任的经济能力是否为考虑因素之一，有不同意见。肯定说认为：人们的经济状况千差万别，同样数额的财产损失对不同经济状况的人来说，影响显然不同。如果仅拘泥于形式上的平等，让不同财产状况的人赔偿同等的金额，有可能使富有的侵权人得不到惩戒而相应的被侵权人也得不到抚慰。否定说则认为，不能以侵权人的钱袋深浅决定赔偿额的多少，否则，将会在同样程度精神损害的案件中出现过于悬殊的赔偿后果，不同被侵权人获得的赔偿数额差异过大。这样的结果可能有悖司法的统一性。最高人民法院的司法解释支持肯定说。

### （六）受诉法院所在地的平均生活水平

受诉法院所在地的平均生活水平之所以影响精神损害赔偿数额，主要是因为精神损害赔偿的补偿和抚慰功能的实现依赖于被侵权人对金钱的态度，而这种态度又与当地的平均生活水平有关。一般来说，一定的物质生活条件决定了人们的一定的精神世界，包括对精神损害的感知和感受。

## 二、精神损害赔偿具体数额的确定

尽管最高人民法院的有关司法解释对于确定精神损害赔偿数额时必须考虑的各种情况作出了规定，但是对于具体赔偿数额或者说赔偿的上限、下限等没有作出规定。确定精神损害赔偿的具体数额时，首先应当考虑的是我国民法设立此项金钱赔偿制度的目的。我国民法设立这一制度，既具有与西方国家民法中相应制度相同的意义（补偿性与惩罚性），又有自己的特殊性：我国民法规定了对精神损害进行救济的其他侵权责任承担方式（如赔礼道歉、消除影响、恢复名誉等），因此，赔偿精神损害与否并不是用以宣示争讼双方胜败的必要或者唯一手段。考虑到这一点，极低数额的精神损害赔偿（如有的案件中法院判决人民币 1 元的赔偿），在我国民法理论上和实践中都是不可取的。

既然精神损害赔偿的目的是补偿（填补）与惩罚（教育），那么赔偿的数额就应当与赔偿目的的要求相一致。过低的赔偿数额既无法补偿被侵权人所受到的损害，也难以惩戒、教育侵权人，使其规范自己的行为、保持应有的注意、以后不再为侵权行为，更无法警戒社会的其他成员。因此，在目前条件下，数百元至数万元或十多万元的精神损害赔偿请求，都是可以获得支持的；超过这一幅度，则需要极其特殊的理由。对某些案件法院判决了很高的赔偿额，除考虑了精神损害赔偿，还考虑了侵权人的获利情况和对不当获利的剥夺与返还。赔偿法的谚语是，任何人都不得从不法行为中得到利益。

## 第四节 侵害具有人身意义的特定物造成精神损害的赔偿

### 一、侵害具有人身意义的特定物概述

《民法典》第 1183 条第 2 款吸收司法解释的成果，规定了侵害具有人身意义的特定物造成精神损害的赔偿责任："因故意或者重大过失侵害自然人具有人身意义的特定物造成严重精神损害的，被侵权人有权请求精神损害赔偿。"

"具有人身意义的特定物"，是特定物而非种类物，因而具有不可替代性。"具有人身意义"是指此等物品上承载着被侵权人重要的精神利益和情感。比如具有特定纪念意义的照片（结婚照、全家福）、家谱、传家的"宝贝"，此等物品可能不具有较高的市场价值，对于被侵权人而言看重的不是其可能实现的经济利益而是精神利益。

对于此等具有人格意义的特定物，仅仅以物权法的保护方式以及以侵害财产的损害赔偿保护方式，不足以保护其所有人或者合法占有人的精神情感利益，故法律设专门规定予以精神损害赔偿的救济。

《民法典》第 1183 条规定的"侵害"是指侵权行为导致具有人身意义的特定物毁损灭失，使其"人身意义"完全丧失或者部分丧失。

### 二、精神损害赔偿的适用

正确理解和适用《民法典》第 1183 条第 2 款的规定需要把握：（1）仅自然人可以请求精神损害赔偿，法人和非法人组织不能请求精神损害赔偿；（2）自然人的具有人身意义的特定物受到侵害，造成被侵权人精神损害，而且受到侵害的被侵权人之精神损害达到严重程度；（3）侵权人出于故意或者重大过失实施此等侵害行为。此等精神损害赔偿责任的构成，也需要因果关系的构成要件。

需要指出的是，对此等特定物的侵害导致毁损、灭失，侵权人可能要承担两种不同性质的损害赔偿责任：基于精神损害的精神损害赔偿责任和基于对有体物所有权的侵害（"物损"）的财产损失赔偿责任。

## 深度阅读

1.《最高人民法院关于确定民事侵权精神损害赔偿责任若干问题的解释》（法释[2020] 17号）

2. 张新宝，曹权之. 刑事附带民事诉讼案件的死亡赔偿金问题研究. 中州学刊，2021 (11).

3. 薛军.《民法典》对精神损害赔偿制度的发展. 厦门大学学报（哲学社会科学版），2021 (3).

4. 瞿灵敏. 精神损害赔偿惩罚性与惩罚性赔偿补偿性之批判：兼论精神损害赔偿与惩罚性赔偿的立法完善. 东方法学，2016 (2).

5. 张新宝. 精神损害赔偿制度研究. 北京：法律出版社，2012.

6. 张新宝. 从司法解释到侵权责任法草案：精神损害赔偿制度的建立与完善. 暨南学报（哲学社会科学版），2009 (2).

7. 张新宝，郭明龙. 论侵权死亡的精神损害赔偿. 法学杂志，2009 (1).

8. 张新宝. 侵权责任构成要件研究. 北京：法律出版社，2007：第八章"精神损害".

9. 张新宝，高燕竹. 英美法上"精神打击"损害赔偿制度及其借鉴. 法商研究，2007 (5).

10. 关今华. 精神损害赔偿数额的确定与评算. 北京：人民法院出版社，2002.

## 问题与思考

**一、思考题**

1. 如何认定构成精神损害？

2. 简述精神损害赔偿在侵权责任法中的制度价值。

**二、练习题**

1. 简述我国精神损害赔偿制度的建立和发展过程。

2. 我国法律、司法解释规定可以适用精神损害赔偿这一侵权责任承担方式的侵权案件具体包括哪些类别？

3. 确定精神损害赔偿数额的考虑因素有哪些？

4. 文某在倒车时操作失误，撞上冯某新买的轿车，致其严重受损。冯某因处理该事故而耽误了与女友的约会，并因此争吵分手。文某同意赔偿全部的修车费用，但冯某认为自己的爱车受损并失去了女友，内心十分痛苦，要求文某赔一部新车并赔偿精神损害。下列哪一选项是正确的？（　　）

A. 文某应当赔偿冯某一部新车

B. 文某应向冯某支付精神损害抚慰金

C. 文某应向冯某赔礼道歉

D. 法院不应当支持冯某的精神损害赔偿请求

## 第十章
# 财产损失赔偿

**常考知识点**

财产损失赔偿　完全赔偿原则　适当赔偿原则　市场价格　附带财产损失的赔偿　各种财产损失的计算标准　纯粹经济损失

## 第一节　财产损失赔偿的一般原理

### 一、财产损失赔偿概述

#### （一）财产损失赔偿的概念

侵权行为或准侵权行为侵害被侵权人的人身权益或者财产，造成被侵权人一方财产上的损害后果，通常称为“财产损害”或者“财产损失”。在中文语境下，“财产损害”与“财产损失”并无内涵或者外延上的区别，只有表意文字选择上的差异。习惯上，人们倾向于使用“财产损失”而非“财产损害”的概念，正如习惯于使用“人身损害”“精神损害”概念而不是使用“人身损失”“精神损失”一样。所有财产损失都是经济上的或者金钱上的损失。

财产损失赔偿，是指侵权人一方承担的以支付一定数额的金钱救济被侵权人一方财产上的损失的一种侵权责任承担方式。财产损失赔偿与人身损害赔偿、精神损害赔偿相对应，并与后二者一起共同构成我国民法侵权责任法上的“损害赔偿”制度。侵权责任法以赔偿损失等侵权责任承担方式对被侵权人一方遭受的人身和财产方面的损害后果予以救济，以尽可能填补被侵权人一方的损害，使权利、义务状况恢复到侵权损害发生之前的状况。财产损失赔偿，救济的是被侵权人一方受到的财产上的损害。

#### （二）财产损失赔偿的适用范围

一般说来，无论侵权人侵害了被侵权人的人身权益还是侵害了其财产权益，都可能发生财产损失。即使是对生命权、健康权、身体权的侵害，也会发生直接或者间接的财产损失。赔偿损失是一种最常用和最有效的侵权责任承担方式，除可以对人身损害和精神损害课以相关的赔偿责任外，从广义而言，一切财产损失均可使用赔偿的侵权责任承担方式予以救济。鉴于有专门章节对人身损害赔偿和精神损害赔偿进行讨论，本章有关财产损失赔偿的讨论限于：(1) 侵权行为或者准侵权行为作用于被侵权人一方的财产权益（主要是物权性质的权利，如所有权、担保物权、用益物权）导致财产损失的情况下的财产损失赔偿；(2) 侵权行为或者准侵权行为作用于被侵权人一方的人身权益，在导致人身损害、精神损害的情况下，还可能发生财产损失时，对此等财产损失的赔偿；(3) 侵权人的侵权行为或者准侵权行为侵害被侵权人一方的知识产权中的财产性权益或者股权（包括相关的投资者权益，如合伙企业中的投资者权益）造成的财产损失赔偿。但是，关于对此等财产损失的赔偿，其他法律有特别规定的，应当优先适用特别规定。

## 二、财产损失赔偿的原则

财产损失的赔偿原则，是指财产损失赔偿的总的指导思想和法律理念。立法没有对财产损失赔偿的原则作出明确的规定。以下是对有关法理和某些具体规定加以抽象和提炼后得出的一些学术性结论。

### （一）完全赔偿（赔偿实际损失）的原则

完全赔偿原则也可以称为赔偿实际损失的原则，其基本含义是，侵权人对自己的侵权行为或者准侵权行为给被侵权人一方造成的实际损失或者说全部财产损失承担赔偿责任。这一赔偿原则主要适用于“物损”的情况，即在被侵权人的有体物财产遭受损害的情况下通常适用完全赔偿的原则。比如，撞坏他人的车辆，赔偿全部损失（也可能以等量的修理费予以赔偿）；摔坏他人的一只杯子，赔偿这只杯子的全部价值。之所以对“物损”等损害后果适用完全赔偿的原则，是因为传统侵权责任法将对所有权的保护置于优先地位，而所有权神圣的私法原则要求对“物损”予以完全的赔偿。

适用完全赔偿原则，以下几点需要注意：(1) 适用的范围原则上为造成“物损”和其他直接财产损失的案件，即作为财产所有权客体的有体物因侵权发生毁损、灭失的损害后果；(2)“物损”是可以计算的；(3) 法律对赔偿原则另有规定者，依照其规定。

### （二）适当赔偿原则

适当赔偿原则是完全赔偿原则的例外，其含义是，综合考虑案件的各种情况，对被侵权人的财产损失予以“适当”的赔偿而非完全的赔偿。“适当”赔偿并非“少许”“些许”赔偿，民法或者说侵权责任法上的“适当”往往具有两层含义：一是从法律的价值观、利益平衡角度来看是合适的和妥当的；二是与某些特定的情况相适应或者说相当，如与侵权人的过错大小相适应，或者说与案件双方之经济状况的比较结果相当。适当赔偿的结果往往少于完全赔偿的数额。

适当赔偿的原则适用于以下财产损失赔偿案件：(1) 赔偿间接财产损失或者可得利益的案件；(2) 赔偿纯粹经济损失的案件；(3) 难以准确确定财产损失数额的案件。而在“物损”为损害后果的侵权案件中，对“物损”部分的赔偿，一般不适用适当赔偿的原则。此外，法律对赔偿的最高限额和最低限额作出规定的，也可以被认为是适当赔偿原则的适用。

### （三）法定赔偿范围与法定计算标准相结合原则

法律可能对某些具有财产损失后果的案件中的全部或者部分财产损失的赔偿项目和此等项目下的计算标准作出明确的规定，适用这样的规定确定财产损失的赔偿，谓之适用法定赔偿原则的赔偿。法定赔偿原则可以是对赔偿范围的法定化，也可以是对赔偿数额计算标准的法定化。有法定赔偿标准的，优先适用。

### （四）损益相抵原则

“损”即被侵权人遭受的财产损失，“益”是指被侵权人在遭受侵害的同时发生财产上的收益，包括财产的积极增加和消极增加，如给付义务的减轻或免除。被侵权人因遭受侵害而发生财产增加的，应当在损害赔偿中减去增加的部分，这是所谓“损益相抵”的要求。有些国家的侵权责任法规定了损益相抵原则，也有一些没有规定。我国《民法典》没有直接规定损益相抵，因此只能将之作为酌定事项由法官在具体案件中酌情考虑。

## 三、各类财产损失赔偿的计算方法

侵权责任法上的财产损失计算往往以对有体物所有权的侵害（“物损”）为标准模板，然而财产损失绝不限于所有物被破坏、被侵夺的情形。从我国立法上的用语来看，其所称“财产”，包括各类财产权益，如物权、知识产权、股权等。至于“侵害”的方式，包括物理毁坏、侵夺占有、影响所有物使用、不法利用他人智力成果等。被侵害对象不同，侵害方式不同，相关损失的计算方法也往往多有差异。以下区分不同的财产权益略作说明。

### （一）侵害他人物权的财产损失计算

传统社会中，侵害他人物权尤其是所有权是最常见、最典型的侵害他人财产的形态，其中又以有体物被毁坏最受关注，如汽车被撞、瓷器被毁、房子被烧之类。不过，现实生活中，侵害他人物权包括各类复杂情形，因而产生各种问题，需要分析。

**1. 侵害物权的方式**

侵害他人物权的方式可以分为两大类：一类是侵害了有体物的物理完好性，主要表现为破坏、毁损；另一类是物的毁坏之外的侵害方式。不同的侵害方式不仅影响侵权责任构成，而且影响损害赔偿的范围，从而涉及损失计算的问题。物的毁坏比较容易辨别，在构成侵权责任方面争议不大；至于其他侵害方式，如妨碍使用，则需要根据情况判断其究竟属于侵害物权还是纯粹经济损失。在树木倒塌堵塞河道致使停靠船舶不能驶出，或者在车库前施工致使车库中汽车不能驶出时，船舶或者汽车本身并未受到毁损，但是其使用受到了妨碍，从而使被侵权人遭受损失。

**2. 直接损失与间接损失**

直接损失是现有财产利益的减损，间接损失是未来财产收益的减少。如在商场房屋被毁，商场被迫停业的情形，房屋毁损属于直接损失，商场停业期间日常的费用开支如水电费、工人工资之类同样属于直接损失，商场由于不能正常营业而受到的预期利润的损失则属于间接损失。这里的间接损失具有三个特点：（1）损失是未来的可得利益，而非现实中已经存在的利益；（2）这种利益具有可预期性，根据当事人的商业实践和契约安排很容易实现；（3）这种利益直接来自被侵害的财产，其损失范围比较明确，与纯粹经济损失不同。

直接损失的计算方式与间接损失的计算方式不同。对于直接损失，经常采用“赔偿额＝时价－残存价值”的公式进行计算，有时也采用“维修费用＋减损市场价值”的方法，其根本精神在于对被侵权人进行完全赔偿。例如，汽车被撞，不仅要赔偿维修费用，更要赔偿汽车因为被撞而造成的市场价值减损。对于间接损失，一般的计算公式是“所失利益＝单位时间增值效益×影响效益发挥的时间”，其中关键在于确定单位时间增值效益，常用的标准有被侵权人个人的收益平均值或者同行业、同类型的平均值，有时将两种方法进行综合，加权计算。

需要注意的是，间接损失属于未来可得利益的损失，其数额确定需要考虑各种假设因素，因而不可能是完全客观的。为了平衡被侵权人和侵权人双方的利益，法律通常对间接损失进行适当赔偿而不是完全赔偿，因为间接损失本来就不容易确定一个具体的数字，完全赔偿难以操作，多数需要根据市场情形进行评估，从而属于适当赔偿。这样的赔偿考虑更多的不是事实问题，而是双方利益的平衡。

**3. 主观计算与客观计算**

财产的价格有三种：通常价格、特别价格以及感情价格。所谓通常价格，即市场价格。特别价格是由被侵权人的特别情况决定的价格，如被侵权人之汽车的市场价格是5万元，但被侵权人与他人签订了买卖合同，交易价格是6万元。感情价格是依被侵权人的感情确定的价格，如家传的物件的价格等。三种价格中，感情价格的主观性最强，其中涉及精神损害赔偿的内容；通常价格最具有客观性，也是我国法律主要倡导的计算方式；特别价格则介于两者之间，综合了客观与主观的因素。这里的特别因素主要有两种：（1）被侵权人与第三人之间的契约关系，涉及被侵权人对第三人的赔偿责任与被侵权人的可得利益；（2）被侵权人的经济状况与社会地位。从保护被侵权人之利益的角度考虑，计算赔偿数额时应该考虑被侵权人的特殊情况，即采用主观计算方式。但有时为避免对侵权人课以过重的负担，应当考虑到可预见因素而限制侵权人的赔偿。

### （二）侵害他人知识产权的财产损失计算

知识产权方面的单行法与相关行政法规、司法解释对侵害知识产权的赔偿计算作出了特别规定。例如，《著作权法》第54条第1～3款规定：“侵犯著作权或者与著作权有关的权利的，侵权人应当按照权利人因此受到的实际损失或者侵权人的违法所得给予赔偿；权利人的实际损失或者侵权人的违法所得难以计算的，可以参照该权利使用费给予赔偿。对故意侵犯著作权或者与著作权有关的权利，情节严重的，可以在按照上述方法确定数额的一倍以上五倍以下给予赔偿。”“权利人的实际损失、侵权人的违法所得、权利使用费难以计算的，由人民法院根据侵权行为的情节，判决给予五百元以上五百万元以下的赔偿。”“赔偿数额还应当包括权利人为制止侵权行为所支付的合理开支。”《专利法》第71条和《商标法》第63条也有类似规定。对于侵害知识产权之损失赔偿的计算，法律提供了四种方法：（1）根据被侵权人的损失确定；（2）根据侵权人的得利确定；（3）参照权利（许可）使用费确定；（4）由法院根据情形酌情确定。

#### （三）侵害他人股权等的财产损失计算

侵害股权等的财产损失赔偿，要考虑确定股权的价值。如果有明确的市场价格，则很容易确定损失；如果没有明确的市场价格，则需要考虑企业的资产、经营和盈利状况进行评估。

## 第二节　侵害他人财产造成财产损失的赔偿

### 一、概述

《民法典》第1184条规定：“侵害他人财产的，财产损失按照损失发生时的市场价格或者其他合理方式计算。”该条适用于侵害财产权益造成财产损失的案件，不适用于侵害人身权益造成财产损失的案件。后者适用《民法典》第1183条。此处的“财产”是指财产权益，包括物权、知识产权、继承权、股权和其他投资性权利以及数据和网络虚拟财产等。侵权责任法保护财产权益的核心部分是动产和不动产权益。至于对其他财产权益的保护，除了适用《民法典》第1184条的规定，通常还适用特别法的规定。

### 二、按照损失发生时的市场价格计算

#### （一）按照损失发生时的市场价格计算概述

依据《民法典》第1184条的规定，侵害他人财产的，财产损失应当按照损失发生时的市场价格计算。这一规定是财产损失的赔偿金额之计算的主要标准，它包含了市场价格要素和时间要素两个方面的规定性标准。

市场是各种有交换价值的产品和服务进行交易的场所，经济学上也认为其是为各种资源进行配置的场所。一个产品或者服务的市场价格实际上是市场主体对其价值的认可。在市场经济条件下，绝大多数产品和服务都是具有相对明确的市场价格的，因此，对财产损失的赔偿金额以损失发生时的市场价格计算最能够客观反映市场经济规律对法律（赔偿制度）的要求，相对而言也最具有客观性、公正性。需要指出的是：（1）市场价格标准多适用于“物损”的赔偿数额之确定；（2）在某一物同时存在多个交易市场的情况下，应当综合考虑相关因素作出判断。如被侵权人从旧货市场（第一市场）以500元“淘”来一件古玩，在藏友之间（第二市场）可以获得5 000元的交易价格，在拍卖会（第三市场）可以获得10 000元的售价，如果该古玩在被送往拍卖公司的途中被侵权人

撞倒，发生完全的“物损”，应当按照哪一个市场的价格确定赔偿数额呢？第一、第二和第三市场的“市场价格”相差巨大，需要综合考虑各种情况作出判断。

### （二）市场价格的时间标准

市场价格永远处在变动之中，对于某些价格波动大的物品而言，以什么时间作为赔偿标准对被侵权人的影响甚巨。例如，甲在1月1日盗走乙的10两黄金，此时黄金价格为每克270元；1月20日甲将黄金以每克290元的价格卖出；3月1日乙起诉甲时黄金价格为每克280元；6月1日法院判决时黄金价格为每克320元。究竟该以什么时间的价格来确定被侵权人的损失呢？从现实生活来看，可能发生的情形很多：假如黄金不曾被盗，被侵权人乙一直持有黄金，其损失如何？被侵权人乙中途卖出黄金，其损失如何？被侵权人乙卖出又买入，其损失如何？其中涉及市场风险与操作风险，涉及对未发生事件的假定，最终被侵权人的损失是一件无法完全客观确定的事情。然而，法律的任务不在于提供绝对真理，而在于提供适当的纠纷解决方式，所以要考虑现实各种情形确定比较合理的时间点来衡量被侵权人的损失。

《民法典》第1184条对计算财产损失的时间标准作出了明确的规定，这就是“损失发生时”，而不是其他任何时间。相对于人身损害赔偿而言，财产损失之计算的时间标准是比较容易确定的：财产损失的发生时间往往是一个比较容易被人们认识和认可的确定时间，而人身损害由于具有潜伏性、迁延性等情况，其发生时间往往难以确定。

法律不将财产损失的计算时间标准确定为“侵权行为实施时”“被侵权人知道或者应当知道损害发生时”“被侵权人提起诉讼时”“法院一审辩论结束前”，突出了侵权责任法填补损害（而主要不是制裁侵权行为）的立法旨趣，同时有利于排除当事人乃至审判人员对案件客观事实确定的人为因素影响。

### （三）关于市场价格的地点标准

法律仅对财产损失计算的市场标准和时间标准作出了规定，没有对地点标准即“依哪一个地方的市场价格”作出明确规定。可供选择的地点有：（1）侵权行为实施地；（2）财产损失发生地；（3）受诉法院所在地。从法律明确将损害发生的时间确定为财产损失计算的时间标准，即排除了侵权行为实施的时间，似可推断排除侵权行为实施地作为财产损失计算的地点，也应符合立法者的意图。笔者认为，财产损失发生时和发生地的市场价格应为计算财产损失的基本标准。

## 三、按照其他合理方式计算

### （一）法律条文措辞的完善

《侵权责任法》第19条规定了市场价格之外的“其他方式计算”损害赔偿。《民法典》第1184条则稍加调整，规定为以“其他合理方式计算”损害赔偿。《民法典》的表达更为严谨、科学，将法官的裁量权限定在“合理”的范围内，而不是允其任意计算。

### （二）对以“其他合理方式计算”的理解

侵害他人财产的，财产损失可以按照其他合理方式计算。《民法典》第1184条规定的“其他合理方式”，是指市场价格标准之外的计算方式。对此，比较法上也有类似的经验。《荷兰民法典》第6：97条规定：“法官以与损害之性质最相适应的方式对损害进行估价。于不能精确确定损害范围之情形，对其进行估定。”采用“其他合理方式”需要考虑的因素包括：（1）该受损害物的形成（成本）价值；（2）合理的增值或者减值；（3）基于衡平价值观的综合判断。

有学者认为，“条文所谓的‘其他标准’，应当指依法不能自由买卖的‘财产’，因无‘市场’价格，只能采用别的计算标准”。笔者认为，大多数限制流转物是有市场价格的，仍然可以适用市场价格标准；某些自由流转物，由于数量少等原因，并没有形成市场，难以发现其市场价格，因而需要以其他方式确定赔偿数额。

正确理解和适用法律规定的以“其他合理方式计算”财产损失，需要把握以下几个方面：（1）与市场价格标准一样，以“其他合理方式计算”标准也只适用于侵权人的侵权行为或准侵权行为侵害被侵权人的财产权益造成财产损失的案件，而不适用于侵害被侵权人人身权益造成财产损失的案件。（2）市场价格标准主要适用于产生“物损”并有可供参考的市场价格因素的财产损失案件，以“其他合理方式计算”标准主要适用于产生非“物损”（如纯粹经济损失）的财产损失案件，以及缺乏可供参考的市场价格因素的“物损”案件。（3）法律没有明确规定市场价格标准与以“其他合理方式计算”标准为并列关系还是具有先后顺序，笔者倾向于认为，在有条件适用市场价格标准时应当优先适用，以避免法官过多的任意裁量带来的法律适用不统一的不良后果，背离《民法典》第1184条规定的“合理”要求。

## 四、关于“纯粹经济损失”的赔偿

### （一）纯粹经济损失概述

《瑞典侵权责任法》第2：4条对纯粹经济损失作了如下界定：“本法的纯粹经济损失应被理解为不与任何人身体伤害或者财产损害相联系而产生的经济损失。”这个定义是各国制定法中仅见的明文规范。纯粹经济损失（pure economic loss）是指非“物损”性质的经济利益上的损失，具有经济性质的损失。

纯粹经济损失与三个主要的因素相关联：第一，纯粹经济损失是“不与任何人身体伤害或者财产损害相联系而产生的损失”。第二，纯粹经济损失也可能被理解为“非作为权利或受到保护的利益侵害结果存在的损失”。第三，纯粹经济损失一般不可获得赔偿。

学理上认为，纯粹经济损失包括以下类型：（1）反射损失。反射损失是基于此前的损失反射发生的损失。具体而言，加害人的不法行为侵害了第三人的财产或者人身权利，受害人因该第三人之财产或者人身损害而产生损害。（2）转移损失。转移损失是指基于法定或者约定原因，原本应由初始受害人承担的损失被转移至次级受害人。由于次级受害人的人身或者财产未受到直接的侵害，其损失属于纯粹经济损失。（3）因公共设施损害而发生损失。这类损失是我们日常生活中最常见的纯粹经济损失。如果道路交通因交通肇事而堵塞，很多人的事务将被迫停下来，汽油的花费将增加，合同将无法签订，会议将无法召开，交易将无法履行。

### （二）对纯粹经济损失的赔偿原则

对纯粹经济损失的赔偿，各国立法和理论采取了比较谨慎的态度，基本趋势是：（1）从完全不承认对纯粹经济损失的赔偿到优先确认对特定类型的纯粹经济损失的赔偿。（2）被侵权人的被抚养人的抚养费（生活费）本质上为纯粹经济损失，不少国家立法和理论承认予以赔偿，但是由于其有法律上的专属名称和属于法定赔偿项目，因而技术上不将其作为纯粹经济损失处理。（3）第三人侵害债权，受害人被有限赋予损害赔偿请求权，获赔的是纯粹经济损失。（4）证券等领域的虚假陈述导致投资者遭受损失时，一般认为受害人有权请求损害赔偿。这是对纯粹经济损失的赔偿。

在承认对纯粹经济损失予以赔偿的领域，是否强调侵权人的主观方面抑或需要以其是有故意或者重大过失为责任构成要件，以及受害人是否能够获得完全赔偿抑或只能获得适当赔偿，仍然是需要在理论上进行深入讨论和在立法、司法解释上加以廓清的问题。

# 第三节　侵害他人人身权益造成财产损失的赔偿

## 一、概述

《民法典》第 1182 条规定：侵害他人人身权益造成财产损失的，按照被侵权人因此受到的损失或者侵权人因此获得的利益赔偿；被侵权人因此受到的损失以及侵权人因此获得的利益难以确定，被侵权人和侵权人就赔偿数额协商不一致，向人民法院提起诉讼的，由人民法院根据实际情况确定赔偿数额。该条规定基本上继受了《侵权责任法》第 20 条的规定，只是在几个赔偿标准的适用顺序上作出了适当调整。

《民法典》第 1182 条适用于侵害人身权益造成被侵权人财产损失的情况，是关于此等情况下财产损失损害赔偿标准以及标准的适用顺序的规定。以下两者种情况不适用该条的规定：（1）侵害被侵权人的人身权益只造成精神损害没有造成财产损失的；（2）侵害被侵权人的财产权益的。

是否所有侵害被侵权人人身权益造成财产损失案件的财产损失之损害赔偿，都适用《民法典》第 1182 条的规定呢？法律条文没有明确排除某些类型的案件。但是考虑到《民法典》第 1179 条对侵害生命权、身体权、健康权造成人身损害和财产损失的损害赔偿作出了全面规定，医疗费、护理费、交通费、营养费、住院伙食补助费等为治疗和康复所支出的合理费用以及误工减少的收入、残疾赔偿金、死亡赔偿金和丧葬费等都被纳入了该条的赔偿范围，《民法典》第 1182 条似乎没有适用的余地和空间。因此，《民法典》第 1182 条虽然写明适用于“侵害他人人身权益造成财产损失的”案件之财产损失的损害赔偿，但是似乎并不适用于侵害生命权、身体权、健康权造成的财产损失的损害赔偿，而只适用于侵害其他人身权益造成的财产损失的损害赔偿，如侵害人身自由和人格尊严、姓名权、名称权、名誉权、荣誉权、隐私权、婚姻自主权以及个人信息等造成财产损失的案件。人身自由和人格尊严、姓名权、名称权、名誉权、荣誉权、隐私权、婚姻自主权以及个人信息，在学理上一般被称为“非物质性人身权益”。在侵害“非物质性人身权益”的案件中造成的财产损失通常是指：（1）误工的收入损失；（2）交通、差旅费支出；（3）咨询包括心理咨询的费用支出；（4）诉讼等程序发生的合理支出，包括律师费、鉴定费、公证费等支出。

## 二、赔偿标准：按照被侵权人受到损失或者侵权人获得的利益赔偿

侵害被侵权人的人身权益，包括侵害“非物质性人身权益”，除可能产生其他损害后果外，还可能造成被侵权人的财产损失。这样的“财产损失”往往不是侵权行为导致的主要损害后果，而是次要的、“附带”的或者衍生的后果，如被侵权人为了保护和救济自己受到侵害的人身权益而花费的律师费、交通费、差旅费以及因误工减少的收入等。《民法典》第1182条对被侵权人因此遭受的财产损失予以救济，规定了损害赔偿的标准和标准的适用顺序。

在发生此等损害赔偿时，法律规定，按照被侵权人因此受到损失或者侵权人因此获得的利益赔偿。这里规定了两个损害赔偿标准：（1）按照被侵权人因此受到的损失进行赔偿；（2）按照侵权人因此获得的利益进行赔偿。这两个标准是并列的和可选择的，被侵权人可以选择其中对自己更为有利的一个标准请求赔偿。

被侵权人主张财产损失的损害赔偿，需要对其遭受的财产损失或者侵权人因为实施侵权行为获得的财产（经济）利益进行举证和证明。被侵权人进行选择时通常会考虑两个因素：一是可能获得赔偿的数额，二是举证的难度。

## 三、赔偿数额的确定：协商不成的，由法院根据实际情况确定

在无法适用上述两个损害赔偿标准的情况下，双方当事人可以就赔偿数额进行协商，达成一致的协议。在此等协议不违反法律、第三人利益和公序良俗的情况下，法院应当予以认可。而在不能达成协议的情况下，由法院根据具体情况确定赔偿数额。至于根据哪些“具体情况”，需要进行个案化的考量。

在刘翔诉《精品购物指南》报社等侵害其肖像权案①中，一审法院判决侵权责任不构成、原告败诉；二审法院撤销一审法院的判决，改判侵权责任构成、原告（上诉人）胜诉。而对于原告提出的高达百万元的赔偿请求，二审法院并没有支持，而是仅判决数万元的赔偿。其理由在于：（1）原告没有对自己遭受的实际损失提供证据加以证明；（2）原告没有对被告获得利益的情况进行举证和证明；（3）双方当事人未能就赔偿协商一致、达成协议。在这样的情况下，二审法院“根据实际情况确定赔偿数额”，赔偿的数额大致等

① 参见北京市第一中级人民法院二审（2005）一中民终字第8144号民事判决书。

同于原告支付的律师服务费用。这一经典案例可以帮助人们较好理解“由人民法院根据实际情况确定赔偿数额”的旨趣。

## 深度阅读

1. 王叶刚. 论侵害人格权益财产损失赔偿中的法院酌定. 法学家，2021（3）.

2. 刘乃贵. 使用损失的界定及其侵权损害赔偿. 法学，2019（4）.

3. 李昊. 损害概念的变迁及类型建构：以民法典侵权责任编的编纂为视角. 法学，2019（2）.

4. 王军. 侵权法上财产损害的计算标准. 法学，2011（11）.

5. 张新宝，李倩. 纯粹经济损失赔偿规则：理论、实践及立法选择. 法学论坛，2009（1）.

6. 张新宝，张小义. 论纯粹经济损失的几个基本问题. 法学杂志，2007（4）.

7. 张新宝. 侵权责任构成要件研究. 北京：法律出版社，2007：第六章“财产损害”.

8. 覃有土，晏宇桥. 论侵权的间接损失认定. 现代法学，2004（4）.

## 问题与思考

### 一、思考题

1. 试述我国财产损失赔偿的具体原则。
2. 试述财产损失赔偿的计算标准。
3. 试述附带财产损失赔偿的计算标准。

### 二、练习题

1. 简述财产损失赔偿的概念与适用范围。
2. 简述附带财产损失的概念、范围和特征。

## 第十一章

# 侵权损害后果的分担机制

**常考知识点**

社会保险　补偿制度　受益人补偿　行为人补偿　建筑物抛（坠）物造成损害的责任　责任保险

## 第一节　社会保险制度、商业性责任保险制度与侵权损害后果分担

### 一、社会保险制度与侵权损害后果分担

现代工业的发展，在给人类生活带来种种方便的同时，也给带来了许多未知的危险，这样的危险将极大地危及人们的生命、健康和财产安全。传统侵权责任法无疑面临着一些新的挑战。西方发达国家在建立责任保险的同时，也逐渐建立和完善了社会保险制度。社会保险制度是对全体社会成员在其谋生能力丧失、中断或者需要特别开支时，对其基本生活进行保障的救济制度，一般包括社会救济、社会补助、社会福利和社会服务等。①

社会保险的一个重要组成部分是工伤保险。工伤损害赔偿原为民法侵权行为法的组成部分，自20世纪初以来渐次从民法中分离出来，发展为工伤保险制度，并成为社会保险法的组成部分，以专门的强制保险机制保护与救济受到工伤的劳动者。工伤保险救济工伤人员的最大特征在于救济的普遍性、赔付标准的统一性以及不适用过错相抵的规则。用人单位在依法足额缴纳工伤保险费之后，原则上不再对工伤人员承担赔偿义务，此项救济由工伤保险基金承担。

如果工伤事故与第三人的行为无关，则其救济完全属于社会保险制度所解决的问题，与侵权责任法无直接联系。但是，如果工伤事故是由第三人的侵权行为造成的，则发生如何正确适用相关法律的问题。在立法例上和学理上主要有以下几种观点：（1）选择模式；（2）免除模式；（3）兼得模式；（4）补充模式。笔者的观点是，原则上应当采取替代模式，辅之以改良的选择模式，即：用人单位缴纳工伤保险费之后其赔偿责任就被工伤保险基金替代。在发生第三人侵害行为致职工工伤的情况下，受害的职工可以选择工伤保险赔偿，也可以选择要求侵权人承担侵权责任。此时受害的职工只能选择一种请求

① 参见王利明：《侵权行为法研究》（上卷），148页，北京，中国人民大学出版社，2004。

权，不可兼得。但如果选择工伤保险基金赔付，则可对工伤保险基金赔付未覆盖的损害赔偿部分向肇事的第三人继续索赔（如精神损害部分）。① “由于第三人的原因造成工伤，第三人不支付工伤医疗费用或者无法确定第三人的，由工伤保险基金先行支付。工伤保险基金先行支付后，有权向第三人追偿。”② 这就是我国目前采用的替代模式（工伤保险基金替代用人单位赔偿）＋改进后的选择模式（受害人只能择一选择获得赔偿），同时规定了工伤保险基金对肇事第三人的追偿权。

## 二、责任保险制度与侵权损害后果的分担

侵权人为了分担其赔偿责任，往往投保相应的责任保险，从而在造成他人人身、财产权益损害的情况下部分或者全部转嫁自己的赔偿负担，由保险人赔付。责任保险最初出现于19世纪的欧美国家。1855年英国铁路乘客保险公司首次向铁路部门提供铁路承运人责任保险。1880年英国实行了雇主责任保险。至19世纪英国又开始出现了职业责任保险。③ 责任保险最初用于工伤事故保险，自20世纪以来，产品责任保险、环境责任保险、机动车第三者责任保险等责任保险得到广泛的发展。

在我国《保险法》第65条第4款规定：“责任保险是指以被保险人对第三者依法应负的赔偿责任为保险标的的保险。”由于责任保险以被保险人对第三人的赔偿责任为标的，以填补被保险人对第三人承担赔偿责任所受损失为目的，故可称之为第三人保险或者第三者责任保险。④ 《道路交通安全法》第17条规定机动车第三者责任保险为强制保险。

实行强制责任保险，对于有效地解决侵权赔偿问题、减少社会矛盾、促进社会稳定、保护公民的生命与财产安全有着重要的意义，具体表现在两个方面：一是加强对被侵权人之权益的保护，二是分担侵权人的责任。分担被保险人的损失无疑是保险制度的一项重要功能，而且侵权人还可以从烦琐的赔偿解决程序中解脱出来，享有诉讼程序方面的便利。另有学者认为，责任保险还能推动民事责任制度的改进。⑤

强制责任保险的设立，对侵权责任承担也有一定的影响，主要体现在三个方面：一是促进无过错责任的建立，二是个人责任的没落，三是侵权行为法之功能的转变（侵权责任以保险方式予以分散，个人责任实质上不存在；一则否定了侵权行为法之预防损害发生的功能，二则更加强调了侵权行为法填补损害之功能）。⑥ 而在1972年新西兰的《意外损害补偿法》出台时，更是有学者断言这将对传统侵权责任法体系造成致命的打击，甚至声称侵权责任法的危机到来了。

商业性的责任保险也是如此：侵权人为了部分或者全部转嫁自己承担的损害赔偿责

---

① 参见张新宝：《工伤保险赔偿请求权与普通人身损害赔偿请求权的关系》，载《中国法学》，2007（2）。
② 《社会保险法》第42条。
③ 参见樊启荣编著：《责任保险与索赔理赔》，33页，北京，人民法院出版社，2002。
④ 参见邹海林：《责任保险论》，30页，北京，法律出版社，1999。
⑤ 参见上书，35～36页。
⑥ 参见王泽鉴：《民法学说与判例研究》，重排合订本，492页，北京，北京大学出版社，2015。

任，可以在保险公司投保相关责任保险。在侵权事故发生后，侵权人能够从保险公司取得保险金用于支付。这些保险金既可以对被侵权人予以及时、充分的救济，同时也可以分担侵权人的赔偿责任。保险金额的大小可以由投保人和保险公司进行协商。

责任保险无论是强制的还是自愿的（纯粹商业性质的），不会助长反社会的行为，一般人不会因为投保了责任险就故意降低其注意程度，因为现行的法律机制和道德观念体系促使人们在行为时有所注意，有意降低自己的注意程度而致他人损害，可能招致法律或伦理道德的否定性评价，同时还可能导致承担行政、刑事法律责任。在传统的民事责任制度下被侵权人在发生交通事故后可能得不到很好的救济（例如侵权人没有赔偿能力或者赔偿能力不足等），责任保险的出现在一定程度上可以保障被侵权人的利益，同时也能实现对被保险人的损害的填补。但是，对被侵权人的补偿不可能撇开侵权责任法而单独适用责任保险合同，认定侵权责任之构成、确定实际损害的范围仍然需要借助侵权责任法，而责任保险合同仅在责任的最终分担（由保险公司负担）方面起到一定的作用。而且，实行责任保险也不会导致个人责任之没落：如果被保险人故意造成损害的发生，则保险人可以不承担给付保险金的义务或者在给付保险金后取得对被保险人的追偿权，因此，此时被保险人的责任并没有得到减轻；而如果被侵权人的损失超过被保险人投保的范围，那么被保险人仍应当对此承担赔偿责任。

总之，我们国家应当重视社会保障制度、强制责任保险以及商业责任保险的作用，建立和健全相关的社会保障、责任保险制度，以期在未来社会建立一种综合的补偿机制，通过侵权责任法规则、社会保障制度、强制责任保险以及自愿商业保险等制度来对被侵权人进行救济。诚如有学者所言：整个损害赔偿补偿制度必须随着社会经济发展重新评估，作适当的改进，使各种制度更能相互协力，有效率地配置社会资源，使受害人获得更合理、公平的保障。①

## 第二节　作为损害分担机制的补偿

### 一、受益人的补偿义务

《民法典》第 183 条规定：“因保护他人民事权益使自己受到损害的，由侵权人承担民事责任，受益人可以给予适当补偿。没有侵权人、侵权人逃逸或者无力承担民事责任，受害人请求补偿的，受益人应当给予适当补偿。”该条规定了特定情形下受益人的补偿义务。因保护他人民事权益而使自己受到损害的，首先应当由侵权人承担侵权责任，如果侵权人无法承担责任（如侵权人逃逸、无力承担责任），则由受益人给予适当补偿。

#### （一）适用条件

《民法典》第 183 条规定的受益人补偿义务的承担，需要具备如下几个条件：（1）被

① 参见王泽鉴：《侵权行为》，3 版，38 页，北京，北京大学出版社，2016。

侵权人的行为目的在于保护他人的民事权益。(2)被侵权人受到的损害是侵权行为所导致的。从语义来分析，该条在受益人的补偿义务时添加了“侵权人逃逸或者无力承担责任”的限定语，因此，应理解为该条只适用于有侵权人的情形，如果不存在侵权行为和侵权人，则不适用该条关于补偿义务的规定。(3)侵权人逃逸，或者侵权人无力承担赔偿责任。该条中，被侵权人的损害是由侵权人的侵权行为所引起的，理应由侵权人一方承担侵权责任。只有出现了侵权人逃逸或者无力承担责任的情形，才由受益人对被侵权人给予适当补偿。(4)被侵权人向受益人提出补偿请求。

### (二) 适用范围

《民法典》第 183 条承继了《侵权责任法》第 23 条的规定。有关立法专家认为，《侵权责任法》第 23 条的规定主要是针对见义勇为者受到侵害的请求权。[①] 实践中主要有如下几种情形：(1)为他人利益实施正当防卫时，防卫人自身的民事权益受到侵权人侵害。如果防卫人是为了保护他人的民事权益而实施正当防卫行为，并因实施防卫行为而遭受侵害，则侵权人逃逸或无力承担侵权责任时，由正当防卫的受益人给予防卫人适当的补偿。(2)为他人利益实施紧急避险时，避险人的民事权益受到侵权人侵害。在危险是人为引起的情形，如果避险人自身遭受损害，应由引起险情发生的人向避险人承担侵权责任。如果引起险情发生的人无法确定、逃逸，或者无力承担侵权责任，避险人又是为保护他人权益而实施避险行为并遭受损害的，则应适用《民法典》第 183 条的规定，由受益人给予适当的补偿。(3)在其他见义勇为的行为中，见义勇为者的民事权益受到他人侵害。如果见义勇为的人遭受损害，首先应当由侵权人承担侵权责任，如果侵权人逃逸或无法承担责任，则适用该条的规定，由受益人适当补偿。

### (三) 受益人的补偿义务与无因管理之债的关系

《民法典》第 183 条主要是针对见义勇为者受到侵害的情形。无论何种见义勇为行为，都可以归类于无因管理行为——行为人没有保护他人民事权益的法定或者约定的义务，但行为人实施了保护行为。前者属于后者的特殊情形。

## 二、行为人的补偿义务

### (一) 紧急避险人的补偿义务

《民法典》第 182 条第 2 款规定：“危险由自然原因引起的，紧急避险人不承担民事责任，可以给予适当补偿。”据此，在紧急避险中，紧急避险行为造成了损害，如果危险是由自然原因引起的，并且避险人不存在避险不当的情形，则紧急避险人不承担侵权责任，或者由紧急避险人给予适当补偿。其适用需要具备以下几个条件：(1)存在紧急避险行为，即行为人的行为符合紧急避险的构成要件。(2)危险是由自然原因引起的。如

---

① 参见王胜明主编：《中华人民共和国侵权责任法释义》，112 页，北京，法律出版社，2010。

果危险是由人为原因引起的，则应由引起险情发生的人承担责任，不存在紧急避险人适当补偿的问题。(3) 避险人的紧急避险行为给他人造成了损害。(4) 避险人的行为适当，不存在避险不当的情形。这表明避险人没有过错，虽然其行为给他人造成了损害，也不构成侵权责任。

### （二）暂无民事行为能力人的补偿义务

《民法典》第1190条第1款规定："完全民事行为能力人对自己的行为暂时没有意识或者失去控制造成他人损害有过错的，应当承担侵权责任；没有过错的，根据行为人的经济状况对受害人适当补偿。"据此，完全民事行为能力人对自己的行为暂时没有意识或者失去控制，在此种状态下给他人造成损害，并且行为人没有过错（如疾病性质的"梦游"造成损害），则应根据行为人的经济状况由行为人对受害人给予适当的补偿。此处的"没有过错"，应是指行为人对此种暂时失去意识或者控制的状态没有过错，例如，行为人没有预见到，客观上也无法预见到会发生此种暂时失去意识或者控制的情况。如果行为人知道自己患有某种特殊的疾病，在某种特定的情形下有可能会诱发暂时失去意识或者控制的状态，而仍然将自己置于此种场合；或者行为人酗酒、吸食精神药品等，导致对自己的行为暂时失去控制或没有意识，则表明行为人有过错，其应当承担侵权责任。在行为人没有过错的情形，暂时失去意识或控制属于意外情况，依据行为人之经济状况由行为人承担适当的补偿责任，既体现了法律对人的精神健康的关怀，也兼顾了基于公平原则对无辜受害人的关爱。

## 三、建筑物抛(坠)物造成损害的补偿义务

《民法典》第1254条规定："禁止从建筑物中抛掷物品。从建筑物中抛掷物品或者从建筑物上坠落的物品造成他人损害的，由侵权人依法承担侵权责任；经调查难以确定具体侵权人的，除能够证明自己不是侵权人的外，由可能加害的建筑物使用人给予补偿。可能加害的建筑物使用人补偿后，有权向侵权人追偿。""物业服务企业等建筑物管理人应当采取必要的安全保障措施防止前款规定情形的发生；未采取必要的安全保障措施的，应当依法承担未履行安全保障义务的侵权责任。""发生本条第一款规定的情形的，公安等机关应当依法及时调查，查清责任人。"该条第1款规定了建筑物抛（坠）物造成损害情形下可能的加害人的补偿义务。从建筑物中抛掷物品或者从建筑物上坠落的物品造成他人损害，难以确定具体侵权人的，除能够证明自己不是侵权人的外，由可能加害的建筑物使用人给予补偿。

与紧急避险人的补偿义务和暂无民事行为能力人的补偿义务不同，高空抛物中可能行为人的补偿义务的责任基础虽然也是对损害后果的公平分担，也不以构成侵权责任为前提，但其适用条件不可归类于"行为人无过错"。建筑物抛（坠）物的行为很难说没有过错，此类案件的特殊之处在于无法确定具体行为人。如果说法律将可能加害的建筑物使用人推定为实际行为人，那么基于这种推定，行为人应当承担侵权责任而非补偿义务；如果说法律没有作出此种推定，那么这些建筑物使用人就成为与案件无关的人，既不是

受害人，也不是行为人，更不是受益人。有学者将《民法典》第1254条视为对“公平责任”一般性规定的适用。

## 四、补偿义务的承担

### （一）补偿数额的确定

既然补偿义务不属于民事责任形式，不同于损害赔偿，而只是对损害后果的公平分担，那么其补偿数额就不以实际损失为依据，而只是力所能及地、公平地分担。在确定受益人或行为人之补偿数额时，需要综合考虑如下因素：

（1）受害人遭受损害的大小。受益人或行为人补偿的数额应少于受害人实际遭受的损失，只有这样，才能体现损害在受害人与受益人之间的公平分担。

（2）受害人之过错。于受益人承担补偿义务的情形，受害人是否存在过错以及过错大小，也是确定受益人之补偿数额时考虑的因素。

（3）受益人之过错。于受益人承担补偿义务的情形，受益人可能会存在过错，受益人是否存在过错以及过错的程度，也将成为影响受益人的补偿数额的重要因素。如果侵权人在侵害他人（受益人）的民事权益时，他人（受益人）本身对此种侵害或损害的发生也有过错，则此时被侵权人采取保护他人（受益人）的民事权益的行为并因此遭受损害的，受益人应对被侵权人承担较多的补偿义务。

（4）受益人受益的程度。于受益人有补偿义务的情形，还应考虑受益人受益的程度。在适用“补偿义务”对受害人予以救济时，应将补偿数额限定在受益人受益的范围之内。需要指出的是，此处的“受益”是广义的概念，不仅包括财产积极增加的情形，也包括财产消极减少的情形。

（5）受害人、行为人或受益人的经济状况。例如，于受益人承担补偿义务的情形，需要比较被侵权人和受益人各自的经济状况：如果被侵权人的经济状况明显优于受益人的，则可考虑让被侵权人分担较多的损失，让受益人承担较少数额的补偿；反之，则可考虑由受益人给予被侵权人较多数额的补偿。于行为人承担补偿义务的情形，也需比较权衡行为人与受害人的经济状况。

### （二）补偿人的追偿权

在有第三人的侵权行为介入、由受益人承担补偿义务的情形，以及建筑物抛（坠）物造成损害的案件中由多数可能行为人承担补偿义务的情形中，可能存在补偿义务人的追偿权问题。如果侵权人找到，或者侵权人具有责任承担能力，或者建筑物抛（坠）物案件中的具体侵权人找到了，那么，实际已经承担了补偿义务的人是否享有对真正责任人的追偿权？笔者认为，应当赋予承担了补偿义务的人此种追偿权，并且，被侵权人可以就其遭受的实际损失与接受的适当补偿的差额部分，请求侵权人承担侵权责任。《民法典》第1254条第1款确认了这种追偿权。

## 第三节　双方都没有过错情形的损失分担

《民法典》第1186条规定："受害人和行为人对损害的发生都没有过错的，依照法律的规定由双方分担损失。"该条规定了双方都没有过错情形下的损失分担规则，即：受害人和行为人对损害的发生均没有过错。如果损害是由受害人的过错造成的，应由自己负责；如果损害是由行为人或第三人的过错造成的，应由行为人或第三人负责；如果行为人和受害人对损害的发生都有过错，应根据过错程度和原因分配责任。也就是说，只要有过错，都不适用该条。

### 一、《民法典》第1186条的修改与形成

《民法典》第1186条与《侵权责任法》第24条有一定的承继关系，也有重大变化。相同之处在于：都是对双方没有过错情况下的损害分担的规定；不同之处在于，《侵权责任法》第24条是可以直接适用的条文，而《民法典》第1186条是一个指引性条文，不能直接适用。

自《侵权责任法》生效以来，其第24条的适用成为一个比较有争议的问题，突出表现为：（1）不顾"受害人和行为人对损害的发生都没有过错"的限制性规定，将其适用于过错责任案件之外的无过错责任案件。如法院将该条适用于用人单位或接受劳务方的责任认定案件中。[①]（2）不顾任何赔偿损失、恢复原状的责任之构成需要侵权行为（或者准侵权行为）与损害之间存在因果关系的公理性要求，在行为人的行为与受害人的损害不存在因果关系的情况下，依据该条规定判决双方分担损失。基于对这条规定的不当理解，出现了一些错误的裁判。"郑州电梯劝烟案"的一审判决就是此等错误判决的典型代表。[②]

在学理上，对《侵权责任法》第24条也存在一些不同的认识。有人认为这条是关于"公平责任"的规定；有人基于这条规定认为我国侵权责任法存在"公平责任原则"[③]。

为了纠正"双方分担损失"被滥用的倾向，在《民法典》之侵权责任编立法过程中，一些人主张直接删除此等规定。但是考虑到《民法典》出台前近十年来"公平责任"对公众造成的"公平"认识之影响，直接删除可能引起误会或误解。基于立法政策考虑，《民法典》没有直接删除这一规定，但是通过删除"可以根据实际情况"和增加"依照法律的规定"，使新法的条文成为一个指引性条文而不是可以直接适用于判案的条文。其是

① 参见湖南省邵阳市中级人民法院（2012）邵中民一终字第74号民事判决书，河南省郑州市中级人民法院（2012）郑民一终字第1939号民事判决书，重庆市第五中级人民法院（2012）渝五中法民终字第01910号民事判决书，江苏省南京市中级人民法院（2013）宁民终字第1767号民事判决书。

② 参见河南省郑州市金水区人民法院（2017）豫0105民初14525号民事判决书。

③ 有关公平责任原则的论述可参见王利明：《侵权责任法》，70～80页，北京，中国人民大学出版社，2016；王利明：《我国侵权责任法的体系构建——以救济法为中心的思考》，载《中国法学》，2008（4）。

否适用，实际上取决于是否有其他法律的相关规定。这样的条文也就变成了一个没有独立意义的条文，更不可能成为所谓“公平责任原则”的依据。

## 二、《民法典》第1186条在理解和适用方面的主要问题

### (一)《民法典》第1186条是一个指引性条文

《民法典》第1186条是一个指引性条文，并不能独立适用作为裁判相关侵权案件的实体法依据。只有在符合该条规定的适用条件，且法律有明确规定“由双方分担损失”的情形下，方能按照法律的规定由双方分担损失。该条指向的“法律规定”既包括《民法典》的相关规定，也包括其他法律中可能的相关规定。《民法典》第1190条第1款大致属于此等“分担损害”的规定：“完全民事行为能力人对自己的行为暂时没有意识或者失去控制造成他人损害有过错的，应当承担侵权责任；没有过错的，根据行为人的经济状况对受害人适当补偿。”此外，《民法典》第1254条第1款规定，“……经调查难以确定具体侵权人的，除能够证明自己不是侵权人的外，由可能加害的建筑物使用人给予补偿……”。这一规定也或多或少含有双方“分担损失”的精神。在其他法律中，暂时没有基于双方没有过错分担损失的规定。

### (二)《民法典》第1186条仅适用于过错（限于过失)责任案件

《民法典》第1186条的措辞是，“受害人和行为人对损害的发生都没有过错”。在无过错责任案件中，责任之构成不考虑行为人的过错（《民法典》第1166条)，因此，即使行为人和受害人都没有过错，行为人也应该依法承担侵权责任，不发生“由双方分担损失”的问题。只有在适用过错责任原则进行归责的案件中，才存在“由双方分担损失”的适用空间。该条规定的过错仅仅指过失，不包括故意。不能将故意纳入该条的适用范围进行讨论。在《民法典》侵权责任编中，有部分条文如第1173条①、第1218条②等，所规定的“过错”都应当作限缩解释，其内涵仅仅指过失，不包括故意。

### (三) 行为人的行为与损害之间须有因果关系

尽管《民法典》第1186条没有对因果关系专门作出规定，但是因果关系是行为人承担责任的客观要件之一，也是其对损害承担损害赔偿责任的法理基础之所在。“分担损失”尽管美其名曰不是承担损失，没有对相关行为作出否定性评价，但是如同赔偿损害一样，也是真金白银地往外支付金钱。因此，行为人的行为与受害人的损害之间仍然需要有因果关系，否则，任何一个路人都有可能要依据《民法典》第1186条的规定（结合其所指向的相关条文）承担“分担损失”的后果。

因果关系分为法律上的因果关系和事实上的因果关系。在多数情况下，法官适用

① 《民法典》第1173条规定：“被侵权人对同一损害的发生或者扩大有过错的，可以减轻侵权人的责任。”

② 《民法典》第1218条规定：“患者在诊疗活动中受到损害，医疗机构或者其医务人员有过错的，由医疗机构承担赔偿责任。”

《民法典》第1186条时仅需认定行为与损害结果之间具有事实上的因果关系，也即根据正常人的一般性社会生活经验，在适当的时间、适当的场合实施适当的行为产生适当的结果，则认定行为与损害存在因果关系。对事实上的因果关系的认定标准并不似一般侵权责任中的那样严格，不要求行为与损害存在严格意义上的因果关系，只需行为与损害事件在事实上存在某种关联即可。① 早前的司法实践中，有的法官通过时间因素来认定关联性，即行为人的行为与损害发生于同一时间或者存在紧密的先后顺序，如摩托车在与汽车相会时侧翻，两车无接触，汽车司机与受害人摩托车司机均无过错，但损害事件发生于两车相会过程中。② 也有法官通过位置因素来认定关联性，即行为人的行为与受害人的损害发生于同一地点，如体育课上学生摔伤，尽管这属于参与正常教学时发生的意外事件，但发生在学校的活动场地内。③ 然而，事实关联性标准极具模糊性，其表述的主要内容——"事实上的关联"在法律上无可循的衡量条件，在很多个案中完全是由法官根据社会经验甚至个人感觉进行自由裁断，以至于在有些案件中评判显得过于随意，只要行为与损害后果有时间或地点上的联系，就会被纳入"对损害的发生"的范围。这种宽松的认定标准导致了《侵权责任法》第24条的滥用。④ 后来的司法实践矫正了过去的错误认识，认为"适用《侵权责任法》第24条的前提是行为与损害结果之间有法律上的因果关系，且受害人和行为人对损害的发生都没有过错"⑤。法律上的因果关系要求行为与损害结果之间存在必然的、本质的联系。相较于事实上的因果关系，这是一种严格的因果关系，可以限制过于宽泛的侵权责任。这也符合《民法典》1186条的立法意图。

## 深度阅读

1. 张新宝."公平责任"的再定位.法商研究，2021（5）.

2. 张新宝.建筑物抛（坠）物致人损害侵权责任规则的完善.法制日报，2020-05-20，"法学院"版.

3. 王竹.见义勇为人受损受益人补偿责任论：以《民法总则》第183条为中心.法学论坛，2018（1）.

4. 刘水林.风险社会大规模损害责任法的范式重构：从侵权赔偿到成本分担.法学研究，2014（3）.

5. 张新宝，岳业鹏.大规模侵权损害赔偿基金：基本原理与制度构建.法律科学（西北政法大学学报），2012（1）.

6. 张新宝.设立大规模侵权损害救济（赔偿）基金的制度构想.法商研究，2010（6）.

7. 张新宝，宋志红.论《侵权责任法》中的补偿.暨南学报（哲学社会科学版），2010（3）.

① 参见陈科：《公平责任一般条款的司法适用——以100份侵权案件判决书为分析样本》，载《法律适用》，2015（1）；曹险峰：《论公平责任的适用——以对〈侵权责任法〉第24条的解释论研读为中心》，载《法律科学》，2012（2）。

② 参见河南省襄城县人民法院（2012）襄民初字第18号民事判决书。

③ 参见上海市浦东新区人民法院（2013）浦少民初字第590号民事判决书。

④ 参见窦海阳：《侵权法中公平分担损失规则的司法适用》，载《法商研究》，2016（5）。

⑤ 河南省郑州市中级人民法院（2017）豫01民终14848号民事判决书。

8. 王利明. 建立和完善多元化的受害人救济机制. 中国法学，2009（4）.

## 问题与思考

### 一、思考题

1. 试述《民法典》所规定的受益人或行为人的补偿的性质。
2. 简述社会保险制度和商业保险制度对损害后果分担的影响。

### 二、练习题

1. 简述我国《民法典》所规定的“补偿”制度。
2. 简述确定补偿义务承担范围时的考量因素。
3. 简述“公平责任”的规则性质和适用情形。

| 第三单元 |

# 关于侵权责任主体的特殊规则

第十二章

# 监护人责任

**常考知识点**

监护人责任　有财产的被监护人　无财产的被监护人　替代责任　完全补充责任

## 第一节　监护人责任概述

### 一、监护人责任的概念和特征

#### （一）监护人责任的概念

监护人责任，是指监护人对于其所监护的无民事行为能力人或者限制民事行为能力人造成他人损害所应承担的侵权责任。《民法典》第1188条第1款规定：无民事行为能力人、限制民事行为能力人造成他人损害的，由监护人承担侵权责任。监护人尽到监护责任的，可以减轻其侵权责任。该条法律规定确立了我国的监护人责任。

监护是为了监督和保护无民事行为能力人和限制民事行为能力人的合法权益而设置的一项民事制度。负有监督、保护义务的人为监护人，被监督、保护的人即为被监护人。[①] 依照传统民法理论，监护制度与亲权制度在理念、规则上有所不同：亲权制度，旨在让父母对未成年的子女进行抚养、教育、监督和保护；而监护制度，则针对不能得到亲权保护的未成年人和精神病人设立专人来监督、保护其合法权益。[②] 自《民法通则》以来，在我国无监护与亲权的区别，监护制度吸收了亲权制度。是故，在我国现行法中监护人的范围涵盖了亲权人，被监护人的范围涵盖了未成年子女，相关责任被称作监护人责任是适当的，从而我国民法上的监护人责任与其他法域所说的法定代理人责任属于同一概念的不同表述。

#### （二）监护人责任的特征

我国民法上的监护人责任具有如下特征：

---

① 参见马俊驹、余延满：《民法原论》，873页，北京，法律出版社，2007。

② 参见张俊浩主编：《民法学原理》，117页，北京，中国政法大学出版社，2000。

（1）监护人对他人造成损害的行为（举动）承担责任。监护人责任属于典型的替代责任，即监护人替他人（被监护人）致害承担赔偿责任。侵权责任法中的“准侵权责任”主要有两类：一类是对他人的不法致害行为承担责任，另一类是对物件致害承担责任。这两类侵权责任有一个共同的特征，即承担侵权责任的人（侵权人）不是侵害行为的实施者，不是行为人，但是依法对他人的行为（举动）或者物件等造成的他人损害承担侵权责任。监护人责任是对他人的行为（举动）承担责任的重要情形。在此，存在着行为主体与责任主体的分离：实际造成损害的是被监护的无民事行为能力人或者限制民事行为能力人，承担责任的主体则是监护人。

（2）无过错责任。我国监护人责任的归责原则是无过错责任，监护人承担责任不以其存在过错为必要。根据《民法典》第1188条第1款，即使监护人尽到了监护职责，也只能减轻而不能免除其侵权责任。可见，我国的监护人责任制度在采纳无过错责任的同时，引入了一个公平衡量的因素，以此来缓解无过错责任的严格。

（3）补充责任。《民法典》第1188条第2款规定：有财产的无民事行为能力人、限制民事行为能力人造成他人损害的，从本人财产中支付赔偿费用。不足部分，由监护人赔偿。该规定在世界范围内独树一帜，确立了监护人的补充责任。这里的补充责任，是指先以致人损害的被监护人的财产支付赔偿费用，不足部分全部由监护人承担。如果被监护人的财产足以支付赔偿费用，则监护人实际上不承担责任。这种补充责任是“缺多少补多少”的完全补充责任，不同于“相应的补充责任”。

## 二、监护人责任的归责原则

监护人承担无过错责任，是指无论其在履行监护职责过程中有无过错，只要被监护人侵害他人的权益造成损害，符合侵权责任的构成要件，监护人就应依法承担此等侵权责任。原告一方无须证明监护人有过错，被告一方也不能以“无过错”为由主张不承担侵权责任。

监护人是否承担无过错责任是一个需要进行价值判断和利益衡量的立法选择问题。英美法系国家基于普通法上的个人主义传统，一直不愿让父母对未成年子女的不法加害行为承担替代责任。即使事实上实行无过错责任的葡萄牙也明确地将父母的责任归入对侵权行为的责任，而不是归入危险责任。[①] 与西方社会讳言父母无过错责任的谨慎小心不同，东方国家似乎乐于承认父母对子女的不法加害行为承担无过错责任。有学者认为，父母为什么要对未成年子女的不法加害行为承担责任，是“一个无法解释的问题，也是一个不需要解释的问题，就是因为他们是你的子女，所以你应当承担如此责任”[②]。如果我们仅仅关注言语，就会以为东、西方社会对待父母责任的态度完全不同。其实，理念上的不同并不能阻止这些国家的实际做法大体接近。在今天，可以说要求父母在一定条

---

① 参见［德］克雷斯蒂安·冯·巴尔：《欧洲比较侵权行为法》（上卷），张新宝译，187页以下，北京，法律出版社，2001。

② 曹诗权：《未成年人监护制度研究》，335页，北京，中国政法大学出版社，2004。

件下对未成年子女的不法加害行为承担无过错责任已经成为全球的趋势。①

监护人承担责任，主要理由在于其与被监护人之间存在最密切的联系，最有可能通过日常的教育和具体情形的作为来减少或避免此等损害的发生。至于不能通过监督、教育加以避免的损害，由监护人承担责任也有其道理。从与未成年人的关系来讲，父母自然比被侵权人对未成年人享有更多的利益，父母、子女之间的天然关系使父母有足够的理由来承担未成年子女不法加害他人的风险。首先，从生物学上讲，父母的基因通过自己的子女遗传下去，从而使自己的生命以一种特殊的形式得到延续。其次，从伦理感情的角度来讲，子女带给父母的东西是无穷的。在抚养、教育子女的过程中，父母能从子女身上获得从别处无法得到的快乐。正是子女的存在使父母的人生更加完满，对人生的体验更加深刻。最后，从社会经济上讲，父母抚养子女，在子女长大后又可以得到子女的赡养和照料。可以说，父母从子女身上得到了巨大的利益，让父母承担未成年人不法致人损害的风险应当是比较合适的。

正是基于利益、风险保持一致的考虑，对被监护人的不法加害行为承担责任的主体通常应是父母。在没有父母的情况下，如果由被监护人的近亲属担任监护人，考虑到同一家族众亲属间的血缘关系、情感纽带和经济扶助，让监护人就被监护人的不法加害行为承担责任也是合适的。

虽然父母养育子女并不是为了谋利，但相对于其他人，毕竟是父母从子女身上获得了最大利益。尽管未成年人不只是给父母等人带来利益，也给整个社会带来了生机和希望；尽管孩子不只属于父母，也属于全社会；尽管孩子成长的成本不应当仅由父母来承担，也应当让整个社会分担一部分，但是目前世界各国都没有专门的社会保障措施来承担未成年人致害的责任，欲求全社会来分担未成年人不法致人损害的风险也是不现实的。在无辜的被侵权人与无辜的父母之间，只能由父母来承担未成年人不法致人损害的风险。父母责任的减轻只能借助于未成年子女致害责任保险的发达与社会保险制度的健全。

## 第二节　监护人责任的构成要件

### 一、监护人责任的构成要件概述

监护人责任是一种典型的替代责任，监护人就被监护人的不法致害行为（举动）承担无过错责任。因此，监护人责任的构成要件有二：一是监护人与被监护人之间存在监护关系，二是被监护人的不法致害“行为”符合侵权责任的构成要件。因为我国《民法典》明确规定监护人责任是一种无过错责任，监护人承担责任不以监护人具有过错为前

① 由冯·巴尔教授领衔起草的《欧洲民法典（草案）》之“侵权行为法编”（2002 年第七稿）第 16 条规定：14 周岁以下的未成年人故意造成的损害或者根据本法第三章第 14 条因过失而造成的损害，由父母或者依法负有监督义务的其他人承担责任。（《欧洲侵权行为法草案》，刘生亮译，缪英校，载张新宝主编：《侵权法评论》，第 1 辑，198 页以下，北京，人民法院出版社，2003。）

提，被侵权人不需要证明监护人的过错，只要被监护人的不法致害“行为”满足了侵权责任的构成要件，即应当由监护人承担责任，所以，考察监护人是否承担责任的核心问题是考察被监护人的“行为”是否符合侵权责任的构成要件：如果将被监护人替代为一个完全民事行为能力人，其所实施的侵害行为造成他人损害，应当依法承担侵权责任，则监护人应当对此等不法侵害“行为”造成的损害承担侵权责任，而不得以“履行监护职责没有过错”为由主张不承担责任。

## 二、被监护人的“行为”构成侵权责任

行为是指人的有意识的活动。无意识的活动通常不被当作行为，而仅仅是举动。就被监护人而言，因为其责任能力的缺乏①，可以认为其根本没有从事不法加害行为的能力，此处只是出于表述方便而将被监护人不法致害的举动称为“行为”。另外，被监护人的“行为”通常是人的举动，可能符合一般侵权责任的构成要件，特殊情况下也可以是由被监护人管领之物造成损害，可能符合特殊侵权责任的构成要件。无论如何，只有被监护人的“行为”构成侵权责任，监护人才需要承担责任。监护人责任的独特之处主要在于被监护人的“行为”致害。以下重点考察被监护人的“行为”构成侵权责任的要件。

### （一）损害

损害是承担赔偿责任的前提条件。如果没有损害，则不必考虑损害赔偿责任，监护人自然不承担责任。

### （二）被监护人实施了不法“行为”

#### 1. 被监护人

被监护人与监护人相对应，是指我国《民法典》第 27 条、第 28 条规定的未成年人、无民事行为能力或者限制民事行为能力的成年人。其中，未成年人是指不满 18 周岁的自然人，但是不包括 16 周岁以上的、以自己的劳动收入为主要生活来源而被视为完全民事行为能力人的未成年人。无民事行为能力或者限制民事行为能力的成年人，是指精神健康状况存在问题的人。是否属于精神病人应当经过医学鉴定或者参照当地群众认知而综合判断。需要注意的是，未成年的精神病人属于未成年人的范畴，其被监护人的身份不需要进行精神病鉴定，其监护人的确认也按照未成年人的监护人的范围和顺序来确定。

#### 2. 不法侵害“行为”

不法侵害“行为”，是指被监护人没有正当理由而侵害了他人的合法权益。此处的不法，包括结果不法与行为不法两个层面。从结果不法的角度看，被监护人的“行为”不

① 我国现行法并未规定责任能力制度，通说认为无民事行为能力人、限制民事行为能力人没有责任能力。参见王利明、周友军、高圣平：《中国侵权责任法教程》，477 页，北京，人民法院出版社，2010。

存在正当理由，如正当防卫、紧急避险之类。从行为不法的角度看，被监护人的“行为”不符合理性人的注意义务标准，即没有达到社会大众对普通社会成员的合理期待。需要强调指出的是：判断被监护人的“行为”合法与否的标准是客观的理性人标准，适用该标准会发生两个结果：第一，只要被监护人的“行为”没有达到理性人的标准，监护人就要对被监护人的不法致害承担责任。这里根本不考虑被监护人的特殊情况，如虽然未成年人的行为没有达到理性人的标准但是达到了同龄人的注意义务标准，因为所涉及的是监护人的责任而不是被监护人自己的责任，监护人承担责任的原理就在于通过监护人弥补被监护人的不足来满足社会大众对理性人标准的安全的期待。第二，如果被监护人的“行为”达到了理性人标准，监护人就不承担赔偿责任。在被监护人致人损害的情形，如果行为人是正常的成年人也不承担责任的话，那么被监护人的行为在客观上就不构成侵权行为，从而监护人也不承担责任。[1] 目前有一种广为流传的误解：只要被监护人致人损害，监护人就要承担责任。这样的理解显然是错误的。监护人需要保障的仅仅是被监护人像理性人那样行为，而不是保障受害人在任何情况下都得到赔偿。为说明以上关系，列表如下。

**表 12－1　被监护人“行为”与监护人责任的关系**

| 被监护人“行为” | 低于同龄人标准 | 符合同龄人标准但低于理性人标准 | 符合理性人标准 |
| --- | --- | --- | --- |
| 监护人责任 | 监护人承担责任 | 监护人承担责任 | 监护人不承担责任 |

### （三）“行为”与损害之间存在因果关系

因果关系是侵权责任的过滤器，也是所有侵权责任的构成要件。监护人责任中的因果关系并无特殊之处，适用通行的规则与法理，即被监护人的不法侵害“行为”与受害人受到的损害之间存在因果关系。

## 第三节　监护人责任的承担

### 一、监护人责任承担的概念

监护人责任的承担，是监护人责任最终归谁承担以及如何承担的问题，需要确定责任承担的主体、范围和程序。《民法典》第 1188 条第 1 款确立了监护人的无过错责任，其第 2 款紧接着规定：“有财产的无民事行为能力人、限制民事行为能力人造成他人损害的，从本人财产中支付赔偿费用；不足部分，由监护人赔偿。”可见，即使法律规定确定了监护人责任，最终的责任也未必由监护人承担；而且在监护人不明、委托监护等情形下同样需要确定监护人责任的最终承担者。本节着重研究监护人责任的责任主体、责任

---

① 参见［德］克雷斯蒂安·冯·巴尔：《欧洲比较侵权行为法》（上卷），张新宝译，201 页以下，北京，法律出版社，2001。

范围等特殊问题。

## 二、有财产的被监护人：责任承担规则

无民事行为能力人、限制民事行为能力人造成他人损害，被侵权人请求监护人承担全部侵权责任的，法院应予支持，并在判决中写明赔偿费用可以先从被监护人财产中支付，不足部分由监护人支付。监护人抗辩主张承担补充责任，或者被侵权人、监护人主张法院判令有财产的被监护人承担赔偿责任的，法院不予支持。①

我国立法，从1986年的《民法通则》到2009年的《侵权责任法》，直至2020年的《民法典》，都确定监护人责任是一种补充责任。虽然从名义上说，监护人承担所有的责任，被监护人不承担责任，但是“从本人财产中支付赔偿费用”等于被监护人承担了财产责任。由此可见，我国对被监护人之责任作出了相当独特的规定。② 被监护人是否承担责任，不取决于其有无相应的责任能力，也不取决于相关的注意义务标准，而仅仅与财产相关。对于被监护人来说，其是否承担责任以及责任大小取决于其有无财产以及财产的多少。

从理论上讲，监护人就被监护人致人损害的行为承担责任，属于代人受过，而代人受过的缘由在于被监护人往往没有财产，不能赔偿被侵权人，所以，如果被监护人有财产，就可以让被监护人承担首位责任，而由监护人承担补充责任，甚至不承担责任。由此看来，我国法律的规定也是合乎情理的。从某种意义上说，我国法律的务实规定具有相当的优越之处。被监护人承担责任以其拥有财产为限，既可以避免被监护人无力赔偿被侵权人，又可以避免被监护人背负沉重的债务负担而影响其个性成长与未来生活。③依《侵权责任编解释（一）》第5条的规定，从被监护人财产中支付赔偿费用的，应当保留被监护人必需的生活费和完成义务教育所必需的费用。

## 三、无财产的被监护人：责任承担规则

根据《民法典》第1188条第2款，如果被监护人无财产，则被监护人不承担任何责任，所有的责任都由监护人承担。从社会现实来看，被监护人很少拥有财产，拥有相当数额的财产足以承担侵权责任的更少，多数情况下还是由监护人来承担责任。

确定监护人责任时，需要注意以下问题。

### （一）监护人的确定

#### 1. 监护人的事先确定

监护制度旨在对无民事行为能力人或者限制民事行为能力人提供监督、保护，故监

① 参见《侵权责任编解释（一）》第5条。

② 关注财产绝不是中国法律的独创之举。尽管不像中国的规定那么突出，俄罗斯、蒙古国、越南也都明确规定：在未成年人的财产不足赔偿时，父母承担补充责任。其中，越南的措辞与中国的几乎完全一样：监护人以被监护人的财产赔偿损害；同时以自己的财产补足。这种注重实际、强调政策的做法也许是受苏联社会主义法制的影响。

③ 在肯定未成年人过错责任的德国，如何限制未成年人的责任以保护未成年人，成为宪法、民法上热烈讨论的问题。参见王泽鉴：《侵权行为法》，第2册·特殊侵权行为，69页，台北，自版，2006。

护人的身份应当明确无疑。我国《民法典》第 27 条和第 28 条分别针对未成年人和成年的精神病人规定了监护人的范围和顺序。担任未成年人的监护人的主体有四类：父母，祖父母和外祖父母，兄、姐，其他愿意担任监护人的个人或者组织。担任成年无民事行为能力人或者限制民事行为能力人之监护人的主体有四类：配偶，父母、子女，其他近亲属，其他愿意担任监护人的个人或者组织。适用上述法律规定时，应当根据法定监护、协商监护、指定监护的顺序来确定监护人资格，便于保护被监护人的合法权益，也有利于发生纠纷时确定责任人。

**2. 监护人不明时的责任承担**

在未成年人造成他人损害时，如果尚未确定监护人，由顺序在先的监护人先承担监护责任；顺序在先的监护人没有责任承担能力的，才由顺序在后的监护人承担监护责任。在成年的无民事行为能力人或者限制民事行为能力人造成他人损害，而负有监护责任的人又不明确时，应当由顺序在先的具有责任能力之人承担民事责任。

**3. 父母离婚后的监护人责任承担**

夫妻离婚后，未成年子女侵害他人权益的，同该子女共同生活的一方应当承担民事责任；如果独立承担民事责任确有困难的，可以责令未与该子女共同生活的一方共同承担民事责任。一方以未与该子女共同生活为由主张不承担或者少承担责任的，人民法院不予支持。

### （二）委托监护

在委托监护的情形下，首先应当看当事人之间是否有约定，在有约定时从约定。如果当事人在委托监护时没有约定责任承担，则应当由监护人承担责任。在受托人也有过错的情况下，根据《民法典》第 1189 条的规定，受托人需要承担相应的责任。

监护人可以根据需要将对被监护人的教育、管理、监督、保护职责委托他人，但不能因委托而免于承担侵权责任。在委托监护的情形下，被监护人造成他人损害的，监护人仍应按照《民法典》第 1188 条的规定承担监护人责任。受托人是接受监护人委托，负责对被监护人进行监护、行使监护职责的人。受托人不是监护人，不作为监护人承担无过错责任。在被监护人造成他人损害的情况下，如果受托人在履行监护职责的过程中有过错（通常是过失），应依过错的大小与严重程度承担相应的过错责任。在受托人存在过错的情况下，被侵权人享有对监护人的无过错责任请求权和对受托人的过错责任请求权。在与受托人的过错相应的范围内，这两种请求权所涵盖的赔偿范围发生重合。法律没有明确规定这两种请求权之间的关系，笔者倾向于认为它们构成不真正连带关系：被侵权人可以选择向监护人或受托人请求损害赔偿，监护人或受托人赔偿了相应数额的金钱后，无权向对方（受托人或监护人）追偿。《侵权责任编解释（一）》规定：被监护人造成他人损害，被侵权人合并请求监护人和受托人承担侵权责任的，监护人应承担全部责任，受托人在过错范围内与监护人共同承担责任，但二者的赔偿总和不超过被侵权人应受偿的损失数额。监护人承担责任后可以依法向受托人追偿；受托人如果仅有一般过错，承担赔偿责任后也可向监护人追偿。

## 四、监护人责任的减轻与监护人在教唆、帮助情形下的相应责任

### （一）监护人责任的减轻

《民法典》第 1188 条第 1 款第二句规定："监护人尽到监护职责的，可以减轻其侵权责任。"该规定将公平理念引入无过错责任中，缓解了监护人责任的严苛性。法律授权法院在监护人没有过错时适当减轻监护人的责任，可以更好地平衡监护人与被侵权人的利益，便于监护人息讼服判，也有利于纠纷的解决。"监护职责"并非指监护人的赔偿责任，而是指监护人的监督、保护方面的义务。该项监护义务包括宽泛的教育、培养义务以及各种具体的指导、监督义务，需要结合案例情形判断。监护人尽到监护职责的，可以减轻其对被监护人造成损害时的侵权责任，但是不能免除其侵权责任。这是由监护人责任属于无过错责任这一根本属性决定的。

### （二）教唆、帮助情形下监护人的相应责任

《民法典》第 1169 条第 2 款规定：教唆、帮助无民事行为能力人、限制民事行为能力人实施侵权行为的，应当承担侵权责任；该无民事行为能力人、限制民事行为能力人的监护人未尽到监护职责的，应当承担相应的责任。这里的"未尽到监护责任"不是指监护人偶尔的过失行为，而是指监护人在日常监护中未达到一个合格监护人应达到的注意义务标准，如未成年人夜不归宿不予追究，从事流氓地痞行为不予矫正、管教等。这里的相应责任与监护人的不履行监护职责的过错相适应，与被监护人的"行为"对损害所起的作用相适应。监护人的相应责任不与教唆、帮助者的责任相连带，也不减轻或免除教唆或帮助者的责任。监护人承担的相应责任份额可以与教唆、帮助者承担全部责任中的相应份额构成"不真正连带"关系：被侵权人可以选择由一方承担这部分责任，承担责任后，彼此之间没有相互追偿关系。

依据《侵权责任编解释（一）》的规定，教唆者、帮助者不得以其不知道且不应知道被教唆者、帮助者为无民事行为能力人或者限制民事行为能力人为由，主张不承担责任或者要求与被教唆者、被帮助者承担连带责任。被侵权人合并请求教唆者、帮助者以及监护人承担侵权责任的，教唆者、帮助者应承担全部责任，监护人在未尽到监护职责范围内与教唆者、帮助者共同承担责任，总额不超过被侵权人应受偿的损失数额。监护人先行支付赔偿费用后，有权就超过自己相应责任的部分向教唆者、帮助者追偿。被侵权人合并请求教唆者、帮助者、监护人以及受托人承担侵权责任的，应按照前述分别情形的责任规则确定他们各自应承担的责任。

**深度阅读**

1. 张新宝. 侵权责任构成要件研究. 北京：法律出版社，2007：第三章"准侵权行为：他人的加害行为或他人的加害举动".

2. 王利明. 侵权责任法研究：下卷. 北京：中国人民大学出版社，2011：第二章"监

护人责任”.

3. 杨立新. 类型侵权行为法研究. 北京：人民法院出版社，2006：第十二章“法定代理人的侵权行为”.

4. 薛军. 走出监护人“补充责任”的误区：论《侵权责任法》第 32 条第 2 款的理解与适用. 华东政法大学学报，2010（3）.

5. 于飞.《民法典》背景下监护人责任的解释论. 财经法学，2021（2）.

6. 王杏飞. 论监护人的侵权责任与诉讼地位：以《民法典》第 1188 条的适用为中心. 法学评论，2021（2）.

7. 郑晓剑.《民法典》监护人责任规则的解释论：以《民法典》第 1188 条为中心. 现代法学，2022（4）.

8. 朱广新. 论监护委托下被监护人致人损害的责任承担. 法律适用，2023（6）.

## 问题与思考

### 一、思考题

1. 监护人责任究竟为自己责任还是替代责任？

2. 监护人承担责任是否要求被监护人存在过错？

3. 为什么监护人尽到监护职责能够减轻其侵权责任但是不能免除其侵权责任？

### 二、练习题

1. 试述监护人责任的归责原则以及具体承担。

2. 试述监护人承担无过错责任的正当性依据。

3. 高中生钱某于 2000 年 9 月 2 日出生。2018 年 6 月 1 日在校将同学李某打伤，致其花去医药费 2 000 元。钱某毕业后进入一家炼钢厂工作。2019 年 2 月，李某起诉要求钱某赔偿医药费。该民事责任应由谁承担？（　　）

A. 钱某承担，因钱某诉讼时已满 18 周岁，且有经济能力

B. 钱某之父承担，因钱某在侵权行为发生时未满 18 周岁，没有经济能力

C. 主要由钱某之父承担，钱某适当赔偿

D. 主要由钱某承担，钱某之父适当赔偿

4. 甲的儿子乙（8 岁）因遗嘱继承了祖父遗产 10 万元。某日，乙玩耍时将另一小朋友丙的眼睛划伤。丙的监护人要求甲承担赔偿责任 2 万元。后法院查明，甲已尽到监护职责。下列哪一说法是正确的？（　　）

A. 因乙的财产足以赔偿丙，故不需用甲的财产赔偿

B. 甲已尽到监护职责，无须承担侵权责任

C. 用乙的财产向丙赔偿，乙赔偿后可在甲应承担的份额内向甲追偿

D. 应由甲直接赔偿，否则会损害被监护人乙的利益

第十三章

# 用人者责任

**常考知识点**

用人者责任　替代责任　劳务派遣　承揽人责任　定作人的过错责任

## 第一节　用人者责任概述

### 一、用人者责任的概念和特征

#### (一) 用人者责任的概念

用人者责任，又称使用人责任、雇用人责任，即传统民法上所说的雇主责任①，是指用人者（用人单位、个人劳务使用人）对被使用人（工作人员、个人劳务提供人）因执行工作任务或者提供劳务造成他人损害或者自己受到损害时承担侵权责任。

我国《民法典》侵权责任编在第三章“责任主体的特殊规定”中用两个条文建构了我国的用人者责任制度。《民法典》第 1191 条规定：用人单位的工作人员因执行工作任务造成他人损害的，由用人单位承担侵权责任。劳务派遣期间，被派遣的工作人员因执行工作任务造成他人损害的，由接受劳务派遣的用工单位承担侵权责任；劳务派遣单位有过错的，承担相应的责任。第 1192 条规定：个人之间形成劳务关系，提供劳务一方因劳务造成他人损害的，由接受劳务一方承担侵权责任。提供劳务一方因劳务受到损害的，根据双方各自的过错承担相应的责任。提供劳务期间，因第三人的行为造成提供劳务一方损害的，提供劳务一方有权请求第三人承担侵权责任，也有权请求接受劳务一方给予补偿。接受劳务一方补偿后，可以向第三人追偿。从这些规定可以看出，我国法律区分用人者是用人单位还是个人劳务使用人而分别规定用人者责任，同时对劳务派遣中的用人者责任作出了特殊的规定。

在用人者责任中，用人者与被使用人是一对核心的概念。用人者，是指任用被使用人，通过对其活动进行委派、指示来实现自己特定目的的人。根据《民法典》的规定，

---

① 雇主责任是一个含糊、笼统的说法，通常并不需要技术意义上的雇主—雇员关系，事实上是用包括多数情形的雇主责任来指代全部的用人者责任。参见［德］克雷斯蒂安·冯·巴尔：《欧洲比较侵权行为法》（上卷），张新宝译，233 页，北京，法律出版社，2001。

用人者可分为用人单位与个人劳务使用人两类，其中的用人单位涵盖企业、个体经济组织、民办非企业单位等组织以及国家机关、事业单位、社会团体①；个人劳务使用人则仅限于个人劳务关系中使用人一方。被使用人与用人者相对应，是指接受用人者的指示，根据用人者的意思提供劳动或劳务的人。根据《民法典》的规定，被使用人包括工作人员和个人劳务提供人两类。《侵权责任编解释（一）》规定，与用人单位形成劳动关系的工作人员、执行用人单位工作任务的其他人员以及个体工商户的从业人员，因执行工作任务造成他人损害的，侵权责任的确定适用用人单位责任的规定。

### (二) 用人者责任的特征

用人者责任具有如下特征。

（1）用人者责任原则上是一种替代责任。用人者责任属于自己责任的例外，是用人者对被使用人的侵权行为造成他人损害承担责任，是典型的替代责任（vicarious liability），即替代行为人承担侵权责任。

（2）原则上适用无过错责任原则。对用人者责任，多数立法例采无过错责任原则，不考虑用人者的选任、监督过错，在法律上直接将被使用人的侵权责任归由用人者承担。对于用人者责任，适用无过错归责原则是世界立法的趋势，我国法律肯定用人者责任是一种无过错责任。只要被使用人在职务活动中发生了侵权责任，该项责任即由用人者承担，并不考虑用人者的过错。需要注意的是，用人者责任属于无过错责任，仅涉及用人者的环节，不涉及被使用人的环节，用人者承担责任的前提是被使用人的行为满足了侵权责任的构成要件，通常是被使用人有过错。所以，无过错责任是指不考虑用人者的过错，而不是不考虑被使用人的过错。

（3）用人者责任以用人者与直接侵权行为人存在特定关系为前提，即用人者与被使用人的关系。替代责任人（用人者）处于特定的地位，这种特定的地位主要指支配性的地位（选任、指示、监督、管理等）。判断侵权行为人是被使用人还是独立的民事主体，取决于用人者能否对侵权行为人的活动作指示、控制、监督、管理等。

（4）用人者责任是用人者对被使用人在执行职务活动中的致害行为承担责任，要求侵权行为人处于特定的状态，包括从事雇佣活动、执行职务等，即被使用人是在从事用人者交代的任务或者履行自己的职务过程中致人损害。

## 二、用人者责任的归责原则

### (一) 主流的无过错责任原则

在比较法上，用人者责任通常被称作雇主责任，是替代责任之一种。雇主责任法律制度的产生，如同其他法律制度，是基于现实生活中的客观需要。雇主责任制度是随着雇佣制度的发展而形成的。在古罗马，法律上有资格雇用他人者必须是自由人，受雇的人则是没有法律人格的奴隶或家子。在这种情况下，对于受雇人因实施侵权行为而给他

---

① 参见《劳动合同法》第2条。

人造成的损害，雇主必须当然地、无条件地承担赔偿责任。罗马法还没有意识到雇主对他人的侵权行为承担责任是一个具有一般性质且具特别意义的法律问题。到了近代，德国的潘德克顿法学才发明了“罗马法将雇主对他人侵权行为的责任视为雇主对自己过错的责任”的规则。19 世纪以来，随着现代工业的发展，雇佣劳动日益普遍，而与工业发展相伴生的经营风险不断扩大，使雇员在从事雇佣活动过程中不法侵害他人权益，导致他人遭受损害的可能性大大提高。这时，雇主对雇员的侵权行为承担责任才被作为一个重要的法律问题提出来。①

在大陆法系国家中，第一个对用人者责任进行全面规范的是法国。《法国民法典》第 1384 条第 5 款规定：“主人与雇主，对其家庭佣人与受雇人在履行他们受雇的职责中造成的损害，负赔偿责任。”② 法国通说认为，雇主责任是担保性质的无过错责任，雇主不能通过证明其对仆役及雇员的选任已经尽到必要的注意义务而免责。③ 其他很多国家，如比利时、卢森堡、希腊、葡萄牙、意大利以及荷兰等，也确立了雇主责任的无过错责任原则。

在英美法系，雇主的无过错责任有着悠久的历史。④ 普通法将雇主责任称作替代责任（vicarious liability），该项责任是一种严格责任，雇主承担责任与其在选任雇员或者对雇员进行监督时有无过错没有关系。这一规则在 17 世纪即建立起来，以后又通过一系列判例不断得到强化，如今已经成为英美法系的普遍规则。

世界上多数国家对用人者责任适用无过错责任原则，有其深厚的社会、经济和文化背景，主要有以下几个方面的原因。⑤

（1）利益归属。经常用来解释雇主责任的理论是收益与风险一致说、手臂延长说，其核心思想即是罗马法的古老法谚：“享有其利益者，承受其损害。”雇主通过雇用辅助人来扩展其业务范围，使雇主获得了为自己获取更高利润或取得更大利益的机会，那么他也就应当承担更大范围的风险。雇员在执行雇主所委托事务的过程中包含实施侵权行为、形成侵害他人权利或利益的风险，这种风险，理应由雇主承担。雇主享受雇员的工作所带来的利益，承担由此而生的风险，是符合公平原则的。从某种意义上说，雇员相当于雇主的另一个自我，是他的手臂的延长。所以，雇员在执行职务过程中之过错，理应在法律上被视为雇主自身之过错。

（2）控制力理论。雇员由雇主选任，并在雇主的指令、管理下工作，雇主对雇员的活动有相当程度的控制能力，可以以较小的成本预防损害的发生。规定雇主承担责任，有助于促使雇主采取预防损害发生的措施，如经常对其雇员进行教育、培训、考核和监督，这样的做法对雇主和雇员个人，对社会安全，都不无裨益。

（3）用人者与被使用人的经济地位比较。相对于多数雇员依靠出卖劳动力谋求生存资源，雇主显然拥有更强的经济实力。雇主通过雇员的劳动扩大规模、增多利润，相应

---

① 参见邵建东：《论雇主责任》，载《南京大学法律评论》，1997 年春季号。

② 《法国民法典》，罗结珍译，331 页，北京，中国法制出版社，1999。

③ 参见王泽鉴：《侵权行为法》，第 2 册·特殊侵权行为，111 页，台北，自版，2006。

④ 参见［德］克雷斯蒂安·冯·巴尔：《欧洲比较侵权行为法》（上卷），张新宝译，419、420 页，北京，法律出版社，2001。

⑤ 参见邵建东：《论雇主责任》，载《南京大学法律评论》，1997 年春季号；王泽鉴：《侵权行为法》，第 2 册·特殊侵权行为，112、115 页，台北，自版，2006。

地，也应当承受雇员不当行为造成的损失。相对于雇员，雇主有多种渠道来分散或者转移风险，比如提高产品或服务的价格、购买责任保险等。通常情况下，要求雇主而不是雇员承担责任，对责任主体的冲击较小，也有利于社会的稳定。

（4）雇主责任能对被侵权人提供有效的保护。除了“穷庙富和尚”的例外情况，雇主要比雇员拥有更强的经济实力，可以支付对被侵权人的损害赔偿，以切实保护被侵权人的合法权益。这就是通常所说的“大钱袋规则”，让有钱的人承担责任，当然更有利于对被侵权人的有效保护。

### （二）少数的过错推定原则

采用过错推定责任的是大陆法系的德国、日本等少数国家。《德国民法典》第 831 条规定：“（1）雇用他人执行事务的人，对受雇人在执行事务时施加于第三人的损害，负赔偿的义务。雇用人对于任命受雇人时，并在其应提供设备和工具器械或者应当监督事务的执行时，对装备和监督已尽必要的注意，或即使尽必要注意仍难免发生损害的，不发生赔偿义务。（2）根据合同承担为本人照管本条第一款第二句所列举事务的人，负有相同的责任。”① 《日本民法典》第 715 条规定：“（1）因某事业雇用他人者，对受雇人因执行其职务而加于第三人的损害，负赔偿责任。但是，雇用人对受雇人的选任及对其事业的监督已尽相当的注意时，或即使尽相当注意损害仍会产生时，不在此限。（2）代雇用人监督事业者，亦负前款责任。（3）第二款规定，不妨碍雇用人或监督人对受雇人行使求偿权。”②

过错推定的立法例，多遭到学者的批评。③ 从立法政策上，学者多建议根据当今社会经济形势和人们的法律意识，改采无过错责任。在司法操作上，因为对雇主的选任、监督义务严格认定，很少出现举证免责的情形，过错推定责任事实上接近于无过错责任。④

### （三）我国侵权责任法的规定及其适用

用人者责任适用无过错责任原则可谓世界大势所趋和时代潮流所向，我国法律也不例外。就此，《民法典》第 1191 条、第 1192 条直接规定用人者对被使用人执行工作任务造成的损害承担赔偿（或补偿）责任，而没有规定用人者尽到选任、监督义务可以免责，从而明确肯定了我国的用人者责任属于无过错责任。因而在认定用人者责任时，不需要考虑用人者的过错，重点是考察被使用人的加害行为是否符合侵权责任的构成要件。

## 三、用人者责任与相关责任的比较

### （一）与法人自己责任的关系

用人者的范围很广，既包括个体经营者、合伙企业等，也包括国家机关、事业单位

① 《德国民法典》，郑冲、贾红梅译，206 页，北京，法律出版社，2001。

② 《日本民法典》，王书江译，127 页，北京，中国法制出版社，2000。

③ 参见王泽鉴：《侵权行为法》，第 2 册・特殊侵权行为，115、159 页，台北，自版，2006。

④ 参见［德］克雷斯蒂安・冯・巴尔：《欧洲比较侵权行为法》（上卷），张新宝译，419～421 页，北京，法律出版社，2001。

以及营利法人等。当用人者是法人的时候，就需要区别用人者责任与法人自己责任。所谓法人自己责任，是指法人机构的职务行为被视为法人自己的行为，从而法人对其后果承担责任。虽然用人者责任与法人自己责任在实际效果上区别不大①，但两者在逻辑构造、法律适用上存在重大不同。②

第一，适用范围不同。法人自己责任是法人对自己的机构（我国法上称法定代表人）的行为承担责任，用人者责任是法人对机构之外的工作人员的行为承担责任。

第二，责任性质不同。法人自己责任属于自己责任的范畴。《民法典》第 62 条第 1 款规定：法定代表人因执行职务造成他人损害的，由法人承担民事责任。法人必然要通过自然人充任机构来实施行为，所以机构的行为就是法人自己的行为，这里机构担当人的人格已经被法人的人格吸收，从逻辑上讲根本不存在自然人的行为而完全是法人自己的行为。与法人自己责任不同，法人对机构之外的工作人员的行为负责，是对他人的行为承担责任。

第三，直接行为人是否承担责任不同。就法人自己责任而言，因为机构的行为就是法人的行为，机构担当人不可能对外承担责任。但在用人者责任，机构之外的工作人员拥有独立的人格，某些情况下可能需要对被侵权人承担责任。

第四，法律规范设计不同。法人自己责任，无论是一般侵权责任还是特殊侵权责任，都不需要法律针对法人作出特别规定，对法人完全可以像对其他任何民事主体一样直接适用侵权责任法。③ 法人自己责任属于法人理论的当然结果，并不涉及特殊的侵权法问题。用人者责任则不同，用人者对被使用人的行为承担责任，必须有法律的明确规定，否则，按照自己责任原则，用人者根本不用承担责任。

### （二）与义务帮工情形之侵权责任的关系

2022 年《人身损害赔偿司法解释》第 4 条针对无偿帮工专门作出规定："无偿提供劳务的帮工人，在从事帮工活动中致人损害的，被帮工人应当承担赔偿责任。被帮工人承担赔偿责任后向有故意或者重大过失的帮工人追偿的，人民法院应予支持。被帮工人明确拒绝帮工的，不承担赔偿责任。"该条规定的被帮工人责任与用人者责任相类似，其区别主要在于被帮工人与帮工人之间是无偿的义务帮工关系，而用人者与被使用人之间是有偿的雇佣关系。

帮工人只是不收取劳务对价，仍为被帮工人的利益提供劳务，在劳动过程中服从被帮工人的指示、管理、支配。这和劳动者与用人单位间的关系具有相似性。同样基于"享有其利益者承受损害"的理由，被帮工人应对帮工人在帮工过程中造成他人的损害承担赔偿责任。此外，基于鼓励社会成员间互帮互助的考虑，对被帮工人适用替代责任，

---

① 大多数民法典并不区分法人自己责任与普通的雇主责任。参见［德］克雷斯蒂安·冯·巴尔：《欧洲比较侵权行为法》（上卷），张新宝译，223、224 页，北京，法律出版社，2001。

② 参见王利明、周友军、高圣平：《中国侵权责任法教程》，485、486 页，北京，人民法院出版社，2010。

③ 法国、奥地利、意大利、荷兰等国家的民法典均无法人自己责任的特别条款，而德国、希腊和葡萄牙的规定只不过是起到澄清作用。参见［德］克雷斯蒂安·冯·巴尔：《欧洲比较侵权行为法》（上册），张新宝译，224 页，北京，法律出版社，2001。

也能免去帮工人"好心帮忙可能承担高额赔偿责任"的担忧。不过，帮工人无偿提供劳务，不等于判断责任承担时对其注意程度的要求有所降低。在合同领域，通常认为无偿行为所负注意义务较有偿行为低，但该注意义务系对合同行为的相对人而言的合同义务。在帮工人致他人损害的情形中，遭受帮工人损害的是帮工关系外的第三人。在考虑帮工人责任的承担时，不宜考虑帮工行为的无偿性而降低对帮工人注意义务的要求：一方面，在替代责任的适用上，帮工人已经享受了如同用人者责任中劳动者的地位，基于用人者责任中衡平用人单位和劳动者间利益的同样的理由，帮工人应为其故意或重大过失情形下的损害负责；另一方面，无偿帮工多发生在熟人之间，被帮工人之于帮工人的赔付能力未必如用人单位之于劳动者般多呈现前者强于后者的关系，如果一并免除帮工人的故意或重大过失下的赔偿责任，可能出现被帮工人无力赔付的情况，损及被侵权人的利益。因此，《人身损害赔偿解释》第 4 条一并规定："被帮工人承担赔偿责任后向有故意或者重大过失的帮工人追偿的，人民法院应予支持。"但是，被帮工人明确拒绝帮工的，不承担责任。帮工关系具有合意性，双方就提供劳务、接受劳务达成一致，帮工关系才成立。实践中，被帮工人拒绝帮工可能出于多种考虑，如认为帮工人不具备相应工作资质、希望付费以获得更高质量的劳动服务或仅仅不愿意"欠人情"等等。不论出于何种原因，只要被帮工人拒绝接受劳务，仍然提供劳务的行为就是对他人社会事务的干涉。此时，即便客观上提供劳务的行为使对方获益，被帮工人也不承担帮工活动中致人损害的责任。

## 四、用人者责任制度在我国的建立与发展

### (一)《民法通则》及其司法解释的规定

《民法通则》有关用人者责任的规定共有两条：第 43 条①与第 121 条。② 第 43 条主要规定法人自己责任，其附带涉及的法人雇主责任并不是立法者刻意追求的效果。第 121 条规定了国家赔偿责任，是国家机关作为用人者承担的责任。《民法通则》确立的用人者责任的主体限于两类——法人和国家机关，而国家机关正是法人的一个类别，所以《民法通则》事实上只规定了法人雇主责任。

最高人民法院《关于贯彻执行〈中华人民共和国民法通则〉若干问题的意见（试行）》（以下简称《民法通则意见》）针对法人雇主责任的认定作出了进一步的规定。该意见第 58 条规定："企业法人的法定代表人和其他工作人员，以法人名义从事的经营活动，给他人造成经济损失的，企业法人应当承担民事责任。"由此给法人雇主责任施加了"法人名义"的要求。由于《民法通则》第 43 条主要规定的是法人自己责任，《民法通则意见》要求"法人名义"可谓在情理之中。同时，该意见第 152 条规定："国家机关工作人员在执行职务中，给公民、法人的合法权益造成损害的，国家机关应当承担民事责任。"该条规定几乎是《民法通则》第 121 条的重复，没有添加新的内容。

---

① 《民法通则》第 43 条规定：企业法人对它的法定代表人和其他工作人员的经营活动，承担民事责任。

② 《民法通则》第 121 条规定：国家机关或者国家机关工作人员在执行职务中，侵犯公民、法人的合法权益造成损害的，应当承担民事责任。

### (二)《人身损害赔偿司法解释》的规定

2003年《人身损害赔偿司法解释》大大扩张了用人者责任的范围，真正确立了我国的用人者责任制度。该解释第8条①、第9条②分别规定了法人侵权（包括法人自己责任与法人雇主责任）与雇主侵权。

考虑到实践中对于《民法通则》第43条是否确立了法人侵权责任存在争议，2003年《人身损害赔偿司法解释》特别作出了明确的规定，并说明按照《民法通则》第121条承担责任。也即采取了类推适用的司法技术。如此，我国的法人侵权制度真正建立起来。遗憾的是，该解释同样没有区分法人自己责任与法人雇主责任。

出于对“雇佣关系”这种带有资本主义色彩的语词的禁忌，2003年《人身损害赔偿司法解释》并不把法人作为用人者的侵权责任视为雇主责任，而于第9条专门规定了私人雇佣情况下的雇主责任，并对雇主责任设计了不同于法人用人者责任的规则。第9条第1款规定：雇员在从事雇佣活动中致人损害的，雇主应当承担赔偿责任；雇员因故意或者重大过失致人损害的，应当与雇主承担连带赔偿责任。雇主承担连带赔偿责任的，可以向雇员追偿。该规定增加了雇员有故意或者重大过失时的连带责任，本身具有合理性，但却在事实上造成了对公有法人和私人雇主的区别对待，有违相同情况相同对待的平等原则。值得肯定的是，第9条第2款对“从事雇佣活动”作出了特别界定，有利于法律适用。

《民法典》实施之后，《人身损害赔偿司法解释》得到了修订，其中关于用人者责任的规定因为被《民法典》吸收而被删除。

### (三)《侵权责任法》的规定

《侵权责任法》进行了统一和整合，第34条③用“用人单位”这样一个劳动法术语来涵盖国家机关、事业单位、公私企业等各类单位用人者，规定了统一的无过错责任，堪称巨大进步。而且，《侵权责任法》针对我国实践中非常重要的劳务派遣用工作出了特别规定，值得称道。不过，《侵权责任法》的规定仍然存在缺憾：一是在统一各类用人单位的同时又创造了用人单位与个人劳务使用人的区别，偏偏其规则适用是相同的。④ 二

---

① 2003年《人身损害赔偿司法解释》第8条：法人或者其他组织的法定代表人、负责人以及工作人员，在执行职务中致人损害的，依照《民法通则》第121条的规定，由该法人或者其他组织承担民事责任。上述人员实施与职务无关的行为致人损害的，应当由行为人承担赔偿责任。属于《国家赔偿法》赔偿事由的，依照《国家赔偿法》的规定处理。

② 2003年《人身损害赔偿司法解释》第9条规定：雇员在从事雇佣活动中致人损害的，雇主应当承担赔偿责任；雇员因故意或者重大过失致人损害的，应当与雇主承担连带赔偿责任。雇主承担连带赔偿责任的，可以向雇员追偿。前款所称“从事雇佣活动”，是指从事雇主授权或者指示范围内的生产经营活动或者其他劳务活动。雇员的行为超出授权范围，但其表现形式是履行职务或者与履行职务有内在联系的，应当认定为“从事雇佣活动”。

③ 《侵权责任法》第34条规定：用人单位的工作人员因执行工作任务造成他人损害的，由用人单位承担侵权责任。劳务派遣期间，被派遣的工作人员因执行工作任务造成他人损害的，由接受劳务派遣的用工单位承担侵权责任；劳务派遣单位有过错的，承担相应的补充责任。

④ 考虑到我国目前的国情，基于个人劳务使用人与用人单位的不同，对两者也许可以适用不同的规则，将个人劳务使用人责任规定为过错推定责任可能更加合适一些。

是在规定用人者责任的同时没有规定被使用人自己的责任以及用人者与被使用人之间的追偿关系。

《侵权责任法》第35条[①]则专门规定了私人雇佣（个人劳务）情况下的雇主责任以及雇员自身受到伤害后的责任承担规则。

### （四）《民法典》的规定

《民法典》关于用人者责任的规定集中在第1191条和第1192条，与《侵权责任法》相比主要有三个发展：一是第1191条增加规定了用人单位追偿权，二是增加了第1192条第2款[②]的内容，三是明确规定了承揽人责任（第1193条[③]）。《侵权责任编解释（一）》第15～17条对《民法典》相关条文的适用作出了具体解释。

## 第二节 用人者责任的构成要件

### 一、用人者责任的构成要件概述

用人者责任作为典型的无过错责任，其构成要件并不需要考虑用人者的过错，但要求被使用人的行为必须满足侵权责任的构成要件：如果是特殊侵权责任，需要满足特殊侵权责任的构成要件；如果是一般侵权行为，则需要满足一般侵权责任的构成要件。

相对于监护人责任直接将被监护人的责任归由监护人承担，用人者责任需要考虑更多的因素：首先，必须确认用人者与直接侵权行为人之间存在使用与被使用的关系；其次，必须证明被使用人的侵权责任发生在执行职务过程当中，是为了完成工作任务而发生的侵权责任。只有满足了这两个条件，才能把被使用人的责任归由用人者承担。概括起来，用人者责任的构成要件有三：（1）用人者与被使用人之间存在广义上的雇佣关系，即支配与被支配、使用与被使用关系。（2）给他人造成损害的行为必须是被使用人为完成工作任务而进行的行为。（3）被使用人的行为必须是侵权行为。只有在被使用人的行为构成侵权责任时，用人者才承担用人者责任。

### 二、被使用人的行为符合侵权责任的构成要件

用人者责任属于替代责任，由用人者承担被使用人的侵权责任。只有被使用人的行为满足了侵权责任的构成要件，产生了侵权责任，才可能由用人者来承担该项侵权责任。

---

① 《侵权责任法》第35条规定：个人之间形成劳务关系，提供劳务一方因劳务造成他人损害的，由接受劳务一方承担侵权责任。提供劳务一方因劳务自己受到损害的，根据双方各自的过错承担相应的责任。

② 《民法典》第1192条第2款规定：提供劳务期间，因第三人的行为造成提供劳务一方损害的，提供劳务一方有权请求第三人承担侵权责任，也有权请求接受劳务一方给予补偿。接受劳务一方补偿后，可以向第三人追偿。

③ 《民法典》第1193条规定：承揽人在完成工作过程中造成第三人损害或者自己损害的，定作人不承担侵权责任。但是，定作人对定作、指示或者选任有过错的，应当承担相应的责任。

如果不存在特殊侵权责任，被使用人的行为必须构成一般侵权责任，用人者才需要承担责任。通常情况下，用人者承担责任的前提是被使用人有过错。

就一般侵权责任而言，被使用人的行为符合侵权责任要求具备：（1）损害；（2）侵害行为；（3）行为与损害之间的因果关系；（4）过错。对以上四个要件的判断适用侵权责任法的一般规则和理论，并无特殊之处。特别之处在于：被使用人实施的侵害行为属于“完成工作任务”的行为。以下进行专门讨论。

## 三、被使用人实施的侵害行为属于“完成工作任务”的行为

### （一）“完成工作任务”的概念和特征

用人者对被使用人的行为承担责任的主要依据在于享有其利益者承受损害的报偿理论，如此用人者承担责任的前提自然是存在享有利益的可能性，即要求被使用人是为了用人者的利益而行为。该种行为通常被称作“完成工作任务”的行为，也称作执行职务行为或者执行雇佣事务的行为。

“完成工作任务”的行为具有如下特征：

（1）以存在用人者与被使用人之间的广义上的雇佣即支配与被支配、使用与被使用关系为前提。只有确定了用人者和被使用人的身份，才有可能把被使用人的行为界定为“完成工作任务”的行为。

（2）用人者支配被使用人的活动的可能性。“完成工作任务”的行为可能是受用人者直接委派或者命令，也可能是被使用人出于维护用人者利益的目的而自主决定，但必须存在用人者对被使用人支配的可能性。如果不存在这种支配的可能性，直接侵权行为人就应当被界定为独立承担人而不是被使用人，用人者不承担责任。

（3）被使用人的活动与用人者利益的相关性。如果被使用人从事的是完全与用人者之利益无关的行为，该项行为的风险就应当由被使用人承担。

因为社会经济生活的复杂多样，实践中认定“完成工作任务”的行为存在诸多困难。关于如何区分被使用人的纯粹个人行为与完成工作任务的行为，存在以下三种学说：

（1）雇用人主观说：以雇用人的主观意思为标准。从事雇佣活动的范围应依雇用人所指示办理的事件来决定。雇用人明确指示受雇人办理的事情就是从事雇佣活动的范围，超出雇用人指示范围的任何行为都不是从事雇佣活动。

（2）受雇人主观说：以受雇人的主观愿望为标准。从事雇佣活动原则上应依雇用人所指示办理的事件来决定，但是如果受雇人是为了雇用人的利益，或者雇用人的指示不够具体、明确，或者因情势变化必须另行处理，则亦应认为属于从事雇佣活动的范围。

（3）客观说：以从事雇佣活动的外在表现形态为标准，如果行为在客观上的表现与依雇用人指示办理的事件要求相一致，就应当认为属于从事雇佣活动的范围，否则就不属于从事雇佣活动的范围。①

有学者认为，以雇用人的主观意思为标准的“雇用人主观说”过窄，以受雇人的主

① 参见杨立新：《侵权法论》，2版，392页，北京，人民法院出版社，2004。

观意思为标准的“受雇人主观说”又嫌宽，所以宜采纳客观说。例如，一个个体饭店的采购员奉命去甲商场买菜，途中听说乙商场的菜价钱便宜，遂驾车绕道去乙商场，途中致伤他人。[①] 本案中雇用人明确指示去甲商场，而采购员去乙商场买菜的行为与雇用人的指示不一致。如果根据雇用人主观说，将不属于从事雇佣活动，这样显然对保护第三人不利。而根据客观说，采购员去乙商场买菜的行为虽然与雇用人的指示不一致，但是与雇用人降低成本、增加盈利的要求并不矛盾，因此认为采购员去乙商场买菜的行为属于从事雇佣活动，这样就有利于保护受到侵害的第三人的利益。

### (二)“完成工作任务”的判断

如何认定“完成工作任务”的行为属于理论上和实践中的疑难问题，该项难题的解决，可以考虑三种模式：第一是借助某项统一的理论模型来认定，如德国的“内在关联性”理论、日本的外观理论以及我国通行的客观说。[②] 第二是综合考虑相关因素而具体判断，如英美法系的做法。第三是借助判例、学说的努力而逐步实现类型化。以上三种模式中，第一种模式抽象度高、弹性大，第二种模式中的具体判断仍有相当的不确定性，第三种模式较为理想，不过需要通过判例、学说的长期努力。

“完成工作任务”的行为是一个弹性概念，具体判断时需要结合个案进行认定，应综合考虑以下四个因素。

#### 1. 时间要素

时间要素是判断被使用人的行为是否为“完成工作任务”的行为的一个重要标准。上班时间的行为显然更容易被认定为“完成工作任务”的行为。要特别注意的是，虽然是下班时间，但接受用人者特别指令从事工作应当认定为“完成工作任务”的行为。

#### 2. 地点因素

工作场所的行为也更容易被认定为“完成工作任务”的行为。在工作场所，用人者更容易控制被使用人，认定“完成工作任务”行为的标准可以适度放宽。需要注意，出差途中可以认定为工作场所的延伸。

#### 3. 控制力要素

“完成工作任务”的行为要求存在用人者支配被使用人的活动的可能性。只有当用人者能够对被使用人进行指令、委派、监督、管理时，用人者才能控制被使用人不法致人损害的风险，才能更好地预防损害发生。显然，用人者对被使用人的控制力越强，越容易认定“完成工作任务”的行为。

#### 4. 利益因素

这是指既要考虑被使用人的主观心态，又要考虑被使用人之行为与用人者之利益的客观联系。在被使用人明显是为用人者之利益而行为时，即使控制力因素较弱，也应当认定为“完成工作任务”的行为。

---

① 参见王利明、杨立新：《侵权行为法》，261页，北京，法律出版社，1996。

② 参见王利明、周友军、高圣平：《中国侵权责任法教程》，495、496页，北京，人民法院出版社，2010。

# 第三节 用人者责任的承担

## 一、用人者责任承担概述

依法律规定，用人者对工作人员、个人劳务提供者等因执行工作任务造成的他人损害承担侵权责任。《侵权责任编解释（一）》规定，工作人员执行工作任务中实施的违法行为造成他人损害构成自然人犯罪的，工作人员承担刑事责任不影响用人单位承担民事责任。

用人者责任承担需要考虑具体承担责任的用人者，还需要考虑与用人者责任相关的责任，比如被使用人自己的责任以及用人者责任与被使用人责任的关系。

在确定用人者的身份时，需要考察用人者与被使用人之间的使用关系，这种使用关系通常是基于劳动合同、雇佣合同等，但是不以签订书面合同为限，其成立也不以合同有效为前提。关键还是要综合指令、控制力、利益归属等多种因素来判断用人者与被使用人之间的关系，由此来决定是否由用人者承担责任。

需要注意的是，因为我国《民法典》第 1191 条、第 1192 条区分用人者是用人单位还是个人劳务使用人而分别规定，所以在确定用人者责任时需要适用不同的法条依据。其中，用人单位范围宽广，既可以是国家机关、企事业单位这样的单位，也可以是私营企业主、个体工商户等小型雇主。个人劳务使用人的范围相对狭窄，仅指接受保姆、小时工、家教等特定个人服务的自然人。

## 二、被使用人故意或者重大过失情况下的责任承担

### （一）连带责任模式

在比较法上，多数国家都确认了被使用人自己的责任。用人者承担责任，以被使用人的行为符合侵权责任的构成要件为前提。从逻辑上讲，用人者为被使用人的行为承担责任，并不影响被使用人自己对被侵权人承担责任。《瑞士民法典》对此规定了用人者与被使用人的连带责任，前提是被使用人在实施加害行为时有故意或重大过失。被侵权人既可以要求用人者承担赔偿责任，也可以要求被使用人承担赔偿责任。我国司法解释曾作出类似规定。①

### （二）追偿模式

根据《民法典》第 1191 条和第 1192 条的规定，在被使用人存在故意或者重大过失的情况下，仍然由使用人承担责任，但是使用人可以向被使用人追偿。

---

① 2003 年《人身损害赔偿司法解释》第 9 条第 1 款规定：雇员在从事雇佣活动中致人损害的，雇主应当承担赔偿责任；雇员因故意或者重大过失致人损害的，应当与雇主承担连带赔偿责任。雇主承担连带赔偿责任的，可以向雇员追偿。第 13 条规定：为他人无偿提供劳务的帮工人，在从事帮工活动中致人损害的，被帮工人应当承担赔偿责任。被帮工人明确拒绝帮工的，不承担赔偿责任。帮工人存在故意或者重大过失，赔偿权利人请求帮工人和被帮工人承担连带责任的，人民法院应予支持。

考虑到被使用人是直接侵权行为人，用人者似乎可以向被使用人进行完全追偿，要求被使用人承担终局责任。但是用人者对被使用人的责任追偿既受到两者间之合同关系的约束，也受到劳动法以及其他法律的限制。国外立法多限制用人者向被使用人追偿的情形，如仅在被使用人存在故意或者重大过失时可以追偿；也有不少立法限制追偿的数额。①

### (三) 我国法律、司法解释的规定及其理解

2003 年《人身损害赔偿司法解释》第 9 条第 1 款作出了相关规定："雇员在从事雇佣活动中致人损害的，雇主应当承担赔偿责任；雇员因故意或者重大过失致人损害的，应当与雇主承担连带赔偿责任。雇主承担连带赔偿责任的，可以向雇员追偿。"该条规定明确被使用人在存在故意或者重大过失时需要和用人者承担连带责任，并且用人者可以向被使用人追偿。《民法典》对该问题作出了更为完善的规定，2020 年《人身损害赔偿司法解释》修订时删除了第 9 条。

《侵权责任法》第 34 条规定："用人单位的工作人员因执行工作任务造成他人损害的，由用人单位承担侵权责任。"《侵权责任法》未规定被使用人自己的责任，也不涉及用人者与被使用人之间的追偿。立法过程中，有官员和学者认为，侵权责任主要是解决外部赔偿问题，至于内部追偿权，可不由《侵权责任法》作出规定，而适用其他法律和司法解释的相关规定。

用人者承担无过错责任有利于保护被侵权人的利益。但被使用人在从事雇佣活动过程中时常出现酒后作业、野蛮施工、违章操作等现象，在其因故意或者重大过失致人损害的情况下仍然让用人者承担责任，可能又会陷入一个对用人者不公平的境地。具有故意或者重大过失的被使用人，对其行为后果毫不顾及，对他人的利益极不尊重。法律当然要对这种不法行为人归责。《民法典》纠正了《侵权责任法》第 34 条的偏差，规定用人者享有追偿权。这样，一方面能弥补用人者的损失；另一方面能督促被使用人在工作中谨慎工作，尽量减少损害的发生。

用人者向有故意或者重大过失的被使用人的追偿，应根据具体情形确定追偿的数额。因为在劳动关系或者雇佣关系中，被使用人相对于使用人来说在经济上往往处于弱势地位：被使用人的收入是使用人开出的工资报酬，其从事雇佣、劳务活动是为了谋生。而用人者使用被使用人为其工作或者提供劳务大多是为了追求经济利益，由此而产生的经营风险应由其承担。并且在多数时候，被使用人执行工作任务或者提供劳务活动致人损害的行为包含了使用人和被使用人的混合过错。因此在确定赔偿数额时，应比较双方过错的程度，根据二者的受益情况及经济状况来确定追偿的数额。

## 三、与劳务派遣相关的责任承担

### (一) 劳务派遣概述

劳务派遣又称劳动派遣或者劳动力派遣，是指劳务派遣单位与被派遣劳动者建立劳

① 参见王利明、周友军、高圣平：《中国侵权责任法教程》，507 页，北京，人民法院出版社，2010。

动关系，并将劳动者派遣到用工单位，被派遣劳动者在用工单位的指挥、监督下从事劳动的新型用工形式。劳务派遣最为本质的特征是劳动者的雇佣与使用相分离：在一般劳动关系中，用人单位直接雇用和使用劳动者，并支付劳动者工资报酬；而在劳务派遣中，被派遣劳动者虽然与劳务派遣单位建立劳动关系，但实际安排被派遣劳动者的是用工单位，劳务派遣单位不组织和管理劳动过程，只是录用和派遣员工，但并不安排被派遣劳动者的岗位，并不对其实际执行工作任务进行监督管理，因而不属于实际用人单位。①

《民法典》没有对劳务派遣进行定义。其第 1191 条第 2 款规定：劳务派遣期间，被派遣的工作人员因执行工作任务造成他人损害的，由接受劳务派遣的用工单位承担侵权责任；劳务派遣单位有过错的，承担相应的责任。

### (二) 劳务派遣情形的侵权责任承担

#### 1. 接受方的责任

根据《民法典》第 1191 条第 2 款，劳务派遣的接受方被视为主要的用人者，对被派遣工作人员的侵权行为承担无过错责任。在劳务派遣关系中，接受派遣的用工单位对被派遣工作人员进行实际的管理、支配，同时又利用被派遣工作人员的行为扩大生产、经营等事业的规模、增加利润或业绩，应当被认定为用人单位。依《侵权责任编解释（一）》的规定，接受方应当承担全部责任，但在派遣方有过错的情况下，接受方与派遣方共同承担责任，后者仅就过错范围内的损害承担责任。

#### 2. 派遣方的责任

有过错的派遣方，对被侵权应受偿的损失承担与其过错大小相应的赔偿责任。在劳务派遣关系中，派遣方虽然也从被派遣的劳动者身上获取了利润，从而与被派遣工作人员的行为具有利益相关性，但这种利益链条是通过实际用工单位对被派遣工作人员的安排而实现的，相对而言关系稍远，而且派遣方没有对被派遣工作人员进行现场支配、指令的可能性，所以通常不被认定为用人者。但是派遣方如果有过错，则应当承担相应的责任。派遣方的过错是指不当选派工作人员、未依法履行培训义务等。《侵权责任编解释（一）》规定，派遣方先行支付赔偿费用后，有权就超过自己相应责任的部分向接受方追偿，但双方另有约定的除外。

#### 3. 关于被派遣工作人员个人的责任

在劳务派遣责任中，对被派遣工作人员个人的责任可以按照《民法典》第 1191 条的

---

① 《劳务派遣暂行规定》（2013 年 12 月 20 日经人力资源社会保障部第 21 次部务会审议通过，2014 年 1 月 24 日公布，自 2014 年 3 月 1 日起施行）第 3 条规定："用工单位只能在临时性、辅助性或者替代性的工作岗位上使用被派遣劳动者。前款规定的临时性工作岗位是指存续时间不超过 6 个月的岗位；辅助性工作岗位是指为主营业务岗位提供服务的非主营业务岗位；替代性工作岗位是指用工单位的劳动者因脱产学习、休假等原因无法工作的一定期间内，可以由其他劳动者替代工作的岗位。用工单位决定使用被派遣劳动者的辅助性岗位，应当经职工代表大会或者全体职工讨论，提出方案和意见，与工会或者职工代表平等协商确定，并在用工单位内公示。"第 4 条规定："用工单位应当严格控制劳务派遣用工数量，使用的被派遣劳动者数量不得超过其用工总量的 10%。前款所称用工总量是指用工单位订立劳动合同人数与使用的被派遣劳动者人数之和。计算劳务派遣用工比例的用工单位是指依照劳动合同法和劳动合同法实施条例可以与劳动者订立劳动合同的用人单位。"

规定处理，即接受劳务派遣的用人单位承担侵权责任后，可以向有故意或者重大过失的被派遣工作人员追偿。

### 四、个人劳务关系下的用人者责任

《民法典》第 1192 条第 1 款规定：个人之间形成劳务关系，提供劳务一方因劳务造成他人损害的，由接受劳务一方承担侵权责任。接受劳务一方承担侵权责任后，可以向有故意或者重大过失的提供劳务一方追偿。提供劳务一方因劳务受到损害的，根据双方各自的过错承担相应的责任。所谓“个人之间形成劳务关系”，是指自然人个人之间的雇佣与被雇佣、接受劳动服务与提供劳动服务的民事法律关系，包括个人雇用保姆、司机等形成的私人雇佣关系，而不包括个人与家政公司等订立的承揽合同关系。该条规定的“提供劳务一方因劳务造成他人损害的，由接受劳务一方承担侵权责任”，与第 1191 条第 1 款确立的用人者（雇主）责任（替代责任）规则是一致的，即作为用人者的“接受劳务一方”对于作为被使用人的“提供劳务一方”（雇员）因“劳务”（“执行工作任务”）中的行为造成他人损害承担侵权责任，而“提供劳务一方”不承担侵权责任。接受劳务一方承担侵权责任（替代责任）后，可以向有故意或者重大过失的提供劳务一方追偿。规定这一追偿权，有利于促进提供劳务一方谨慎行为，避免造成他人的损害。

第 1 款的第二层含义是，提供劳务一方因劳务自身受到损害的，按照比较过错的规则分担责任。这一规定采用了过错责任原则以及比较过失规则：接受劳务一方有过错的，应当承担侵权责任；如果双方都有过错的，比较过错的大小双方承担相应的责任或者分担相应份额的损失。

《民法典》第 1192 条第 2 款是新增加的规定：提供劳务期间，因第三人的行为造成提供劳务一方损害的，提供劳务一方有权请求第三人承担侵权责任，也有权请求接受劳务一方给予补偿。接受劳务一方补偿后，可以向第三人追偿。这一规定给予提供劳务一方选择的请求权：有权请求第三人承担侵权责任，也有权请求接受劳务一方给予补偿。但是这两个请求权只能择一行使而不能同时行使，也不能先后依次行使。如果选择接受劳务的一方补偿，接受劳务一方补偿后可以向第三人追偿。

## 第四节　承揽人的侵权责任与定作人的过错责任

### 一、承揽关系概述

承揽关系由承揽合同确定。承揽合同是一种双务有偿合同，在这种合同关系中承揽人按照定作人的要求完成工作，交付工作成果，定作人给付报酬（《民法典》第 770 条）。在承揽合同关系中，完成工作并交付工作成果的一方为承揽人，接受工作成果并支付报酬的一方称为定作人。承揽多适用于加工、定作、修理、复制、测试、检验等事项。建设工程合同是最典型、最常见的承揽合同。由于其典型性和普遍性，《民法典》对建设工程合同作出了专门规定（《民法典》合同编第十八章）。

在承揽关系中，一方面，定作人有选任、指示和提出定作要求等方面的权利，这一权利对承揽人完成具体工作产生宏观层面的影响，同时定作人也有支付报酬的义务；另一方面，承揽人有独立完成工作交付工作成果的权利和义务，因此在完成工作中并不需要在细节上听命于定作人。正因为如此，承揽人在完成工作过程中对第三人或者自身造成损害的，定作人不承担责任。定作人只是在对定作、指示、选任有过错时，承担相应的赔偿责任。

## 二、承揽人承担责任规则的确立

承揽人因独立完成工作，原则上对完成工作过程中造成他人损害和自身损害承担责任或者自己承受后果，定作人不承担赔偿责任。这是大多数国家侵权责任法确认的规则。最高人民法院 2003 年的《人身损害赔偿司法解释》明确了这一规则："承揽人在完成工作过程中对第三人造成损害或者造成自身损害的，定作人不承担赔偿责任。但定作人对定作、指示或者选任有过失的，应当承担相应的赔偿责任。"（第 10 条）

2009 年的《侵权责任法》没有采纳司法解释这条规定。当时有人认为：既然是规定定作人不承担责任就没有规定的必要了，因为侵权责任法主要是规定应当承担责任的情况以及如何承担责任，而不承担责任的情况是千千万万不可列举的。这种认识在法律逻辑上似乎有些道理，但是也有局限性：此等规则不仅仅是规定定作人不承担责任，也规定其在有过错的情况下应当承担相应的责任；规定定作人不承担责任，也就从另一个方面明确了承揽人的责任。此外，承揽关系与委托关系、雇佣关系等有相似之处，也有性质上的区别，法律对承揽关系中的侵权责任承担作出明确规定有利于司法实践中对相关案件的处理。

考虑到大陆法系相关国家的立法经验，考虑到司法解释的成果，更重要的是考虑到设定相关裁判规则的重要意义，《民法典》基本接受 2003 年《人身损害赔偿司法解释》第 10 条的规定，在立法上确立了定作人原则上不承担责任的相关规则："承揽人在完成工作过程中造成第三人损害或者自己损害的，定作人不承担侵权责任。但是，定作人对定作、指示或者选任有过错的，应当承担相应的责任。"《民法典》第 1193 条从民事基本法律上正式规定了定作人不承担责任的规则。

《民法典》确认定作人不承担责任的规则，有利于正确分配承揽人与定作人的责任，强化适用过错责任原则，强调控制力对承担责任的作用。需要指出的是，应当将雇佣、个人提供劳务等民事关系与承揽关系区别开来。于承揽关系，定作人原则上不对承揽人完成工作过程中造成的损害承担侵权责任，而在雇佣关系、个人提供劳务的情形中，用人者依法承担被使用人给他人造成损害的赔偿责任。区别承揽关系与雇佣（个人提供劳务）关系的主要标准在于完成工作过程中的自主决定权。

在定作人没有定作、指示或者选任过错的情况下，定作人不对承揽人在完成工作过程中对第三人造成的损害或者承揽人自身的损害承担侵权责任。到底谁对此等损害承担侵权责任？《民法典》没有作出明确规定。笔者认为，要确定此等损害的侵权责任主体，应依据其他相关法律条文的规定继续判断：（1）如果是一个过错责任案件，适用《民法典》第1165条的规定，行为人承担过错责任；（2）如果是一个无过错责任案件，适用《民法典》第1166条及相关无过错责任规范的规定，由行为人或者管理人、所有人等承担无过错责任；（3）如果涉及被侵权人（受害人）有过错，适用《民法典》第1173条或第1174条的规定，减轻或者免除行为人的责任；（4）如果是承揽人的工作人员或者个人劳务提供者因执行工作任务或者提供劳务造成损害，适用《民法典》第1191条或者第1192条的规定，由用人者承担责任，用人者承担责任后可以对故意或者重大过失的被使用人依法进行追偿；（4）如果损害是第三人造成的，应当依据《民法典》第1175条的规定，由造成损害的第三人承担责任，承揽人有过错的，与第三人分担损害后果，承担按份责任。

《侵权责任编解释（一）》规定，承揽人在完成工作过程中造成第三人损害的，人民法院依照《民法典》第1165条的规定认定承揽人的民事责任。[1]

## 三、定作人的过错责任

### （一）定作人的过错

依据《民法典》第1165条的规定，行为人对自己的过错行为造成的损害应当承担侵权责任，过错责任是承担侵权责任的主要归责原则。定作人虽然原则上不对承揽人在完成工作过程中造成的对他人的损害或者自身的损害承担侵权责任，但是定作人如果有特定的过错，也应当依据《民法典》第1165条的规定承担相应的侵权责任。

《民法典》第1165条规定的定作人过错应当理解为过失，具体包括定作人的定作过失、指示过失和选任过失三种过失。

“定作过失”是指项目上的过失，比如发包一个违法建设项目、定作某种标的违法的工作成果，以及在监督、检查等方面存在过失。“指示过失”是指定作人对承揽人发出错误或者违规违法的具体操作指令，如指示承揽人违反安全保护规范的要求野蛮施工以及指示承揽人偷工减料降低安全要求等。“选任过失”是指定作人选择承揽人不当，比如选择了没有相应资质的建筑施工单位。定作人有以上过失之一，且该过失对损害的发生有原因力的，定作人即应承担相应的过错责任。

### （二）定作人承担相应的责任

定作人有上述过错的，应当依据《民法典》第1165条的规定承担相应的责任：如果是第三人受到损害，向第三人承担责任；如果是承揽人受到损害，向承揽人承担责任。承担责任的大小，取决于定作人过失的程度以及原因力大小。重大过失以及完全原因力的情况下，定作人承担全部责任；一般过失且部分原因力的情况下，定作人承担一定比例的责任。《民法典》第1193条规定的“相应责任”一般仅限于财产性质的损害赔偿责任，包括赔偿损失、恢复原状等，不包括人身性质的侵权责任如赔礼道歉、消除影响、

---

① 参见《侵权责任编解释（一）》第18条第1款。

恢复名誉。

### （三）定作人与承揽人的共同责任

在定作人有过错应当承担相应责任的情形中，如果同时存在有可归咎于承揽人的归责事由（如过错或者法律规定的承担无过错责任的事由），则承揽人和定作人需要对同一损害承担共同的责任。在具体案件中，被侵权人合并请求定作人和承揽人承担侵权责任的，依《民法典》第1165条、第1193条的规定，造成损害的承揽人承担侵权人应承担的全部责任；定作人在定作、指示、选任过错范围内与承揽人共同承担责任，但实际支付的赔偿费用总和不应超过被侵权人应受偿的损失数额。定作人先行支付赔偿费用后，有权就超过自己相应责任的部分向承揽人追偿，但双方另有约定的除外。①

## 深度阅读

1. 张新宝. 侵权责任构成要件研究. 北京：法律出版社，2007：第三章“准侵权行为：他人的加害行为或他人的加害举动”.

2. 克雷斯蒂安·冯·巴尔. 欧洲比较侵权行为法：上卷. 北京：法律出版社，2001：第五部分“在私法范围内的侵权行为法”.

3. 张民安. 雇主替代责任在我国未来侵权法中的地位. 中国法学，2009 (3).

4. 梅夏英，武兴伟. 劳务派遣中的用人者替代责任. 广东社会科学，2011 (1).

5. 任九岱. 复合型承揽关系中定作人的侵权责任. 广东社会科学，2022 (3).

6. 曹险峰.《民法典》中用人者责任与承揽人责任之二元模式论. 法学家，2023 (1).

## 问题与思考

**一、思考题**

1. 如何认识法人自己责任与用人者责任之间的区别？

2. 如何判定被使用人的侵权行为是在“完成工作任务”活动中发生的？

3. 如何理解劳务派遣关系以及相关的侵权责任承担？

**二、练习题**

1. 简述用人者责任的归责原则。

2. 简述用人者责任的构成要件以及具体承担。

3. 甲电器销售公司的安装工人李某在为消费者黄某安装空调的过程中，不慎从高处掉落安装工具，将路人王某砸成重伤。李某是乙公司的劳务派遣人员，此前曾多次发生类似小事故，甲公司曾要求乙公司另派他人，但乙公司未予换人。下列哪一选项是正确的？（　　）

A. 对王某的赔偿责任应由李某承担，黄某承担补充责任

① 参见《侵权责任编解释（一）》第18条第2款和第3款。

B. 对王某的赔偿责任应由甲公司承担，乙公司承担补充责任

C. 甲公司与乙公司应对王某承担连带赔偿责任

D. 对王某的赔偿责任承担应采用过错责任原则

4. 甲家盖房，邻居乙、丙前来帮忙。施工中，丙因失误从高处摔下受伤，乙不小心撞伤小孩丁。下列哪些表述是正确的？（　　）

A. 对丙的损害，甲应承担赔偿责任，但可减轻其责任

B. 对丙的损害，甲不承担赔偿责任，但可在受益范围内予以适当补偿

C. 对丁的损害，甲应承担赔偿责任

D. 对丁的损害，甲应承担补充赔偿责任

# 第十四章
# 互联网上的侵权责任

**常考知识点**

网络服务提供者　网络用户 通知规则　知道规则　直接侵权责任　间接侵权责任　网络用户声明

## 第一节　互联网上的侵权责任概述

### 一、与互联网上的侵权责任相关的一组概念

#### （一）互联网及其特征

**1. 概念**

互联网也称为因特网，始于 1969 年，其实名叫 ARPA 网络网（美国国防部高级研究计划局网络网）。美国国防部试图通过 ARPA 网络网使全国不同地点的国防研究人员进行交流和协作。其所在地是大学，这些大学的研究院开始使用因特网（尤其是电子邮件）交流与国防无关的材料。1973 年，ARPA 网络网开始和更多的网络连接，并与其他国家的网络连接，这样，它就演变成了因特网。①

从技术角度看，互联网是运用客户—服务器（Client-Server）技术，以及网络传输协议和因特网协议（TCP/IP），将全球原本独立的计算机网络连为一体，形成了资源共享，以至于协同工作的体系。互联网是建立在现代计算机与通信技术基础上的，由成千上万相互协作的网络以及网络所承载的信息结合而成。它是电话系统、邮政服务、新闻媒体、购物中心、信息集散、音像传播系统等功能结合而成的一个整体，但又不是其中任何一种单一功能的体现。②

**2. 特征**

（1）全球性或无国界性。全球性或无国界性是网络空间的一个重要特征。互联网是

---

① 参见［美］格拉德·佛里拉等：《网络法：课文和案例》，张楚等译，3 页，北京，社会科学文献出版社，2004。

② 参见张楚主编：《网络法学》，2 页，北京，高等教育出版社，2003。

连接全球的网络，网络技术使全球的计算机用户都可以连在一起。这种联系不同于物理空间的联系，不发生有形的接触，跨越了国际和地区的界限。互联网从形成时起就是跨国界的，这正是它的价值和影响之所在。在互联网上，用户可以自由地进行交流，获取自己需要的信息，开展跨国商事交易等。互联网的全球性特征，使其影响越来越大，互联网用户越来越多，各种新式网络服务不断推出，各种网上国际交易变得更加普遍。

（2）非集中管理性。非集中管理性也是互联网的一个重要特征。互联网本身并没有统一的管理者来对网络上的各种活动集中管理。目前，没有哪个国家有能力对网络空间进行控制，用户可以在网络空间享受平等和自由。当然，网络空间的非集中管理性也使对网络用户的管理和规制成为突出的问题。①

### （二）网络服务提供者的概念与分类

#### 1. 概念

网络服务提供者是指为网络用户提供信息交流和技术支持的服务提供者。网络服务提供者的组成比较复杂，主要包括网络信息传输基础服务提供者、网络接入服务提供者、网络内容服务提供者、网络空间服务提供者、网络信息搜索服务提供者、网络链接服务提供者以及综合服务提供者。

#### 2. 分类

（1）网络信息传输基础服务提供者。网络信息传输基础服务提供者是指为网络信息传输提供接入设备和技术服务的专业化网络产品厂商。前者主要是为信息传播提供光缆、路由、交换机等基础设施，如华为科技、大唐电信；后者主要是为网络用户提供电子账号等增值电信业务，如“263 网”等。网络信息传输基础服务提供者一般不能选择和编辑网络传输的信息，即不能对特定的信息进行控制。因此，仅提供设备和技术服务的网络信息传输基础服务提供者不可能实施网络侵权。

（2）网络接入服务提供者。网络接入服务提供者是指为网络用户的上网提供接入服务和其他技术支持的服务提供者。网络接入服务提供者的接入服务主要有三种方式：一是通过调制解调器用电话线路连通网络，二是通过电缆专线等固定线路接通网络，三是宽带传输。中国电信、中国联通就是典型的网络接入服务提供者。网络接入服务提供者是网络信息传输的中枢环节，在网络传输中起着至关重要的作用。通常情况下，仅提供接入服务的网络接入服务提供者不可能承担侵权责任法上的网络侵权责任。

（3）网络内容服务提供者。网络内容服务提供者，即通常所称的 ICP（Internet Content Provider），是指为网络用户提供各种信息服务，供用户浏览信息，进行信息查询和信息发布等服务的经营者。网络内容服务商的服务主要包括两个方面：一是允许用户在其域名范围内发布信息，二是允许网络用户在其管理的域内查询信息。如新浪网、搜狐网、新华网、千龙新闻网等均为网络内容服务提供商。网络内容服务提供者通常是将自己或者他人创作的作品通过选择和编辑加工，登载在互联网上或者发送到用户端，供公

---

① 参见张新宝主编：《互联网上的侵权问题研究》，5～6 页，北京，中国人民大学出版社，2003。

众浏览、阅读、使用或者下载。其对内容的选择和编辑在一定程度上是可控的，因此，其可能承担侵权责任法上的网络侵权责任。

（4）网络空间服务提供者。网络空间服务提供者是指为网络用户提供网络空间租用、服务器托管等服务的网络服务提供者。如阿里云托管服务器就是为企业提供服务器托管服务的网络空间服务提供者。网络空间服务提供者可能承担第三人之侵权行为造成他人损害的责任。

（5）网络信息搜索服务提供者。网络信息搜索服务提供者是指为网络用户提供搜索服务的网络服务商，如百度、谷歌等。网络信息搜索服务提供者也可能承担第三人之侵权行为造成他人损害的责任。

（6）网络链接服务提供者。网络链接服务提供者是指为网络用户提供链接服务的网络服务提供者，如盘多多。网络链接服务提供者也可能承担第三人之侵权行为造成他人损害的责任。①

（7）综合服务提供者。随着网络技术和市场竞争环境的不断发展，很多的网络服务提供者不再局限于提供单一的网络服务，而是兼营两种甚至更多种网络服务。网络综合服务提供者是指为网络用户提供两种或两种以上网络服务的网络服务提供者。如很多网络接入服务提供者同时也提供网络内容服务，一些网络内容服务提供者同时也提供搜索引擎和链接业务，如搜狐网和新浪网等。网络综合服务提供者既可能承担自己侵权责任，也可能承担第三人之侵权行为造成他人损害的责任。

### （三）网络用户

网络用户，也称为“网民”，是指利用网络服务提供者的服务在互联网空间进行各种活动的人。网络用户包括自然人用户和企业用户两类。网络用户在互联网上既可以使用真名，也可以使用假名或者干脆匿名。在并未推行网络实名制的情况下，互联网上注册登记的个人信息很多都不是真实的。目前，我国已经全面推行网络实名制。国家网信办于 2015 年和 2017 年相继出台了《互联网用户账号名称管理规定》《互联网论坛社区服务管理规定》《互联网跟帖评论服务管理规定》，全面落实了网络实名制，明确了注册用户需“后台实名”，否则不得跟帖评论、发布信息。

## 二、互联网上的侵权责任：概念、种类、特征

### （一）互联网上侵权的概念

互联网上侵权，是指发生在互联网空间的各种侵害他人民事权益的行为。它不是指侵害某种特定权利（利益）的具体侵权行为，也不属于在构成要件方面具有某种特殊性

① 上海内聚网络科技有限公司经营的盘多多网站（简称盘多多）向用户提供了网盘资源分享链接搜索服务，可以引导用户直接链接至百度网盘中的侵权作品，北京互联网法院判盘多多赔偿 3.5 万元。参见“湖南快乐阳光互动娱乐有限公司诉北京百度网讯科技有限公司、上海内聚网络科技有限公司侵害作品信息网络传播权案”，北京互联网法院（2019）京 0491 民初 2826 号民事判决书。

的侵权行为，而是指一切发生于互联网空间的侵权行为。对互联网上侵权责任的研究，是对互联网空间内发生的各种侵权责任的研究，以此与发生在实在空间（物理空间）的侵权、纸媒体上的侵权以及广播电视媒体（也是广义的网络）上的侵权等区别开来。

### （二）互联网上的侵权责任的种类

互联网上的侵权责任，从责任主体和责任性质方面可以分为两大种类。

**1. 直接侵权：自己责任**

直接侵权责任是指网络用户和网络服务提供者自己的侵害行为本身构成侵权责任法上的侵权责任。对于直接侵害行为，行为人应承担自己责任。《民法典》第1194条规定：网络用户、网络服务提供者利用网络侵害他人民事权益的，应当承担侵权责任。法律另有规定的，依照其规定。

**2. 间接侵权：对第三人侵权的责任**

间接侵权是指网络服务提供者的行为本身不构成侵害他人的合法权益，但是其对于直接侵权行为人的侵权行为起到了“帮助”的作用或者被消极利用。在这种间接侵权行为中，网络用户是真正的侵权行为人，实施了直接侵权行为。网络服务提供者只是因为客观上对直接侵权行为起到了“帮助”作用或者被消极利用而承担侵权责任，是“特殊侵权责任主体”的一种形态。《民法典》第1195条～第1197条规定了网络服务提供者的间接侵权责任，即网络服务提供者对网络用户在其网络上侵害他人造成损害的侵权责任。

### （三）互联网上侵权的特征

**1. 互联网上侵权的场所：互联网空间**

互联网上侵权的主要特征是侵害行为发生在互联网空间。随着电脑操作技术的日益普及，任何一个掌握网络基本操作知识的人只要登录互联网就可以毫不费力地实施侵权行为，导致网络上的侵权行为日渐增多和多样化。从具体案件的情况看，侵权人在网络空间实施的侵权行为大致包括：（1）网络服务提供者在网络上发表侵害他人名誉、隐私、姓名、肖像、商誉、著作权或其他知识产权的信息；（2）网络用户通过BBS、微信、微博等即时通信工具侵害他人名誉、隐私；（3）网络用户在聊天室对他人进行侮辱、诽谤；（4）网络用户以黑客方式侵入他人的数据库盗取相关信息，或者通过电子邮件传播电子病毒侵害他人的数据库、软件乃至硬件设备；（5）网络用户侵害他人的域名；（6）网络用户通过虚拟主机侵害他人的人格权或知识产权、商誉；（7）网络服务提供者对第三人（网络用户）实施的侵害行为疏于采取必要措施；（8）通过互联网实施的其他侵害行为，如从事不正当竞争行为。

**2. 互联网上侵权的责任承担者：网络用户和网络服务提供者**

对于非网络环境的侵权，具有相应民事行为能力的人自己实施侵害行为造成他人损害的，应当承担侵权责任。对于在网络环境下发生的侵权，自己责任原则仍然适用，即直接实施侵害行为的网络用户和网络服务提供者要对自己实施的侵害行为造成他人损害承担责任。

对于网络用户实施的侵害行为，网络服务提供者如果没有履行相应的注意义务且没有法定的免责事由（如安全港规则），则可能依侵权责任法的规定承担侵权责任。

网络空间的匿名性和分散性，使在互联网空间发生的侵权行为往往很难确定实际侵权行为人，或者虽然可以通过技术手段追踪但维权成本过高。因此，在法律规定了网络服务提供者承担连带责任的情况下，被侵权人为了实现自身利益的最大化，大多会要求网络服务提供者承担侵权责任。

**3. 互联网上侵权的侵害对象：非物质形态的民事权益**

网络空间的虚拟性决定了互联网上侵权所侵害的权益的特殊性。互联网上侵权所针对的往往都是被侵权人非物质形态的权益，如对人格权的侵害一般限于对名誉权、隐私权、姓名权、肖像权、个人信息和人格尊严的侵害，而不会涉及对物质性质的人格权如生命权、健康权和身体权的侵害，通常也不会涉及对人身自由权的侵害。诽谤包括对经营者之商品和服务的诽谤，非法收集、传播和利用他人的隐私和处理他人的个人信息是最常见的互联网上侵权。大量的互联网上侵权案件涉及对知识产权尤其是著作权的侵害，但是一般不会涉及对所有权或者其他物权的侵害。

**4. 互联网上侵权的损害后果：传播范围的不确定性及损害后果的无限扩展性**

互联网上侵权所针对的多为被侵权人的非物质形态的权益，导致的侵权后果往往是被侵权人的精神损害，其损害结果难以计量。并且，网络传播的特殊性导致侵害后果也具有不确定性，如对于传播的范围、受众人数等往往无法通过量化的手段加以确定。在此类案件中，也产生《民法典》第 1182 条所规定的财产损失赔偿责任。

由于网络传播没有时间和空间的限制，所以互联网上侵权的后果的影响范围也是传统的侵权方式所不可比拟的。互联网上侵权无须传统的载体，只需借助无形的高速运转的网络进行上传，全世界的网络用户都可以访问载有侵权内容的网站，其他网络也可以轻易地为带有侵权内容的网页设置链接。而且，互联网的互动性使他人并非被动地阅读或使用侵权标的，而是可以随意删节、添加、改动，并以电子邮件或其他超链接方式广为传播，造成侵权的内容迅速扩展。

**5. 互联网上侵权的诉讼难题：对侵害行为的举证以及管辖权的确定**

互联网的一个重要优势就在于其可以即时更新，网站上的页面和内容处于不断的更新和维护当中。涉嫌侵权的信息有可能因为页面的更新而被其他内容代替。另外，从证据学的角度看，网页上的资料由于其具有可更改性，所以不能够直接下载打印作为证据使用，而是需要由公证机构进行证据保全。

网络传播不受地域限制的特征和网站之间的无限链接以及加害行为实施地和损害结果发生地的认定之困难，给侵权责任法、民事诉讼法以及国际私法都带来了新的挑战，一些案件难以确定侵权行为地，导致法院在行使管辖权方面陷入困境。

最高人民法院《关于审理利用信息网络侵害人身权益民事纠纷案件适用法律若干问题的规定》（2014 年 6 月 23 日通过，2020 年 12 月 29 日修正）对互联网上侵权案件的程序和实体问题之法律适用作出了司法解释。

# 第二节　互联网上的侵权责任：自己责任

## 一、互联网上自己侵权责任的概念

互联网上自己侵权责任，是指网络用户、网络服务提供者因为自己的侵害行为侵害了他人的民事权益造成损害而应当承担的侵权责任。

《民法典》第1194条对互联网上自己侵权责任作出了规定：网络用户、网络服务提供者利用网络侵害他人民事权益的，应当承担侵权责任。法律另有规定的，依照其规定。如前所述，互联网上的侵权行为只是侵害行为的场所为互联网空间，而并非一类特殊的侵权行为。因此，在互联网空间实施了侵害行为的网络用户自然要对自己的行为承担民事责任。互联网服务提供者，在提供各类资讯和信息服务的时候，也会像传统媒体一样侵害他人的民事权益，故也要对自己的侵权行为承担民事责任。

## 二、互联网上自己侵权责任的构成要件

### （一）网络用户、网络服务提供者实施了利用网络侵害他人民事权益的行为

网络用户利用网络侵害他人民事权益的侵害行为主要是侵害他人的人格权和知识产权，最为常见的是侵害他人名誉权、荣誉权、隐私权、个人信息、姓名权、肖像权、著作权等。

网络服务提供者利用网络侵害他人民事权益的行为主要是网络内容服务提供者侵害他人名誉权、荣誉权、隐私权、个人信息、姓名权、肖像权、著作权等等。

### （二）网络用户、网络服务提供者的侵害行为给他人造成了损害

网络用户、网络服务提供者的侵害行为给他人造成的损害应当是现实的已经存在的不利后果，如受害人的隐私被泄露、名誉被贬损等引起的精神损害和侵害人身权益等导致的财产损失。

### （三）因果关系

网络用户、网络服务提供者的加害行为与受害人的损害之间存在因果关系。

### （四）网络用户、网络服务提供者具有过错

互联网上自己侵权责任，适用过错责任原则，因为无论对于网络用户还是对于网络服务提供者，适用无过错责任都是过于严苛的，也不利于整个互联网行业的健康发展。此处的过错包括故意和过失两种心理状态。其中，网络用户实施加害行为以故意为之者居多，而网络服务提供者之行为多为对于自己所发布的信息审查不严的过失行为。此外，《个人信息保护法》规定侵害个人信息造成损害，承担侵权责任的，适用过错推定，即推

定行为人有过错而无须受害人一方对行为人的过错进行举证和证明。[①]

## 三、互联网上自己侵权责任的承担

### （一）责任承担方式

互联网上自己侵权责任的责任承担方式主要有赔偿损失（包括精神损害赔偿）、停止侵害、赔礼道歉、消除影响、恢复名誉等。根据所侵害的权利种类的不同，侵权人可能承担其中的一种或几种责任承担方式。

### （二）抗辩事由

与传统的侵权责任抗辩一样，对于互联网上自己侵权责任，行为人也可以提出多种抗辩事由，以证明原告的诉讼请求不成立或者不完全成立。这些抗辩事由并非通用于所有的互联网上自己侵权责任，而是取决于侵害的权利的种类，如对于互联网上的隐私侵权，行为人可以提出表达自由、知情权、公众人物等规则予以抗辩；对于互联网上的名誉侵权，行为人可以援引特定范围传播规则、权威信息来源规则等予以抗辩。

# 第三节　网络服务提供者对网络用户侵害他人权益的责任：通知规则

## 一、通知规则下的侵权责任概述

通知规则也称为“安全港”规则，其基本含义是，网络服务提供者履行了通知等相关义务，即使网络用户的行为构成侵权，也免于承担间接侵权责任。通知规则下的侵权责任，是指受害人（权利人）在获知网络用户实施的侵害行为之后，有权通知网络服务提供者采取必要的措施防止损害后果的进一步扩大，网络服务提供者在接到受害人的通知后仍未采取必要措施的，如果该网络用户的行为被最终确认成立侵权，则未采取必要措施的网络服务提供者应当对接到通知之后的损害扩大部分承担侵权责任。

《民法典》第1195条规定的通知规则，借鉴了美国1998年《数字千年版权保护法》中的“通知与取下”程序。根据该“通知与取下”程序，被侵权人在获知侵权事实后，可以向提供信息存储空间和信息定位服务的网络服务提供者发出符合规定的侵权通知，网络服务提供者在接到侵权通知后，应当迅速移除或屏蔽对侵权信息的访问，即“取下”侵权信息。“通知与取下”程序的主要法律效果是有条件地豁免网络服务提供者对于网络用户的直接侵权行为可能承担的间接侵权责任。

① 参见《个人信息保护法》第69条。

## 二、通知规则下的侵权责任构成要件

### （一）网络用户的行为构成侵权

**1. 网络用户实施了侵害他人之民事权益的行为**

网络用户利用互联网实施了侵害他人之合法民事权益的行为。目前最为多见的是侵害他人名誉权、隐私权、姓名权、肖像权、著作权等。

**2. 网络用户的侵害行为给他人造成了损害**

网络用户的加害行为已经给受害人造成了现实的损害，如受害人的隐私被泄露、名誉被贬损、著作权被侵害等。

**3. 网络用户的侵害行为与受害人的损害之间存在因果关系**

受害人应当证明网络用户的加害行为与自己所受到的损害之间存在因果关系，否则，网络用户的行为不构成侵权。

**4. 网络用户具有过错**

在通知规则下对网络用户的侵权责任仍适用过错责任原则。

### （二）合格的通知

根据《民法典》第1195条第1款的规定，通知应当包括构成侵权的初步证据及权利人的真实身份信息。权利人在获知自己的合法权益遭到损害之后，有权向网络服务提供者发出通知，要求其采取必要的措施，阻止公众访问侵权信息，避免自己的权益继续受损。关于通知的内容，国务院《信息网络传播权保护条例》第14条规定，通知书应当包含以下内容：（1）权利人的姓名（名称）、联系方式和地址；（2）要求删除或者断开链接的侵权作品、表演、录音录像制品的名称和网络地址；（3）构成侵权的初步证明材料。

关于通知的内容可以参照《信息网络传播权保护条例》的有关规定，合格的通知至少应该包括以下内容：（1）提供被侵权人的姓名（名称）、联系方式和地址等个人信息，以便网络服务提供者确认权利人的身份以及与其联系。（2）告知要求采取删除、屏蔽、断开链接等必要措施的侵权信息的网络地址，以便网络服务提供者及时采取措施。（3）要求采取删除、屏蔽、断开链接等必要措施的理由。

关于通知的形式，《信息网络传播权保护条例》第14条规定通知书应当采书面形式，法律条文则未予规定。从文义看，通知的形式不限于书面形式，口头通知（比如电话形式）也是有效的通知。但被侵权人应当在诉讼中证明自己已经以合理的形式将侵权事实及自己的主张通知了网络服务提供者。最高人民法院的司法解释认可，具有以上三项内容且为书面形式时为有效的通知。

### （三）未及时采取必要的措施

通知规则要求网络服务提供者在接到被侵权人的通知后应采取删除、屏蔽、断开链接等必要的措施，阻止公众访问侵权信息。而网络服务提供者对权利人的通知置若罔闻，未采取必要措施的，是一种消极的不作为。对于这种不作为，一旦认定直接侵权行为人的侵权责任成立，则网络服务提供者要承担侵权法责任上的责任。

所谓“必要的措施”，是指足以防止侵权行为继续和侵害后果扩大的措施。《民法典》第1195条列举了删除、屏蔽、断开链接三种措施，实践中网络服务提供者将根据各自所提供的网络服务的类型不同以及实际情况选择使用各种可行的技术手段。

所谓“及时”，是指在接到被侵权人的通知后，在现有的技术水平下可以采取相应措施的合理时间。这应当根据网络服务的性质、有效通知的形式和准确程度、受侵害权益的类型和程度等因素综合判断。

### （四）法院认定侵权成立

法律赋予权利人通知的权利，并不意味着权利人可以不经法院的审理，自行判断侵权责任的成立。通知中所述行为是否成立侵权以及网络服务提供者是否需要承担连带的侵权责任，仍然需要经过法院审判。也就是说，认定是否成立侵权的权力在法院。如果法院经审理认为通知中所述行为不成立侵权，没有侵犯通知发出人的合法权益，而采取删除、屏蔽、断开链接等措施给相关的网络用户造成了损失而需要网络服务提供者承担违约责任的，通知发出人应当对由此造成的损失承担责任。国务院《信息网络传播权保护条例》第24条即规定，因权利人的错误通知而给服务对象造成损失的，权利人应当承担赔偿责任。[①]《民法典》第1195条第2款规定：网络服务提供者接到通知后，应当及时将该通知转送相关网络用户，并根据构成侵权的初步证据和服务类型采取必要措施；未及时采取必要措施的，对损害的扩大部分与该网络用户承担连带责任。

法院对于网络用户的行为是否成立侵权，应当依据案件的具体情况以及相关的法律规定作出判断。比如，原告主张其名誉权受到侵害，则被告的责任构成应符合以下要件：（1）行为人（网络用户）传播了不利于受害人名誉的信息（且不存在相关的免责事由）；（2）受害人有损害（可以是单纯的精神损害，也可以有相关的财产损失）；（3）传播不利于受害人名誉之信息的行为与受害人的损害之间存在因果关系；（4）行为人有过错。具备了这些构成要件，网络用户就应当对通知前已经造成的损害承担单独的侵权责任。在网络用户之行为被认为成立侵权的前提下，如果网络服务提供者被确认“接到通知后未及时采取必要措施的”，则其与网络用户一起对接到通知之后扩大的损害部分承担连带责任。

## 三、通知规则下的责任承担

### （一）通知前的损害

对于通知之前被侵权人的损害部分，由实施直接侵害行为的网络用户单独承担责任，

---

① 《信息网络传播权保护条例》第24条规定：因权利人的通知导致网络服务提供者错误删除作品、表演、录音录像制品，或者错误断开与作品、表演、录音录像制品的链接，给服务对象造成损失的，权利人应当承担赔偿责任。

网络服务提供者无须对此承担任何责任，因为网络用户是直接的侵害行为人，应当对自己的侵害行为承担全部的侵权责任。

### （二）通知后的损害

对于通知之后的损害，也就是“扩大部分的损失”，网络服务提供者如果未采取必要的措施防止侵权信息的继续扩散，则应当对于因未采取必要措施而给被侵权人造成的扩大部分的损失承担连带责任。

所谓“扩大部分的损失”，是指网络服务提供者在接到被侵权人的通知后未采取必要措施而导致侵权后果进一步扩大的部分。换言之，如果网络服务提供者采取了删除、屏蔽、断开链接等必要措施，则不会产生更加严重的损害后果。当然，采取必要措施要在网络服务提供者在客观上及技术上可行的范围内。如果网络服务提供者虽然采取了必要的措施，但仍然未能阻止损害结果的进一步扩大，则网络服务提供者不对此承担侵权责任。

### （三）责任承担方式

通知规则下的责任承担方式主要有赔偿损失（包括精神损害赔偿）、停止侵害、赔礼道歉、消除影响、恢复名誉等。根据所侵害的权利的种类的不同，网络用户或网络服务提供者可能承担其中的一种或几种责任承担方式。

### （四）错误通知的后果

通知人的通知导致网络服务提供者采取删除、屏蔽、断开链接等措施的，被采取措施的网络用户有权请求通知人承担侵权责任，有权请求网络服务提供者在技术条件许可的情况下采取相应的恢复措施。《民法典》第 1195 条第 3 款规定：权利人因错误通知造成网络用户或者网络服务提供者损害的，应当承担侵权责任。法律另有规定的，依照其规定。

“错误通知”造成损害承担侵权责任需要满足以下要件：（1）声称某一网络信息构成侵权，但是最终被法院认定不构成侵权；（2）被投诉或者被起诉的网络用户、网络服务提供者受到损害；（3）“错误通知”行为与网络用户、网络服务提供者遭受损害之间存在因果关系；（4）发出“错误通知”有过错，或为故意或为过失，没有达到一个理性人应当达到的注意程度。此时承担侵权责任的方式包括赔偿损失、恢复网络信息、消除屏蔽、恢复链接等。赔礼道歉、消除影响、恢复名誉的侵权责任承担方式也可以适用于此等案件。

## 四、关于通知转送义务与网络用户声明

《民法典》第 1196 条规定：“网络用户接到转送的通知后，可以向网络服务提供者提交不存在侵权行为的声明。声明应当包括不存在侵权行为的初步证据及网络用户的真实身份信息。”“网络服务提供者接到声明后，应当将该声明转送发出通知的权利人，并告

知其可以向有关部门投诉或者向人民法院提起诉讼。网络服务提供者在转送声明到达权利人后的合理期限内，未收到权利人已经投诉或者提起诉讼通知的，应当及时终止所采取的措施。”依据该条规定，网络服务提供者接到通知后应及时将该通知转送相关网络用户。收到转送通知的网络用户可以向网络服务提供者提交不存在侵权的声明。该声明应当包括不存在侵权行为的初步证据。具体而言，“不存在侵权行为的初步证据”包括：（1）通知所指的侵权事实不存在或者不真实；（2）尽管存在相关事实，但是不构成侵权；（3）具有不承担侵权责任的抗辩事由。

网络服务提供者在收到此等声明后，应该将该声明转送发出通知的权利人，并告知其可以向有关部门投诉或者向人民法院起诉。此时，网络服务提供者承担两项义务：一是转送义务，二是告知义务。这两项义务都不是给付性的义务而是程序性的义务。网络服务提供者只需要在程序上完成这两项义务即可，不产生实体意义上的给付义务。

在网络服务提供者履行上述两项义务后，权利人接到转送来的声明后会有两种选择：（1）认可声明的内容和主张，明示表示不再要求采取删除、屏蔽、断开链接等措施，或者默示，不作出进一步的要求。（2）不认可声明的内容和主张，向用有关部门投诉或者向人民法院起诉。这里的“有关部门”是指国家网络信息管理部门，如国家互联网信息办公室（国家网信办）。

权利人接到声明并明确表示不再要求采取删除、屏蔽、断开链接等措施的，网络服务提供者应当终止已经采取的措施。网络服务提供者在转送声明到达权利人后的合理期限内没有收到权利人已经投诉或者起诉的通知的，应当及时终止已经采取的相关措施，恢复网络信息、消除屏蔽、恢复链接。这里的“合理期限”应当依据具体情况确定。

网络服务提供者在转送声明到达权利人后的合理期限内收到权利人已经投诉或者起诉的通知的，应当按照投诉程序或者民事诉讼法的有关规定，接受行政调查或者参加民事诉讼，执行有关的决定和裁判。

## 第四节　网络服务提供者对网络用户侵害他人权益的责任：知道规则

### 一、知道规则下的侵权责任概述

知道规则也称为“红旗规则”，其基本含义是，由于侵权信息如此显著（如耀眼的“红旗”），网络服务提供者是知道或者应当知道该侵权事实并承担相应的责任。知道规则下的侵权责任，是指网络服务提供者在知道或者应当知道网络用户利用其服务实施侵权行为的情况下，没有主动采取必要的措施制止侵权行为或者防止损害结果的发生的，则要与该网络用户承担连带责任。《民法典》第 1197 条规定：网络服务提供者知道或者应当知道网络用户利用其网络服务侵害他人民事权益，未采取必要措施的，与该网络用户承担连带责任。

## 二、知道规则下的侵权责任构成要件

### （一）网络用户的行为构成侵权

#### 1. 网络用户实施了侵害他人民事权益的行为

与通知规则下的侵权责任相同，知道规则的侵权责任之构成需要网络用户利用互联网实施了侵害他人的合法民事权益的行为。该行为是网络用户实施的，而不是网络服务提供者单独或与他人共同实施的。

#### 2. 网络用户的加害行为给他人造成了损害

网络用户的加害行为已经给受害人造成了现实的损害，如受害人的隐私被泄露、名誉被贬损、著作权被侵害等。在具体案件中，损害也可能是财产损失（《民法典》第1182条）或精神损害（《民法典》第1183条）。

#### 3. 网络用户的加害行为与受害人的损害之间存在因果关系

受害人应当证明网络用户的加害行为与自己所受到的损害之间存在因果关系，否则，网络用户的行为不构成侵权。

#### 4. 网络用户具有过错

在知道规则下对于网络用户的侵权责任仍适用过错责任原则，即网络用户故意或者过失实施了侵害行为。过错的内容包括：（1）知道自己的行为会造成他人损害，追求或者放任损害的发生，谓之故意；（2）应当知道自己的行为将会造成他人损害，但是没有达到应当达到的注意程度，谓之过失。

### （二）网络服务提供者知道侵权事实

从解释学角度讲，“知道”包括“明知”和“应知”两种主观状态。“明知”通常是故意或者重大过失的认知基础，“应当知道”通常是过失的认知基础。最高人民法院《关于审理利用信息网络侵害人身权益民事纠纷案件适用法律若干问题的规定》第6条规定，应综合考虑以下因素，认定网络服务提供者是否构成“知道”：（1）网络服务提供者是否以人工或者自动方式对侵权网络信息以推荐、排名、选择、编辑、整理、修改等方式作出处理；（2）网络服务提供者应当具备的管理信息的能力，所提供服务的性质、方式以及其引发侵权的可能性大小；（3）该网络信息侵害人身权益的类型及明显程度；（4）该网络信息的社会影响程度或者一定时间内的浏览量；（5）网络服务提供者采取预防侵权措施的技术可能性以及其是否采取了相应的合理措施；（6）网络服务提供者是否针对同一网络用户的重复侵害行为或者同一侵权信息采取了相应的合理措施；（7）与本案相关的其他因素。

### （三）未采取必要措施

网络服务提供者在认识到网络用户利用其网络服务侵害他人的民事权益时，负有及时采取必要措施制止侵害行为的义务。未采取必要的措施，实际上就是放任了损害结果的发生。

## 三、知道规则下的责任承担

知道规则下的责任承担方式主要有赔偿损失（包括精神损害赔偿）、停止侵害、赔礼道歉、消除影响、恢复名誉等。根据所侵害的权利的种类的不同，可能承担其中的一种或几种责任承担方式。

## 四、通知规则与知道规则在适用上的关系

尽管法律没有规定通知规则为一般适用的规则、知道规则为特殊（例外）适用的规则，但是从立法过程中两个款项之位置的调整这一情况来看，仍然应当将通知规则理解为一般适用的规则，将知道规则理解为特殊或者例外情况下适用的规则。理由是：(1) 如果没有这样的适用规则，声称权利受到侵害的人在任何情况下都会倾向于依据知道规则主张权利，排除通知规则的适用，使通知规则形同虚设。这显然不是立法者的本意。(2) 普遍地让网络服务提供者承担知道规则下的侵权责任，无疑大大加重了其审查和诉讼负担，有失利益平衡。知道规则作为例外的适用规则，其适用应当符合以下条件：(1) 网络服务提供者确实知道相关的侵权事实；(2) 侵害行为情节恶劣、后果严重。

### 深度阅读

1. 张新宝，任鸿雁. 互联网上的侵权责任：《侵权责任法》第 36 条解读. 中国人民大学学报，2011 (4).

2. 张新宝. 互联网发展的主要法治问题. 法学论坛，2004 (1).

3. 张新宝. 互联网上的侵权问题研究. 北京：中国人民大学出版社，2003.

4. 王利明. 论网络侵权中的通知规则. 北方法学，2014 (2).

5. 熊文聪. 避风港中的通知与反通知规则：中美比较研究. 比较法研究，2014 (4).

6. 梅夏英，刘明. 网络侵权中通知规则的适用标准及效果解释. 烟台大学学报（哲学社会科学版），2013 (3).

7. 刘晋名，艾围利. "避风港规则"的法律适用困境及消解路径. 南京社会科学，2020 (8).

8. 徐伟. 网络侵权中错误通知人的归责原则：兼论《民法典》第 1195 条第 3 款的适用. 法学，2022 (6).

9. 刘金瑞. "避风港"规则的实践困境与完善路径. 云南社会科学，2024 (1).

### 问题与思考

**一、思考题**

1. 试述通知规则以及知道规则下网络服务提供者侵权责任的构成要件及承担。

2. 试述通知规则与知道规则在适用上的关系。

## 二、练习题

1. 甲、乙是同事，因工作争执甲对乙不满，写了一份丑化乙的短文发布在丙网站。乙发现后要求丙网站删除，丙网站不予理会，致使乙遭受的损害扩大。关于扩大损害部分的责任承担，下列哪一说法是正确的？（ ）

A. 甲承担全部责任　　B. 丙承担全部责任

C. 甲和丙网站承担连带责任　　D. 甲和丙网站承担按份责任

2. 甲到乙医院做隆鼻手术效果很好。乙为了宣传，分别在美容前后对甲的鼻子进行拍照（仅见鼻子和嘴部），未经甲同意将照片发布到丙网站的广告中，介绍该照片时使用甲的真实姓名。丙网站在收到甲的异议后立即作了删除。下列哪一说法是正确的？（ ）

A. 乙医院和丙网站侵犯了甲的姓名权，应承担连带赔偿责任

B. 乙医院和丙网站侵犯了甲的姓名权，应承担按份赔偿责任

C. 乙医院侵犯了甲的姓名权

D. 乙医院和丙网站侵犯了甲的姓名权和肖像权，但丙网站可免于承担赔偿责任

3. 甲与乙私下产生矛盾，于是甲在丙网站发布了一篇文章，揭露了乙的隐私并且对乙进行了贬损。文章引起了广泛的关注，丙网站为了吸引流量主动将该文章推荐给其他用户。下列哪一说法是正确的？（ ）

A. 甲侵害了乙的隐私权和名誉权，丙网站不构成侵权

B. 甲与丙网站都构成侵权，应当承担按份责任

C. 甲与丙网站都构成侵权，应当承担连带责任

D. 甲与丙网站都不构成侵权

4. 甲未经乙的允许，将乙未发表的文章发布在丙网站，可以被不特定的用户浏览。乙发现后通知丙网站删除相关链接，并且提供了其真实身份信息以及甲构成侵权的初步证据等。丙网站下架了相关链接并且将通知转送给甲。甲接收到丙网站转送的通知后向丙网站提交了不存在侵权行为的声明，包括其不存在侵权行为的初步证据及真实身份信息等。此时，关于丙网站的义务，下列哪一说法是正确的？（ ）

A. 丙网站只需要将该声明转送给乙，不需要告知其他事项

B. 由于丙网站已经收到甲的声明，因此需要立即恢复已经下架的链接

C. 丙网站应当根据甲的通知和乙的声明，自行判断是否需要恢复链接

D. 丙网站应当将声明转送给乙，并告知其可以向有关部门投诉或者向人民法院提起诉讼

# 第十五章
# 违反安全保障义务的侵权责任

**常考知识点**

安全保障义务　第三人造成损害　补充责任

## 第一节　违反安全保障义务的侵权责任概述

### 一、安全保障义务概述

#### （一）安全保障义务的概念

安全保障义务是指宾馆、商场、银行、车站、机场、体育场馆、娱乐场所等经营场所的经营者、公共场所的管理者、群众性活动的组织者，对于进入此等场所的消费者、群众性活动参与者（被组织者）所承担的保障其人身安全、财产安全的义务。负有安全保障义务的主体如果没有尽到安全保障义务，造成他人损害的，应当承担相应的侵权责任。

一般认为，安全保障义务的法理基础，源自德国法上的“社会交往安全义务”。这种义务并不是《德国民法典》明文规定的一项义务，而是通过 1902 年“枯树案”、1903 年“道路撒盐案”等一系列判例形成的。在“枯树案”中，原告起诉被告（国库），要求赔偿损失，原因是，生长在属于被告的一条公共道路边的一棵树因枯死而折断，原告被砸伤。在“道路撒盐案”中，原告起诉某市一个区的政府，要求赔偿损失，原因是被告没有对积雪的路面喷洒除雪剂和进行清扫，使原告在用于公共交通的石阶上跌倒。在案件审理过程中，德国最高法院提出：“如果某人的物品可能造成他人损害，而该人应该对他人的利益尽到合理的注意以防止这种损害的发生时，那么他就要为这种损害的发生承担责任。”所有者负有保证其物品符合交往安全的责任。①

早期罗马法中，只有积极的致害行为才会导致责任的产生，对于不作为不允许请求赔偿。而在上述案例中，德国法院突破了罗马法上“对于不作为不允许请求赔偿”的理论，提出了“交往安全义务”，并将其广泛适用于交通安全领域。后来随着社会的不断发

---

① 参见［德］马克西米利安·福克斯：《侵权行为法》，齐晓琨译，100～101 页，北京，法律出版社，2006。

展，这一义务扩及其他的社会交往活动中。德国法认为，违反交往安全义务的责任的核心功能就在于避免和防止危险，每个人都应该在自己掌控的范围内采取一切措施来防止给他人造成损害。①

## (二) 安全保障义务的性质

从比较法的角度看，国内外学说对安全保障义务的法律性质存在以下不同意见：（1）约定的义务或法定的义务；（2）基础性义务（本质性义务）或附随义务；（3）单一的义务或双重的义务。典型的大陆法系国家对于安全保障义务的性质以及违反安全保障义务的法律责任的性质均无统一的答案。德国法院用扩大的合同关系来解决某些安全保障义务的问题，同时又在法典中就雇主对雇员的生命、健康之保护义务作出了明确规定。法国法上之保安义务（obligation de securité）既涉及侵权责任法又涉及合同法。

之所以出现上述理论上的差异，原因在于：（1）国外民法典对安全保障义务没有作出一般性规定，其理论和法律规则都是在法典之外发展起来的，这就容易发生歧义。（2）具有侵权责任法性质的特别法规范对许多情况下的安全保障义务作出了明确规定，使这种义务成为“法定”义务；但是，也有一些具有合同法性质的规范对当事人的安全保障义务作出要求，使其成为合同法领域的一个问题。（3）侵权责任法的立法模式、侵权损害赔偿请求权与违约损害赔偿请求权的时效差异以及赔偿范围的差异。②

我国学者对此也存在两种不同的观点，既有主张安全保障义务是合同义务者，也有主张其为法定义务者。在司法实践中，有法院曾将安全保障义务认定为合同上的义务。如对于著名的“银河宾馆案”，其二审法院上海市第一中级人民法院就认为：宾馆作为服务性行业，以向旅客提供相应的住宿环境和服务来获取旅客付出的报酬。任何旅客入住宾馆时，都不会希望自己的人身、财产在入住期间受到侵害；任何宾馆在接待旅客时，也不愿意出现旅客的人身、财产被侵害事件，以致影响自己宾馆的客流量。因此，根据住宿合同的性质、目的和行业习惯，避免旅客人身、财产受到侵害就成为此类合同的附随义务。按照收费标准的不同，各个宾馆履行合同附随义务的方式也会有所不同，但必须是切实采取有效的安全防范措施，认真履行最谨慎之注意义务，在自己的能力所及范围内最大限度地保护旅客的人身、财产不受非法侵害。住宿合同一经成立，无论宾馆是否向旅客出具口头的或者书面的安全保证或承诺，合同的附随义务都随之产生并客观存在。该案中，银河宾馆向旅客承诺“24 小时的保安巡视，确保您的人身安全”，是自愿将合同的附随义务上升为合同的主义务，因此，其更应当恪尽职守履行这一义务。

笔者认为，由于《民法典》有明确规定，在我国安全保障义务原则上属于法定的作为义务。

### 1. 作为义务

安全保障义务原则上是一项作为义务，即安全保障义务人必须为积极的作为行为，保障他人的人身安全和财产安全。具体而言，就是要有符合法律、法规要求或者行业惯

① 参见［德］马克西米利安·福克斯：《侵权行为法》，齐晓琨译，102 页，北京，法律出版社，2006。
② 参见张新宝、唐青林：《经营者对服务场所的安全保障义务》，载《法学研究》，2003（3）。

例的相关安全保障措施。作为义务的内容主要体现在两个方面：（1）硬件方面，包括设施和人员配备。公共场所使用的建筑物及配套设施、设备应当安全可靠。有国家强制标准的，应当符合国家强制标准；没有国家强制标准的，应当符合行业标准；没有行业标准的，也应当达到从事该行业所需要的安全标准。同时，在日常管理中应当保证各种设施设备处于良好的运行状态。公共场所应当配备相应的消防设备，并保证其能够随时使用；应当设置合理的紧急疏散通道，以便紧急状态下公共场所内的人员有序疏散。同时，公共场所的管理者和群众活动的组织者还应当采取有效措施防范和制止第三人对活动参与人实施侵害。公共场所，尤其是一些经营场所，应当配备具有相关行业安全保障知识和能力的专业人员。（2）软件方面，包括管理和告知义务。公共场所的管理人员和群众性活动的组织者应当对进入场所内的公众进行相应事项的告知，特别是对于一些具有危险性的活动，要将注意事项逐项提前告知。比如在电影院开场之前告知观众紧急出口及观众自己所处的位置，又如某些体育运动项目应当注意哪些问题、哪些人不能从事该项运动，等等。关于软件方面的管理和告知义务没有一个统一的标准，其与承担安全保障义务的场所的性质、主体的能力、管理者所能控制的范围等因素相关。

消极不作为往往构成相关主体对安全保障义务的违反。安全保障义务人不采用符合安全规范要求的设施或设备，不采取适当的安全措施，不设置必要的警示或不进行必要的劝告、说明，不配备适当的保安或救生员等，均属于违反安全保障义务的行为。①

**2. 法定义务**

安全保障义务原则上属于法定义务。认为其为约定义务的观点无法解决那些与安全保障义务人没有合同关系的受害人的损害赔偿问题，也无法解决当事人在合同中未约定或者约定不明确的事项的损害赔偿问题。在特殊情况下，即使有合同关系存在，合同中也有相应的约定义务，但受害人根据违约责任获得的赔偿数额远远小于根据侵权责任所获得的赔偿数额。另外，尽管理论上可以将部分安全保障义务解释为合同法上的附随义务，但从我国立法实践看，大量法律、法规规定了各种情况下的安全保障义务，而合同法没有（也不可能）对此作出明确的列举性规定，因此，将我国的安全保障义务原则上确定为法定义务比较妥当，符合我国法律、法规所建立起来的义务体系的模式。因此，违反安全保障义务造成损害的，承担的是侵权责任而非违约责任。

**3. 与相关义务的关系**

（1）与合同法上的附随义务的关系。

附随义务是20世纪以来大陆法系的判例和学说依据诚信原则而提出的概念。依王泽鉴先生所述，附随义务，并非在给付义务之始确定，而是随着债的关系的发展而在个别情况下要求当事人有所作为或不作为，以维护相对人的利益。附随义务又分为独立的附随义务和非独立的附随义务。非独立的附随义务依其功能可分为辅助实现债权人之给付利益的义务（如照顾义务、说明义务、忠实义务、不作为义务等）和避免侵害债权人之人身或财产上利益的义务（如保护义务）两类。其中，保护义务（德国法上统称为

---

① 参见张新宝、唐青林：《经营者对服务场所的安全保障义务》，载《法学研究》，2003（3）。

Schutzpflicht）的性质与侵权责任法上之交往安全义务性质相同，而与给付义务的关联较为疏远。①

（2）与约定义务的关系。

安全保障义务多为法定义务，但不排除在特定情况下为当事人之间的约定义务。对于法律没有规定的安全保障义务，如果当事人之间以合同进行约定或者当事人之间通过合同约定的保障义务高于法律规定的安全保障义务，则可以按照合同的约定来处理当事人之间的纠纷。

（3）与信赖利益保护的关系。

安全保障义务是一项法定义务，在法律没有规定安全保障义务的情况下，当事人之间基于先前行为而产生的信赖利益同样应当受到保护。

### （三）安全保障义务的主体

根据《民法典》第 1198 条的规定，负有安全保障义务的主体包括三类民事主体：（1）宾馆、商场、银行、车站、机场、体育场馆、娱乐场所等经营场所的经营者；（2）公共场所的管理者；（3）群众性活动的组织者。

#### 1. 经营场所的经营者

我国学者于 2003 年首次提出"安全保障义务"的概念。安全保障义务提出之初，其适用范围仅仅限于"经营者"，其是指经营者在经营场所对消费者、潜在的消费者或者进入服务场所的人员的人身、财产依法承担的安全保障义务。② 其后，2003 年《人身损害赔偿司法解释》以一般安全注意义务理论为蓝本并考虑我国当时的社会发展程度，从利益平衡角度出发对安全保障义务作出了一般性的规定。2003 年《人身损害赔偿司法解释》第 6 条将负有安全保障义务的主体明确为"从事住宿、餐饮、娱乐等经营活动或者其他社会活动的自然人、法人、其他组织"。《侵权责任法》第 37 条规定，负有安全保障义务的主体主要是宾馆、商场、银行、车站、娱乐场所等公共场所的管理人或者群众性活动的组织者。《民法典》第 1198 条将安全保障义务的主体分为三类，经营者是最重要的一个类型。该条所列举的宾馆、商场、银行、车站、机场、体育场馆、娱乐场所是常见的经营场所，为不完全列举。其他经营场所如大卖场、证券交易厅等都属该条中"等"的范围，其经营者都是该条规定的义务主体。

#### 2. 公共场所的管理者

《侵权责任法》第 37 条将负有安全保障义务的主体扩大到"公共场所的管理人和群众性活动的组织者"。《民法典》第 1198 条将公共场所的管理人与前述经营者并列规定为安全保障义务主体。也就是说，经营者要对进入其经营场所的消费者和潜在消费者承担安全保障义务，非经营性公共场所的管理者同样对进入该公共场所的人员负有安全保障义务。该条所称公共场所是指非经营性的场所，此等场所向不特定的公众开放，而不是仅限于特定身份成员进入的私密场所。市镇公园和其他游览、休闲、运动场地，广场、

---

① 参见王泽鉴：《民法学说与判例研究》，第 4 册，84 页，北京，中国政法大学出版社，2005。

② 参见张新宝、唐青林：《经营者对服务场所的安全保障义务》，载《法学研究》，2003（3）。

步行街、健走道路等，属于公共场所。

**3. 群众性活动的组织者**

群众性活动是指非官方的多数人参加的活动。与群众性活动相对应的是官方活动。官方活动是指公权力机关或依公权力机关授权而举行的多数人参加的活动。群众性活动的组织者违反安全保障义务的，对活动中发生的损害承担侵权责任。而官方活动中发生损害的，一般按国家赔偿法处理。

人们在社会生活中除个体性活动外，还经常要参加各种各样的大型集会和群众性活动，而这些集会和群众性活动的组织者虽然不是经营性活动的经营者，也未必是公共场所的管理人，但作为活动的组织者，他们同样对参加活动的公众负有相应的安全保障义务。

### （四）安全保障义务人承担侵权责任的法理依据

**1. 过错说**

按照过错责任理论，过错是行为人承担民事责任的基础。之所以由行为人承担相应的民事责任，是因为其主观上有可归责的事由（故意或者过失）。正如德国著名法学家耶林所述，不是损害而是过错使侵害者负有赔偿义务。过错说认为安全保障义务人既然对于损害结果的发生有过错，就应承担因过错而产生的侵权责任。违反安全保障义务，本质上是违反法定或者约定的注意义务，相关管理人、组织者等没有达到应当达到的注意程度，主观上有过错，因而对他人的损害承担相应的侵权责任。

**2. 控制说**

控制说认为，安全保障义务人对于潜在的危险具有控制力。正如克雷斯蒂安·冯·巴尔教授所言："在属于不作为责任之原始形态的对他人侵权行为之责任领域内，（倘若未规定严格责任）监督者控制潜在危险的义务来源于他对危险源的控制力。"① 公共场所的管理人和群众性活动的组织者如果了解服务设施、设备的性能以及相应的管理法律、法规的要求，了解服务场所和活动场所的实际情况，就具有更为强大的力量和更加专业的知识，更能预见可能发生的危险和损害，更有可能采取必要的措施（如警示、说明、劝告、救助）防止损害发生或减轻损害。而消费者或者群众性活动的参与者，在接受服务或者参加群众性活动时，就有合理的理由相信公共场所的管理人和群众性活动的组织者能够保护其人身利益和财产利益不受侵害。

**3. 利益说**

利益说主张风险与收益相一致的理论，该理论主要针对获取经济利益的经营者。克雷斯蒂安·冯·巴尔教授认为，除了特定信任关系也受侵权责任法保护的法律观念，从危险源中获取经济利益者也经常会被视为是具有制止危险义务的人。② 服务场所的经营

---

① ［德］克雷斯蒂安·冯·巴尔：《欧洲比较侵权行为法》（下卷），焦美华译，张新宝审校，269页，北京，法律出版社，2001。

② 参见上书，271页。

者所从事的是一种营利性的活动，能够从中得到收益，尽管有的消费者并不一定接受服务并支付费用，而只是参观甚至路过，但是作为整体的消费者群无疑会向经营者支付费用而使其获利。经营者当然要为每一位潜在的消费者尽安全保障方面的义务。而如果每个经营者都做到了“各扫门前雪”的话，虽然可能会增加经营成本，但也会改善消费环境，促进消费者走出家门去消费的兴趣，进而间接地促进经济的繁荣。这样，又会增进消费，从而有利于经营者作为一个整体获得更大的长远利益。可见，这最终还是有利于经营者的，而法律要求他们承担这个义务是合理的。因此，根据收益与风险相一致的理论，经营者应当承担安全保障义务。

对于非营利性公共场所的管理者和群众性活动的组织者而言，其活动也许无法获取即期的有形的经济利益，但其管理和组织行为是服务于长远的经济利益或者整体的社会利益的。因此，非营利性公共场所的管理者和群众性活动的组织者也应当对进入自己管理的场所的人员的人身安全和财产安全承担保障义务。

**4. 经济分析说**

经济分析说主张从社会经济学的角度比较预防损害的发生和对损害进行赔偿哪个成本更低。对于节约社会总成本而言，要求安全保障义务人承担避免和减少损害发生的成本显然比进行损害赔偿的成本要低。因此，要求安全保障义务人承担安全保障义务，避免损害发生，从社会整体角度而言更具有经济性。

## 二、违反安全保障义务的侵权责任的种类和特征

### (一) 违反安全保障义务的侵权责任的种类

**1. 安全保障义务人对自己过错的侵权责任**

根据《民法典》第1198条第1款的规定，安全保障义务人未尽到安全保障义务，造成他人损害的，应当承担侵权责任。也就是说，损害的结果是安全保障义务人未能合理防控现实危险或者潜在危险造成的，没有任何第三人之行为的介入。在此等情形下，安全保障义务人因为未尽到安全保障义务而对自己的过错承担直接责任。

**2. 安全保障义务人对第三人造成损害的补充责任**

根据《民法典》第1198条第2款，因第三人的行为造成他人损害的，由第三人承担侵权责任；经营者、管理者或者组织者未尽到安全保障义务的，承担相应的补充责任。在第三人实施侵权行为时，该第三人的过错行为是损害结果发生的直接原因，安全保障义务人往往只是不作为，而其不作为并不是造成损害结果发生的真实原因。但恰恰由于其存在不作为的情形，即未尽到应有的安全保障义务，所以其需要承担补充的赔偿责任。

补充责任的含义是：因第三人侵权导致损害结果发生的，由实施侵害行为的第三人承担责任；安全保障义务人有过错的，应当在其能够防止或者制止损害的范围内承担相应的补充赔偿责任。①

---

① 参见张新宝：《侵权责任法》，188页，北京，中国人民大学出版社，2006。

依据《民法典》第 1198 条第 2 款的规定，安全保障义务人履行赔偿义务后，取得对实施直接加害行为的第三人的追偿权。安全保障义务人可以根据追偿权，在其支付给被侵权人一方的赔偿数额范围内，请求实施直接加害行为的第三人偿付。

### (二) 违反安全保障义务的侵权责任的特征

#### 1. 违反安全保障义务的侵权责任是过错责任

虽然法律条文没有明确规定违反安全保障义务的侵权责任为过错责任，但是无论从比较法的角度，还是从我国理论界、实务界一致看法的角度，违反安全保障义务的责任的性质是过错责任，而且是一般过错责任。[①] 安全保障义务人承担责任是由于其有过错，即未尽到安全保障义务。违反安全保障义务致使受害人人身、财产损害的，安全保障义务人只有在自己有过错的情况下才承担责任，没有过错不承担责任。并且，对于过错的举证责任，原则上应当由受害人一方承担，只有在法律、法规明确规定由安全保障义务人对自己没有过错承担举证责任的情况下，才适用过错推定。

#### 2. 自己责任与对第三人造成的损害的侵权责任

违反安全保障义务可能产生自己责任和对第三人造成的损害的侵权责任两种责任。安全保障义务人未尽到安全保障义务，造成他人损害的，在没有第三人介入的情况下应当承担自己责任。在第三人造成损害的情况下，安全保障义务人如果未尽到安全保障义务，也要承担相应的补充责任。

#### 3. 完全赔偿责任与补充责任

安全保障义务人对自己责任承担全部的赔偿责任；在第三人造成损害时未尽到安全保障义务的，仅在其过错范围内承担相应的补充责任。

## 第二节　安全保障义务人对自己过错的侵权责任

### 一、概述

安全保障义务人对自己过错的侵权责任，是指安全保障义务人在自己承担安全保障义务的场所或组织的活动中，没有尽到安全保障义务，比如其所提供的保障安全的硬件、软件设施达不到强制的或者合理的标准，造成他人人身损害或者财产损失的，应当承担侵权责任。也就是说，损害的结果是由安全保障义务人未能合理防范或者制止的危险或者潜在危险造成的，没有任何第三人之行为的介入。在这种情形下，安全保障义务人因为未尽到安全保障义务而对自己的过错承担直接责任。

安全保障义务人对自己过错的侵权责任具有如下特征：(1) 它是安全保障义务人对自己违反义务造成的损害的责任，而不是对他人之侵害行为造成的损害的责任；(2) 它

---

① 参见王利明主编：《中华人民共和国侵权责任法释义》，167 页，北京，中国法制出版社，2010。

是一般过错责任，而不是无过错责任，也不适用过错推定；（3）安全保障义务人的行为往往表现为消极的不作为。

## 二、侵权责任的构成要件

### （一）安全保障义务人的过错

安全保障义务人的过错，是指安全保障义务人未能尽到安全保障义务，比如，其所提供的保障安全的硬件或软件设施达不到强制的或者合理的标准，对于损害结果的发生具有过失。此处的过失表现为一种不注意的心理状态，是应当注意而没有注意。

冯·巴尔教授把危险控制义务分成两类。第一类是指安全警示义务。这里主要涉及的是一些警告或者告知的发出，但在特别危险的情况下可能要求明示禁止或者提供必要的帮助及设备，如危险地带照明、挂警示牌，甚至向受威胁者单独阐明危险。第二类就是以直接排除危险源为目的的义务，如对坑和洞的及时填补而不是安置警示牌；在舞池地面滑时不是竖立指示牌而是涂上防滑剂；参加活动的巨大人流应该被组织者引入为参与者安排的不同的安全地点等。通常来讲，履行了第一类注意义务所能提供的安全系数小于第二类注意义务的履行结果的安全系数，因此，履行了警告、指示或类似措施义务尚不足以避免过失责任。①

判断安全保障义务人是否适当、全面地履行了安全保障义务的一般标准是：其是否达到了法律、法规、规章或者操作规定等所要求达到的注意程度；是否达到了同类管理者、组织者所应当达到的通常注意程度；是否达到了一个诚信善良的管理者、组织者应当达到的注意程度。

对过失的有无和大小的判断，既要把握一般标准，又要依靠个案分析，把个案中管理者、组织者的实际行为和法律、法规的要求以及同类管理者、组织者所应达到的注意标准或一个一般诚信之人应当达到的注意程度进行比较，以确定具体案件中的安全保障义务人是否尽到了安全保障义务，进而认定其有无过错。

### （二）安全保障义务人的不作为

在违反安全保障义务的侵权责任构成要件中，安全保障义务人对于损害的发生表现出消极的不作为，即违反了法定的作为义务。也就是说，应当履行作为义务的安全保障义务人，由于未尽到安全保障义务，或者其提供的保障安全的硬件或软件设施达不到强制的或者合理的标准，而造成受害人的权利受到损害。如安全保障义务人的硬件设施不符合安全管理规范而直接导致受害人的人身损害、财产损失；公共场所的管理者未提供安全的活动环境而造成活动参与者受到损害等。

通常情况下，对作为义务的考察可以结合安全保障义务的内容来认定，以确定安全保障义务人是否履行了作为义务。根据不同案件的具体情况作为义务的内容具有多样性，

---

① 参见［德］克雷斯蒂安·冯·巴尔：《欧洲比较侵权行为法》（下卷），焦美华译，张新宝审校，275～276页，北京，法律出版社，2001。

在实际案件中，法官要根据安全保障义务人所处的行业并结合法律、法规要求和行业惯例来综合考虑其是否已经尽到了合理的安全保障义务。

### （三）受害人的损害

受害人的损害包括人身损害和财产损失。人身损害是指受保护的生命权、健康权受到损害的事实，也包括在此过程中受到精神损害的事实。财产损失主要表现为直接的财产损失，即由于安全保障义务人违反安全保障义务而造成受害人的财产或者财产利益受到损害的事实。

### （四）安全保障义务人的不作为与受害人的损害之间的因果关系

在安全保障义务人对自己过错的侵权责任的构成要件中，对安全保障义务人的不作为与受害人的损害之间的因果关系的理解是一个较为复杂的问题。法律上对于不作为的侵权责任是有一定限制的：构成不作为的侵权，要以存在法定的作为义务为前提。

关于安全保障义务人的不作为与受害人的损害之间的因果关系的认定，应当较多地考虑“近因关系”理论和“法律上的原因理论”。关于对二者间之因果关系的理解，应当从“如果安全保障义务人尽到了安全保障义务，则损害结果可以避免或者减轻”的角度予以理解，即如果安全保障义务人履行了法定的安全保障义务，损害结果就不会发生或者可减轻，则认为存在因果关系，否则，不认为存在因果关系。关于受害人的举证责任，不是要求其证明不作为与损害结果之间的因果关系，而是要求证明：（1）安全保障义务人负有法定的安全保障义务；（2）如果安全保障义务人履行了该作为义务，则极有可能避免损害的发生。

## 三、侵权责任的承担

### （一）完全赔偿责任

通常情况下，安全保障义务人对自己的过失承担完全的赔偿责任。也就是说，对于在自己承担安全保障义务的场所内因自己的过失而造成的损害，安全保障义务人应当承担完全的赔偿责任。

### （二）对受害人过错等因素的考虑

与其他侵权案件一样，安全保障义务人因为违反安全保障义务而对自己的过失承担侵权责任时，也应当考虑受害人过错等因素。如果在这类案件中，受害人自身亦存在过错，则可以减轻或者免除安全保障义务人的赔偿责任。在“男子冰面遛狗溺亡索赔案”中，法院判决被告不承担侵权责任。①

---

① 参见张新宝：《公共场所管理者的安全保障义务与侵权责任：男子冰面遛狗溺亡索赔案简评》，载《法制日报》，2020－04－15，法学院版。

# 第三节　安全保障义务人对第三人造成损害的侵权责任

## 一、第三人造成损害概述

### （一）第三人造成损害的概念

第三人造成损害，是指受害人遭受的损害是第三人的侵害行为直接造成的，而非安全保障义务人的行为造成的。此等损害本应由实施该直接侵害行为的第三人承担侵权责任。但是，安全保障义务人未尽到安全保障义务的，应当承担相应的补充责任。这里的第三人，仅指法律上完全独立于安全保障义务人的自然人、法人或非法人组织，不包括安全保障义务人的雇员、被监护人。在“第三人的积极侵害行为＋安全保障义务人的消极不作为”的情况下，第三人承担侵权责任，安全保障义务人承担补充责任。

### （二）第三人造成损害与安全保障义务人的责任关系

第三人实施的侵害行为导致损害结果发生的，由实施侵害行为的第三人承担赔偿责任；安全保障义务人对损害的发生有过错的，应当在其能够防止或者制止损害的范围内承担相应的补充赔偿责任。在承担补充责任后，安全保障义务人有权向直接实施侵害行为造成损害的第三人追偿。

## 二、安全保障义务人承担侵权责任的要件

### （一）损害是第三人的直接侵害行为造成的

在安全保障义务人因第三人在自己负有安全保障义务的场所内（或者组织的活动中）实施侵害行为而承担补充责任的情形下，损害是第三人的直接侵害行为造成的，而非安全保障义务人的过失行为造成的。第三人的直接侵害行为是损害发生的直接的事实上的原因。

### （二）安全保障义务人有过失

在第三人造成损害的情况下，对于安全保障义务人仍适用过错责任原则。在这种情况下，既不构成共同侵权，也不适用原因力理论。安全保障义务人之所以对第三人造成的损害承担补充的侵权责任，是由于其对损害的发生具有过失。在第三人直接实施侵害行为的情况下，安全保障义务人的过失在于：有义务防止或者制止损害的发生，而没有防止或者制止损害的发生。当然，其防止或制止损害发生的义务应当在其能够防止或者制止损害的范围内，如普通的餐馆老板不可能防止或制止全副武装的攻击事件，更不可能防止或制止精心策划的恐怖爆炸事件。

安全保障义务人如果能够证明自己已经尽到了安全保障义务，即自己没有过失，则

不需要承担侵权责任。

### （三）受害人遭受人身损害或财产损失

所谓无损害则无救济。受害人在安全保障义务人经营、管理的场所内或者组织的活动中遭受了人身损害或者财产损失，才可以要求安全保障义务人承担补充责任。

### （四）因果关系

**1. 第三人的直接侵害行为足以导致损害的发生**

第三人实施的侵害行为是造成损害结果的直接的事实上的原因，其行为足以导致损害的发生。也就是说，不论是否存在安全保障义务人违反安全保障义务的行为，该第三人的直接侵害行为都将导致损害的发生。安全保障义务人只是未能防止或者制止损害结果的发生。

**2. 安全保障义务人的不作为在因果关系上的意义**

在第三人造成损害的情况下，安全保障义务人违反安全保障义务的行为仅仅是损害发生的间接原因，因为造成损害发生的直接原因是第三人的直接侵害行为。第三人的直接侵害行为是造成损害的全部或者主要的原因。安全保障义务人的不作为只是未能防止或制止损害结果的发生。应该说，该不作为是导致最终的损害结果的一个必要条件，而并非原因。

## 三、第三人造成损害情况下的责任承担

### （一）第三人的全部赔偿责任

根据自己责任的原则，在第三人造成损害的情况下，实施侵害行为的该第三人对自己的行为应当承担侵权责任，并且是对损害后果承担全部的赔偿责任。

### （二）安全保障义务人承担“相应的补充责任”

**1. 补充责任**

在第三人直接为侵害行为造成他人损害的情况下，安全保障义务人未尽到安全保障义务的，应当承担补充责任。因第三人的侵害行为导致损害结果发生的，由实施侵害行为的第三人承担责任。安全保障义务人有过错的，应当在其能够防止或者制止损害的范围内承担相应的补充赔偿责任。所谓补充责任，意味着安全保障义务人承担的是第二顺位的赔偿责任。在第三人造成损害的情况下，实施直接侵害行为的第三人作为直接责任人承担的是第一顺位的赔偿责任，安全保障义务人作为补充责任人承担的是第二顺位的赔偿责任。只有当第一顺位的直接责任人无力赔偿时，第二顺位的安全保障义务人才作为补充责任人承担赔偿责任。

**2. “相应的补充责任”**

所谓相应的补充责任，是指安全保障义务人承担责任的大小取决于直接责任人承担

责任的大小。由实施侵害行为的第三人或其他负有责任的人（如加害人的雇主、监护人）承担责任的，安全保障义务人不承担责任；只有在直接侵害行为人无法确定时，才由安全保障义务人承担相应的补充责任；如果虽能够确定直接侵害行为人，但是其财力不足以承担全部责任时，则先由直接侵害行为人尽力承担责任，剩余部分由负有安全保障义务的人承担相应的补充责任。所谓"相应"，是指与其过错的大小相当。"相应的补充责任"并不意味着"全部补充"责任。

## 深度阅读

1. 张新宝，唐青林. 经营者对服务场所的安全保障义务. 法学研究，2003（3）.

2. 张新宝. 我国侵权责任法中的补充责任. 法学杂志，2010（6）.

3. 杨立新. 论违反安全保障义务侵权行为及其责任. 河南省政法管理干部学院学报，2006（1）.

4. 张民安. 人的安全保障义务理论研究兼评《关于审理人身损害赔偿案件适用法律若干问题的解释》第 6 条. 中外法学，2006（6）.

5. 刘召成. 违反安全保障义务侵权责任的体系构造. 国家检察官学院学报，2019（6）.

6. 万方. 公私法汇流的闸口：转介视角下的网络经营者安全保障义务. 中外法学，2020（2）.

7. 洪国盛. 论第三人行为与违反安全保障义务的责任承担. 法学，2020（9）.

8. 汪倪杰. 论《民法典》视域下安全保障义务的边界：对第 140、141 号指导案例的理论回应. 法商研究，2022（6）.

## 问题与思考

**一、思考题**

1. 如何认识安全保障义务的性质与种类？

2. 如何理解安全保障义务人"相应的补偿责任"？

**二、练习题**

1. 简述安全保障义务人承担侵权责任的法理依据。

2. 简述安全保障义务人的侵权责任的承担。

3. 梁某与甲旅游公司签订合同，约定梁某参加甲公司组织的旅游团赴某地旅游。旅游出发前 15 日，梁某因出差通知甲公司，由韩某替代跟团旅游。旅游行程进行到一半时，甲公司不顾韩某反对，将其旅游业务转给乙公司。乙公司组织游客参观某森林公园，该公园下属观光小火车司机操作失误致火车脱轨，韩某遭受重大损害。下列哪些表述是正确的？（　　）

A. 即使甲公司不同意，梁某仍有权将旅游合同转让给韩某

B. 韩某有权请求甲公司和乙公司承担连带责任

C. 韩某有权请求某森林公园承担赔偿责任

D. 韩某有权请求小火车司机承担赔偿责任

4. 小偷甲在某商场窃得乙的钱包后逃跑，乙发现后急追。甲逃跑中撞上欲借用商场厕所的丙，因商场地板湿滑，丙摔成重伤。下列哪些说法是错误的？（ ）

A. 小偷甲应当赔偿丙的损失

B. 某商场须对丙的损失承担补充赔偿责任

C. 乙应适当补偿丙的损失

D. 甲和商场对丙的损失承担连带责任

## 第十六章

# 幼儿园、学校等教育机构的侵权责任

**常考知识点**

幼儿园、学校等教育机构的侵权责任　对自己过错的侵权责任　对第三人造成损害的侵权责任　追偿权

## 第一节　幼儿园、学校等教育机构的侵权责任概述

### 一、幼儿园、学校等教育机构的侵权责任的概念

#### (一) 幼儿园、学校等教育机构的侵权责任的概念

幼儿园、学校等教育机构的侵权责任，是指幼儿园、学校等教育机构对无民事行为能力人或者限制民事行为能力人在幼儿园、学校等教育机构学习、生活期间受到的人身损害承担侵权责任。幼儿园、学校等教育机构的侵权责任成为我国侵权责任法上的重要问题，与校园伤害事故频发密切相关。20 世纪 90 年代以来，我国学生伤害事故因为学校教学生活设施、学校食品安全、教学活动甚至教师体罚、校外伤害等原因频频发生，学生的人身安全已经成为社会关注的焦点问题。为了应对新形势下的校园伤害事故，教育部在 2002 年颁布了《学生伤害事故处理办法》，最高人民法院在 2003 年《人身损害赔偿司法解释》中专门规定了学校等教育机构的责任（第 7 条），《侵权责任法》则在总结经验的基础上用三个条文规范幼儿园、学校等教育机构的侵权责任。《民法典》大致继受了《侵权责任法》的相关规定。

理解幼儿园、学校等教育机构的侵权责任，需要把握以下几点。

(1) 幼儿园、学校等教育机构承担的是侵权责任。幼儿园、学校等教育机构对幼儿、学生所遭受的人身损害可能承担违约责任等其他民事责任，但侵权责任法规范的幼儿园、学校等教育机构仅承担侵权责任。实践中，幼儿园、学校等教育机构承担的民事责任也主要是侵权责任。

(2) 幼儿园、学校等教育机构承担的侵权责任是对人身损害的赔偿责任。幼儿、学生在幼儿园、学校等教育机构学习、生活期间可能遭受人身损害，也可能遭受财产损失，侵权责任法仅仅对人身损害作出了专门规定。

（3）幼儿园、学校等教育机构的侵权责任是对幼儿、学生遭受的人身损害承担责任。这里的侵权责任，不包括幼儿、学生致人损害的赔偿责任。在幼儿园、学校等教育机构的侵权责任中，幼儿、学生属于受害主体而不是加害主体。在幼儿、学生不法加害他人时，幼儿园、学校等教育机构可能基于监督过错对第三人承担赔偿责任，这种责任不同于幼儿园、学校等教育机构对幼儿、学生的赔偿责任。侵权责任法所规定的幼儿园、学校等教育机构的侵权责任仅仅是幼儿园、学校等教育机构对幼儿、学生受害的责任，而不包括幼儿园、学校等教育机构对幼儿、学生加害他人的责任。即使幼儿园、学校等教育机构对幼儿、学生之间的伤害承担责任，也是基于幼儿、学生为受害人，而不是因为幼儿园、学校等教育机构要对幼儿、学生的加害“行为”负责。所以，幼儿园、学校等教育机构的侵权责任不属于对他人的侵害行为负责的责任，从而与监护人责任、用人者责任存在根本区别。

（4）幼儿园、学校等教育机构承担侵权责任，被侵权人为无民事行为能力人或者限制民事行为能力人。《民法典》第1199条～第1201条规定的幼儿园、学校等教育机构承担侵权责任，被侵权人为无民事行为能力人（第1199条）或者限制民事行为能力人（1200条），第1201条是对第三人的侵害行为造成无民事行为能力人、限制民事行为能力人遭受人身损害情形的责任之规定。如果受害人（被侵权人）为完全民事行为能力人，则不适用这三条规定，而适用《民法典》第1165条第1款等条文的规定。

### （二）相关概念讨论

#### 1. 幼儿园、学校等教育机构

《民法典》侵权责任编第三章所规定的“幼儿园、学校等教育机构”是指传授文化知识和技能的法人或者非法人组织，学校以及其他教育机构。幼儿园在相关条文中与学校并列规定。幼儿园是指对3周岁以上学龄前幼儿实施保育和教育的机构；学校是指国家或者社会力量举办的各类中小学、中职学校；其他教育机构，是指各类亲子班、学前班、训练营、辅导班、培训班等各类教育服务的提供者。高等学校的在校学生绝大多数为年满18周岁的成年人，因此，此处的“学校”原则上不包括高等学校。在高等学校发生了校园伤害事故等，侵权责任按照《民法典》第1165条第1款等一般性规定处理。

#### 2. 教育、管理职责和保护义务

幼儿园、学校等教育机构承担侵权责任的根本原因是未尽到“教育、管理职责”。该“教育、管理职责”的用语直接来自教育部《学生伤害事故处理办法》和2003年《人身损害赔偿司法解释》的规定。《学生伤害事故处理办法》第5条第2款规定：学校对学生进行安全教育、管理和保护，应当针对学生年龄、认知能力和法律行为能力的不同，采用相应的内容和预防措施。2003年《人身损害赔偿司法解释》第7条第1款曾规定：对未成年人依法负有教育、管理、保护义务的学校、幼儿园或者其他教育机构，未尽职责范围内的相关义务致使未成年人遭受人身损害，或者未成年人致他人人身损害的，应当承担与其过错相应的赔偿责任。以上规范性文件中的“教育、管理职责”“教育、管理、保护义务”具有同一含义，是指教育机构对幼儿、学生的教育、指导、监督、保护、照

顾以及组织、管理等各项职责和义务，其总的目的在于保障幼儿、学生的人身安全，防止发生幼儿、学生伤亡事故。因而，“教育、管理职责”并不需要细分为教育上的职责、管理上的职责等各种职责，完全可以归结为对幼儿、学生的人身安全的保护义务，简称保护义务。幼儿园、学校等教育机构承担责任的原因正是其违反了对幼儿、学生的安全保护义务。

## 二、幼儿园、学校等教育机构的侵权责任的类型

法律没有对幼儿园、学校等教育机构承担侵权责任采用统一的规则，而是区分情形规定了不同情形下幼儿园、学校等教育机构的不同责任种类，从而形成了不同的幼儿园、学校等教育机构的侵权责任类型。幼儿园、学校等教育机构的侵权责任是一组构成要件和责任形态不同的幼儿园、学校等教育机构的侵权责任的总称，可以分为以下类型。

### （一）对自己过错的侵权责任与对第三人造成的损害的侵权责任

《民法典》第 1199 条、第 1200 条规定了幼儿园、学校等教育机构对自己过错的侵权责任，第 1201 条规定了幼儿园、学校等教育机构对第三人造成的损害的侵权责任以及第三人的侵权责任。这两种责任的构成要件和责任形态存在重要区别。

（1）造成损害的直接原因不同。在幼儿园、学校等教育机构对自己过错的侵权责任中，损害是源于教育机构自身的原因，如教学、生活设施存在安全隐患，食品卫生不达标、教学、生活中未尽到安全保护义务等，这些损害都与幼儿园、学校等教育机构日常的教学管理活动有关，属于教育活动中的风险。而在幼儿园、学校等教育机构对第三人造成的损害的侵权责任中，损害是教育机构外的人员对幼儿、学生的侵害行为造成的，存在着直接责任人，幼儿园、学校等教育机构的过错仅仅是没有合理防范和及时阻止幼儿园、学校等教育机构外的人员对幼儿、学生的伤害。

（2）幼儿园、学校等教育机构的侵权责任的形态不同。在幼儿园、学校等教育机构对自己过错的侵权责任中，幼儿园、学校等教育机构要承担全部赔偿责任。而在幼儿园、学校等教育机构对第三人造成的损害的侵权责任中，幼儿园、学校等教育机构承担的是补充责任，只有在直接实施侵害行为造成损害的第三人下落不明或者无力赔偿时，幼儿园、学校等教育机构才进行赔偿。

以上是这两种责任的区别。要强调的是，这两种责任的基础是一样的，都是幼儿园、学校等教育机构违反了对幼儿、学生的安全保护义务。从某种意义上说，幼儿园、学校等教育机构对第三人造成的损害的侵权责任也是一种对自己过错的侵权责任。幼儿园、学校等教育机构之所以对第三人的侵害行为承担赔偿责任，不是因为幼儿园、学校等教育机构与第三人之间存在监督、雇佣等关系，而是因为幼儿园、学校等教育机构违反了对幼儿、学生的安全保护义务，幼儿园、学校等教育机构是对受害幼儿、学生负责而不是对实施侵害行为的第三人负责。在此意义上，幼儿园、学校等教育机构对第三人造成的损害承担的责任与监护人责任、用人者责任存在根本区别：监护人责任、用人者责任属于典型的替代责任，由责任主体对行为主体的行为承担责任。幼儿园、学校等教育机

构对第三人造成的责任不是替代责任，而是违反了对幼儿、学生的保护义务而承担的责任。

### （二）对被侵权人为无民事行为能力人的责任与对被侵权人为限制民事行为能力人的责任

《民法典》第1199条规定了幼儿园、学校等教育机构在被侵权人为无民事行为能力人时的责任，第1200条规定了幼儿园、学校等教育机构在被侵权人为限制民事行为能力人时的责任。这两类责任的区别在于被侵权人的民事行为能力不同，从而归责原则或者举证责任不同。对于无民事行为能力的被侵权人，幼儿园、学校等教育机构承担侵权责任，法律规定了过错推定责任，实行举证责任倒置。对于限制民事行为能力的被侵权人，幼儿园、学校等教育机构承担侵权责任，考虑到被侵权人通常具备一定的识别能力和表达能力，法律并不适用举证责任倒置，而采取一般的过错责任原则。

## 三、幼儿园、学校等教育机构的侵权责任的特征

因为幼儿园、学校等教育机构的侵权责任并无单一的规则而是归责原则和责任形态各异的一组责任，所以其责任特征也呈现出复杂的样态。

### （一）自己责任与对第三人造成的损害的侵权责任

幼儿园、学校等教育机构的侵权责任属于自己责任。无论是幼儿园、学校等教育机构对单纯的自己的过错行为导致的损害后果承担责任，还是对第三人的侵害行为造成的损害承担责任，其根本原因都在于幼儿园、学校等教育机构违反了对幼儿、学生的安全保护义务。幼儿园、学校等教育机构承担侵权责任，是其对自己的过错承担责任，而不是对他人的行为承担替代责任。当损害是幼儿园、学校等教育机构外的第三人的侵害行为造成的时，表面上看起来幼儿园、学校等教育机构对第三人的侵害行为承担了责任，但这不是对第三人的侵害行为承担替代责任，而是幼儿园、学校等教育机构由于怠于履行对幼儿、学生的教育、管理职责和保护义务而承担的侵权责任。因而，幼儿园、学校等教育机构承担侵权责任不是对他人的行为承担责任，而是对自己的行为承担责任，该责任属于自己责任。

### （二）过错责任与过错推定责任

幼儿园、学校等教育机构承担的侵权责任本质上是过错责任，在具体表现上区分为一般过错责任与过错推定责任。就幼儿园、学校等教育机构自身的过错造成损害的责任而言，对于无民事行为能力人造成的损害，幼儿园、学校等教育机构承担的侵权责任是过错推定责任；对于限制民事行为能力人造成的损害，幼儿园、学校等教育机构承担的侵权责任是一般的过错责任。对于第三人造成的损害，则不区分被侵权人是无民事行为能力人还是限制民事行为能力人，一律适用过错责任原则。无论是一般过错责任还是过错推定责任，幼儿园、学校等教育机构承担侵权责任都以教育机构存在真实的教育、管理过错为前提。这里的过错推定责任在法律适用上也不接近于无过错责任，幼儿园、学

校等教育机构只要尽到了对幼儿、学生的教育、管理职责和保护义务即无须承担责任。因而，幼儿园、学校等教育机构的侵权责任仍然属于过错责任的范畴。

### （三）完全赔偿责任与补充赔偿责任

幼儿园、学校等教育机构承担的侵权责任的责任样态因为致害原因的不同而不同。如果是幼儿园、学校等教育机构自身的过错造成了损害，则幼儿园、学校等教育机构要承担完全的赔偿责任。如果损害是幼儿园、学校等教育机构外的第三人的侵害行为造成的，则由直接的侵害行为人承担责任，幼儿园、学校等教育机构仅仅承担补充责任。

## 四、幼儿园、学校等教育机构的侵权责任的归责原则

### （一）过错责任

《民法典》第1200条规定：限制民事行为能力人在学校或者其他教育机构学习、生活期间受到人身损害，学校或者其他教育机构未尽到教育、管理职责的，应当承担责任。该条规定确定了学校等教育机构对限制民事行为能力人的过错责任，只有被侵权人证明学校等教育机构未尽到教育、管理职责和保护义务，学校等教育机构才承担责任，因为过错推定责任主要适用于双方力量极不平衡的情形或者受害人确实没办法证明对方过错的情形。在我国，中小学教育是九年制义务教育，学校本身并不以营利为目的，因此在学校和学生之间不存在经济力量、诉讼地位的明显不平等，没有必要给予学生一方特别的保护。尤其是当受害学生为限制民事行为能力人时，受害人的智力发育已经达到相当的程度，具有一定的识别能力和表达能力，举证上并不处于弱势地位，采一般的过错责任更能平衡双方的利益。

《民法典》第1201条中规定：无民事行为能力人或者限制民事行为能力人在幼儿园、学校或者其他教育机构学习、生活期间，受到幼儿园、学校或者其他教育机构以外的第三人人身损害的，由第三人承担侵权责任；幼儿园、学校或者其他教育机构未尽到管理职责的，承担相应的补充责任。据此，幼儿园、学校等教育机构对第三人造成的损害的侵权责任是过错责任[①]，而不考虑受害人是无民事行为能力人还是限制民事行为能力人。

### （二）过错推定责任

《民法典》第1199条规定：无民事行为能力人在幼儿园、学校或者其他教育机构学习、生活期间受到人身损害的，幼儿园、学校或者其他教育机构应当承担侵权责任；但是，能够证明尽到教育、管理职责的，不承担侵权责任。该条规定确立了幼儿园、学校等教育机构对无民事行为能力人的过错推定责任。幼儿园、学校等教育机构只有在证明尽到了教育、管理职责和保护义务时，才可以免责。这里实行举证责任倒置的原因在于，受害人年龄幼小，识别能力和表达能力有限，家长又不在身边，距离证据较远，受害人一方整体的举证能力相对弱，需要法律加以平衡。

---

① 参见杨立新：《侵权责任法》，290页，北京，法律出版社，2010。

# 第二节　幼儿园、学校等教育机构对自己过错的责任

## 一、责任的构成要件

幼儿园、学校等教育机构对自己过错责任的构成要件，因为过错责任与过错推定责任的区分而不同，但其核心要件是相同的。

### （一）幼儿、学生在幼儿园、学校等教育机构学习、生活期间受到人身损害

在幼儿园、学校等教育机构的侵权责任中，只有幼儿、学生受到人身伤害，教育机构才需要承担本项制度规定的侵权责任。如果是财产损失，则不属于此处的幼儿园、学校等教育机构的侵权责任。而且幼儿、学生所受的人身损害必须发生在学习、生活期间，即“在园、在校期间”。所谓“在园、在校期间”，是指幼儿、学生在幼儿园、学校等教育机构生活、学习期间以及在与教育、教学活动有关的其他活动时间内。学生在园、在校伤亡事故既包括学生（幼儿）在教育机构中学习、生活期间发生的伤亡事故，也包括在教育机构外参与教育机构组织学生外出春游、秋游、爬山、游泳、参观活动时发生的摔伤、溺水等事故。《学生伤害事故处理办法》第 13 条也有规定，“下列情形下发生的造成学生人身损害后果的事故，学校行为并无不当的，不承担事故责任；事故责任应当按有关法律法规或者其他有关规定认定：（一）在学生自行上学、放学、返校、离校途中发生的；（二）在学生自行外出或者擅自离校期间发生的；（三）在放学后、节假日或者假期等学校工作时间以外，学生自行滞留学校或者自行到校发生的；（四）其他在学校管理职责范围外发生的”。

### （二）幼儿园、学校等教育机构没有尽到教育、管理职责，没有尽到保护义务，存在不作为的消极侵害行为或者作为的积极侵害行为

这既包括了对主观要件（过错）的要求，也包括了对客观要件（不作为或作为）的要求。幼儿园、学校等教育机构的教育、管理职责范围很广，教育机构没有尽到职责和保护义务的表现形态很多，需要根据法律法规的规定以及司法实践来确定。

《学生伤害事故处理办法》对于学校等教育机构承担侵权责任的情形进行了明确的列举，这也为认定教育机构是否尽到教育、管理职责和履行了保护义务提供了类型化的客观标准。《学生伤害事故处理办法》第 9 条规定，因下列情形之一造成的学生伤害事故，学校应当依法承担相应的责任：第一，学校的校舍、场地、其他公共设施，以及学校提供给学生使用的学具、教育教学和生活设施、设备不符合国家规定的标准，或者有明显不安全因素的；第二，学校的安全保卫、消防、设施设备管理等安全管理制度有明显疏漏，或者管理混乱，存在重大安全隐患，而未及时采取措施的；第三，学校向学生提供的药品、食品、饮用水等不符合国家或者行业的有关标准、要求的；第四，学校组织学生参加教育教学活动或者校外活动，未对学生进行相应的安全教育，并未在可预见的范

围内采取必要的安全措施的；第五，学校知道教师或者其他工作人员患有不适宜担任教育教学工作的疾病，但未采取必要措施的；第六，学校违反有关规定，组织或者安排未成年学生从事不宜未成年人参加的劳动、体育运动或者其他活动的；第七，学生有特异体质或者特定疾病，不宜参加某种教育教学活动，学校知道或者应当知道，但未予以必要的注意的；第八，学生在校期间突发疾病或者受到伤害，学校发现，但未根据实际情况及时采取相应措施，导致不良后果加重的；第九，学校教师或者其他工作人员体罚或者变相体罚学生，或者在履行职责过程中违反工作要求、操作规程、职业道德或者其他有关规定的；第十，学校教师或者其他工作人员在负有组织、管理未成年学生的职责期间，发现学生的行为具有危险性，但未进行必要的管理、告诫或者制止的；第十一，对未成年学生擅自离校等与学生人身安全直接相关的信息，学校发现或者知道，但未及时告知未成年学生的监护人，导致未成年学生因脱离监护人的保护而发生伤害的；第十二，学校有未依法履行职责的其他情形的。

以上规定林林总总，大概可以分为三类：一是学校等教育机构的硬件设施、食品药品之类存在安全隐患，二是学校等教育机构在教育活动中没有尽到对学生的安全保护和照顾义务，三是教师体罚等直接性的伤害。

值得注意的有两点：第一，《学生伤害事故处理办法》第 9 条对认定教育机构过错的情形所作的列举是不完全列举，在实践中需要考虑教育机构过错的其他表现形式。如果幼儿园、学校或者其他教育机构的某些行为没有达到一个“理性的学校或教育机构”应当达到的注意程度，也可以认定其存在过错。第二，教育机构工作人员在履行职务期间存在不当行为，才可据以认定教育机构的过错。根据《学生伤害事故处理办法》第 14 条规定，学校教师或者其他工作人员与其职务无关的个人行为，或者学生、教师及其他个人故意实施的违法犯罪行为，造成学生人身损害的，由致害人依法承担相应的责任。

司法实践中，需要证明幼儿园、学校等教育机构没有尽到教育、管理职责和没有履行保护义务，才能说明幼儿园、学校等教育机构存在过错。在判断过错时需注意：首先，应该判断幼儿园、学校等教育机构是否有该注意义务以及应负注意义务的程度（例如，是一般注意义务还是特殊注意义务）；其次，如果幼儿园、学校等教育机构负有该义务，则要判断幼儿园、学校等教育机构是否实际违反了该注意义务。同时，注意义务随着社会的发展变化和环境的改变而不断变化，因此在具体案例中不可避免地要求法官在自由裁量权范围内，综合考虑各种因素来考察幼儿园、学校等教育机构是否违反了其注意义务。

有人认为可从以下几方面来探知幼儿园、学校等教育机构是否违反了其注意义务①：第一，幼儿园、学校等教育机构的各种教育设施是否符合安全要求，对存在的各种隐患是否及时排除；第二，幼儿园、学校等教育机构是否制定了合理、明确的安全规章制度，并对幼儿、学生进行了思想教育、法制教育以及安全教育；第三，幼儿园、学校等教育机构为了避免人身损害赔偿事件的发生，是否已经采取了必要的防范措施；第四，幼儿、学生伤亡事故发生后，幼儿园、学校等教育机构是否及时采取措施救护受伤害的幼儿、学生；第五，幼儿园、学校等教育机构是否故意对幼儿、学生实施了伤害行为或有损幼

---

① 参见祝铭山主编：《学生伤害赔偿纠纷》，222 页，北京，中国法制出版社，2003。

儿、学生的人格尊严的行为。

### （三）幼儿园、学校等教育机构的过错行为与损害之间存在因果关系

因果关系是构成侵权责任的必然要件。如果幼儿、学生受到人身损害与幼儿园、学校等教育机构的过错行为之间不存在因果关系，自然不存在赔偿责任。比如，幼儿、学生因为自身的特殊体质遭受损害，与幼儿园、学校等教育机构的管理活动没有关系，则幼儿园、学校等教育机构就不承担赔偿责任。

## 二、责任的承担

### （一）完全赔偿规则

《民法典》第1199条和第1200条确立了幼儿园、学校等教育机构对幼儿、学生受到人身损害的完全赔偿责任。如果损害单纯是幼儿园、学校等教育机构的过错行为造成的，则幼儿园、学校等教育机构就应当对幼儿、学生的损害承担完全的赔偿责任。需要注意的是，这里不存在适当赔偿、相应责任之类的问题，只要证明了幼儿园、学校等教育机构的过错，幼儿园、学校等教育机构就应当承担赔偿责任。

### （二）被侵权人或者其监护人的过失对责任承担的影响

在幼儿园、学校等教育机构承担侵权责任的案件中，同样适用过错相抵规则。《学生伤害事故处理办法》第10条对被侵权人及其监护人的过错情形进行了规定，如拒不服从学校管理、告诫，或者隐瞒自身特异体质或特定疾病等等。如果被侵权人或者被侵权人的监护人存在过错，例如，明知自身的特殊体质不适合从事某种体育活动却不告知学校，或者学校对学生的活动进行了特别指导和提示，学生置之不理，就可以根据双方的过错程度来减轻学校的责任。在此，被侵权人的监护人的过错视同被侵权人自身的过错，可以减轻教育机构的赔偿责任。

# 第三节　幼儿园、学校等教育机构对第三人造成的损害的侵权责任

## 一、责任的构成要件

幼儿园、学校等教育机构对第三人造成的损害承担侵权责任的构成要件要比幼儿园、学校等教育机构对自己的过错行为承担的侵权责任的构成要件复杂一些，需要着重把握以下三点。

### （一）第三人侵害在园幼儿、在校学生造成幼儿、学生的人身损害

该责任除了要求幼儿、学生受到人身损害，损害发生在“在园、在校期间”的要件，还要求损害原因来自第三人的侵害行为。这里不要求第三人的行为构成侵权责任，例如，

精神病人闯入幼儿园、学校等教育机构伤害幼儿、学生的，精神病人并不承担侵权责任，而是由其监护人承担责任，教育机构则对幼儿、学生受害承担补充赔偿责任。

#### （二）幼儿园、学校等教育机构未尽到教育、管理职责，未履行保护义务

幼儿园、学校等教育机构有采取安全保障措施防止机构外人员伤害幼儿、学生的义务，如配备必要的保安，发现危险及时报警，帮助幼儿、学生逃生，教育幼儿、学生采取自救措施等。

#### （三）幼儿园、学校等教育机构的过错与在园幼儿、在校学生受到人身损害之间存在因果关系

幼儿园、学校等教育机构未尽到教育管理职责，未履行保护义务，致使幼儿园、学校等教育机构外的人员伤害在园幼儿、校学生造成人身损害。这里存在双重因果关系：一是幼儿园、学校等教育机构的过错，导致没能避免第三人的侵害行为之发生；二是第三人的侵害行为造成了对在园幼儿、在校学生的人身损害。

### 二、责任的承担与追偿

#### （一）实施侵害行为的第三人承担侵权责任

被侵权人应将第三人和幼儿园、学校等教育机构作为共同被告。被侵权人仅起诉幼儿园、学校等教育机构的，法院应当向被侵权人释明申请追加第三人为共同被告。①

致在园幼儿、在校学生等遭受人身损害的，通常由该第三人自己承担赔偿责任。这里贯彻的是自己责任原则：第三人实施了加害行为，主观上有过错，该加害行为造成了受害人的人身损害，因此，该第三人应该承担损害赔偿责任。

#### （二）幼儿园、学校等教育机构的补充责任

在第三人之侵害行为造成幼儿、学生人身损害时，如果幼儿园、学校等教育机构也有过错，则幼儿园、学校承担的是补充赔偿责任。如果实施侵害行为的第三人有赔偿能力，则由他自己承担全部赔偿责任；如果出现找不到实施侵害行为的第三人或者实施侵害行为的第三人没有赔偿能力的情形，由幼儿园、学校等教育机构承担与其过错相应的责任。教育机构承担责任后，对确定了造成损害的第三人、幼儿园、学校等教育机构，有权向其追偿。②

#### （三）幼儿园、学校等教育机构的追偿权

《民法典》第 1201 条第 2 款增加规定了追偿权："幼儿园、学校或者其他教育机构承

---

① 参见《侵权责任编解释（一）》第 14 条第 2 款。
② 参见《侵权责任编解释（一）》第 14 条第 1 款和第 3 款。

担补充责任后，可以向第三人追偿。”这一规定与第1198条第2款①规定的追偿权大致相同，体现了立法上相同的价值衡量。《侵权责任编解释（一）》重申了这一追偿权。

## 深度阅读

1. 王利明.侵权责任法研究：下卷.北京；中国人民大学出版社，2011：第七章“教育机构的责任”.

2. 克雷斯蒂安·冯·巴尔.欧洲比较侵权行为法：上卷.北京：法律出版社，2001：第二部分“大陆欧洲民法典中的侵权行为法”.

3. 王利明.论侵权法中的教育机构：从其侵权责任谈起.中国法学教育研究，2011（3）.

4. 韩强.“关于责任主体的特殊规定”特殊性辩驳：从“教育机构侵权责任”展开.政治与法律，2014（10）.

5. 肖新喜.论学校违反食品安全保障义务的民事责任.中州学刊，2023（5）.

## 问题与思考

### 一、思考题

1. 如何认定幼儿园、学校等教育机构的过错？

2. 如何理解幼儿园、学校等教育机构对自己不作为过错的责任？

3. 如何认定幼儿园、学校等教育机构的补充责任？

### 二、练习题

1. 简述教育机构侵权责任的类型以及归责原则。

2. 某小学组织春游，队伍行进中某班班主任张某和其他教师闲谈，未跟进照顾本班学生。该班学生李某私自离队购买食物，与小贩刘某发生争执被打伤。对李某的人身损害，下列哪一说法是正确的？（　　）

A. 刘某应承担赔偿责任

B. 某小学应承担赔偿责任

C. 某小学应与刘某承担连带赔偿责任

D. 刘某应承担赔偿责任，某小学应承担相应的补充赔偿责任

---

① 《民法典》第1198条第2款规定：因第三人的行为造成他人损害的，由第三人承担侵权责任；经营者、管理者或者组织者未尽到安全保障义务的，承担相应的补充责任。经营者、管理者或者组织者承担补充责任后，可以向第三人追偿。

| 第四单元 |

# 典型侵权责任（上）

第十七章

# 医疗损害责任

**常考知识点**

医疗损害责任　告知同意义务　诊疗义务　法定过错推定标准

## 第一节　医疗损害责任概述

### 一、医疗损害责任制度概述

自改革开放以来，我国医疗损害责任制度大致经历了三个历史阶段：(1) 以 1987 年出台的《医疗事故处理办法》为背景的限制受害患者的民事权利、偏重保护医疗机构的时期。(2) 以自 2002 年起实施的最高人民法院《关于民事诉讼证据的若干规定》(2019 年修正) 和 2002 年公布的《医疗事故处理条例》为起点，以明确加重医疗机构的举证责任为主要标志的较为关注受害患者的权益的阶段。(3) 由于商业化和市场化的走向违背了医疗事业发展的基本规律，我国出现了医疗资源分布不均、医疗费用上涨过快、医患关系紧张等各类问题，通过法学界和医学界的理性思考与广泛讨论，2009 年《侵权责任法》采用专章规定的形式对"医疗损害责任"进行了明确的规定，对于正确认识医疗损害责任及其构成要件、改善之前我国医疗损害赔偿案件在实际处理过程中存在的法律适用二元化的现象意义重大。2009 年《侵权责任法》的颁行，标志着我国医疗损害责任制度进入了平衡医患利益的第三个阶段，有关医疗损害案件的法律适用、赔偿范围与标准以及举证责任等最终得到统一。2017 年 12 月，最高人民法院发布《关于审理医疗损害责任纠纷案件适用法律若干问题的解释》。这三个历史阶段充分体现了我国法律理念的转变历程，以及在此基础上立法规范逐渐周延的过程。《民法典》侵权责任编第六章"医疗损害责任"基本上承继了《侵权责任法》第七章的相关规定。2020 年 12 月，最高人民法院根据《民法典》《民事诉讼法》等法律规定和结合审判实践，修改《最高人民法院关于审理医疗损害责任纠纷案件适用法律若干问题的解释》。

《民法典》侵权责任编第六章"医疗损害责任"共 11 个条文（第 1218 条～第 1228 条）。第 1218 条是关于医疗损害责任的一般规定，医疗损害责任属于专家责任、过错责任、医疗机构的侵权责任。第 1219 条～第 1222 条对医疗机构或者医务人员的三种过错责任作出了规定。第 1223 条是关于医疗产品责任的规定，在理解与适用时需要与该编第四章“产品责任”的规定以及《药品管理法》等法律法规的规定相联系，作体系解释。第1224条是关于医疗损害责任的特别抗辩事由的规定。第1225条是关于病历管理等的行为规范规定。第1226条是关于保护患者隐私权和个人信息的规定。第1227条是关于不得违反诊疗规范实施不必要检查的规定。第1228条是关于保护医疗机构和医务人员的合法权益、禁止“医闹”的行为规范规定。

## 二、医疗损害与医疗损害责任

### （一）医疗损害的概念与范围

医疗损害，是指患者在诊疗活动中因医疗机构或者医务人员的过错而遭受的损害。医疗损害既包括对患者之生命、健康的损害（死亡、健康受到伤害），也包括对患者及其家属的财产的损害，还应包括精神损害。对于患者遭受的重大精神损害或者由行为人的故意、严重过失所引起的精神损害，应当列入损害后果，并给予民法上的救济。这样，既有利于保护受害人，也有利于促进医疗机构及医务人员谨慎行医。

患者以在美容医疗机构或者开设医疗美容科室的医疗机构实施的医疗美容活动中受到人身或者财产损害为由提起的侵权纠纷案件，属于医疗损害案件，适用《民法典》侵权责任编和相关司法解释的规定。当事人提起的医疗服务合同纠纷诉讼，如过度医疗产生的费用、医药费用的计算等问题不属于医疗损害，不适用《民法典》侵权责任编和相关司法解释的规定。

### （二）医疗损害责任

医疗损害责任是指医疗机构及医务人员在诊疗过程中因过失造成患者损害，应当承担的以损害赔偿为主要责任承担方式的侵权责任。

大多数国家的侵权责任法并不单独规定医疗损害责任，因为这种责任是过错责任，可以通过过错责任的一般条款进行规范。至于细节方面，则有赖于医事法的规定。有些国家如法国，将医疗损害责任完全纳入诊疗合同的调整范围，医疗损害赔偿不属于侵权责任法的调整范围。我国将医疗损害责任这种过错责任纳入侵权责任法（《民法典》第七编“侵权责任”），具有立法模式上的创新性。依据《民法典》第1218条等条文的规定，医疗机构是承担医疗损害责任的主体。

## 三、过错责任

患者在诊疗活动中受到损害，医疗机构或者医务人员有过错的，由医疗机构承担赔偿责任。在我国医疗损害责任是过错责任而非无过错责任。从《民法典》侵权责任编第六章的整体看，除第1222条规定了“推定”外，医疗损害责任作为过错责任原则上属于一般过错责任，即责任之构成以医疗机构或者医务人员有过错为要件，这一过错需要被侵权人进行举证和证明。《民法典》第1222条规定的“过错”一般应被理解为过失而不包括故意。

承担医疗损害责任的过错包括两种：医疗机构的过错和医务人员的过错。只要具备其中一种过错，就认为有过错。医疗机构或者医务人员的具体过错形态包括：(1) 违反告知同意义务的过错；(2) 未尽到与当时的医疗水平相当的诊疗义务的过错；(3) 违反有关规定以及病历处置要求的过错。

## 四、医疗机构的责任

医疗机构，是指取得了医疗机构执业许可证从事疾病诊断、治疗活动的医院、卫生院、疗养院、门诊部、诊所、卫生所（室）以及急救站等。在我国，多数医疗机构为非营利性质的事业单位法人，也有少量营利性质的医疗机构。

虽然在医疗损害责任中，实施侵害行为的主体可以是医疗机构及其医务人员，但医疗损害责任的承担主体通常被限定为医疗机构，一般不包括医务人员。

《民法典》规定，由医疗机构对其医务人员造成的医疗损害承担直接的、全部的侵权损害赔偿责任。这样的规定具有较强的中国特色。在不少国家，医疗损害责任由医师自己承担，是典型的“专家责任”。之所以有这样的侵权责任制度，是因为在那些法域里，医疗关系被认为是医师与患者之间的医疗服务关系，而不是医疗机构与患者之间的合同关系。至于护士等辅助人员的行为，则被认为是雇员的行为，因为他们是医师的雇员。作为雇主的医师，对作为雇员的护士等辅助人员在执行诊疗任务的过程中给患者造成的损害，承担替代的赔偿责任。

# 第二节　违反告知同意义务的医疗损害责任

## 一、告知同意义务概述

### (一) 告知同意义务概述

告知同意义务（informed consent），也称为说明同意义务，是指医务人员向患者或者患者近亲属说明病情和可能采取的医疗措施并在取得患者或其近亲属同意的情况下实施此等医疗措施的义务。这一义务包含两个方面的内容：一是告知（说明），即向患者或者其近亲属告知病情和可能采取的医疗措施；二是“同意”，即在告知的前提下，取得患者或其近亲属同意后方能采取相关的医疗措施。由于这一义务是法律直接规定的，因而其属于法定义务而非诊疗合同约定的义务。《民法典》第1219条规定：“医务人员在诊疗活动中应当向患者说明病情和医疗措施。需要实施手术、特殊检查、特殊治疗的，医务人员应当及时向患者具体说明医疗风险、替代医疗方案等情况，并取得其明确同意；不能或者不宜向患者说明的，应当向患者的近亲属说明，并取得其明确同意。”“医务人员未尽到前款义务，造成患者损害的，医疗机构应当承担赔偿责任。”

法律规定医务人员在诊疗活动中履行告知同意义务，是为了满足患者知情权的要求，同时也是为了满足保护患者之生命权、身体权和健康权的要求。患者有权了解与自己的疾病及治疗有关的信息，有权对涉及自己的生命、健康的重大事项，特别是医疗措施的选择等作出决定。有人认为：医务人员的说明义务与患者的知情同意权相对应，该项义务主要是指医方为取得患者对医疗行为的同意，而对该诊疗行为的有关事项进行说明。① 告知（说明）的内容主要是诊疗过程中可能具有造成严重后果的风险，可能产生副作用、后遗症、并发症等的诊疗行为。因该行为可能影响身体机能，甚至危及生命，故需要患者在了解病情、知晓风险的基础之上作出是否接受该诊疗行为的决定。

医务人员履行告知同意义务，一般是向患者说明病情和可能采取的医疗措施，取得患者对采取相关医疗措施的同意。如果患者为无民事行为能力人或者限制民事行为能力人以及暂时丧失意识者，则应向其近亲属说明病情和可能医疗措施，取得患者近亲属对采取相关医疗措施的同意。告知和同意需要取得患者或其近亲属同意的，应当采取书面形式。

### （二）告知同意的具体内容

《民法典》第1219条第1款规定：（1）医务人员在诊疗活动中应当向患者说明病情和医疗措施。如果此等医疗措施为通常采用的医疗措施，为医疗实践普遍采用的而且没有风险和副作用，原则上不必取得患者的明示同意。（2）需要实施手术、特殊检查、特殊治疗的，医务人员应当及时向患者具体说明医疗风险、替代医疗方案等情况，并取得其明确同意。（3）不能或者不宜向患者说明的，应当向患者的近亲属说明，并取得其明确同意。依据该条规定，"同意"不拘泥于书面形式，但是要求其意思表示的内容是明确的。

## 二、未尽到告知同意义务造成损害时的侵权责任

依据《民法典》第1219条第2款的规定，医务人员未尽到告知同意义务造成患者损害的，医疗机构应当承担赔偿责任。

"未尽到"告知同意义务包括以下几种情况：（1）未针对病情和医疗措施向患者作出任何说明；（2）尽管作出了说明，但是说明的内容不准确、不正确或者不充分，使患者无法作出适当的选择、失去选择的机会或者只能基于有限的信息作出选择；（3）在需要取得患者同意的情况下，没有取得患者的同意就采取了具有较高风险可能出现后遗症、并发症的医疗措施。

医疗机构依据《民法典》第1219条第2款承担赔偿责任，要求造成了患者损害，而且未尽到告知同意义务的作为行为或者不作为行为与患者遭受的损害之间存在因果关系。法律条文中的"造成"二字，包含了对因果关系的要求。如果患者遭受的损害与不履行或者不适当履行告知同意义务没有因果关系，则医疗机构不依据该条承担赔偿责任。司法解释规定，医务人员违反《民法典》第1219条第1款规定的告知同意义务但未造成患

① 参见王胜明主编：《中华人民共和国侵权责任法释义》，282页，北京，法律出版社，2010。

者人身损害，患者请求医疗机构承担损害赔偿责任的，不予支持。①

## 三、例外不适用告知同意义务

### （一）“紧急情况”的界定

《民法典》第 1220 条规定：因抢救生命垂危的患者等紧急情况，不能取得患者或者其近亲属意见的，经医疗机构负责人或者授权的负责人批准，可以立即实施相应的医疗措施。这是关于例外不适用告知同意义务的规定。抢救生命垂危的患者是常见的“紧急情况”。这样的紧急情况包含的要素是：（1）时间紧急，处于“抢救”状态，按照医学要求必须尽快采取相应的医疗措施；（2）病情严重，甚至达到生命垂危的程度。

### （二）“不能取得患者或者其近亲属意见”

在上述紧急情况下，通常已经无法取得患者的同意。如果患者尚有意识作出是否同意的表示，则应当取得其同意。

在不能取得患者同意的情况下，如果能够取得患者近亲属的同意，则也应取得其同意。只有在既不能取得患者同意也不能取得患者近亲属同意的情况下，才能适用《民法典》第 1220 条的规定。司法解释对不能取得近亲属意见的情形作出了规定：（1）近亲属不明的；（2）不能及时联系到近亲属的；（3）近亲属拒绝发表意见的；（4）近亲属达不成一致意见的；（5）法律、法规规定的其他情形。②

### （三）实施及其效果

#### 1. “医疗机构负责人或者授权的负责人批准”

医疗机构负责人通常是指医疗机构的院长等法定代表人。医疗机构负责人授权的负责人一般指科室主任等负责人。卫生部于 2010 年 1 月 22 日印发的《病历书写基本规范》明确规定：为抢救患者，在法定代理人或被授权人无法及时签字的情况下，可由医疗机构负责人或者授权的负责人签字。卫生部的文件赋权医疗机构负责人在患者近亲属无法签字的情况下，以抢救患者为目的，签字准许实施抢救措施，以避免在危及患者生命的紧急情况下，能决定患者生死的抢救行为不得不受制于不懂医学的患者家属的无奈情形发生。

#### 2. 医疗机构不承担未履行告知同意义务的赔偿责任

在满足例外不适用告知同意义务的情况下，经过医疗机构负责人或者其授权的负责人批准可以立即实施相应的医疗措施。如果其后发生医疗损害赔偿纠纷，患者及其近亲属不得以未尽到告知同意义务造成损害为由，请求医疗机构承担相应的赔偿责任。本质

① 参见《最高人民法院关于审理医疗损害责任纠纷案件适用法律若干问题的解释》（法释〔2020〕17 号）第 17 条。

② 参见《最高人民法院关于审理医疗损害责任纠纷案件适用法律若干问题的解释》（法释〔2020〕17 号）第 18 条第 1 款。

上，《民法典》第1220条的规定起到免除医务人员履行告知同意义务，可以抗辩相关侵权责任的效果。

需要指出的是，《民法典》第1220条没有给医疗机构设置必须"立即实施相应的医疗措施"的积极作为义务。在抢救生命垂危的患者等紧急情况下不能取得患者或者其近亲属意见，医疗机构是否通过医疗机构负责人或者其授权的负责人批准立即实施相应的医疗措施，取决于医疗机构及其医务人员自主的专业判断。不实施相应的医疗措施造成损害，也不一定承担赔偿责任。是否承担赔偿责任，取决于是否尽到其他注意义务，特别是《民法典》第1221条规定的诊疗义务。

## 第三节　未尽到诊疗义务造成损害的赔偿责任

### 一、对"与当时的医疗水平相应的诊疗义务"的理解

#### （一）诊疗活动

《民法典》第1221条规定："医务人员在诊疗活动中未尽到与当时的医疗水平相应的诊疗义务，造成患者损害的，医疗机构应当承担赔偿责任。"医务人员对患者进行诊疗提供医疗服务，是基于诸多法律法规和规章制度而提供的一种专业服务。医务人员进行诊疗活动，要遵循法律法规的要求，遵循规章制度的要求，遵循医疗行业惯例的要求，遵循告知同意内容的要求等。

患者与医疗机构之间存在医疗服务合同，但是此等合同不同于一般的合同：首先，由于知识和信息的不对称，患者与医疗机构之间不可能进行真正平等、自愿基础上的"议价"，合同的内容基本上是医疗机构一方决定。办理入院手续的过程，本来应该是一个协商诊疗合同条款的过程，但实际上是一个医疗机构开账单、患者一方付款的过程。对于诊疗的内容，双方几乎不会进行讨论。因此，法律法规等需要对此等合同进行规制，以确保其不偏离民法之基本原则所要求的民事秩序，避免技术的任性与专制。其次，医疗服务合同作为专家服务合同之一种，不同于交付标的物的买卖合同，也不同于完成工作任务的承揽合同。提供医疗服务的一方要履行的是"手段债务"或者说"过程债务"。不能够要求诊疗活动必然达到治愈疾病，使患者完全康复的结果，而只能要求医务人员和医疗机构在诊疗活动中遵循法律法规、行业规范等的要求，尽职尽责完成每一个医疗行为。这就是医务人员在诊疗活动中尽到与当时的医疗水平相应的诊疗义务的要求。医务人员只要在诊疗活动中尽到了与当时的医疗水平相应的注意义务，就是适当履行了主给付义务，就没有过错，因而不承担违约责任和侵权责任。至于是否能够治愈或者是否完全达到患者一方的预期效果，不是判断医疗机构是否适当履行合同或者有无过错的标准。

#### （二）"当时"是指实施诊疗行为的时间

《民法典》第1221条规定的"与当时的医疗水平相应的诊疗义务"之"当时"，是指

医务人员实施医疗行为的时间，不是损害结果发生的时间，更不是争议发生的时间或者案件诉讼的时间。不可能要求医务人员掌握未来的医学科学技术对患者进行诊疗，只能要求以其在实施诊疗行为时能够获得的知识和能够掌握的技术对患者进行诊疗。"当时"二字强调了在"当时"的条件下，医疗行为必须符合"当时"的诊疗水平，而不可以依事后更为发达的医学科学技术、更先进的诊疗水平去判断当时的诊疗行为是否符合注意义务。这体现了对医务人员的合理保护。

在实施诊疗行为时如果存在多项医疗技术和措施，在满足告知同意义务要求的前提下，医务人员选择其中任何一项都应当被认为符合"当时"的要求。医务人员选择已经被淘汰的技术和措施，则应当被认为不满足"当时"的要求；选择相对落后、保守但是尚未被淘汰的技术和措施，是否被认为满足"当时"的要求，需要综合其他因素比如价格因素等进行综合考虑。

### （三）"当时的医疗水平"

#### 1. 不承认地域差异和医务人员个体差别

法律用"当时"对医疗水平进行了界定，但是没有规定"当地"对医疗水平进行限定。尽管在《侵权责任法》起草以及《民法典》侵权责任编的编纂过程中有人提出需要考虑"当地"因素，甚至考虑医务人员在专业知识、技术和技能上的差异，但是这样的意见没有被采纳。《民法典》第1221条完全继受了《侵权责任法》第57条的规定。这主要是考虑到：（1）医务人员（医师、护士等）的执业准入有国家的统一标准，并不因为不同的地域或者不同的人员而设置不同的标准。一个持证上岗的专家，需要符合专家的一切执业标准和行为要求，不因为年龄、经验不同而降低某些人的注意要求。（2）我国对医疗机构实行分级管理制度，不同类型和级别的医疗机构有权诊治的疾病是不一样的，比如只有较高级别的医疗机构（如三甲医院）才能实施某些高难度的复杂外科手术。

#### 2. 医务人员的"平均"医疗水平抑或社会预期的"合理"医疗水平

《民法典》第1221条用"当时的医疗水平"作为判断医务人员和医疗机构之过错的标准：达到与当时的医疗水平相应的诊疗义务就被认为是没有过错的；反之，则被认为是有过错的。这里的过错标准大致类似于英美法系中的"理性人"（reasonable man）判断标准。但是，用理性人标准来判断行为人有无过错，通常是对具体、个别人进行判断，不存在一个作为群体的侵权行为人，侵权行为人也是社会的一分子，社会"理性人"的注意义务也是该侵权行为人应当达到的注意义务。而在医疗损害案件中，对医务人员有无过错的判断会遇到这样的问题：是以作为群体的医务人员"平均"的或者"一般"的医疗水平，还是以其服务的社会公众对医务人员所预期或者期待的合理医疗水平作为判断标准？

应当综合考虑以下几个方面，以确定"当时的医疗水平"所要求达到的注意义务的要求：（1）法律、行政法规、部门规章、行业规范和惯例所确定的义务之要求。（2）同行医务人员"平均"的或者"一般"的医疗水平之注意程度，同行其他医务人员能想到做到的，涉案的医务人员也应想到做到。（3）社会预期或者期待的医疗水平与同行医务人员“平均”的或者“一般”的医疗水平原则上是一致的。在不一致时，应当考察社会预期或者期待的医疗水平的合理性作出判断。如果此等预期或者期待是合理的，应当以此作为判断标准；如果不合理，则仍然以同行医务人员“平均”的或者“一般”的医疗水平作为判断标准。确定“当时的医疗水平”应当坚持以法律法规为基础，尊重同行医务人员“平均”的或者“一般”的医疗水平，参考社会的合理预期或者期待。

## 二、医务人员注意义务的具体内容与过错判断

### （一）医务人员注意义务的具体内容

有学者认为，对医务人员注意义务内容的概括包括两个方面：一是对医务人员注意义务的内容作出抽象性的概括，二是明确医务人员在每一项具体医疗行为中的注意义务。其中，医务人员具体的注意义务可分为一般注意义务和特殊注意义务。特殊注意义务包括医疗过程中的说明义务、转医义务、问诊义务等。在医务人员、医疗机构之过错的判断标准上，医疗水准问题占据重要地位，除此之外，还需结合医疗行为的专门性、地域性、紧急性等因素作出判断。①

结合相关法律法规、部门规章，笔者认为，医务人员的注意义务具体还包括：第一，取得医师执业证书，按照注册的执业类别、执业范围执业；第二，遵守卫生法律法规、规章和技术操作规范；第三，对患者进行正确诊断；第四，依据诊断结论加以适当治疗；第五，对危急病人应采取紧急救助措施，不得拒绝治疗；第六，应当使用经批准使用的药品、消毒药剂和医疗器械；第七，转诊或转院等。

也有学者认为应该将医务人员的注意义务层次化，层次化的依据就是患者对医务人员的信赖程度。患者对医务人员的信赖分为两种：第一，医务人员作为专家，他总是在具有从事该行业的基本技术能力方面受到所有患者的信赖；第二，在第一种信赖的基础上不同的患者对不同的医务人员的信赖程度有所不同，委以医务人员自由决定的领域也不同。基于第一种信赖，医务人员负有“基本的注意义务”；基于第二种信赖，医务人员负有“高度的注意义务”。在此基础上，将医务人员的注意义务类型化：基本注意义务与高度注意义务。基本注意义务又分为一般义务和特别义务。高度注意义务又可细分为两种。②

### （二）过错判断

相关司法解释规定，对医疗机构及其医务人员的过错，应当依据法律、行政法规、部门规章以及其他有关诊疗规范进行认定，可以综合考虑患者病情的紧急程度、患者个体差异、当地的医疗水平、医疗机构与医务人员资质等因素。③

---

① 参见龚赛红：《医疗损害赔偿立法研究》，167～188页，北京，法律出版社，2001。

② 参见程啸：《医疗事故纠纷中的医疗者义务》，载王利明主编：《民法典·侵权责任法研究》，393～399页，北京，人民法院出版社，2003。

③ 参见《最高人民法院关于审理医疗损害责任纠纷案件适用法律若干问题的解释》（法释〔2020〕17号）第16条。

有学者认为，对医务人员之过错的判断标准包括客观标准和主观标准。客观标准是指医务人员通常的正当的技术水平及注意义务（美国称之为“医师成员的平均、通常具备的技术”，日本则称之为“最善之注意义务或完全之注意义务”），运用客观标准需考虑的因素包括医疗时的医疗水平（医疗水平不同于医学水平）、专科医务人员的技术水平、地区差异、紧急性、医疗尝试等。而主观标准是指案件的实际情况、医疗机构及其医务人员的特殊情况，运用主观标准需考虑的因素包括“最佳判断”法则、造成患者合理信赖的宣传、医师的裁量权、“派别性”理论等。①

笔者认为，在我国医疗损害责任案件中，判断医务人员的过错，应当从以下两个方面考虑：(1) 如果没有达到法律、行政法规、部门规章、行业规范和惯例所确定的义务之要求，则被认为有过错。(2) 如果没有达到同行医务人员“平均”的或者“一般”的医疗水平之注意程度，则被认为有过错。

## 三、医疗机构的过错责任

### (一) 过错责任的构成要件

医疗机构对患者的损害承担赔偿责任的条件包括：(1) 医务人员或者医疗机构有过错。(2) 医务人员实施了有过错的诊疗行为。(3) 患者遭受损害，主要是人身损害以及相关的财产损失。(4) 医务人员有过错的诊疗行为与患者遭受的损害之间存在因果关系。患者应当对上述四个方面举证和证明。

### (二) 医疗机构的过错推定

患者在诊疗活动中受到损害，有以下三种情形之一的，推定医疗机构有过错：一是违反法律、行政法规、部门规章以及其他有关诊疗规范的规定，二是隐匿或者拒绝提供与纠纷有关的病历资料，三是遗失、伪造、篡改或者违法销毁病历资料。相关司法解释规定，患者依法向人民法院申请医疗机构提交由其保管的与纠纷有关的病历资料等，医疗机构未在人民法院指定期限内提交的，人民法院可以依照《民法典》第 1222 条第 2 项的规定推定医疗机构有过错，但是因不可抗力等客观原因无法提交的除外。②

上述三种情形可以归入两个类型：(1) 违法，包括违反法律、行政法规、部门规章以及其他有关诊疗规范的规定，还包括违法销毁病历资料。(2) 病历相关，包括隐匿或者拒绝提供与纠纷有关的病历资料和遗失、伪造、篡改或者违法销毁病历资料。现代侵权责任法理论认为，行为违法时可以直接认定行为人有过错，因为行为人知道或者应当知道广义的法及其相关的义务要求。在知道或者应当知道自己的法定义务而不履行此等义务时，行为人当然有过错。

---

① 参见尹飞：《论医疗事故侵权责任中的过错》，载张新宝主编：《侵权法评论》，2003 年第 2 辑，47～51 页，北京，人民法院出版社，2003。

② 参见《最高人民法院关于审理医疗损害责任纠纷案件适用法律若干问题的解释》（法释〔2020〕17 号）第 6 条第 2 款。

《医疗机构病历管理规定》(2013 年版）第 2 条规定：病历是指医务人员在医疗活动过程中形成的文字、符号、图表、影像、切片等资料的总和，包括门（急）诊病历和住院病历。在规定的期限内保存病历，保持病历的完整性、准确性和真实性，在必要时及时提供病历，这些都是医疗机构的基本义务。《医疗机构病历管理规定》(2013 年版）第 14 条规定：医疗机构应当严格病历管理，任何人不得随意涂改病历，严禁伪造、隐匿、销毁、抢夺、窃取病历。第 29 条规定：门（急）诊病历由医疗机构保管的，保存时间自患者最后一次就诊之日起不少于 15 年；住院病历保存时间自患者最后一次住院出院之日起不少于 30 年。违反这些法定义务，应当被认为有过错。

学术界一般倾向于认为《民法典》第 1222 条是判断（认定）过错的法定事项或标准，在出现该条规定的三种情况之一时，即可认定医疗机构有过错，而不必再采用其他方式或途径证明其过错。同时，这种“推定”或认定是不可反证的：医疗机构不得以其他方式或途径来证明自己一方尽管违反了法律、行政法规或部门规章（或者尽管在病历处置上不当），也没有过错。如果一定要认为该条规定的“推定医疗机构有过错”也是一种过错推定，那么这样的推定就是一种不可反证的推定，不同于《民法典》第 1165 条第 2 款规定的过错推定。

### 四、医疗机构不承担责任的特别事由

《民法典》第 1224 条规定：“患者在诊疗活动中受到损害，有下列情形之一的，医疗机构不承担赔偿责任：（一）患者或者其近亲属不配合医疗机构进行符合诊疗规范的诊疗；（二）医务人员在抢救生命垂危的患者等紧急情况下已经尽到合理诊疗义务；（三）限于当时的医疗水平难以诊疗。”“前款第一项情形中，医疗机构或者其医务人员也有过错的，应当承担相应的赔偿责任。”医疗机构主张不承担赔偿责任或者减轻赔偿责任的，对《民法典》第 1224 条规定的事由承担举证责任。

## 第四节　医疗产品缺陷、输入不合格血液致人损害

### 一、医疗产品缺陷致人损害、输入不合格血液致人损害概述

#### （一）医疗产品与医疗产品缺陷

《最高人民法院关于审理医疗损害责任纠纷案件适用法律若干问题的解释》(2020 年 12 月修正）第 25 条第 2 款规定：医疗产品包括药品、消毒产品、医疗器械等。药品属于医疗产品。《药品管理法》规定，药品是指用于预防、治疗、诊断人的疾病，有目的地调节人的生理机能并规定有适应证或者功能主治、用法和用量的物质，包括中药、化学药和生物制品等。

医疗产品缺陷，是指医疗产品具有危及患者或他人之人身、财产安全的不合理的危险。由于药品等医疗产品具有国家标准，有缺陷的医疗产品一般都不符合国家有关强制

性标准的要求。不符合国家相关强制标准要求的医疗产品属于有缺陷的医疗产品；符合国家相关强制标准，但是存在危及患者或他人之人身、财产安全的不合理危险的医疗产品，也属于有缺陷的医疗产品。

《民法典》第1223条规定：因药品、消毒产品、医疗器械的缺陷，或者输入不合格的血液造成患者损害的，患者可以向药品上市许可持有人、生产者、血液提供机构请求赔偿，也可以向医疗机构请求赔偿。患者向医疗机构请求赔偿的，医疗机构赔偿后，有权向负有责任的药品上市许可持有人、生产者、血液提供机构追偿。

### （二）血液与不合格血液

《民法典》规定的“血液”一般是指人类血液。人类血液是流动在人的血管和心脏中的一种红色不透明的黏稠液体。血液由血浆和血细胞组成，主要成分为血浆、血细胞、遗传物质（染色体和基因）。用于输血治疗患者疾病的人类血液包括原浆血液和成分血液。在我国，血液由红十字血液中心（血站）专门负责采集、储存、加工和提供。《献血法》第8条规定：血站是采集、提供临床用血的机构，是不以营利为目的的公益性组织。设立血站向公民采集血液，必须经国务院卫生行政部门或者省、自治区、直辖市人民政府卫生行政部门批准。血站应当为献血者提供各种安全、卫生、便利的条件。血站的设立条件和管理办法由国务院卫生行政部门制定。

不合格血液是指用于输血治疗患者疾病的人类血液不符合医学技术规范的要求，存在危及患者人身安全的缺陷的血液。

血液本身不是产品，但是经过红十字血液中心（血站）采集、储存和加工后的血液具有了产品的基本特征，其提供给医疗机构输入患者体内，应当承担可能的产品责任。

## 二、侵权责任的构成要件

医疗产品责任致人损害和输入不合格血液造成患者损害的责任，大致属于产品责任的范畴。医疗产品的生产者（含药品上市许可持有人）、不合格血液的提供者对有缺陷的医疗产品或不合格血液造成的患者人身损害和财产损失承担无过错责任，医疗机构（如果既不是医疗产品的生产者，也不是不合格血液的提供者）大致承担如同一般产品销售者一样的责任。

有缺陷的医疗产品的生产者（含药品上市许可持有人）和不合格血液提供者对遭受损害的患者承担赔偿责任，其责任之构成应当符合以下要件：（1）医疗产品存在缺陷或者血液不合格；（2）患者遭受了人身损害、财产损失；（3）使用有缺陷的医疗产品或者输入不合格血液是造成患者损害的原因。此等侵权责任之构成，不要求有缺陷的医疗产品的生产者（含药品上市许可持有人）或者不合格血液的提供者有过错。如果医疗机构被受害的患者选择作为被告，其应当依法先行承担该责任，然后向生产者等追偿。

《民法典》对产品责任所规定的停止侵害、排除妨碍、消除危险（第1205条）责任，停止销售、警示、召回等补救措施（第1206条）以及惩罚性赔偿（第1207条）原则上也适用于医疗产品致人损害的案件。其适用的具体条件，应当分别符合这些法律条文的规定。

## 三、药品缺陷致人损害的责任主体：药品上市许可持有人与药品生产者

### （一）药品上市许可持有人制度概述

依据《药品管理法》的有关规定，药品上市许可持有人依法对药品研制、生产、经营、使用全过程中药品的安全性、有效性和质量可控性负责。药品上市许可持有人是指取得药品注册证书的企业或者药品研制机构等。药品上市许可持有人应当依照《药品管理法》的规定，对药品的非临床研究、临床试验、生产经营、上市后研究、不良反应监测及报告与处理等承担责任。药品上市许可持有人的法定代表人、主要负责人对药品质量全面负责。药品上市许可持有人应当建立药品质量保证体系。药品上市许可持有人可以自行生产药品，也可以委托药品生产企业生产。药品上市许可持有人应当对受托药品生产企业、药品经营企业的质量管理体系进行定期审核，监督其持续具备质量保证和控制能力。血液制品、麻醉药品、精神药品、医疗用毒性药品、药品类易制毒化学品不得委托生产；但是，国务院药品监督管理部门另有规定的除外。药品上市许可持有人应当建立药品上市放行规程，对药品生产企业出厂放行的药品进行审核，经质量受权人签字后方可放行。不符合国家药品标准的，不得放行。

### （二）药品上市许可持有人的无过错责任

如果药品上市许可持有人同时也是有缺陷的药品的生产者，其应当承担《民法典》第1223条规定的无过错责任当无争议。如果药品上市许可持有人不是有缺陷的药品的生产者，该有缺陷的药品是由其委托药品生产企业生产的，则责任主体如何确定呢？笔者认为，虽然《民法典》1223条没有作出直接规定，但是从药品上市许可持有人与生产者的密切关系，从《药品管理法》实质要求药品上市许可持有人对药品质量“负总责”的立法精神来看，确定二者作为连带责任人承担有缺陷的药品的损害赔偿责任较为合适。

需要注意的是，虽然医疗产品（药品）责任、使用不合格血液责任是无过错责任，但是由于医疗产品（药品）的使用、血液的使用都需要经过医疗机构医务人员的诊疗行为方可达成，因此，要特别注意产品责任与医疗损害责任在这些情形下的划分。医疗机构医务人员过错使用本不应当使用的医疗产品（药品）造成损害，而该医疗产品（药品）并不存在缺陷的，则不构成产品责任，而仅仅构成医疗损害责任。

## 四、患者的请求权与责任主体之间的追偿

依据《民法典》第1223条的规定，遭受损害的患者可以向药品上市许可持有人、生产者、血液提供机构请求赔偿，也可以向医疗机构请求赔偿。

如果医疗机构是有缺陷的药品、器材等的生产者，则医疗机构应对其所造成的损害负无过错的赔偿责任；如果医疗机构不是有缺陷的药品、器械等的生产者或者药品的上市许可持有人，则医疗机构应对其所造成的损害负过错的赔偿责任，即只有在有过错（如未按规定严把进货关，在保存药品过程中有过错等）的情况下才负最终的赔偿责任，

否则，不承担最终的责任，而由有缺陷的医疗产品的上市许可持有人、生产者承担责任。由于受害的患者很难明确指出有缺陷的药品、器材等的生产者，因而其得直接向医疗机构主张医疗产品或者不合格血液致害责任，医疗机构不得推诿，但是在承担对患者的赔偿责任后于无过错之情形向生产者等追偿。患者向医疗机构请求赔偿的，医疗机构赔偿后，有权向负有责任的药品上市许可持有人、生产者、血液提供机构追偿。医疗机构如不能指明具体生产者，则应作为生产者承担医疗产品责任。

## 深度阅读

1. 张新宝，明俊. 医疗过失举证责任研究：比较法的经验与我国的实践. 河南省政法管理干部学院学报，2006（4）.

2. 杨立新. 医疗损害责任概念研究. 政治与法律，2009（3）.

3. 杨立新. 论医疗产品损害责任. 政治论丛，2009（2）.

4. 张新宝. 人身损害鉴定制度的重构. 中国法学，2011（4）.

5. 龚赛红. 医疗损害赔偿立法研究. 北京：法律出版社，2001.

6. 廖焕国. 论医疗过错的认定：以医疗损害侵权责任的理解与适用为视点. 政治与法律，2010（5）.

7. 杨立新.《最高人民法院关于审理医疗损害责任纠纷案件适用法律若干问题的解释》条文释评. 法律适用，2018（1）.

8. 刘志阳. 医疗过错理论的新发展：组织过错责任分析. 北方法学，2018（3）.

9. 屈茂辉课题组. 医疗损害侵权责任认定中鉴定意见适用研究. 政法论丛，2019（4）.

10. 满洪杰. 医疗损害责任因果关系虚无陷阱及其化解：兼评法释［2017］20 号第 12 条. 法学，2018（7）.

11. 武亦文.《民法典》第 1223 条（缺陷医疗产品及不合格血液致害责任）评注. 法学家，2024（1）.

## 问题与思考

**一、思考题**

1. 医疗机构的注意义务应当如何进行判断？

2. 如何认识告知同意义务？

3. 医疗机构的法定过错推定（认定）能否被推翻？

4. 医疗损害责任中有哪些特别抗辩事由？

5. 试述医疗产品责任与产品责任之间的关系。

**二、练习题**

1. 简述医疗损害责任的构成要件。

2. 试述医疗损害责任中的过错判断标准。

3. 田某突发重病，神志不清。田父将其送至医院。医院使用进口医疗器械实施手术，手术失败，田某死亡。田父认为医院在诊疗过程中存在一系列违规操作，应对田某的死亡承担赔偿责任。关于本案，下列哪一选项是正确的？（ ）

A. 医疗损害适用过错责任原则，由患方承担举证责任

B. 医院实施该手术，无法取得田某的同意，可自主决定

C. 如因医疗器械缺陷致损，患方只能向生产者主张赔偿

D. 医院有权拒绝提供相关病历，且不会因此承担不利后果

## 第十八章
# 产品责任

**常考知识点**

产品责任　缺陷　科技发展水平　代负责任　追偿权　召回　惩罚性赔偿

## 第一节　产品责任概述

### 一、产品和产品缺陷

#### (一) 产品

《产品质量法》第 2 条第 2 款规定：本法所称产品是指经过加工、制作，用于销售的产品。1985 年《欧共体产品责任指令》（85/374 号）第 2 条规定：本指令所称"产品"，是指一切动产，包括添附于其他动产或不动产的动产，但初级农产品及猎获物除外。所谓"初级农产品"，是指土地、畜牧场及渔场所生产的产品，但已经初级加工者除外。"产品"包括电力。这一规定将初级农产品及猎获物排除在产品之外。1999 年的《产品责任指令》（99/34 号）则取消了这一排除规定。欧洲共同体 1999 年《产品责任指令》（99/34 号）第 1 条规定，85/374 号指令修正如下。（1）第 2 条以下列条文取代之："本指令所称产品，是指一切动产，包括添附于其他动产或不动产的动产。产品包括电力。"（2）第 15 条第 1 款 a 项删除。① 欧洲共同体（欧盟）的这一改变也值得我国认真研究。

产品是动产。产品不包括不动产本身，但是添附于不动产的动产（如建筑物的空调系统）属于产品；产品包括电力；产品是否包括初级农产品是一个有争议的问题，我国法律没有作出明确规定，在理解上主要是是否符合"经过加工、制作"的要求；人体器官、人类血浆不是产品，但是经过加工、制作的血液制品（如胰岛素、血清制剂等）属于产品。此外，依据《产品质量法》第 73 条的规定，军工产品质量监督管理办法，由国务院、中央军事委员会另行制定；因核设施、核产品造成损害的赔偿责任，法律、行政法规另有规定的，依照其规定。

---

① 欧盟各国按照新的指令修改了其产品责任法。例如《荷兰民法典》第 6：187 条规定："为本节之目的，'产品'是指动产，即使在其成为另一件动产或不动产的部件以后仍为可移动的，产品还包括电能。"

## （二）产品缺陷

在我国《民法典》没有对产品缺陷的概念进行定义，《产品质量法》第46条有明确规定：本法所称缺陷，是指产品存在危及人身、他人财产安全的不合理的危险；产品有保障人体健康和人身、财产安全的国家标准、行业标准的，是指不符合该标准。“缺陷”是产品责任的一个重要的构成要件。

《欧共体产品责任指令》第6条对“缺陷”进行了明确的界定，（1）某一件产品不具备人民有权期望的安全性，则该产品是有缺陷的，（在判断该产品是否为缺陷产品时）考虑下述各种因素：（a）该产品的上市；（b）将该产品用于所有正当理由期望的用途；（c）该产品投入流通的时间。（2）不能因为在其后面有一种更好的产品投入流通而认为该产品有缺陷。在美国侵权行为法中，一般使用“缺陷状态的产品”这一术语，并强调缺陷状态的产品对使用者、消费者的人身及财产具有不合理的危险（unreasonable danger）。[①] 根据学者的解释，只是产品的缺陷状态使产品具有不合理的危险，许多产品并不能完全保证其各种消费都是安全的。[②]

## （三）产品缺陷的判断标准

缺陷产品的判断标准有两条，即：（1）存在危及人身、他人财产的不合理危险；（2）违反或者达不到保障人体健康和人身、财产安全的国家标准、行业标准。

判断某一产品是否存在缺陷的标准，分为一般标准和法定标准。

（1）一般标准。一般标准，即“不合理危险”标准，产品存在危及人身、他人财产的不合理危险就是缺陷产品。人们有权期望的安全性，即一个理性人在正常情况下对一件产品所应具备的安全性的期望。比如，人们有权期望任何一种供饮用的白酒不含其他毒素，但不会期望它不致人酒精中毒。如果白酒含有毒素，这种危及人身安全的危险是不合理的。白酒含有酒精，酒精对人身具有危险，可致人酒精中毒（甚至死亡），但这种危险是合理的。

（2）法定标准。除一般标准外，国家和行业对某些产品（尤其是食品和药品）制定了保障人体健康、人身和财产安全的专门标准，我们将这种标准称为“法定标准”。如果产品达不到或不符合这一法定标准，即可认定该产品属于缺陷产品。如果产品达到国家和行业标准中的其他要求，而没有达到其保障人体健康、人身和财产安全方面的要求，则不能认为产品为“合格产品”或“没有缺陷”。如果国家或行业标准中没有包括保障人体健康、人身和财产安全的具体要求，则不能以此作为判断有无产品缺陷的标准。

产品符合法定标准中关于保障人身、财产安全的要求，却致人损害时，该产品是否可以被认定为缺陷产品？其生产者是否需要承担产品责任？比较一致的学术观点是，在确定产品责任时“符合法定标准”不能作为免除责任的抗辩事由。

---

① 参见《美国侵权行为法重述（第二次）》第402节A。

② 参见《美国侵权行为法重述（第二次）》第402节A，编者评述。

## (四) 产品缺陷的分类

我国《产品质量法》、《侵权责任法》和《民法典》均未直接对缺陷进行分类，而是分别规定生产者和销售者的产品质量义务与责任。这些规定分别涉及缺陷的不同种类。在理论上，我们可以将缺陷分为设计缺陷、制造缺陷和营销缺陷。[①] 而《侵权责任法》和《民法典》(第 1206 条) 接受新的理论观点，还规定了“跟踪缺陷”。

### 1. 设计缺陷

设计缺陷是指在生产者设计产品时，其产品的结构、配方等方面存在不合理的危险，比如锅炉设计不符合国家规定的安全标准，药品配方中含有高出国家规定的副作用成分等。判断一件产品的缺陷是否为设计缺陷，其标准是：(1) 其设计是否存在危及人身、财产安全的不合理危险；(2) 其设计是否不符合保障人体健康、人身和财产安全的国家或者行业标准。

设计缺陷的特点是，在批量生产中，存在设计缺陷的产品往往不是单独一件(某些特别定做的产品除外)，基于该设计方案生产的所有产品均为设计缺陷产品；设计缺陷是设计产品时忽视产品应有的安全性所致，因此在生产和销售过程中难以克服产品的设计缺陷；批量的具有设计缺陷的产品投入市场后，受害者往往人数众多，在实践中有可能形成集团诉讼。[②] 应当指出的是，认定某件产品是否具有设计缺陷，只有在将其用于其所设计的用途时存在不合理的危险的情况下，才能作出判断。如果将产品用于其所设计的用途以外的情形，即使该产品存在“不合理危险”，也不能认为存在设计缺陷。此外，讨论一件产品是否存在设计缺陷，应考虑当时的科学技术发展状况、有无类似的可以替代的设计方案等因素。我们没有理由指望生产者为了产品的安全付出过分高昂的成本而牺牲生产效益，生产者有理由在安全与效益之间保持平衡。

### 2. 制造缺陷

制造缺陷是指产品的原材料、生产工艺和流程方面存在缺陷。缺陷产品的问题在于制造该产品的原材料以及配件的质量和制造工艺的质量。制造缺陷与设计无关，如果生产者严把原材料、配件及总装工艺等工序的质量关，则可减少乃至避免制造缺陷之发生。

一个产品的生产者可能以两种主要的方式违反其制造“非缺陷”产品的义务：其一，制造该产品的原材料或配件存在物理学、化学上的缺陷；其二，尽管单个的配件并无缺陷，但在装配成最终产品时犯了某种错误。[③] 据此，我们可以抽象出制造缺陷的概念：制造缺陷是指因产品原材料或配件存在缺陷或者在装配成最终产品的过程中出现某种错误，而导致产品具有不合理的危险。判断一件产品的缺陷是否为制造缺陷，其标准是：

---

① 也有将缺陷划分为结构缺陷、设计缺陷和警示(或说明)缺陷的，参见美国《标准统一产品责任法》第 104 条。美国法学会《美国侵权行为法重述(第三次)》之产品责任第 2 条将产品缺陷分为制造缺陷、设计缺陷、说明或警示不充分的缺陷三类。

② 如美国 DES 案、Agent Orange 案。参见张新宝：《美国有害物体侵权行为法介评》，载《外国法译评》，1994 (1)。

③ 参见［美］W. Page Keeton 等：《产品责任与安全》，2 版，244 页，the Foundation Press，1988。

（1）产品是否存在危及他人人身、财产安全的不合理危险；（2）产品的质量检查、工艺流程等是否不符合保障人体健康、人身和财产安全的国家或者行业标准。

**3. 营销缺陷**

营销缺陷是指生产者没有提供警示与说明，或者没有提供适当的警示与说明，致使其产品在使用、储运等情形下具有不合理的危险。

“生产者对其所销售的产品负有一些说明的义务。只有当一件产品附带有适当的能够使消费者在使用该产品时具有合理的安全性的信息‘软件’时，才能认为该产品是‘合理’安全（或非‘缺陷’）的。”① 因为没有提供适当的警示与说明，某一产品可能被认定为缺陷产品。这种缺陷被称为营销缺陷或者说明与警示不充分的缺陷。在我国《产品质量法》有两条规定涉及营销缺陷。第 27 条第 1 款第 5 项规定，产品或者其包装上的标识必须真实，并符合下列要求：……（5）使用不当，容易造成产品本身损坏或者可能危及人身、财产安全的产品，应当有警示标志或者中文警示说明。第 28 条规定：易碎、易燃、易爆、有毒、有腐蚀性、有放射性等危险物品以及储运中不能倒置和其他有特殊要求的产品，其包装质量必须符合相应要求，依照国家有关规定作出警示标志或者中文警示说明，标明储运注意事项。可见，正确地理解营销缺陷，关键是正确地认识与把握“适当的警示或说明”。

“警示”亦称警告，一般是指对产品本身所具有的危险所作的警告性标记，可以用标志（如剧毒品所使用的骷髅标志、高压电源使用的闪电形标志）作为警示，也可以用文字作为警示。“说明”一般是指介绍有关产品的主要性能、正确的使用方法以及错误使用可能招致的危险等事项的文字。判断警示和说明适当与否的基本标准是：如果产品是为大众所消费、使用的，则警示和说明应为社会上不具有专门知识的一般人所注意、知晓、理解；如果产品是为特定人所消费、使用的，则警示和说明应为具备专门知识的特定人所注意、知晓、理解。标志与文字之内容应当是正确无误，不会引起误解、歧义的；标志与文字之形式，应当是醒目的、易于辨认的；标志应为公众一般接受的；在中国境内销售之产品（包括进口产品）应当有中文的文字说明；在我国少数民族聚集、生活的地区销售的产品，应当有中文和当地通行的少数民族语言文字的说明。没有适当的警示与说明，在产品的消费、使用过程中造成他人人身、财产损害，则可能认为产品存在营销缺陷，为缺陷产品。相反，如果消费者、使用者无视警示与说明，不按说明的用途、用法使用产品，即使受到损害，也不认为产品为缺陷产品。

**4. 跟踪缺陷**

产品的生产者对于自己投入流通的产品负有质量跟踪义务，即使该产品投入流通时不能发现缺陷的存在，但通过跟踪能够发现缺陷的，应当及时采取警示、召回等补救措施。产品的生产者未履行此等义务，即存在跟踪缺陷。存在跟踪缺陷，未及时采取补救措施或者补救措施不力造成损害的，产品的生产者等应当承担侵权责任。

---

① ［美］W. Page Keeton 等：《产品责任与安全》，2 版，315 页，the Foundation Press，1988。

## 二、产品责任的归责原则与构成要件

### (一) 产品责任原则上适用无过错责任原则

我国有关产品责任的立法，采取了产品责任的二元归责原则，即既适用无过错责任原则，也适用过错责任原则，但以无过错责任原则为主导。不同的责任主体承担不同种类的赔偿责任，适用不同的归责方法。

**1. 适用无过错责任原则**

在我国产品责任立法中，无过错责任原则适用于下列情形：(1) 生产者和销售者的直接责任（表面责任）。无论是缺陷产品的生产者还是销售者，对直接责任（表面责任）之承担均适用无过错责任原则。换言之，只要因使用、消费缺陷产品而受到损害者向该产品的生产者、销售者主张赔偿，生产者与销售者不得以无过错主张免责，受害人也无须证明生产者、销售者的过错。即使是无过错的销售者，也应首先承担直接责任。(2) 生产者的最终责任（实质责任）。无过错的销售者向受害人承担直接责任（表面责任）之后，得向生产者追偿，由生产者承担最终责任。销售者只需证明缺陷、损害以及二者之间的因果关系，而无须证明生产者的过错。因此，生产者的最终责任属于无过错责任。如果受害人直接向生产者主张赔偿，于大多数情形生产者在承担直接责任的同时即承担了最终责任，这时也是适用无过错责任原则。

**2. 关于过错责任原则**

在我国产品责任立法中，过错责任原则适用于下列情形：(1) 销售者的最终责任。由于销售者的过错使产品存在缺陷的，销售者应承担最终责任。于此情形，如果销售者承担了直接责任，则其不得再向生产者追偿；如果生产者承担了直接责任，则其可通过证明缺陷是销售者的过错所致，而向销售者追偿。但是，销售者不能指明缺陷产品的生产者，也不能指明缺陷产品的供货者的，销售者即被视为生产者，其对最终责任之承担由适用过错责任原则转化为适用无过错责任原则。(2) 运输者、仓储者及中间供货人的最终责任。运输者、仓储者以及介于生产者与销售者之间的中间供货人不是直接责任的承担者，但如果产品的缺陷是其过错所致，则生产者或销售者在承担了无过错的直接责任之后，可向有过错的运输者、仓储者或中间供货人追偿。运输者、仓储者及中间供货人对这种最终责任之承担所适用的归责原则是过错责任。在具体诉讼中，可以另案处理，也可以将他们列为第三人一并处理。

### (二) 产品责任的构成要件

**1. 生产或者销售的产品存在缺陷**

法律规定，产品责任原则上由产品的生产者承担；也有规定可以由销售者承担责任的。无论是生产者承担产品责任还是销售者承担产品责任，都不属于行为责任而属于物件致害责任。并不是因为生产或者销售了产品而承担该产品引起的损害赔偿责任，而是由于该产品属于缺陷产品、存在不合理的危险，不合理的危险爆发，导致了损害发生。

产品的生产者将此等危险带入消费领域，故应当承担相关的危险责任。

**2. 损害**

（1）人身损害与财产损害。

产品责任造成的损害包括人身损害。

《民法典》没有对产品责任的损害作出规定。《产品质量法》第 41 条第 1 款规定：因产品存在缺陷造成人身、缺陷产品以外的其他财产……损害的，生产者应当承担赔偿责任。该条规定将被侵权人遭受的人身损害以及缺陷产品之外的财产损害作为产品责任可救济的损害，缺陷产品的生产者对此应当承担赔偿责任。

《侵权责任编解释（一）》将缺陷产品本身的财产损失纳入产品责任案件的赔偿范围，指出：因产品存在缺陷造成买受人财产损害，买受人请求产品的生产者或者销售者赔偿缺陷产品本身损害以及其他财产损害的，人民法院依照《民法典》第 1202 条、第 1203 条的规定予以支持。[①] 这里要求被侵权人为买受人，存在买卖合同关系。

（2）精神损害。

此外，《产品质量法》第 44 条第 2 款后半段规定：受害人因此遭受其他重大损失的，侵害人应当赔偿损失。结合《民法典》的有关规定，对此处的“其他重大损失”可以理解为严重精神损害。

**3. 产品缺陷与损害之间的因果关系**

产品责任案件中的因果关系，是指产品之缺陷作为物的内在危险之实现，与受害人遭受的损害之间的相互关系，前者为原因，后者为结果。因果关系是产品责任案件中侵权责任的构成要件之一。

产品责任中的因果关系，与其他侵权责任中的因果关系存在共性，这些共性是：因与果具有时间上的顺序性；事实上的客观真实性；原因是结果的必要条件；可以用实质要素作为补充检验。而且产品责任中的因果关系也存在一因一果、一因多果、多因一果和多因多果等形态。但产品责任中的因果关系也有其特殊性，这种特殊性主要体现在证明主体与证明程度、证明对象、证明方法三个方面。

（1）证明主体与证明程度的特殊性。

在产品责任案件中，受害人（原告）只要证明存在损害与因果关系即可，产品的生产者须举证免责事由的存在。在部分产品责任案中，只要受害人（原告）能证明因果关系存在的可能性大于 50%，法官即可裁判因果关系成立。

（2）证明对象的特殊性。

在产品责任案件中，证明对象具有特殊性。受害人（原告）所要证明的内容包括：1）被告为缺陷产品的生产者或销售者；2）产品存在缺陷；3）受害人受到损害；4）损害是使用或消费有缺陷的产品所致。在上述四个方面，“损害是使用或消费有缺陷的产品所致”为产品责任案件中因果关系的证明对象。《欧共体产品责任指令》也有类似要求（参见该指令第 9 条第 1 款 b 项）。如果损害是使用或者消费有缺陷的产品所致，则认为存在因果

---

① 参见《侵权责任编解释（一）》第 19 条。

关系；反之，则认为不存在因果关系。这里有必要对“使用”和“消费”进行说明。对于可以多次利用之物品的利用，谓之使用，如对机械之使用；对于只能一次性利用之物品的利用，谓之消费，如对食品之消费。区别“使用”与“消费”对于产品责任之构成并无决定意义，但出于习惯，国内外立法一般都在并不十分严格的意义上区别“使用”与“消费”。构成产品责任案件中的原因之“使用”，既包括受害人使用有缺陷的产品，也包括第三人使用有缺陷的产品（如有缺陷的锅炉发生爆炸，将过往行人炸伤，受害人并非使用者）。于构成产品责任案件中的原因之“消费”，受害人一般为直接消费者，但其损害可通过遗传或传染等途径转移给他人，致使他人受害的，则不在此限。

在此，受害人所要证明的对象又可以划分为两个部分：1）缺陷产品曾经被使用或消费；2）使用或消费缺陷产品是损害产生的原因。前者之证明相对容易，后者之证明则比较困难。

（3）证明方法的特殊性。

在相当一部分产品责任案件中，证明使用或消费缺陷产品是损害产生的原因，是复杂而又困难的。因此，在产品责任案件的因果关系证明中，在证明方法上除了使用传统的证明方法，还大量采用实验室检验、化验、测试方法，数理统计的方法，社会流行病学统计方法，间接反证方法等。

## 三、不承担责任的特别抗辩事由

在我国《产品质量法》第41条第2款规定，生产者能够证明有下列情形之一的，不承担赔偿责任：（1）未将产品投入流通的；（2）产品投入流通时，引起损害的缺陷尚不存在的；（3）将产品投入流通时的科学技术水平尚不能发现缺陷的存在的。

**1. 未将产品投入流通**

生产者虽然生产了某种产品（包括成品和零部件），但未将其投入流通时，即使该产品存在缺陷并致人损害，生产者也不因此而承担产品责任法上的责任。未将产品投入流通是各国产品责任法公认的免责条件。“投入流通”的含义是：任何形式的出售、出租、租赁、租卖以及抵押、质押、典当。如果产品仍处于生产阶段或生产完毕后的仓储阶段，则不认为已投入流通。

**2. 产品投入流通时引起损害的缺陷尚不存在**

如果产品投入流通时引起损害的缺陷尚不存在，生产者应免责。但此处所免除的是直接责任还是最终责任，抑或二者之全部呢？在我国《产品质量法》对此未作出明确规定，但从该法第43条的精神来看，免除的应当是最终责任而不是直接责任。质言之，如果产品的缺陷是运输者、仓储者或销售者的过错所致，该缺陷产品致人损害，被侵权人向产品生产者主张赔偿的，生产者也应先行赔偿，然后向有过错的运输者、仓储者或销售者追偿。这是我国产品责任立法中关于生产者免责条件的规定的一个特殊性，而这一特殊性又是立法意图将产品责任区分为直接责任与最终责任这一原因所决定的。

**3. 科技发展水平**

科技发展水平（the state of art）是许多产品责任案件中被告所主张的一个重要抗

辩，也是各国产品责任法公认的法定免责条件。其基本含义是：如果依将产品投入流通时的科学技术水平不能发现缺陷的存在，即使其后由于科学技术的进一步发展而认识到产品存在缺陷，生产者也不对该已投入流通的产品致人损害承担产品责任法上的赔偿责任。在此，有两个问题需要讨论：（1）时间。这一免责条件所限定的时间是“投入流通时”，而不是设计产品时、制造产品时或投入流通后。因此，衡量有关科学技术水平，应以产品投入流通时为时间标准。但有些产品是多次投入流通的，每次投入流通的时间相距可能较长，在不断投入的过程中科学技术发展到了能够发现缺陷存在的水平，于此情形如何处理呢？笔者以为，既不能以第一次投入流通时间为准，也不能以最后一次投入流通时间为标准，应以与“科学技术发展到了能够发现缺陷存在的水平”的时间最接近的一次投入流通的时间为标准时间——对此之前投入流通的产品，生产者免责；对此之后投入流通的产品，生产者不能免责。（2）水平。这里的水平是指科学技术的发展水平。衡量依科学技术的发展水平能否发现缺陷之存在，应考虑以下因素：（a）一个产品的生产者应当被认为同时也是该领域的科学技术前沿者；（b）所要考虑的科学技术水平不是指某一地区或一国家的状况，而是指在该领域的世界科学技术水平；（c）有无同类替代产品以及科学文献（著作及学术刊物的文章）。

## 四、关于诉讼时效的特别规定

《产品质量法》第 45 条规定：因产品存在缺陷造成损害要求赔偿的诉讼时效期间为 2 年，自当事人知道或者应当知道其权益受到损害时起计算。因产品存在缺陷造成损害要求赔偿的请求权，在造成损害的缺陷产品交付最初消费者满 10 年丧失；但是，尚未超过明示的安全使用期的除外。

《产品质量法》第 45 条有以下几层含义：（1）产品责任之诉讼时效期间为 2 年，自当事人知道或者应当知道其权益受到损害时起计算。所谓“应当”知道是指在同等条件下一个诚信善意之人（reasonable man）凭借其一般的知识、见识和判断能力能够知道。“知道”的内容应当是权益受到损害这一事实。（2）长期时效期间为 10 年，从造成损害的缺陷产品交付最初用户、消费者之日起计算。长期时效期间的含义是，如果超过这一期间（10 年），即使发现损害并且在发现损害后的适当时间（2 年内）请求赔偿，法院一般也不予保护。质言之，缺陷产品第一次售出后已满 10 年，再造成损害者，法院一般不再保护受害者。（3）除外情况。如果产品有明示的安全使用期，则不受上述长期时效期间的限制。如何在实践中正确地理解和运用“安全使用期”这一除外情况的规定呢？笔者认为，不是明示的安全使用期与 10 年长期时效期间相加而得出这类产品责任的长期时效期间，而是分为三种情况处理：（a）如果明示的安全使用期短于 10 年，长期时效期间应为 10 年；（b）如果明示的安全使用期超过 10 年，则以明示的安全使用期为长期时效期间；（c）无论明示的安全使用期是否超过 10 年，如果产品有明示的超期使用的危险警示，受害人超期使用产品，属于不当使用，受到危险警示所提及的损害的产品的制造者和销售者不承担责任。

# 第二节　责任主体与责任方式

## 一、生产者责任

依据《民法典》第 1202 条的规定，因缺陷产品造成他人损害的，该缺陷产品的生产者应当承担侵权责任。法律没有对生产者进行界定。学理上认为，生产者是指以制造、加工产品为业者；或者自己作为产品的生产者在产品上标示其姓名、商号、商标及其他标识者，或被误认为产品的生产者而为姓名等的标示者；或者根据产品的制造、加工或有关贩卖形态的其他事项可以被认为是产品的实质的生产者的自然人或者法人、非法人组织。产品的进口商，被视为产品的生产者。原则上，产品的生产者包括产品之生产者、原料之生产者、零配件之生产者，以及任何将其姓名、商标或者其他区别性标志标示于产品以表明自己是生产者的人。但是，在具体案件中将如此多的“生产者”都作为被告往往是不现实的。一件缺陷产品如果是由多个生产者合作生产的，如甲厂提供部分配件，乙厂提供另一部分配件，丙厂负责装配，如何确定缺陷产品的责任主体呢？对此，我国《产品质量法》没有作出规定。从保护被侵权人的利益出发，原则上以该产品的最终生产者为生产者，而提供配件、原料的厂家一般不属于该最终产品的生产者。之所以确定最终生产者为产品责任上的“生产者”，是因为它对于产品的质量有最终的也是最重要的控制力。

## 二、销售者责任

依据《民法典》第 1203 条的规定，被侵权人可以请求缺陷产品的销售者承担侵权责任。产品的销售者包括：（1）产品的批发商；（2）产品的零售商；（3）以保留所有权等方式销售产品者；（4）以融资租赁等方式销售产品者；（5）以易货贸易等方式销售产品者；（6）以任何其他方式将产品有对价转让给他人者。在互联网上从事上述经营活动的，属于销售者。

《产品质量法》第 42 条规定：由于销售者的过错使产品存在缺陷，造成人身、他人财产损害的，销售者应当承担赔偿责任。销售者不能指明缺陷产品的生产者，也不能指明缺陷产品的供货者的，销售者应当承担赔偿责任。

被侵权人有权选择缺陷产品的销售者请求其承担赔偿责任。一旦被侵权人选择缺陷产品的销售者请求其承担赔偿责任，则不得再请求生产者承担相关责任。销售者即使对缺陷的产生没有过错，也要承担本该由生产者承担的无过错责任，然后向生产者追偿。

## 三、被侵权人的选择权与侵权人之间的追偿权

《民法典》第 1203 条第 2 款规定的追偿权确立的规则是：（1）无论被侵权人向缺陷

产品的生产者还是销售者请求承担赔偿责任，只要产品责任成立，被请求的缺陷产品生产者或者销售者都应当承担责任，不得推诿。（2）如果承担的赔偿责任本来就是该自己承担的，则不发生追偿的问题。（3）如果承担了本该由另一方（缺陷产品的生产者或者销售者）承担的责任，则产生相应的追偿。

缺陷产品的生产者与销售者不构成对被侵权人的连带责任，也不构成对被侵权人的按份赔偿责任，更不构成“不真正连带”赔偿责任。缺陷产品生产者的责任是独立的责任，销售者的责任也是独立的责任。这两种责任既不连带也不相互补充，实际上是相互对立的：如果生产者应当承担赔偿责任，则销售者不应该承担赔偿责任；如果销售者应当承担赔偿责任，则生产者不应当承担赔偿责任。

法律规定追偿权，是因为一方代替另一方承担了赔偿责任，不是责任的分担或者超出份额的追偿。法律规定这种代负责任的主要意义在于方便被侵权人诉讼和及时获得赔偿。而承担了代负责任的一方，有可能因为被追偿的一方支付困难而陷入追偿不能的风险。

## 四、第三人过错的责任承担方式

### （一）运输者、仓储者等第三人不直接承担赔偿责任

《民法典》第1204条对涉及第三人过错的责任承担问题作出了规定。产品缺陷不是在生产环节造成的，也不是在销售环节造成的，而是在运输、仓储等物流环节由运输者、仓储者等第三人的过错造成的时，被侵权人不得直接向有过错的第三人请求赔偿，而只能向缺陷产品的生产者或者销售者请求赔偿。

法律作出此等规定，基于以下理由：（1）债的相对性原理。缺陷产品的生产者因缺陷产品致人损害与被侵权人发生债的关系；销售者则因为销售此等产品与被侵权人（买受人）发生债的关系。在这两种债的关系中，生产者和销售者都对该产品负有瑕疵担保义务。相反，运输者、仓储者等第三人与被侵权人则不存在债的关系。（2）运输、仓储等物流关系较为复杂，被侵权人也难以查明运输、仓储环节的具体情况。

### （二）产品的生产者、销售者赔偿后，有权向有过错的第三人追偿

虽然运输者、仓储者等第三人无须向被侵权人承担赔偿责任，但是产品的生产者、销售者向被侵权人赔偿后有权向第三人追偿。此等追偿权的行使需要符合以下要件要求：（1）生产者或者销售者进行了赔偿，承担了相关的损害赔偿责任；（2）产品的缺陷是在运输、仓储等物流环节造成的；（3）被追偿的第三人对在物流环节造成产品缺陷有过错。

生产者或者销售者与运输者、仓储者等第三人对此等责任的追偿事先有约定的，依其约定；没有约定的，一般追偿以生产者或销售者向被侵权人赔偿的金额为限，并可以考虑将其为解决相关纠纷所支出的必要费用纳入追偿范围。

# 第三节 赔偿损失和其他责任方式

## 一、赔偿损失

《产品质量法》第 44 条规定：因产品存在缺陷造成受害人人身伤害的，侵害人应当赔偿医疗费、治疗期间的护理费、因误工减少的收入等费用；造成残疾的，还应当支付残疾者生活自助具费、生活补助费、残疾赔偿金以及由其扶养的人所必需的生活费等费用；造成受害人死亡的，并应当支付丧葬费、死亡赔偿金以及由死者生前扶养的人所必需的生活费等费用。因产品存在缺陷造成受害人财产损失的，侵害人应当恢复原状或者折价赔偿。受害人因此遭受其他重大损失的，侵害人应当赔偿损失（参见第二节关于损害的讨论）。

## 二、其他责任方式

### （一）停止侵害、排除妨碍、消除危险

《民法典》第 1205 条规定了停止侵害、排除妨碍、消除危险的侵权责任承担方式在产品责任案件中的适用。缺陷产品存在危及他人人身、财产安全的，被侵权人有权请求该缺陷产品的生产者、销售者承担停止侵害、排除妨碍、消除危险等侵权责任。依据《民法典》第 1167 条的规定，承担此等侵权责任无须已经造成人身损害或者财产损失，也不要求缺陷产品的生产者、销售者有过错。

### （二）停止销售、警示、召回

《民法典》第 1206 条规定了产品跟踪义务以及停止销售、警示、召回等补救措施。产品投入流通后，生产者有义务跟踪产品的使用情况，特别是及时发现产品可能存在的安全隐患。发现存在缺陷的，应当依据《民法典》第 1206 条的规定和相关的法律、法规规定及时采取补救措施。补救措施包括：（1）停止销售。停止销售是指在所有销售渠道和环节停止销售缺陷产品。商业实践中，将某种缺陷产品“下架”处理即为典型的停止销售。停止销售是《民法典》新增加的补救措施。（2）警示。警示是指缺陷产品的生产者、销售者对该缺陷产品的不合理危险进行警示，告知用户和其他可能的使用者、接触者等，避免发生相关的人身损害和财产损失。警示通常适用于不需要停止销售也不需要召回的缺陷产品，此等产品存在的缺陷往往是警示缺陷。（3）召回。召回是指缺陷产品的生产者、销售者公开要求产品的购买人、使用者等送回有缺陷（安全隐患）的产品，以进行修理、更换或者退货以消除产品缺陷的一项补救措施。召回具有双重法律性质：一方面，召回是侵权责任法（产品责任）等法律规定的一项侵权责任；另一方面，也是合同法（特别是买卖合同法）规定的一项标的物品质担保义务和责任。在买卖合同中，出卖人负有担保出卖的标的物不存在隐蔽瑕疵的义务。发现此等隐蔽瑕疵（一些情况下

也属于缺陷）后，出卖人有义务更换、修理，严重者可能导致买受人解除合同。

在侵权责任法领域，召回可以分为自愿召回和强制召回，前者是生产者、销售者主动采取的补救措施，后者是国家行政管理部门依据职权强制要求生产者、销售者采取的补救措施。国家对汽车、食品等制定了专项召回制度。《缺陷汽车产品召回管理条例》①（2019年修订）第8条规定：对缺陷汽车产品，生产者应当依照本条例全部召回；生产者未实施召回的，国务院产品质量监督部门应当依照本条例责令其召回。《食品安全法》第63条规定：国家建立食品召回制度。食品生产者发现其生产的食品不符合食品安全标准或者有证据证明可能危害人体健康的，应当立即停止生产，召回已经上市销售的食品，通知相关生产经营者和消费者，并记录召回和通知情况。食品经营者发现其经营的食品有前款规定情形的，应当立即停止经营，通知相关生产经营者和消费者，并记录停止经营和通知情况。食品生产者认为应当召回的，应当立即召回。由于食品经营者的原因造成其经营的食品有前款规定情形的，食品经营者应当召回。同时，国家食品药品监督管理总局令第12号颁布的《食品召回管理办法》（自2015年9月1日起实施，2020年10月23日修订）亦作了相关规定。此外，还有一些有关产品召回的部门规定，如国家市场监督管理总局令第19号颁布的《消费品召回管理暂行规定》（自2020年1月1日起施行）。

缺陷产品的生产者、销售者未及时采取补救措施或者采取补救措施不力，造成损害扩大的，对扩大的损害也应当承担侵权责任。这里的“也”应当理解为在对其他相关损害承担侵权责任的同时，还要对此等扩大的损害承担侵权责任，而不仅仅是对扩大的损害承担侵权责任。

缺陷产品的生产者、销售者应当负担被侵权人因此支出的必要费用。如果被侵权人也是买卖合同的一方当事人，在买卖合同中对召回费用有约定的，依其约定确定召回费用的数额；没有约定或者被侵权人不是买卖合同的一方当事人的，召回费用的数额以实际发生的为准；法律法规对此等费用的计算有规定的，依照其规定确定召回费用的数额。

## 三、惩罚性赔偿责任

### （一）惩罚性赔偿的体系解释

惩罚性赔偿（punitive damages）是指损害赔偿中，超过被侵权人或者合同的守约一方遭受的实际损失范围的额外赔偿。也即在赔偿了实际损失（补偿性赔偿）之后，再加罚一定数额或者一定倍数的赔偿金。惩罚性赔偿是依附于补偿性赔偿的。②

《民法典》第179条第2款规定：法律规定惩罚性赔偿的，依照其规定。《民法典》第1207规定：明知产品存在缺陷仍然生产、销售，或者没有依据前条规定采取有效补救

---

① 2012年10月22日国务院令第626号公布，根据2019年3月2日《国务院关于修改部分行政法规的决定》修订。

② 参见黄忠顺：《惩罚性赔偿消费公益诉讼研究》，载《中国法学》，2020（1），260～282页。

措施，造成他人死亡或者健康严重损害的，被侵权人有权请求相应的惩罚性赔偿。该条即属于“法律规定适用惩罚性赔偿的”条文。此外，《民法典》第1185条规定：故意侵害他人知识产权，情节严重的，被侵权人有权请求相应的惩罚性赔偿。第1232条规定：侵权人违反法律规定故意污染环境、破坏生态造成严重后果的，被侵权人有权请求相应的惩罚性赔偿。以上条文都是有关惩罚性赔偿的规定。其他法律对惩罚性赔偿也有规定，如《消费者权益保护法》第55条①、《食品安全法》第148条第2款。②

### （二）惩罚性赔偿的适用条件

《民法典》第1207条规定：明知产品存在缺陷仍然生产、销售，或者没有依据前条规定采取有效补救措施，造成他人死亡或者健康严重损害的，被侵权人有权请求相应的惩罚性赔偿。适用该条确定缺陷产品的生产者、销售者承担惩罚性赔偿责任，应当符合相应的主观条件和客观条件。

**1. 主观条件**

（1）明知。

“明知”是指缺陷产品的生产者、销售者确实、明确知道产品存在缺陷。从过错角度看，侵权人存在故意或者重大过失。“明知”排除一般过失和轻微过失。“明知”需要被侵权人一方证明。

（2）拒绝。

与《侵权责任法》第47条比较，《民法典》第1207条增加了“或者没有依据前条规定采取补救措施”的主观条件规定，即将生产者、销售者拒绝采取补救措施作为承担惩罚性赔偿的主观条件之一。从法律条文的文义上看，“明知”与“拒绝”的关系是选择关系，即只要具备其中之一就满足主观条件的要求。但是，从认知逻辑上看，拒绝采取补救措施，一般也就已经明知存在缺陷了。

**2. 客观条件**

适用《民法典》第1207条规定的惩罚性赔偿，需要符合的客观条件是造成他人死亡或者健康严重损害的后果。这里的“健康严重损害”是指残疾、完全丧失或者大部分丧失劳动能力以及永久病痛等情况。

《民法典》第1207条没有对惩罚性赔偿的倍数或者其他计算标准作出规定，这有赖于未来的相关司法解释作出具体规定，以便人民法院准确适用该条规定。

---

① 《消费者权益保护法》第55条规定：经营者提供商品或者服务有欺诈行为的，应当按照消费者的要求增加赔偿其受到的损失，增加赔偿的金额为消费者购买商品的价款或者接受服务的费用的3倍；增加赔偿的金额不足500元的，为500元。法律另有规定的，依照其规定。经营者明知商品或者服务存在缺陷，仍然向消费者提供，造成消费者或者其他受害人死亡或者健康严重损害的，受害人有权要求经营者依照本法第49条、第51条等法律规定赔偿损失，并有权要求所受损失2倍以下的惩罚性赔偿。

② 《食品安全法》第148条第2款规定：生产不符合食品安全标准的食品或者经营明知是不符合食品安全标准的食品，消费者除要求赔偿损失外，还可以向生产者或者经营者要求支付价款10倍或者损失3倍的赔偿金；增加赔偿的金额不足1 000元的，为1 000元。但是，食品的标签、说明书存在不影响食品安全且不会对消费者造成误导的瑕疵的除外。

## 深度阅读

1. 张新宝，任鸿雁. 我国产品责任制度：守成与创新. 北方法学，2012（3）.

2. 王利明. 关于完善我国缺陷产品召回制度的若干问题. 法学家，2008（2）.

3. 美国法律研究院. 侵权法重述第三版：产品责任. 肖永平，等译. 北京：法律出版社，2006.

4. 梁慧星. 中国产品责任法：兼论假冒伪劣之根源和对策. 法学，2001（6）.

5. 张骐. 产品责任中的损害与损害赔偿：一个比较研究. 法制与社会发展，1998（4）.

6. 温世扬，吴昊. 论产品责任中的"产品". 法学论坛，2018（3）.

7. 黄忠顺. 惩罚性赔偿消费公益诉讼研究. 中国法学，2020（1）.

8. 申卫星，阙梓冰. 论替代型人工智能产品缺陷的认定：以自动驾驶汽车为视角. 贵州社会科学，2024（2）.

## 问题与思考

### 一、思考题

1. 如何确定产品的生产者？

2. 我国法律是如何确定产品责任的责任主体的？

3. 试述产品缺陷的判断标准。

4. 如何理解惩罚性赔偿在产品责任中的适用？

### 二、练习题

1. 简述产品责任的免责条件。

2. 大学生甲在寝室复习功课，隔壁寝室的学生乙、丙到甲寝室强烈要求甲打开电视观看足球比赛，甲只好照办。由于质量问题，电视机突然爆炸，甲、乙、丙三人均受重伤。关于三人遭受的损害，下列哪一选项是正确的？（　　）

A. 甲可要求电视机的销售者承担赔偿责任

B. 甲可要求乙、丙承担损害赔偿责任

C. 乙、丙无权要求电视机的销售者承担赔偿责任

D. 乙、丙有权要求甲承担损害赔偿责任

3. 赵某从商店购买了一台甲公司生产的家用洗衣机，洗涤衣物时，该洗衣机因技术缺陷发生爆裂，叶轮飞出造成赵某严重人身损害并毁坏衣物。赵某的下列哪些诉求是正确的？（　　）

A. 商店应承担更换洗衣机或退货、赔偿衣物损失和赔偿人身损害的违约责任

B. 商店应按违约责任更换洗衣机或者退货，也可请求甲公司按侵权责任赔偿衣物损失和人身损害

C. 商店或者甲公司应赔偿因洗衣机缺陷造成的损害

D. 商店或者甲公司应赔偿物质损害和精神损害

第十九章

# 机动车交通事故责任

**常考知识点**

机动车交通事故　受害人故意碰撞　机动车一方　“交强险”　道路交通事故社会救助基金

## 第一节　机动车交通事故责任概述

### 一、机动车交通事故责任的概念与种类

#### （一）机动车交通事故责任的概念

**1. 交通事故**

《道路交通安全法》第 119 条第 5 项规定，“交通事故”是指车辆在道路上因过错或者意外造成的人身伤亡或者财产损失的事件。

**2. 机动车**

依据《道路交通安全法》第 119 条第 2 项的规定，车辆包括机动车和非机动车。机动车是指以动力装置驱动或者牵引，上道路行驶的供人员乘用或者用于运送物品以及进行工程专项作业的轮式车辆。

**3. 机动车交通事故**

机动车交通事故是机动车之间、机动车与非机动车之间以及机动车与行人之间在道路上发生的交通事故。2020 年修正的《最高人民法院关于审理道路交通事故损害赔偿案件适用法律若干问题的解释》（以下简称《交通事故损害赔偿司法解释》）第 25 条规定：“机动车在道路以外的地方通行时引发的损害赔偿案件，可以参照适用本解释的规定。”

**4. 机动车交通事故责任**

机动车交通事故责任是指对机动车交通事故所应依法承担的侵权责任，主要包括责任主体的确定、赔偿范围的划定等。

### （二）交通事故之种类

**1. 机动车一方致非机动车、行人损害的交通事故**

《道路交通安全法》第 76 条主要依据侵权人和被侵权人的组合情况对交通事故进行分类，分为机动车一方致非机动车、行人损害的交通事故和机动车之间的交通事故。于机动车一方致非机动车、行人损害的交通事故，侵权人一方通常为机动车的使用人，有些案件中也涉及机动车的所有人、管理人等；被侵权人为非机动车、行人。

依据《道路交通安全法》第 119 条第 4 项的规定，非机动车是指以人力或者畜力驱动，上道路行驶的交通工具，以及虽有动力装置驱动但设计最高时速、空车质量、外形尺寸符合有关国家标准的残疾人机动轮椅车、电动自行车等交通工具。在道路交通管理实践中，自行车、三轮车、电动自行车、残疾人机动轮椅车和畜力车等被归入非机动车。

**2. 机动车之间的交通事故**

《道路交通安全法》规定了机动车之间发生交通事故的侵权责任规则，即适用过错责任原则，按照过错的大小分担损害后果。

**3. 其他类型的交通事故**

实践中还存在非机动车、行人违反交通规则导致机动车、其他非机动车或者行人损害的交通事故。对此等事故，法律没有作出特别规定，应当适用过错侵权的一般条款（《民法典》第 1165 条）确定相关主体的侵权责任。

## 二、机动车交通事故责任的归责原则

### （一）机动车一方的无过错责任

机动车与非机动车驾驶人、行人之间的交通事故适用无过错责任。在机动车与非机动车驾驶人、行人之间发生交通事故时，非机动车驾驶人、行人没有过错的，由机动车一方承担责任；在非机动车驾驶人、行人存在过失或者故意时，可以适当减轻或者免除机动车方的责任。

### （二）机动车之间的过错责任

机动车之间的交通事故责任适用过错责任。双方都有过错时适用过错相抵，双方按照各自的过错比例分担责任。

### （三）“交强险”保险人的责任

承保“交强险”的保险公司在“交强险”责任限额范围内依据法律规定承担无过错责任。如果肇事车辆参加了“交强险”，则一旦发生交通事故，导致他人人身伤害或者财产损失，肇事车辆属于责任一方的，此等保险公司就应当在“交强险”责任限额范围内予以赔偿。

### (四) 社会救助基金的救助义务

道路交通事故社会救助基金对于被侵权人抢救费用的先行垫付适用无过错责任。设立道路交通事故社会救助基金的主要目的在于救济被侵权人，在肇事者无赔偿能力、没有投保“交强险”或者无法找到的情况下，被侵权人的损失很可能得不到赔偿，只能通过道路交通事故社会救助基金进行救济。道路交通事故社会救助基金也是对“交强险”的有力保障，两者相结合能更好地实现保护被侵权人的目标。因此，道路交通事故社会救助基金对被侵权人抢救费用的先行垫付应该适用无过错责任，这与该基金设立的目的相一致。需要注意的是，道路交通事故社会救助基金的垫付对象并不严格限于被侵权人，而是包括交通事故中的所有受伤人员（《道路交通安全法》第 75 条）。

## 三、机动车交通事故责任的法律规定

### (一)《民法通则》

20 世纪 80 年代制定《民法通则》时，我国处于改革开放初期，社会保有的机动车数量较少，自然人个人很少拥有乘用车，因此，对于机动车交通事故责任《民法通则》并没有予以专门规定，仅于第 123 条通过将高速运输工具纳入高度危险作业的方式，对其作出了概括规定：从事高空、高压、易燃、易爆、剧毒、放射性、高速运输工具等对周围环境有高度危险的作业造成他人损害的，应当承担民事责任；如果能够证明损害是由受害人故意造成的，不承担民事责任。

### (二)《道路交通安全法》

21 世纪初制定《道路交通安全法》时，我国开始进入“汽车时代”，大量自然人拥有乘用车，其他种类机动车的社会保有量也大为增加。因此，在《民法通则》没有对机动车交通事故责任作出较细密规定的情况下，立法机关在《道路交通安全法》这样一部行政管理法中对机动车交通事故责任作出了较详细的规定。

### (三)《侵权责任法》

2009 年制定《侵权责任法》时也有人建议将《道路交通安全法》中有关机动车交通事故责任的规定纳入《侵权责任法》中，使《道路交通安全法》保留比较纯的行政法性质，也使《侵权责任法》在内容和体系上更为完整。当时这一建议并没有被立法机关采纳，最终的方案是规定一个指引性条文，指向《道路交通安全法》的有关规定（特别是第 76 条）。《侵权责任法》第六章“机动车交通事故责任”规定的 6 个条文（第 48 条～第 53 条）基本上是对《道路交通安全法》第 76 条的补充。

### (四)《民法典》

制定《民法典》时再次有机会考虑将《道路交通安全法》中有关机动车交通事故责任的规定纳入《民法典》侵权责任编中。但是，这一建议依旧没有被采纳，没被采纳的理由之一是立法机关将要对《道路交通安全法》的某些规定进行修改，但是改哪些、怎么改尚没有成熟的方案。如果在《民法典》中纳入现行《道路交通安全法》对道路交通事故责任的规定，将来与修改过的《道路交通安全法》如何协调存在一定难度。因此，《民法典》侵权责任编仍然保留了《侵权责任法》的模式和框架，规定“机动车发生交通事故造成损害的，依照道路交通安全法律和本法的有关规定承担赔偿责任”。所以，目前调整机动车交通事故责任的主要法律规定仍然是《道路交通安全法》中的有关条文，核心是第 76 条。

## 第二节　机动车一方致非机动车、行人损害的责任

### 一、机动车一方致非机动车、行人损害的责任概述

关于机动车一方致非机动车、行人损害的责任问题，理论界和实践界争议颇多。《道路交通安全法》第 76 条第 1 款第 2 项规定：机动车与非机动车驾驶人、行人之间发生交通事故，非机动车驾驶人、行人没有过错的，由机动车一方承担赔偿责任；有证据证明非机动车驾驶人、行人有过错的，根据过错程度适当减轻机动车一方的赔偿责任；机动车一方没有过错的，承担不超过 10%的赔偿责任。该条第 2 款还规定：“交通事故的损失是由非机动车驾驶人、行人故意碰撞机动车造成的，机动车一方不承担赔偿责任。”这就是我国《道路交通安全法》关于机动车一方与非机动车、行人之间发生交通事故时的责任的规定。

### 二、机动车一方致非机动车、行人损害的责任的构成要件

#### （一）机动车一方不必有过错

由于机动车一方承担的是无过错责任，所以，在确定侵权责任的构成时，不必考虑机动车一方主观上是否有过错。

关于机动车与非机动车、行人发生交通事故时的责任的归责原则，主要存在无过错责任（危险责任）和过错推定责任两种观点。笔者认为，《道路交通安全法》对于机动车与非机动车、行人发生交通事故时适用的是无过错责任原则。理由是：第一，机动车一方只有极个别的情况除外，否则，机动车一方都是需要承担责任的。这并不因为责任的比例之大小而改变责任的归责原则。无论是承担 100%的责任还是承担 90%的责任，都是承担责任，而与机动车一方的过错没有关系。第二，《道路交通安全法》第 76 条第 1 款第 2 项后半段的规定是无过错责任中责任减轻或责任免除的规定。第三，机动车驾驶行为是一种具有高度危险性的活动。适用无过错责任符合现代侵权责任法的潮流和发展趋势。

机动车和非机动车、行人之间发生交通事故时适用无过错责任原则，是对所谓“行人违法撞了白撞”说法的否定。但我们所称的无过错责任也不是在任何情况下都由机动

车驾驶人承担全部的损害赔偿责任。《道路交通安全法》对于机动车驾驶人一方的减责和免责事由作出了明确的规定，在符合法定条件时，机动车驾驶人可以减责，甚至不承担责任。

### （二）机动车一方存在肇事行为

机动车一方违反了道路交通安全法规，实施了造成非机动车、行人一方损害的侵害行为。机动车交通事故责任，是机动车的使用人使用机动车造成他人损害的“行为责任”，而不是机动车作为“物”致害的“准侵权行为”责任或者物件致人损害责任。

### （三）非机动车、行人一方遭受了损害

损害是赔偿责任的构成要件，在机动车交通事故责任中也不例外。《道路交通安全法》第 76 条将这里的“损害”界定为“人身伤亡”和“财产损失”。《交通事故损害赔偿司法解释》明确，“人身伤亡”和“财产损失”的划分是以交通事故所侵害的客体为标准的：侵害被侵权人的生命权、身体权、健康权等人身权益所造成的损害为“人身伤亡”；侵害被侵权人的财产权益所造成的损失为“财产损失”。此外，在实践中，精神损害赔偿在机动车交通事故责任案件中通常也是得到支持的。

### （四）肇事行为与损害之间存在因果关系

非机动车、行人一方的损害是由机动车的肇事行为造成的，二者之间存在因果关系。

## 三、机动车一方致非机动车、行人损害的责任的承担

### （一）机动车一方致非机动车、行人损害的责任的承担的基本规则

由于机动车一方对非机动车、行人的损害承担无过错责任，所以机动车一方致非机动车、行人损害的责任的承担因非机动车、行人的主观状态而异：（1）非机动车驾驶人、行人没有过错时，由机动车一方承担全部的赔偿责任。（2）非机动车驾驶人、行人有过错时，根据过错程度适当减轻机动车一方的赔偿责任。需要注意的是。非机动车驾驶人、行人以“故意碰撞机动车”之外的其他故意行为、重大过失造成交通事故的，只能减轻而不能免除机动车一方的赔偿责任。这里仅排除“故意碰撞机动车”这一种情况。（3）机动车一方和非机动车、行人都没有过错时，机动车一方承担不超过 10％的赔偿责任。

另外需要强调的是，机动车和非机动车、行人之间发生交通事故后，首先由保险公司承担“交强险”责任。超出“交强险”的责任限额的部分由承保第三者责任商业保险的保险公司根据保险合同予以赔偿。仍有不足的，才由机动车驾驶人承担无过错责任。因此，实际上机动车驾驶人的赔偿责任已经大大减轻了，机动车驾驶人大多不会因为一次交通事故而深陷财务危机。

### （二）法定不承担责任的事由

《道路交通安全法》第 76 条第 2 款规定，在非机动车驾驶人、行人故意碰撞机动车造成交通事故的情况下，机动车一方不承担赔偿责任。受害人故意仅限于“非机动车驾驶人、行人故意碰撞机动车造成交通事故”的情况，主要指受害人自杀、自残或“碰瓷”（指故意和机动车相撞以骗取赔偿）的情况。这些情况下，机动车一方来不及避让，也无法控制风险，因此，机动车一方不具有可责难性，不应当承担赔偿责任。

另外需要指出的是，受害人即使存在故意违反交通法规的情况，但是并没有故意碰撞机动车造成交通事故时，只能减轻机动车一方的责任，而不能免除其责任。

# 第三节　机动车之间的交通事故责任

## 一、机动车之间的交通事故责任概述

《道路交通安全法》第 76 条第 1 款第 1 项规定：机动车之间发生交通事故的，由有过错的一方承担赔偿责任；双方都有过错的，按照各自过错的比例分担责任。该项规定确立了机动车之间发生交通事故时适用过错责任的归责原则。

## 二、机动车之间的交通事故责任的构成要件

### （一）一方或者双方有过错

机动车之间发生交通事故时适用过错责任的归责原则。首先，只有机动车一方或双方存在过错的情况下，才由有过错的一方承担责任；在双方都没有过错的情况下，双方都不承担赔偿责任。其次，当事人各方承担与其过错程度相当的过错责任。

司法实践中，法院对交通事故责任的认定一般依据公安机关交通管理部门出具的交通事故认定书，法院很少作出与交通事故认定书中的责任划分不一致的责任认定结论。

笔者认为，交通事故认定书只是公安机关对交通事故中有无违法行为及该违法行为与事故损害后果间的因果关系作出的认定，并不等同于民事法律责任的划分。在有其他充分证据足以推翻交通事故认定书中的认定结论时，法院应当采用新证据查清法律事实，而不应该仅依据交通事故认定书中的内容确定侵权责任。《道路交通安全法》第 73 条规定：公安机关交通管理部门应当根据交通事故现场勘验、检查、调查情况和有关的检验、鉴定结论，及时制作交通事故认定书，作为处理交通事故的证据。由此可见，交通事故认定书仅仅是法院审理案件的证据之一，而不是法律事实。在实践中，不服公安机关交通管理部门作出的交通事故认定书的，可以提出复议，但是不得提起行政诉讼。

### （二）一方或者双方存在肇事行为

机动车一方或双方实施了违反道路交通安全法规的不法行为，即存在肇事行为。机动车一方应遵守的规则集中体现在《道路交通安全法》第四章，尤其是第二节专门关于机动车通行的规定。例如，不得超过限速标志标明的最高时速；机动车通过交叉路口，应当按照交通信号灯、交通标志、交通标线或者交通警察的指挥通过；通过没有交通信号灯、交通标志、交通标线或者交通警察指挥的交叉路口时，应当减速慢行，并让行人和优先通行的车辆先行等。机动车一方如果违反了上述规定，就被认为存在肇事行为。

### （三）造成一方或者双方损害

造成的损害包括人身伤亡或财产损失。根据 2020 年《交通事故损害赔偿司法解释》第 12 条的规定，这里的财产损失包括：（1）维修被损坏车辆所支出的费用、车辆所载物品的损失、车辆施救费用；（2）因车辆灭失或者无法修复，为购买交通事故发生时与被损坏车辆价值相当的车辆重置费用；（3）依法从事货物运输、旅客运输等经营性活动的车辆，因无法从事相应经营活动所产生的合理停运损失；（4）非经营性车辆因无法继续使用，所产生的通常替代性交通工具的合理费用。

### （四）肇事行为与损害之间存在因果关系

从事实角度看，责任之构成需要有肇事行为与受害人的损害之间存在客观联系。判断客观联系依据必要条件理论，即若没有肇事行为损害不会发生，则该行为是损害的原因；反之，若无肇事行为损害仍会发生，则肇事行为非损害之原因。在确定肇事行为与受害人的损害之间存在事实上的因果关系之后，需要进一步确定行为人是否需要承担损害赔偿责任。

## 三、机动车之间的交通事故责任的承担

### （一）概述

机动车之间的交通事故责任，由有过错的一方承担。质言之，过错是机动车之间承担交通事故责任的基础。在适用过错责任时，受害人除了应证明行为人的过错，还应证明行为人实施了侵害行为、受害人遭受了损害以及二者之间的因果关系。行为人除了可以以第三人过错、受害人过错抗辩，还可以不可抗力、正当防卫、紧急避险等抗辩。

### （二）按照过错大小分担损害后果

机动车双方都有过错的，按照各自过错的比例分担责任，行为人所应负的责任应与其过错程度相一致。能够确定过错大小或者程度的，各自承担相应的责任；难以确定过错大小或者程度的，平均承担赔偿责任。

## 第四节　关于机动车一方侵权责任主体的确定

### 一、机动车一方侵权责任主体的确定概述

#### （一）机动车一方侵权责任主体确定的概念

交通事故责任主体是指应当对交通事故承担损害赔偿责任的主体。《道路交通安全法》第 76 条第 1 款规定：机动车发生交通事故造成人身伤亡、财产损失的，由保险公司在机动车第三者责任强制保险责任限额范围内予以赔偿。在机动车造成非机动车驾驶人、行人损害的情况下，由机动车一方承担赔偿责任，受害人有过错（过失）的，减轻赔偿责任。该条第 2 款规定：受害人故意碰撞机动车造成损害的，机动车一方不承担赔偿责任。这是《道路交通安全法》第 76 条对于发生在机动车与行人、非机动车之间的交通事故的赔偿责任主体即赔偿义务人作出的原则性规定。在此等交通事故中，承保“交强险”的保险公司应当在责任限额内予以赔偿，不足部分“由机动车一方承担赔偿责任”。机动车之间发生交通事故，机动车各方承担的是过错责任；当受害人是非机动车驾驶人或行人时，机动车一方承担无过错责任。

在实践中，上述似乎“明确”的规定却并不明确。责任主体的确定有时比较困难。在机动车的所有人与实际肇事人分离的情况下，确定哪些人为“机动车一方”、谁应承担赔偿责任，尤为困难。机动车一方侵权责任主体的确定，是指在机动车的所有人、管理人与使用人发生分离的情况下确定由哪些主体承担相关交通事故责任的问题。

#### （二）机动车一方侵权责任主体的确定的原则

责任主体的认定标准是由机动车行驶的危险性决定的。“严格责任几乎总是以存在危险作业或危险物为基础的。”机动车一方承担危险责任，并非由于拥有机动车本身给社会带来任何危险，而是将机动车开到道路上，其高速行驶给社会带来了难以控制的危险。这种危险是道路交通事故所要归责者。

**1. 危险责任及其理论基础**

危险责任发源于德国。德国法中危险责任的基本思想是：如果损害的发生是危险物或危险作业所致，那么危险物的所有人或持有人、危险作业的作业人即应对损害负赔偿责任，不问其对于损害的发生是否存有过错。危险责任的基本思想不是对不法行为的制裁，而是基于分配正义的理念对“不幸损害”的合理分配。危险责任的理论基础主要有：（1）危险来源说或危险开启说。因为危险作业、物品或装置的所有人或持有人制造了危险来源，所以其应对由危险造成的损害承担赔偿责任。（2）危险控制说。从事危险活动或者占有、使用危险物品的人最能控制这些危险，因此，由这些人承担由危险引起的损害可以有效防止或者减少损害的发生。（3）报偿理论。该理论源于罗马法上“获得利益的人负担危险”的法谚，认为从事危险活动或者占有、使用危险物品的人从这一活动中

获得了利益，基于享受利益者承担风险的原则，其应当承担责任，即所谓的“利之所得，损之所归”。（4）损害分散理论。一般因危险责任而生的损害赔偿，可以经由商品、服务的价格机制及保险制度予以分散。

**2. 保有者责任**

危险责任被施加在那些其所从事的危险通常已由法律精确定义了的人身上。如何用一个恰当的词语来表达和界定道路交通事故责任之损害赔偿义务人，是让立法者颇感困难的问题。美国及挪威使用“所有者”一词，英国采用“使用者”一词，欧洲比较多的国家称之为“保有者”。在道路交通法领域，各国法律对保有者的定义略有不同。德国的判例与学界通说认为：保有者是指为自己的目的而使用机动车并对该使用的机动车有事实上的处分权的人，或者在事故发生当时为自己的目的使用机动车并具有该机动车的使用处分权的人。其中，“为自己的目的而使用”是指从使用机动车中获得利益；“有事实上的处分权”是指在使用上的自由处分，仅仅从事实或经济关系上去考量的处分。奥地利、希腊与荷兰等欧洲国家的法律中对保有者都有与德国法之规定类似的规定。日本则在借鉴和研究各国立法的基础上，提出了“运行供应者”的概念，以运行支配与运行利益之“二元说”作为判定运行供应者的基准。

由此不难发现，各国认定保有者的核心特征是相似的：判断机动车保有者的标准是损害发生时对机动车拥有实际支配力并对其享有运行收益，即“实际支配力＋运行收益”。将危险理论作为严格责任之基础者，就应该将机动车交通事故责任之赔偿义务人认定为“保有者”。实际上，欧洲大部分国家不是将保有者规定为责任主体之一，而是规定为机动车危险实现时唯一的责任主体。在这些国家，其他人（如驾驶人、非保有者的所有人等）只承担过错责任（包括过错推定责任）。

对机动车拥有所有权是对机动车拥有实际支配力和运行收益的完整体现，但所有权不是判断是否为保有者的唯一要素，实践中存在许多机动车非所有权人应被认定为机动车保有者的情况。我国法律没有直接使用“保有者”概念，但是规定机动车的使用人承担无过错责任，使用者为“机动车一方”承担责任时的首要人选。以下将对实践中的一些典型情况进行分析。

## 二、各类责任主体的认定

### （一）转让而未过户情况下侵权人之确定

依据《道路交通安全法》以及公安部《机动车登记规定》，国家对机动车实行登记制度；机动车必须经公安机关交通管理部门登记后，才能在道路上行驶；所有权发生转移的，应当办理转移登记。所以，一般来说，机动车所有权人就是在公安机关交通管理部门登记的单位或个人。但实践中存在机动车已经通过买卖、赠与等方式转让，但当事人未及时变更登记的情形，甚至存在连环转让但都未办理变更登记的情形。根据我国《民法典》之物权编的规定，机动车物权变动采用登记对抗主义：未进行登记，仅因缺乏公示手段而发生不得对抗善意第三人的效力，并不影响所有权的转移。

最高人民法院《关于连环购车未办理过户手续，原车主是否对机动车发生交通事故致人损害承担责任的请示的批复》（［2001］民一他字第32号）规定：连环购车未办理过户手续，因车辆已经交付，原车主既不能支配该车的营运，也不能从该车的营运中获得利益，故原车主不应对机动车发生交通事故致人损害承担责任。但是，连环购车未办理过户手续的行为，违反有关行政管理法规的，应受其规定的调整。可见，最高人民法院将实际所有权人认定为赔偿义务人。未办理过户手续只是受到行政管理法规的调整，不影响赔偿义务的转移。2020年《交通事故损害赔偿司法解释》第2条明确规定：被多次转让但未办理转移登记的机动车发生交通事故造成损害，属于该机动车一方责任，当事人请求由最后一次转让并交付的受让人承担赔偿责任的，人民法院应予支持。《民法典》第1210条规定：当事人之间已经以买卖或者其他方式转让并交付机动车但是未办理登记，发生交通事故造成损害，属于该机动车一方责任的，由受让人承担赔偿责任。

在附所有权保留特约的分期付款买卖车辆的情形中，如果车辆已交付买受人，虽然出卖方仍保留车辆所有权，但这并不影响买受人取得车辆的实际支配力和使用收益，因此，在发生道路交通事故时，应由买受人承担赔偿责任。最高人民法院《关于购买人使用分期付款购买的车辆从事运输因交通事故造成他人财产损失，保留车辆所有权的出卖方不应承担民事责任的批复》指出：采取分期付款方式购车，出卖方在购买方付清全部车款前保留车辆所有权的，购买方以自己名义与他人订立货物运输合同并使用该车运输时，因交通事故造成他人财产损失的，出卖方不承担民事责任。

### （二）租赁、借用机动车情况下侵权人之确定

道路交通事故无过错责任或危险责任所要归责的是支配机动车的驾驶人及其驾驶行为。在租赁、借用机动车的情形，租赁人、借用人是支配机动车的保有者，是无过错责任的责任主体。机动车出租人、出借人将机动车出租或者出借给他人使用属合法行为，并不因此而承担无过错责任。但是机动车出租人、出借人可能存在过失，如机动车本身的状况包括安全性和合法行驶方面存在问题，承租人或者借用人没有合规的驾驶执照，承租人或者借用人有酗酒或者酒后驾车的倾向等。有人认为，出租人、出借人存在这些过错时，应与借用人承担连带责任。《民法典》第1209条规定：因租赁、借用等情形机动车所有人、管理人与使用人不是同一人时，发生交通事故造成损害，属于该机动车一方责任的，由机动车使用人承担赔偿责任；机动车所有人、管理人对损害的发生有过错的，承担相应的赔偿责任。

2020年《交通事故损害赔偿司法解释》将出借人的过错界定为：知道或者应当知道机动车存在缺陷，且该缺陷是交通事故发生原因之一；知道或者应当知道驾驶人无驾驶资格或者未取得相应驾驶资格；知道或者应当知道驾驶人因饮酒、服用国家管制的精神药品或者麻醉药品，或者患有妨碍安全驾驶机动车的疾病等依法不能驾驶机动车；其他应当认定出借人有过错的情形。

### （三）机动车被盗窃、抢劫或抢夺，盗开他人机动车情况下侵权人之确定

法谚云，一个窃贼永远是保有者。机动车被盗窃、抢劫或抢夺以后，机动车的所有人失去监管、支配机动车的能力，盗窃者、抢劫者对机动车获得控制力，因而此等机动

车产生的危险责任也应由盗窃者、抢劫者或抢夺者承担。这是绝大部分欧洲国家法律的观点。《民法典》第 1215 条第 1 款规定：盗窃、抢劫或者抢夺的机动车发生交通事故造成损害的，由盗窃人、抢劫人或者抢夺人承担赔偿责任。盗窃人、抢劫人或者抢夺人与机动车使用人不是同一人，发生交通事故造成损害，属于该机动车一方责任的，由盗窃人、抢劫人或者抢夺人与机动车使用人承担连带责任。

笔者认为，尚需要考虑机动车所有人是否尽到妥善保管的注意义务，即其对机动车的被盗或被抢有无过错，例如，车主忘记关车门或把钥匙忘在车上，使他人有机可乘。所有人如果有过错，则应当承担相应的责任。

### (四) 挂靠营运情况下侵权人之确定

机动车挂靠经营是我国交通运输行业普遍存在的经营方式，法律对此没有明确的定义。在学理上，机动车挂靠经营一般是指个人或企业出资购买机动车，经具有运输经营资质的运输企业同意将车辆登记在该运输企业名下，以该运输企业名义从事运输经营的行为。其中，出资购车人和实际经营者被称为挂靠人，有资质接受他人挂名经营的运输企业被称为被挂靠人。机动车挂靠经营的权利义务关系，一般是由挂靠人与被挂靠人缔结挂靠协议而定。挂靠人一般是不具有运输经营资质的个人或企业，之所以要以被挂靠人的名义从事经营活动，是因为运输行业市场准入较为严格，需得到行政许可方能从业。因此，所谓机动车挂靠经营，更为确切的表述应为运输经营权的挂靠。

在《侵权责任法》制定过程中，笔者提出过设置机动车挂靠经营侵权责任规则的建议①，但是《侵权责任法》没有对这一问题作出规定。2012 年《交通事故损害赔偿司法解释》第 3 条规定：以挂靠形式从事道路运输经营活动的机动车发生交通事故造成损害，属于该机动车一方责任，当事人请求由挂靠人和被挂靠人承担连带责任的，人民法院应予支持。《民法典》第 1211 条吸收该司法解释的成果，规定：在机动车挂靠经营的情况下，发生交通事故造成损害，属于机动车一方责任的，由挂靠人和被挂靠人承担连带责任。适用该条法律规定，需要满足以下条件：(1) 在当事人之间存在机动车挂靠经营关系，即一方挂靠在另一方名下，以另一方的名义从事机动车道路运输经营活动。(2) 挂靠的机动车发生交通事故，造成挂靠人和被挂靠人之外的他人人身伤亡或者财产损失；(3) 依据《道路交通安全法》等法律的规定，机动车一方对该交通事故造成的损害负有损害赔偿责任。在满足上述条件的情况下，法律规定由挂靠人和被挂靠人对此等损害承担连带责任。

### (五) 套牌车情形下侵权人之确定

实践中，套牌车违法上路行驶的情形屡见不鲜，给道路交通参与人的人身、财产权益造成了极大的危险，带来了极大的危害。套牌车产生的主要原因是套牌行为人想逃避相关的税费和规避公安机关交通管理部门的监管、处罚。套牌主要表现为两种形式：一种是被套牌人不知道被他人套牌，另外一种是被套牌人同意他人套牌。在前一种情况下，

① 参见张新宝、解娜娜：《“机动车一方承担赔偿责任”：道路交通事故赔偿义务人解析》，载《法学家》，2008 (6)。

被套牌人本身也是受害人，故 2020 年《交通事故损害赔偿司法解释》第 3 条明确指出，此种情形下发生交通事故，应当由套牌的行为人即套牌机动车的所有人或管理人承担赔偿责任。在后一种情形下，被套牌人同意他人套牌的行为本身具有违法性，且增加了交通事故发生的可能性和危害程度。从保护受害人的角度，2020 年《交通事故损害赔偿司法解释》第 3 条规定，被套牌人同意他人套牌，发生交通事故后的损害赔偿责任，应当由被套牌人与套牌人承担连带责任。最高人民法院在有关指导案例的裁判要点中指出：机动车所有人或者管理人将机动车号牌出借他人套牌使用，或者明知他人套牌使用其机动车号牌不予制止，套牌机动车发生交通事故造成他人损害的，机动车所有人或管理人应当与套牌机动车所有人或者管理人承担连带责任。

### （六）未经允许驾驶他人机动车情形下侵权人之确定

《民法典》第 1212 条规定："未经允许驾驶他人机动车，发生交通事故造成损害，属于该机动车一方责任的，由机动车使用人承担赔偿责任；机动车所有人、管理人对损害的发生有过错的，承担相应的赔偿责任，但是本章另有规定的除外。"本条吸收了 2012 年《交通事故损害赔偿司法解释》第 2 条的规定。

**1. 未经允许驾驶他人机动车**

未经允许驾驶他人机动车，是指行为人未经机动车的所有人或者管理人的允许私自驾驶他人机动车的行为。实践中该行为常常表现为：（1）行为人未经机动车的所有人或者管理人的允许私自驾驶他人停放在停车场等处的机动车；（2）行为人未经机动车的所有人或者管理人的允许私自驾驶他人放置在机动车修理厂或者年检场地的机动车。

未经允许驾驶他人机动车，属于临时性无权占有和使用他人之物的侵权行为，但是不以取得机动车的所有权或者永久使用权为目的。因此，未经允许驾驶他人机动车在性质上不同于盗窃、抢劫或者抢夺他人机动车等犯罪行为。

未经允许驾驶他人机动车发生交通事故，造成机动车所有人、管理人之外的他人人身伤亡、财产损害，属于机动车一方责任的，由机动车使用人依据《民法典》第 1212 条的规定承担责任。造成机动车毁损等损失的，机动车使用人也应当依据《民法典》第 1165 条第 1 款和第 1184 条承担损害赔偿责任。

**2. 机动车使用人承担赔偿责任**

机动车使用人依据《民法典》第 1212 条的规定承担赔偿责任，应当符合以下要求。

（1）未经允许驾驶他人机动车。未经允许驾驶他人机动车，是指没有得到机动车的所有人或者管理人的明示、默示同意，私自驾驶他人机动车的侵权行为。就此等侵权行为而言，行为人在主观上一般表现为故意或者重大过失。如果得到所有人、管理人的同意驾驶他人的机动车，或者驾驶的不是机动车而是非机动车，则不适用《民法典》第 1212 条的规定。

（2）发生交通事故且属于该机动车一方的责任。这里需要满足两个条件：其一，发生交通事故而且造成了损害；其二，依据有关法律规定，机动车一方对此等损害负有赔偿责任。如果没有发生交通事故，或者发生了交通事故没有造成损害，或者尽管发生了交通事故也造成了损害但是机动车一方没有责任，则机动车使用人无须承担此等赔偿责任。是否要求使用人有过错，取决于交通事故的类型：如果是机动车之间的交通事故，确定和承担责任以过错为基础；如果是机动车一方造成非机动车、行人损害，则责任的构成不要求机动车使用人有过错。凡此等等，可以纳入前述“属于机动车一方责任的”范围进行考量。这里的“损害”包括对他人造成的人身损害和财产损失等。但是，是否包括对机动车所有人、管理人的损害以及是否包括涉及机动车本身的财产损失，法律没有作出排除性规定。但是，考虑到《民法典》第1212条之规范目的，将该条规定的损害限定在对机动车所有人、管理人之外的他人造成的人身损害和财产损失比较合适。关于对机动车所有人、管理人的损害与涉及机动车本身的财产损失，可以按照一般侵权行为处理，适用《民法典》第1165条及相关条文的规定确定损害赔偿责任。

**3. 机动车所有人、管理人的过错责任**

依据《民法典》第1212条的规定，机动车所有人、管理人有过错的，承担相应的赔偿责任。这里的“相应”是指与其过错大小和程度相适应。在此等案件中，所有人、管理人的过错通常是遗忘机动车的启动钥匙、未关严机动车车门、将机动车停放在不宜停放的地方等。机动车的所有人、管理人对机动车存在管理上的过失，其没有达到作为一个“理性人”的所有人、管理人的注意程度。

但是，相较于机动车所有人、管理人的过失，行为人未经允许驾驶他人机动车发生交通事故造成损害所具有的过错要严重得多。因此，机动车使用人应当对属于机动车一方的责任负全责，机动车所有人、管理人仅承担相应的责任。这个相应的责任可以是较小份额的按份责任，也可以与机动车使用人应当承担的全部责任构成不真正连带责任：就该部分“相应责任”，被侵权人可以向机动车所有人、管理人请求，也可以向机动车使用人请求承担全部赔偿责任。如果已经向机动车所有人、管理人请求，则应在对机动车使用人的损害赔偿请求中扣除该“相应”部分；如果已经向机动车使用人主张全部损害赔偿，则不能再向机动车所有人、管理人主张该部分“相应”的损害赔偿责任。机动车使用人与机动车所有人、管理人之间不发生追偿关系。

### (七) 转让拼装车、报废车造成损害情形下侵权人之确定

《侵权责任编解释（一）》规定，以买卖或者其他方式转让拼装或者已经达到报废标准的机动车，发生交通事故造成损害，转让人、受让人不得以其不知道且不应知道该机动车系拼装或者已经达到报废标准为由，主张不承担侵权责任。[①]

《民法典》第1214条规定：以买卖或者其他方式转让拼装或者已经达到报废标准的机动车，发生交通事故造成损害的，由转让人和受让人承担连带责任。

法律规定如此严格的责任承担方式，是因为转让人和受让人违反了国家的禁止性规定，所实施的转让行为属于违法行为。《道路交通安全法》第14条规定：国家实行机动车强制报废制度，根据机动车的安全技术状况和不同用途，规定不同的报废标准。应当报废的机动车必须及时办理注销登记。达到报废标准的机动车不得上道路行驶。

---

① 参见《侵权责任编解释（一）》第20条。

# 第五节 "好意同乘"规则

## 一、概述

《民法典》第 1217 条对好意同乘情形下发生交通事故的责任承担作出了规定："非营运机动车发生交通事故造成无偿搭乘人损害，属于该机动车一方责任的，应当减轻其赔偿责任，但是机动车使用人有故意或者重大过失的除外。"依此规定，应减轻作为无偿施惠人的机动车一方（机动车使用人）一般程度的过失责任，但是机动车使用人有故意或者重大过失的不减轻赔偿责任。

## 二、"好意同乘"规则的法理与形成

### （一）"好意同乘"规则的法理基础

《民法典》第 1217 条是关于非营运机动车发生交通事故造成无偿搭乘人损害情形下赔偿规则的规定，也称"好意同乘"机动车事故责任规则或者"好意同乘"规则。"好意同乘"也称"搭乘顺风车"，是指非营利机动车的使用人无偿许可他人搭乘机动车的恩惠行为。恩惠行为是一方给予对方恩惠、对方不支付报酬或价款的行为，是一种无对价的行为。法学原理认为：实施有对价的行为，对行为人施以较高注意程度的要求，如果没有达到这样的注意程度行为人会被认定为有过错，承担过错责任，完全赔偿受害人遭受的损失。在无对价的行为中，施予行为人的注意程度相对降低，行为人一般只是在有故意或者重大过失时才承担完全赔偿责任，而一般过失情况下不承担损害赔偿责任或者减轻损害赔偿责任。《民法典》第 1217 条确定的责任规则，正是以无对价行为的注意标准理论为基础的：因无偿搭乘没有对价，在发生交通事故造成搭乘人损害的情形，机动车使用人（施惠人）承担的损害赔偿责任应当减轻，但是不予免除。

### （二）"好意同乘"规则的形成

1986 年的《民法通则》未对"好意同乘"作为减轻侵权责任的情形作出规定。在 2009 年《侵权责任法》起草过程中，立法者曾经在二审稿中增设"好意同乘"规则，但这一规则最终未能被保留。在较长一段时间的司法实践中，由于缺乏法律和司法解释的明确规定，法院多比照 1999 年《合同法》对赠与人、无偿保管人、无偿受托人等的宽宥规定，对无偿的被搭乘人采取宽容态度，酌情减轻其责任。这一做法妥当平衡了机动车使用人与无偿搭乘人的利益关系，鼓励了互帮互助的社会风气，起到了良好的社会效果。

为填补立法空白、统一裁判尺度，《民法典》吸收司法实践的有益经验，将"好意同乘"规则写入"机动车交通事故责任"一章。侵权责任编（草案）一审稿首次规定了"好意同乘"情形下机动车一方的责任减轻规则。依其规定，在"好意同乘"情形下"应当减轻或者免除其赔偿责任"。在二审稿中，"或者免除"被删去，即只减轻不免除责任，最终形成了《民法典》第1217条的规定。

## 三、“好意同乘”规则的适用

### （一）适用条件

于符合以下条件的情形下，得适用《民法典》第1217条的规定减轻机动车使用人的侵权责任。

**1. 非营运机动车**

《民法典》第1217条仅适用于非营运机动车。凡是从事营运的机动车以及实际上收费（有对价）的机动车发生相关损害的，不适用该条的规定。实践中，在电商平台营运的机动车如“滴滴顺风”等不宜认定为“非营运机动车”，因为此类公司的相关业务并非真正意义上的非营运活动而是营运活动。登记在“滴滴顺风”等电商平台从事所谓“顺风车”搭乘活动的机动车使用人往往也是职业性或者半职业性的营运者。营运性质的车辆如出租车、“网约”车、市内公共交通车辆、长途客运车辆等是营运机动车，如果没有事前相反约定（明确约定不收费）则应被认定为营运机动车，不属于“非营运机动车”。此等车辆发生事故造成车内人员损害的，不适用“好意同乘”规则。在认定车辆性质发生困难时，判断“营运”还是“非营运”可以以实际收费（或者类似的对价）作为辅助判断标准：尽管不是依法依规登记的营运车辆但是实际收取了费用的，宜被认定为营运车辆而非非营运车辆。但是仅仅收取少量分担的燃油费、过路费，则不宜认定为“收费”，也不宜将此等车辆认定为“营运车辆”，法院可以根据案件具体情况适用“好意同乘”规则。①

**2. 发生交通事故造成无偿搭乘人损害**

《民法典》第1217条适用于交通事故造成无偿搭乘人损害的情况。如果不存在无偿搭乘人或者无偿搭乘人没有受到损害而是其他人（如机动车外的行人、非机动车一方）受到损害，则不适用该条的规定。

**3. 发生交通事故属于机动车一方的责任**

只有在发生交通事故属于机动车一方的责任的情况下，才适用《民法典》第1217条的规定减轻机动车使用人的责任。如果事故属于其他主体如碰撞的对方机动车一方的责任、非机动车或者行人的责任等，载有无偿搭乘人的机动车一方没有责任，自然也就不存在减轻责任的问题。是否属于机动车一方的责任，应当依据《民法典》、《道路交通安全法》以及2020年《交通事故损害赔偿司法解释》等法律法规和司法解释的规定进行判断。需要注意，在机动车一方对非机动车、行人一方承担无过错责任的情形下，该无过错责任并不扩展适用到无对价搭乘人的损害。也就是说，依据《民法典》第1217条的规定，机动车使用人对无偿搭乘人遭受的损害承担的损害赔偿责任是过错责任而非无过错责任。

对机动车使用人的过错（过失），应当按照《道路交通安全法》及其相关实施细则的有关规定进行判断：机动车使用人达到此等规定要求的注意义务谨慎驾驶机动车的，应

---

① 参见邹海林、朱广新主编：《民法典评注：侵权责任编》，第2册，503页，北京，中国法制出版社，2020。

被认为没有过错；反之，则被认为有过错。同时，“理性人”的注意义务也应当作为补充的判断标准：尽管上述法律法规和司法解释等没有作出明确规定，但是一个“理性”的机动车使用人（司机）能够注意到的对无偿搭乘人的安全保障事项，也应该要求该机动车使用人同等的注意到。如果没有达到此等理性人的注意，且疏忽或轻信与损害的发生有因果关系，也认为机动车使用人有过错。只有在机动车使用人有过错的情况下，机动车一方才承担《民法典》第 1217 条规定的损害赔偿责任。

在符合上述条件的情况下，适用《民法典》第 1217 条规定达到减轻机动车使用人侵权责任的效果，减轻的程度根据案件的具体情况确定。在被侵权人（无偿搭乘人）也有过错的情况下，还应当依据《民法典》第 1173 条等条文的规定，进一步减轻机动车使用人的责任。

#### （二）机动车使用人故意或者重大过失时的除外规定

机动车使用人因故意或者重大过失造成《民法典》第 1217 条所规范的损害时，不能减轻机动车使用人的赔偿责任。民法的基本价值要求是：任何情况下都不得故意侵害他人的民事权益，也不得对他人的民事权益极端无视或忽视。即使在好意施惠他人的情况下，对受惠人的安全注意虽然与有偿行为相比较可以有所降低，但是此等施惠行为并不赋予施惠人故意侵害受惠人或者极端无视或忽视受惠人安全和利益的权利。基于此等价值要求，机动车使用人有故意或者重大过失的，不减轻其赔偿责任。

#### （三）保险赔付

实践中商业保险公司向机动车的所有人、管理人出售“车上乘员险”。在发生《民法典》第 1217 条所规范的无偿搭乘人人身损害时，承保此等责任险的保险公司应当依保险合同条款的约定进行赔付。

“交强险”适用于机动车之间交通事故的损害赔偿和机动车对行人、非机动车一方造成损害的赔偿（《道路交通安全法》第 76 条）。《机动车交通事故责任强制保险条例》（2019 年修订）第 3 条规定：“本条例所称机动车交通事故责任强制保险，是指由保险公司对被保险机动车发生道路交通事故造成本车人员、被保险人以外的受害人的人身伤亡、财产损失，在责任限额内予以赔偿的强制性责任保险。”因此，“好意同乘”的机动车所有人购买的“交强险”原则上不适用于对属于车上乘员的无偿搭乘人之赔付；但是，如果是对方机动车造成损害，应当承担损害赔偿责任，则对方所购买的“交强险”适用于对无偿搭乘人的损害赔偿。

## 第六节　交通事故责任保险与道路交通事故社会救助基金

### 一、交通事故责任保险

#### （一）“交强险”的概念和意义

《保险法》第 65 条第 4 款规定：“责任保险是指以被保险人对第三者依法应负的赔偿

责任为保险标的的保险。”依照责任保险合同，被保险人按照约定向保险人支付保险费。在被保险人致人损害而应该承担赔偿责任时，由保险人按照合同约定承担给付保险赔偿金的义务。由于责任保险以被保险人对第三人的赔偿责任为标的，以填补被保险人对第三人承担赔偿责任所受损失为目的，故可被称为第三人保险或者第三者责任保险。2019年修订的《机动车交通事故责任强制保险条例》第2条规定，机动车的所有人或者管理人应当投保“交强险”。

所谓“交强险”，是指由保险公司对被保险机动车发生道路交通事故造成本车人员、被保险人以外的受害人的人身伤亡、财产损失，在责任限额内予以赔偿的强制性责任保险。

实行“交强险”，对于有效地解决道路交通事故赔偿问题，减少社会矛盾，促进社会稳定和保护公民的生命与财产安全有着重要的意义，具体表现在两个方面：一是加强对受害人之权益的保护，二是分担肇事者的损失。分担被保险人的损失无疑是保险制度的一项重要功能，此外，肇事者还可以从烦琐的赔偿解决程序中解脱出来，享有诉讼程序方面的便利。另外有学者认为，责任保险还能推动民事责任制度的改进。

### （二）交通事故第三者责任商业保险

在“交强险”之外，机动车的所有人、管理人可以自愿投保机动车交通事故第三者责任商业保险，简称“商业三者险”，是指被保险人或其允许的驾驶人员在使用保险车辆过程中发生意外事故，致使第三者遭受人身伤亡或财产直接损毁，依法应当由被保险人一方承担赔偿责任的情况下，由出售“商业三者险”的保险公司在约定限额内负责赔偿的自愿的商业性质责任保险。在法律性质上，“商业三者险”具有自愿性、补充性等特征，其所保险的是被保险人或者其允许的驾驶人员在使用保险车辆过程中发生意外事故产生的损害赔偿责任，用以补充“交强险”赔偿的不足部分。

“商业三者险”每次事故的最高赔偿限额是保险人计算保险费的依据，同时也是保险人承担“商业三者险”每次事故赔偿金额的最高限额，由投保人和保险人在签订保险合同时按5万元、10万元、20万元、50万元、100万元和100万元以上不超过1 000万元的档次协商确定。

### （三）保险的范围与保险人、受害人的权利、义务

**1. 投保“交强险”的范围**

2019年修订的《机动车交通事故责任强制保险条例》规定，“交强险”的投保人是在中华人民共和国境内道路上行驶的机动车的所有人或者管理人。

**2. 保险公司的赔付义务、追偿权**

第一，《道路交通安全法》第76条明确了保险公司的赔付义务：当被保险人的机动车发生交通事故致人损害时，保险公司在被保险人投保范围内对受害人予以赔偿，被保险人在该范围内的赔偿责任得以免除。这里的“责任限额”，就是保险公司就“交强险”所应当承担的最高赔偿限额。

第二，“交强险”、侵权责任与“商业三者险”的相互关系和赔偿次序。在“交强险”

与侵权责任的关系问题上，我国采取的是在一定范围内两者脱钩和相互分离的模式，更加重视对受害人的损失填补，强调“交强险”的基本社会保障功能。因此，发生交通事故后，应当首先由“交强险”在其责任限额范围内（包括分项限额）予以赔偿。与“交强险”相对应，“商业三者险”是机动车的所有人或管理人为了分散机动车运行所可能导致的侵权责任而购买的保险。在功能上，“商业三者险”更加注重对机动车所有人或管理人风险的分散，同时，我国的“商业三者险”是以“交强险”赔偿之后被保险人依法应当承担的侵权责任为保险标的的，因此，在确定“交强险”的赔偿责任之后，再确定被保险人依法应当承担的侵权责任，然后根据“商业三者险”保险合同的约定和《保险法》的相关规定确定“商业三者险”保险公司的赔偿范围，最后，由被保险人（侵权人）依照法律的相关规定承担剩余的侵权责任。《民法典》第 1213 条对此作出了明确规定：机动车发生交通事故造成损害，属于该机动车一方责任的，先由承保机动车强制保险的保险人在强制保险责任限额范围内予以赔偿；不足部分，由承保机动车商业保险的保险人按照保险合同的约定予以赔偿；仍然不足或者没有投保机动车商业保险的，由侵权人赔偿。

第三，在无证驾驶、醉酒驾驶、吸毒后驾驶以及被保险人故意制造交通事故等情形下，承保“交强险”的保险公司仍应对第三人的人身损害承担赔偿责任。

第四，违反强制投保义务未投保“交强险”的责任承担。未依法投保“交强险”的机动车发生交通事故造成损害，由投保义务人在“交强险”责任限额范围内对第三人承担赔偿责任；投保义务人和侵权行为人不一致的，由两者承担连带责任。保险公司违反法定承保义务违法拒保、拖延承保、违法解除“交强险”合同的，也应承担相应的赔偿责任。但是，在承担责任的方式上有所不同：应当由投保义务人先向第三人赔偿，再向违反法定义务的保险公司追偿。

第五，多车事故下保险公司的责任承担。多辆机动车发生交通事故造成第三人损害，损失超出各机动车“交强险”责任限额之和的，由各保险公司在各自责任限额范围内承担赔偿责任；损失未超出各机动车“交强险”责任限额之和的，由各保险公司按照其责任限额与责任限额之和的比例承担赔偿责任。依法分别投保“交强险”的牵引车和挂车连接使用时发生交通事故造成第三人损害的，由各保险公司在各自的责任限额范围内平均赔偿；部分机动车未投保“交强险”的，依据“交强险”与侵权责任脱钩的逻辑，2020 年《交通事故损害赔偿司法解释》第 18 条规定，应当先由已承保“交强险”的保险公司在其责任限额内对第三人赔偿，但保险公司就超出其应承担的部分有权向未投保“交强险”的投保义务人或者侵权人追偿。

司法解释规定：未依法投保“交强险”的机动车发生交通事故造成损害，投保义务人和交通事故责任人不是同一人，被侵权人合并请求二者承担侵权责任的，交通事故责任人承担侵权人应承担的全部责任；投保义务人在“交强险”责任范围内与交通事故责任人共同承担责任。责任主体实际支付的赔偿费用总和不应超过被侵权人应受偿的损失数额。投保义务人先行支付赔偿费用后，就超出“交强险”责任限额范围的部分有权向交通事故责任人追偿。①

---

① 参见《侵权责任编解释（一）》第 21 条。

“交强险”和“商业三者险”的赔付不适用于车上人员，即使驾驶人员离开本车后因未采取制动等自身过错受到损害的，也不适用。但此等情形，可适用“车上乘员险”的保险赔付，如果存在“车上乘员险”①。

## 二、道路交通事故社会救助基金

道路交通事故社会救助基金，是指依法筹集、用于垫付机动车道路交通事故中受害人人身伤亡的丧葬费用、部分或全部抢救费用的社会专项基金。《道路交通安全法》第17条规定，国家设立道路交通事故社会救助基金。该条意义重大，在我国建立了道路交通事故社会救助基金制度，从而能对受害人的权益提供更好的保护和及时救济。

《民法典》第1216条规定：机动车驾驶人发生交通事故后逃逸，该机动车参加强制保险的，由保险人在机动车强制保险责任限额范围内予以赔偿；机动车不明、该机动车未参加强制保险或者抢救费用超过机动车强制保险责任限额，需要支付被侵权人人身伤亡的抢救、丧葬等费用的，由道路交通事故社会救助基金垫付。道路交通事故社会救助基金垫付后，其管理机构有权向交通事故责任人追偿。

### 深度阅读

1. 韩长印. 责任保险中的连带责任承担问题：以机动车商业三责险条款为分析样本. 中国法学，2015（2）.

2. 杨立新，王毅纯. 机动车代驾交通事故侵权责任研究. 法学论坛，2015（4）.

3. 杨立新，李怡雯. 机动车交通事故加害人不明不宜适用共同危险行为规则：兼论机动车交通事故责任不适用高空抛物责任规则. 国家检察官学院学报，2018（6）.

4. 付新华. 自动驾驶汽车事故：责任归属、法律适用与“双层保险框架”的构建. 华东政法大学学报，2018（4）.

5. 程啸. 民法典侵权责任编中机动车交通事故责任的完善. 法学杂志，2019（1）.

6. 陈龙业. 机动车占有与所有分离时的交通事故责任承担规则. 法律适用，2021（6）.

### 问题与思考

**一、思考题**

1. 如何理解机动车交通事故责任的性质？

2. 如何认识不同情形下机动车交通事故责任的不同归责原则？

3. 保险制度在机动车交通事故责任的承担上有何重要意义？

**二、练习题**

1. 如何确定机动车一方的侵权人？

---

① 《侵权责任编解释（一）》第22条。

2. 机动车交通事故责任如何在肇事者、“交强险”保险公司、“商业三者险”保险公司、道路交通社会救助基金之间进行分配？

3. 周某从迅达汽车贸易公司购买了一辆车，约定周某试用10天，试用期满后3天内办理登记过户手续。试用期间，周某违反交通规则将李某撞成重伤。现周某困难，无力赔偿。关于李某受到的损害，下列哪一表述是正确的？（　）

A. 因在试用期间该车未交付，李某有权请求迅达公司赔偿

B. 因该汽车未过户，不知该汽车已经出卖，李某有权请求迅达公司赔偿

C. 李某有权请求周某赔偿，因周某是该汽车的使用人

D. 李某有权请求周某和迅达公司承担连带赔偿责任，因周某和迅达公司是共同侵权人

4. 甲参加乙旅行社组织的旅游活动。未经甲和其他旅游者同意，乙旅行社将本次业务转让给当地的丙旅行社。丙旅行社聘请丁公司提供大巴运输服务。途中，丁公司司机黄某酒后驾驶，与迎面违法变道的个体运输户刘某的货车相撞，造成甲受伤。甲的下列请求哪些能够获得法院的支持？（　）

A. 请求丁公司和黄某承担连带赔偿责任

B. 请求黄某与刘某承担连带赔偿责任

C. 请求乙旅行社和丙旅行社承担连带赔偿责任

D. 请求刘某承担赔偿责任

| 第五单元 |

# 典型侵权责任（中）

第二十章

# 环境污染和生态破坏责任

**常考知识点**

环境污染责任　生态破坏责任　因果关系举证责任倒置规则　多因一果情形下的按份责任规则　惩罚性赔偿　生态环境修复责任　生态环境损害赔偿责任　“国家规定的机关”

## 第一节　环境污染和生态破坏责任概述

### 一、环境污染、生态破坏概述

#### （一）环境与污染环境

**1. 环境的概念**

“环境”一词含义颇广，如投资环境、工作环境、生活环境等。“环”者，四周也；“境”者，状况也。环境即主体四周的各种情况。环境，是指对人类生存与发展具有影响的周围自然因素。《环境保护法》第 2 条规定：“本法所称环境，是指影响人类生存和发展的各种天然的和经过人工改造的自然因素的总体，包括大气、水、海洋、土地、矿藏、森林、草原、湿地、野生生物、自然遗迹、人文遗迹、自然保护区、风景名胜区、城市和乡村等。”

环境的特征包括：（1）对人类生存与发展具有影响；（2）由自然因素构成；（3）可划分为天然的自然因素与经过人工改变的自然因素两类。

**2. 环境污染**

人类对环境的基本要求是适宜人类生存和发展，即环境的品质达到相应的环境质量标准。适于人类生存和发展的自然因素的总体，我们称之为优良环境；不适于人类生存和发展的自然因素的总体，我们称之为恶劣环境；引起自然因素总体的不良变化，我们称之为环境污染或环境破坏。环境污染作为一种侵权行为，是指自然人、法人或者非法人组织向周围环境排放污染物导致自然因素总体不良变化的行为。

### （二）生态与破坏生态

**1. 生态的概念**

生态是指一切生物的生存状态，以及生物之间、生物与无机环境之间环环相扣的关系。自然界的生态，追求物种多样性，以此来维持自然生态系统的平衡发展。人类处在整个自然界的生态系统中，对生态的保护以维持自然生态系统的平衡发展，也就是对人类的生存和发展环境的保护。

**2. 生态破坏**

生态破坏（ecology destroying）是人类社会活动引起的生态退化及由此衍生的环境效应，导致了环境结构和功能的变化，对人类生存发展以及环境本身发展产生不利影响的现象。生态破坏主要包括：水土流失，沙漠化、荒漠化、盐碱化，森林锐减、土地退化、生物多样性的减少，湖泊的富营养化、地下水漏斗、地面下沉等。需要注意的是，生态破坏行为与环境污染行为在行为方式上是不同的。环境污染强调对自然系统的“排入”（排放污染物质），生态破坏强调对自然系统的“索取”（为获取自然资源而改变了自然的结构和状态）。[1] 最高人民法院《关于审理生态环境侵权责任纠纷案件适用法律若干问题的解释》（法释〔2023〕5号，以下简称《生态环境侵权责任解释》）第1条规定：“侵权人因实施下列污染环境、破坏生态行为造成他人人身、财产损害，被侵权人请求侵权人承担生态环境侵权责任的，人民法院应予支持：（一）排放废气、废水、废渣、医疗废物、粉尘、恶臭气体、放射性物质等污染环境的；（二）排放噪声、振动、光辐射、电磁辐射等污染环境的；（三）不合理开发利用自然资源的；（四）违反国家规定，未经批准，擅自引进、释放、丢弃外来物种的；（五）其他污染环境、破坏生态的行为。”

## 二、环境污染、生态破坏的侵权责任制度的建设与发展

### （一）从《侵权责任法》到《民法典》的有关规定

《侵权责任法》仅仅规定了污染环境致人损害的侵权责任。中国共产党十八大报告提出了建设生态文明的目标。生态文明是以人与自然、人与人、人与社会和谐共生、良性循环、全面发展、持续繁荣为基本宗旨的社会形态。生态文明是五位一体总体布局的重要组成部分。中国特色社会主义新时代对环境、生态侵权制度提出了更高的要求。2014年修订的《环境保护法》增加了破坏生态的侵权行为，并规定应当依照《侵权责任法》的有关规定承担侵权责任。《民法典》对污染环境和破坏生态造成损害的侵权责任作出了并列的规定：因污染环境、破坏生态造成他人损害的，侵权人应当承担侵权责任。虽然污染环境和破坏生态在侵权行为方式上存在着较为明显的差异，但是《民法

---

① 参见金瑞林主编：《环境法学》，10页，北京，北京大学出版社，2013；薄晓波：《生态破坏侵权责任研究》，23～24页，北京，知识产权出版社，2013。

典》原则上对这两种侵权行为是一体对待的。这主要是考虑到环境污染和生态破坏都是环境侵权的“原因行为”，二者在本质上存在着共性，如损害过程的间接性（以自然要素为媒介而产生对人身和财产的损害）、累积性（往往经过一段时间的累积作用才发生损害后果）。

### （二）环境污染和生态破坏侵权责任的主要内容

《民法典》第七编“侵权责任”第七章是关于环境污染和生态破坏侵权责任的规定，一共 7 个条文（第 1229 条～第 1235 条）。第 1229 条是关于环境污染和生态破坏侵权责任的一般规定，这两种侵权行为造成他人损害的应当依据该条的规定承担无过错责任。第 1230 条规定了侵权人的两种举证责任。第 1231 条规定了两个以上侵权人污染环境、破坏生态造成他人损害的按份责任。第 1232 条规定了故意侵权的惩罚性赔偿责任。第 1233 条规定了第三人过错造成损害的侵权责任承担。第 1234 条和第 1235 条分别规定了生态环境损害之生态修复的公益诉讼和生态环境损害之损害赔偿的国家利益诉讼。本章将环境污染和生态破坏作为并列侵权行为，侵权人同样承担无过错责任。除了增加“破坏生态”这种侵权行为，《民法典》第 1229 条～1233 条与《侵权责任法》第 65 条～第 68 条的内容大致相同。本章一个重要的发展是增加了生态环境损害之生态修复的公益诉讼和生态环境损害之损害赔偿的国家利益诉讼的两条规定。在这两条规定中，对“国家规定的机关”需要在解释论上加以厘清。

## 三、环境污染和破坏生态侵权责任的归责原则与构成要件

### （一）归责原则

污染环境造成他人损害的，侵权人承担无过错责任。这是国际公认的法律责任原则，也被我国《侵权责任法》《民法典》等法律所确认，学界没有争议。理由是：(1) 在环境污染侵权案件中适用无过错责任的归责原则，是当代世界各国环境保护立法和侵权责任法的基本趋势，我国民事法律与国际接轨，必须顺应这一趋势。(2) 有利于强化环境污染者的法律责任，促进其履行保护环境的法律义务，严格控制和积极治理污染。(3) 更有利于保护受害人的合法权益，减轻受害人的举证责任。在环境侵权案件中，举证证明污染者的过错是十分困难的；在污染者在法定标准以下排放污染物的情况下，对污染者过错的证明尤其困难。(4) 有利于简化诉讼程序，及时审结案件。

关于对破坏生态导致损害的侵权行为是否也应当适用无过错责任原则进行归责，学界曾有一定争议。① 主流观点认为，破坏生态侵权责任应该同样适用无过错责任原则。对破坏生态侵权行为适用无过错责任原则的理由更为充分。② 对污染环境侵权行为和破坏生态侵权行为都应适用无过错责任原则。《生态环境侵权责任解释》第 4 条第 1 款明

① 参见陈海嵩：《论环境法与民法典的对接》，载《法学》，2016 (6)，69～71 页；张宝：《环境侵权归责原则之反思与重构——基于学说和实践的视角》，载《现代法学》，2011 (4)，89 页。

② 参见张新宝、汪榆森：《污染环境与破坏生态侵权责任的再法典化思考》，载《比较法研究》，2016 (5)。

确规定：污染环境、破坏生态造成他人损害，行为人不论有无过错，都应当承担侵权责任。

### （二）构成要件

构成环境污染、生态破坏侵权责任需要符合三个要件：（1）侵权人实施了污染环境或者破坏生态的行为；（2）存在损害；（3）污染环境或者破坏生态的行为与损害之间存在因果关系。由于适用无过错责任原则，该责任之构成不要求侵权人有过错。

“损害”有两层含义。从狭义上讲，“损害”仅指他人的人身损害和财产损失。从广义上讲，损害还包括“环境被污染”“生态被破坏”这一损害状况本身。这是对《民法典》第1234条和第1235条进行系统解释的结论。《民法典》第1234条和第1235条规定了造成环境被污染、生态被破坏本身的侵权责任。既然环境被污染、生态被破坏的责任也在《民法典》“环境污染和破坏生态责任”这一章中得到了规定，对这里的“损害”理应作上述广义理解。

## 第二节　环境污染和生态破坏责任的主要制度

### 一、行为人的举证责任

《民法典》第1230条规定：因污染环境、破坏生态发生纠纷，行为人应当就法律规定的不承担责任或者减轻责任的情形以及其行为与损害之间不存在因果关系承担举证责任。该条规定了行为人的两项举证责任：一是对不承担责任或者减轻责任的情形承担举证责任，二是对行为与损害之间不存在因果关系承担举证责任。

按照谁主张谁举证的原则，作为被告的污染环境行为人或者破坏生态行为人如果主张不承担责任或者减轻责任，就应当对与此相对应的法律规定和事实进行举证。因此，第一项举证责任的规定并无特殊意义。此外，在一个法域内，法官当然应当知晓该法域的法律规定。只有在一些涉外民事诉讼中，外国法可能被作为“事实”，要求相关当事人进行举证。因此，《民法典》第1230条规定的行为人“应当就法律规定的不承担责任或者减轻责任的情形”承担举证责任实际上是重申了“谁主张谁举证”的原则。

但是，在一定意义上《民法典》第1230条的规定仍然具有规范意义。虽然在民事诉讼中，举证责任和证明过程大体遵循“谁主张谁举证”的基本原则，但在司法实践和审判过程中，这一举证过程并不是绝对的，举证责任实际上会依据优势证明力的规则而在诉讼双方之间不断转移，直到达到法定的或者法官自由心证所要求的证明标准。在这一意义上说，《民法典》第1230条所作的“行为人应当就法律规定的不承担责任或者减轻责任的情形”承担证明责任的规定，就对行为人施加了更为沉重的证明责任，即证明责任更容易地移转到行为人一方，甚至直接对行为人课以这一证明责任。

## 二、因果关系推定及其相关理论

### (一) 对因果关系推定的理解

因果关系是一切侵权责任的构成要件，只有在侵权行为（或者准侵权行为）与损害之间存在法律所认可的因果关系的情况下，行为人（准侵权人）才承担侵权责任。在绝大多数情况下，法律要求主张损害赔偿的被侵权人承担存在此等因果关系的举证责任。但是，《民法典》第1230条作出了不同的规定，要求行为人应当就其行为与损害之间不存在因果关系承担举证责任。行为人能够证明其行为与损害之间不存在因果关系的，则因为缺乏因果关系要件，行为人不承担侵权责任。如果行为人拒绝对其行为与损害之间不存在因果关系承担举证责任，或者不能证明其行为与损害之间不存在因果关系，则认定存在因果关系。结合其他构成要件，行为人要对损害承担侵权责任。

《民法典》第1230条是对因果关系推定的规定：法律推定因果关系存在，但是给行为人一个反证其行为与损害之间不存在因果关系的机会。如果行为人能够证明其行为与损害之间不存在因果关系，则其不承担侵权责任；反之，则其应当承担侵权责任。《民法典》仅仅于第1230条规定了因果关系推定。法律规定因果关系推定，加重了行为人的举证负担，也增大了侵权责任构成的概率。在立法政策上，向被侵权人作出倾斜，更侧重于保护被侵权人的利益。

在理论上，因果关系推定，或者说，因果关系举证责任倒置，会产生两个效果：一是“使整个证明过程更易启动。因果关系成立与否的证明过程，不是一蹴而就、一步到位的，而是在原、被告双方之间不断移转证明的责任，最终由法官形成自由心证的过程。举证责任的分配只是整个证明活动的开端。在因果关系举证责任倒置下，在被告就因果关系不成立进行了一定程度的证明、法官形成了一定程度的内心确信之后，相应的证明因果关系成立的责任就落在了原告身上。证明责任的不断移转贯穿于整个举证、质证过程”①。这一点已经为相关司法解释所明确。二是“当因果关系是否存在难以确定时判定因果关系在事实层面成立。举证责任的另一个后果是，如果在双方举证、质证之后，待证事项是否成立仍然无法确定，则由负有举证责任的一方承担不利的诉讼后果。不过，在侵权法因果关系的证明上，问题可能更复杂一些。侵权法上的因果关系问题包含了两种完全不同的法律问题：一是因果关系在事实上是否成立，即事实上的因果关系；二是侵权人对损害在多大范围内承担侵权责任，即法律上的因果关系。需要指出的是，证据层面所要解决的始终是事实上的因果关系问题，而与法律上的因果关系无关。质言之，在因果关系举证责任倒置下，即使被告不能证明因果关系不成立，进而认定因果关系成立，这一成立也只是事实层面的成立，并不意味着被告一定会承担侵权责任。在事实因果关系成立的情况下，法官仍有可能认为其并不构成法律上的因果关系。之所以在事实因果关系之外，仍要求成立法律上的因果关系，目的就在于‘通过法政策判断，对责任

---

① 张新宝、汪榆森：《污染环境与破坏生态侵权责任的再法典化思考》，载《比较法研究》，2016（5）。

进行理性限定'"①。因果关系举证责任倒置的这一特性，还没有引起理论研究与实务部门的充分认识。

最高人民法院有关负责人指出："环境污染侵权行为具有复杂性、技术性强、信息不对称等特点，为充分保护被侵权人的合法权益，侵权责任法第六十六条规定了因果关系的举证责任倒置原则，即由污染者就法律规定的不承担责任或者减轻责任的情形及其行为与损害之间不存在因果关系承担举证责任。但是，因果关系的举证责任倒置并不意味着被侵权人不承担任何举证责任。对此，本《解释》第六条作出明确规定：被侵权人请求环境损害赔偿时，应当提供证明以下事实的证据材料：第一，污染者排放了污染物，即污染者实施了排污行为；第二，被侵权人的损害结果，即被侵权人有损害事实；第三，污染者排放的污染物或者其次生污染物与损害结果之间具有关联性。需要注意的是，人民法院对被侵权人就污染行为与损害结果之间存在因果关系的举证责任要求非常低，只需要证明两者之间存在关联性即可。"②

最高人民法院《关于生态环境侵权民事诉讼证据的若干规定》（法释〔2023〕6号）第7条规定：被告证明其排放的污染物、释放的生态因素、产生的生态影响未到达损害发生地，或者其行为在损害发生后才实施且未加重损害后果，或者存在其行为不可能导致损害发生的其他情形的，人民法院应当认定被告行为与损害之间不存在因果关系。

### （二）环境污染、生态破坏侵权案件中几种因果关系理论介绍

#### 1. 盖然因果关系说

盖然因果关系说又称或然因果关系说，其基本含义是：受害人只需证明侵害行为引起损害的可能性达到一定程度，即可推定因果关系之存在。其在污染环境、生态破坏致人损害案件中的具体运用是，被侵权人只需证明：（1）行为人有污染该地区（损害发生地）的行为（通常为排污行为）或者破坏生态的行为；（2）在该地区有众多同样损害之发生。盖然因果关系说是从行为人与被侵权人的经济地位的差别来考虑因果关系之证明的。一般说来，行为人较之被侵权人处于经济地位上的优势，因此行为人更有能力承担损害后果（赔偿）。由于这一证明方法具有较强的主观性，因而应允许行为人对因果关系之不存在提出反证。

#### 2. 社会流行病学的证明方法

社会流行病学的证明方法亦称疫学的因果关系证明方法③，其基本含义是："就疫学上可能考虑的若干因素，利用统计的方法，调查各因素与疫病之间的关系，选择相关性较大的因素，对其作综合研究，由此判断其与结果之间有无关系。"④ 被侵权人采用社会流行病学的证明方法时，应当证明：（1）该污染物质在发病前曾发生作用；（2）该污染

---

① 张新宝、汪榆淼：《污染环境与破坏生态侵权责任的再法典化思考》，载《比较法研究》，2016（5）。

② 《最高人民法院研究室负责人就〈最高人民法院关于审理环境侵权责任纠纷案件适用法律若干问题的解释〉答记者问》，载中国法院网，https：//www.chinacourt.org/article/detail/2015/06/id/1639599.shtml. 最后访问时间：2020-01-22。

③ 参见刘士国：《论侵权责任中的因果关系》，载《法学研究》，1992（2）。

④ 钱水苗：《污染环境侵权行为民事责任的特点》，载《杭州大学学报》，1993（2）。

物质量的增加与发病率呈正比例关系；（3）该污染物质量的减少与发病率呈负比例关系；（4）该污染物质可能导致该疾病的结论与科学和医学规律不存在矛盾。这种证明方法为许多西方国家的侵权责任法或司法实践所接受，它主要适用于污染环境致人健康损害（产生疫病）的案件。

**3. 间接反证法**

间接反证法又称举证责任倒置或者因果关系推定。按传统的因果关系理论及证明规则，应由被侵权人对因果关系之存在进行充分的证明，但根据间接反证法，如果被侵权人能证明因果关系锁链中的一部分事实，就推定其他事实存在，而由行为人承担证明其不存在的责任。① 例如，在污染环境、破坏生态导致人身损害的侵权案件中，被侵权人只需证明：（1）行为人具有排放污染物质的行为或者破坏生态的行为；（2）被侵权人曾接触或暴露于污染物质或者被破坏的生态环境；（3）被侵权人在接触、暴露于污染物质或者受到破坏的生态环境之后受到损害（如生病）。在被侵权人对因果关系的大致框架进行证明后，举证责任便转移到行为人一方，由其证明因果关系的某一锁链环节不存在并进而证明因果关系不存在，否则，即推定因果关系存在。

## 三、二人以上侵权的责任承担

### （一）数个侵权人承担按份责任时份额之确定

**1. 确定份额的要素**

《民法典》第 1231 条规定：两个以上侵权人污染环境、破坏生态的，承担责任的大小，根据污染物的种类、浓度、排放量，破坏生态的方式、范围、程度，以及行为对损害后果所起的作用等因素确定。《生态环境侵权责任解释》第 25 条第 1 款规定：两个以上侵权人污染环境、破坏生态造成他人损害，人民法院应当根据行为有无许可，污染物的种类、浓度、排放量、危害性，破坏生态的方式、范围、程度，以及行为对损害后果所起的作用等因素确定各侵权人的责任份额。这是关于按份责任的规定，与《民法典》第 1172 条规定的精神一致，或者说是《民法典》第 1172 条在环境污染、生态破坏侵权责任中的具体运用。

虽然《民法典》第 1231 条和《生态环境侵权责任解释》列举了行为有无许可，污染物的种类、浓度、排放量、危害性，破坏生态的方式、范围、程度以确定不同侵权人的责任份额，但是最重要的是“行为对损害后果所起的作用”这一因素。如果排污的种类相同、浓度相同、危害性相同，则排污的不同排放量对损害发生所起的作用不一样，进而确定排放量多的应当承担更大份额的责任，排放量少的应承担较小份额的责任。依此类推，基于污染物的浓度、危害性，破坏生态的方式、范围和程度等，都可以得出符合《民法典》第 1231 条规定的结论。在污染物的浓度、排放量、危害性等均不相同的情况下，可以通过换算、折算等方式认定各侵权人的污染行为或破坏行为对损害发生的原因

① 参见王利明主编：《民法·侵权行为法》，458 页，北京，中国人民大学出版社，1993。

力，进而确定他们各自应当承担的责任比例或者份额。

2. 理论观点讨论

在环境污染、生态破坏致人损害的因果关系认定中，多因一果的因果关系形态经常出现。例如，数家工厂向某一河流排污，河水被污染，饮用该河流河水的居民因此而感染某种疾病。于此情形，多个行为共同造成同类污染并致人损害，但受害人不能确切地指明谁为实际侵权行为人。学者多认为，受害人只需证明“分别存在时间、地域和致损（害）物质的同一性，则可成立共同侵权行为的推定”①。这种推定允许行为人提出反证，如果任何一个行为人能证明自己未在同一时间或同一地点排污，或者排出的致人损害的物质为另一种物质，则其不承担共同侵权的责任。如果行为人不能提出反证，则全体行为人应按照排污量的比例分担责任或者平均负担赔偿责任。②

### （二）不适用按份责任的情况

1. 相关司法解释规定的五种适用连带责任的情况

《生态环境侵权责任解释》规定了五种不适用按份责任而适用连带责任的情况：

（1）《生态环境侵权责任解释》第 5 条规定：两个以上侵权人分别污染环境、破坏生态造成同一损害，每一个侵权人的行为都足以造成全部损害，被侵权人根据《民法典》第 1171 条的规定请求侵权人承担连带责任的，人民法院应予支持。在此种情况下，污染者承担连带责任的法律依据是数人的侵权行为“原因聚合”。

（2）《生态环境侵权责任解释》第 7 条规定：“两个以上侵权人分别污染环境、破坏生态，部分侵权人的行为足以造成全部损害，部分侵权人的行为只造成部分损害，被侵权人请求足以造成全部损害的侵权人对全部损害承担责任，并与其他侵权人就共同造成的损害部分承担连带责任的，人民法院应予支持。”“被侵权人依照前款规定请求足以造成全部损害的侵权人与其他侵权人承担责任的，受偿范围应以侵权行为造成的全部损害为限。”此种情况是较为复杂的“单向连带责任”：污染者的污染行为足以造成全部损害的，对全部损害承担赔偿责任；同时，他又与其他造成部分损害的污染者就共同造成的损害部分承担连带责任。这种连带责任是单向的，仅仅是污染行为足以造成全部损害的污染者对共同造成的损害部分承担连带责任。这一“单向连带责任”并不仅仅适用于一个侵害行为造成全部损害的情形，其应当被理解为：只要某部分损害是确定地由数个侵害行为人共同造成的，那么对于这部分损害，该数个侵害行为人均须承担连带责任。

（3）《生态环境侵权责任解释》第 9 条规定：两个以上侵权人分别排放的物质相互作用产生污染物造成他人损害，被侵权人请求侵权人承担连带责任的，人民法院应予支持。在此种情况下，各侵权人的行为在产生损害结果的认定上具有不可分性，在致害结果上具有同一性，各侵权人的行为应被视为一个不可分割的整体，共同构成全部损害发生的

---

① 王家福主编：《中国民法学·民法债权》，517 页，北京，法律出版社，1991。

② 学者起草的民法典建议稿对此规定了连带责任：两个或者两个以上排污者污染环境造成他人损害的，适用本法第 1551 条的规定（连带责任——引者注）。参见梁慧星主编：《中国民法典草案建议稿》，320 页，北京，法律出版社，2003。

全部原因，因此各侵权人应当承担连带责任。①

（4）《生态环境侵权责任解释》第 10 条规定：为侵权人污染环境、破坏生态提供场地或者储存、运输等帮助，被侵权人根据《民法典》第 1169 条的规定请求行为人与侵权人承担连带责任的，人民法院应予支持。《生态环境侵权责任解释》第 11 条规定："过失为侵权人污染环境、破坏生态提供场地或者储存、运输等便利条件，被侵权人请求行为人承担与过错相适应责任的，人民法院应予支持。""前款规定的行为人存在重大过失的，依照本解释第十条的规定处理。"在此种情况下，如果行为人实施了帮助行为，且主观上具有为侵权人提供帮助的意图，则行为人和侵权人主观上存在共同过错，其行为构成了整个共同侵权行为不可分割的一部分，行为人和侵权人应当依照《民法典》第 1169 条关于帮助侵权的规定承担连带责任；如果行为人因过失为侵权人提供便利条件并对加害行为起到辅助作用，则行为人应当基于过错责任原则承担与其过失相适应的责任；如果行为人因重大过失为侵权人提供便利条件，基于重大过失近似于故意的法理，应当依照《生态环境侵权责任解释》第 10 条的规定处理。②

（5）《生态环境侵权责任解释》第 14 条规定，存在下列情形之一的，排污单位与第三方治理机构应当根据《民法典》第 1168 条的规定承担连带责任：1）第三方治理机构按照排污单位的指示，违反污染防治相关规定排放污染物的；2）排污单位将明显存在缺陷的环保设施交由第三方治理机构运营，第三方治理机构利用该设施违反污染防治相关规定排放污染物的；3）排污单位以明显不合理的价格将污染物交由第三方治理机构处置，第三方治理机构违反污染防治相关规定排放污染物的。4）其他应当承担连带责任的情形。在此种情况下，排污单位与第三方治理机构承担连带责任的法律依据是"共同实施侵权行为"。

另外，《生态环境侵权责任解释》第 21 条还对环境服务机构与污染环境、破坏生态的侵权人承担连带责任的情形作出规定："环境影响评价机构、环境监测机构以及从事环境监测设备和防治污染设施维护、运营的机构存在下列情形之一，被侵权人请求其与造成环境污染、生态破坏的其他责任人根据环境保护法第六十五条的规定承担连带责任的，人民法院应予支持：（一）故意出具失实评价文件的；（二）隐瞒委托人超过污染物排放标准或者超过重点污染物排放总量控制指标的事实的；（三）故意不运行或者不正常运行环境监测设备或者防治污染设施的；（四）其他根据法律规定应当承担连带责任的情形。"

**2. 理论观点讨论：责任的综合适用与扩张适用**

在现有侵权责任制度框架下，需要通过法律解释，特别是对连带责任、用人者责任、企业控股股东的"直索责任"等的扩张解释，以及严格适用、综合适用各种侵权责任承担方式，正确处理环境污染、生态破坏侵权责任与相关行政法律责任及所有法律责任之间的关系，实现环境污染、生态破坏侵权责任的强化，达到救济受害人，制裁和遏制污

---

① 参见杨临萍等：《〈关于审理生态环境侵权责任纠纷案件适用法律若干问题的解释〉的理解与适用》，载《人民司法》，2023（31）。

② 参见最高人民法院环境资源审判庭编著：《最高人民法院生态环境侵权责任司法解释理解与适用》，131～151 页，北京，中国法制出版社，2023。

染环境、破坏生态行为的法律效果，实现环境友好、生态文明的社会效果。[①]

## 四、惩罚性赔偿

### （一）惩罚性赔偿在环境污染和生态破坏侵权责任中的扩大适用

在大陆法系侵权责任法中，惩罚性赔偿的适用属于例外情况而非普遍的侵权责任承担方式。《民法典》有意扩大惩罚性赔偿的适用范围，于第179条第2款规定："法律规定惩罚性赔偿的，依照其规定。"《民法典》第1232条即属于"法律规定惩罚性赔偿"的情况。

《民法典》第1232条规定：侵权人违反法律规定故意污染环境、破坏生态造成严重后果的，被侵权人有权请求相应的惩罚性赔偿。《民法典》设置该条规定侵权人的惩罚性赔偿责任，贯彻了严格保护生态环境、保护被侵权人之合法权益的立法政策，反映了民法之基本原则"绿色原则"（《民法典》第9条）的根本要求。

### （二）侵权人故意的主观要件

承担《民法典》第1232条规定的惩罚性赔偿责任，首先需要符合环境污染、生态破坏侵权责任的一般构成要件，即行为人实施了污染环境、破坏生态的侵害行为，发生了损害，且侵害行为与损害之间存在因果关系。在此等侵权责任的构成要件中，因果关系是推定的：法律推定因果关系存在，如果行为人不能证明因果关系不存在，则认定因果关系成立，进而确定侵权责任构成。

如果被侵权人请求侵权人承担惩罚性赔偿即超过实际损失的赔偿，则要求侵权人具有主观上故意的构成要件。质言之，侵权人承担的惩罚性赔偿责任不是无过错责任而是过错责任，不仅是过错责任而且要求其主观上的过错为故意。与过失相比较，故意具有更严重的反社会秩序性和对他人之民事权益的侵害性，故而是承担更严重侵权责任的伦理和法理基础。

《民法典》第1232条规定的故意，是指侵权人"故意违反法律规定"。"法律规定"既包括国家有关的法律、行政法规、部门规章等的规定，也包括地方性法规和地方规范性文件的规定。这里的"故意"是指侵权人明知国家禁止性规定的存在，而无视、恶意规避或者曲解此等规定而实施污染环境、破坏生态的行为。侵权人拒绝行政管理部门的整改指令、无视受害人的投诉等情况，也可以当作认定其具有故意的证据。

需要注意的是，在大多数情况下，《民法典》第1232条的适用对象是企业等组织体，因为有关环境污染、生态破坏的国家规定主要是针对组织体制定的。但是，在一些情况下，《民法典》第1232条也适用于自然人。一个值得思考的问题是，对组织体和自然人之"故意"的认定是否适用相同的标准。笔者认为：从广义上讲，二者的"故意"都适用一般理性人标准。但是，从狭义上讲，二者存在较大的区别。对于组织体而言，尤其

---

① 参见张新宝、庄超：《扩张与强化：环境侵权责任的综合适用》，载《中国社会科学》，2014（3）。

是一个从事可能污染环境、破坏生态行为的组织体而言，其有义务知晓国家的相关规定，并严格遵守国家的相关规定。因此，笔者认为，只要存在违反法律规定污染环境、破坏生态的行为，就应先推定该组织体是“故意”违反国家规定的，应当由组织体来举证证明其不存在“故意”；而且对于该举证责任应当设定较高的证明标准，例如，该组织体合法采购的排放检测装置存在质量问题等。而对于一般自然人而言，虽然法律也假定其应当知晓相关规定，但是，事实情况是大部分一般自然人并不知晓相关规定，而且自然人的一般行为也无须取得行政审批等前置程序，其知晓相关规定的义务在一定意义上较组织体的为轻，而且在作为自然人的行为人和受害人之间也往往并不存在诉讼能力的巨大差异。因此，对于作为自然人的行为人之“故意”而言，适用正常的民事诉讼程序即可。

《生态环境侵权惩罚性赔偿司法解释》第 6 条规定：人民法院认定侵权人是否具有污染环境、破坏生态的故意，应当根据侵权人的职业经历、专业背景或者经营范围，因同一或者同类行为受到行政处罚或者刑事追究的情况，以及污染物的种类，污染环境、破坏生态行为的方式等因素综合判断。《生态环境侵权惩罚性赔偿司法解释》第 7 条规定：“具有下列情形之一的，人民法院应当认定侵权人具有污染环境、破坏生态的故意：（一）因同一污染环境、破坏生态行为，已被人民法院认定构成破坏环境资源保护犯罪的；（二）建设项目未依法进行环境影响评价，或者提供虚假材料导致环境影响评价文件严重失实，被行政主管部门责令停止建设后拒不执行的；（三）未取得排污许可证排放污染物，被行政主管部门责令停止排污后拒不执行，或者超过污染物排放标准或者重点污染物排放总量控制指标排放污染物，经行政主管机关责令限制生产、停产整治或者给予其他行政处罚后仍不改正的；（四）生产、使用国家明令禁止生产、使用的农药，被行政主管部门责令改正后拒不改正的；（五）无危险废物经营许可证而从事收集、贮存、利用、处置危险废物经营活动，或者知道或者应当知道他人无许可证而将危险废物提供或者委托给其从事收集、贮存、利用、处置等活动的；（六）将未经处理的废水、废气、废渣直接排放或者倾倒的；（七）通过暗管、渗井、渗坑、灌注，篡改、伪造监测数据，或者以不正常运行防治污染设施等逃避监管的方式，违法排放污染物的；（八）在相关自然保护区域、禁猎（渔）区、禁猎（渔）期使用禁止使用的猎捕工具、方法猎捕、杀害国家重点保护野生动物、破坏野生动物栖息地的；（九）未取得勘查许可证、采矿许可证，或者采取破坏性方法勘查开采矿产资源的；（十）其他故意情形。”

### （三）损害后果严重的客观要件

法律规定，承担惩罚性赔偿责任，需要造成严重后果，即在损害后果方面出现受害人一方遭受严重人身损害（如死亡、严重伤残）和数额巨大的财产损失等情形。造成多人严重损害，也可以是认定“造成严重后果”的情形。《生态环境侵权惩罚性赔偿司法解释》第 8 条规定：“人民法院认定侵权人污染环境、破坏生态行为是否造成严重后果，应当根据污染环境、破坏生态行为的持续时间、地域范围，造成环境污染、生态破坏的范围和程度，以及造成的社会影响等因素综合判断。”“侵权人污染环境、破坏生态行为造成他人死亡、健康严重损害，重大财产损失，生态环境严重损害或者重大不良社会影响的，人民法院应当认定为造成严重后果。”

## 五、第三人过错情形下的责任承担

### （一）因第三人过错污染环境、破坏生态造成损害概述

《民法典》第1233条规定：因第三人的过错污染环境、破坏生态的，被侵权人可以向侵权者请求赔偿，也可以向第三人请求赔偿。侵权者赔偿后，有权向第三人追偿。该条在措辞上删除“造成损害”并不意味着承担该条规定的侵权责任不要求有损害后果的构成要件。该条作出这一修改应该是文字表述上的简化便利之考虑。该条没有作为独立裁判规则的价值，其是依附于《民法典》第1229条的，只有在构成第1229条所规定之侵权责任的前提下，出现第三人的过错行为介入的情况才会适用该条的规定，因为在没有任何“损害”的情况下，并不存在任何“污染者”“破坏者”。《民法典》第1229条已经规定了“造成他人损害”，第1233条是否规定“造成损害”都不会引起歧义，不会被误解为“承担该条规定的侵权责任不要求损害后果”。

“因第三人过错污染环境、破坏生态”是指侵权人（第一人）、被侵权人（第二人）之外的第三人实施了污染环境、破坏生态的行为，且实施该行为是基于过错即故意或者过失。需要指出的是，理论和立法上均认为环境污染、破坏生态的侵权责任为无过错责任，但是承担《民法典》第1233条规定的责任以及侵权人获得相关的追偿权，以第三人的过错为要件。

其理论依据在于：在因第三人过错污染环境、破坏生态的情况下，绝大多数情形是第三人实施了行为，而“污染者”“破坏者”客观上提供了行为所需的物质基础（如污染物质等）。没有过错的“污染行为”“破坏行为”一般是指在国家标准范围内进行的上述行为。而对于第三人而言，其并不以该国家标准范围内的“行为”为经常行为或营业行为，因此，对于该第三人而言，只要其从事了这些行为，原则上就是有过错的。质言之，之所以要求第三人具有过错，原因在于：依一般理性人标准，该第三人的“污染行为”“破坏行为”原则上就是有过错的，因为一个理性人根本不会从事这些行为。此外，还需要注意，在大多数情况下，“污染者”“破坏者”对于其具有污染、破坏能力的物质材料负有一定的看管义务，第三人原则上是无法使用这些物质材料的。而当第三人能够使用这些物质材料时，要么是第三人具有过错，要么是“污染者”“破坏者”具有过错（未履行相关义务）。对前者《民法典》第1233条予以了规定，对后者由环境污染、生态破坏侵权责任的一般责任承担规则予以直接调整。可以理解为，污染环境、破坏生态，既可以是作为行为，也可以是不作为行为。不论是作为行为还是不作为行为，都属于行为。存在该行为时，污染者、破坏者就要承担独立的侵权责任。而只有在污染者、破坏者完全不存在任何“行为”时，因第三人过错污染环境、破坏生态的，才需要由《民法典》第1233条予以调整。

第三人过错污染环境、破坏生态可能是损害发生的唯一原因，也可能是损害发生的部分原因。在以下原油泄漏造成损害的案例中，我们可以观察到第三人之过错行为造成损害的情况：侵权人拥有所有权的油轮合法合规停靠在某港口的码头等待卸货。第三人的船只违规驶入该港口撞上停靠在码头上的油轮，致使油轮破损所载原油泄漏。泄漏的

原油污染了一定范围的海域，致使该海域的渔民遭受财产损失。被侵权人有权依据《民法典》第1229条请求侵权人（油轮所有人）承担侵权责任；有权依据《民法典》第1233条请求侵权人（油轮所有人）承担赔偿责任，也可以依据该条请求有过错的第三人（肇事船只的所有人等）承担赔偿责任。

### （二）侵权人的赔偿责任与追偿权

#### 1. 对于第三人过错造成的损害部分：被侵权人的选择权

《生态环境侵权责任解释》第18条第1款规定："因第三人的过错污染环境、破坏生态造成他人损害，被侵权人请求侵权人或者第三人承担责任的，人民法院应予支持。"《生态环境侵权责任解释》第19条规定："因第三人的过错污染环境、破坏生态造成他人损害，被侵权人同时起诉侵权人和第三人承担责任，侵权人对损害的发生没有过错的，人民法院应当判令侵权人、第三人就全部损害承担责任。侵权人承担责任后有权向第三人追偿。""侵权人对损害的发生有过错的，人民法院应当判令侵权人就全部损害承担责任，第三人承担与其过错相适应的责任。侵权人承担责任后有权就第三人应当承担的责任份额向其追偿。"

依据《民法典》第1233条的规定，对于第三人过错造成的损害部分，被侵权人可以向侵权人请求赔偿，也可以向有过错造成损害的第三人请求赔偿。但是，对这部分损害，被侵权人只能选择向其中之一请求赔偿，而不能同时请求二者承担赔偿责任，也不能在选择请求其中之一承担赔偿责任（无论是否实现其请求）后再向另一主体请求赔偿。这是因为，就这一部分损害，（1）侵权人与第三人之间不构成共同侵权，不适用连带责任的规则；（2）侵权人与第三人之间不适用按份责任的规定；（3）由于法律规定了单向的追偿权，侵权人与第三人之间的责任关系也不构成"不真正连带"或者说只是片面的"不真正连带"——有过错的第三人被选择并承担了赔偿责任之后不得向侵权人追偿。

#### 2. 第三人过错（造成损害）不是侵权人不承担责任或者减轻责任的抗辩事由

《生态环境侵权责任解释》第18条第2款规定："侵权人以损害是由第三人过错造成的为由，主张不承担责任或者减轻责任的，人民法院不予支持。"对于完全是由第三人的过错造成的损害或者第三人的过错造成的部分损害，如果被侵权人选择请求侵权人承担赔偿责任，则侵权人不得拒绝，不得以"损害是第三人造成的"主张不承担责任或者减轻责任。此等损害赔偿，排斥《民法典》第1175条①的适用。

#### 3. 侵权人承担责任后的追偿权

侵权人对于第三人过错造成的损害承担赔偿责任后，依据《民法典》第1233条的规定有权向第三人追偿。是否能够实现追偿权，不影响侵权人对被侵权人的赔偿责任之承担。也就是说，尽管有不能实现追偿权之虞，侵权人也应当依法先行承担赔偿责任，而由自己承受未来可能的追偿不能的风险。

---

① 《民法典》第1175条规定：损害是因第三人造成的，第三人应当承担侵权责任。

对于不属于第三人过错造成的损害，侵权人依法承担无过错责任，其不享有向第三人追偿的权利。

## 第三节　生态环境修复责任与生态环境损害赔偿

### 一、生态环境修复责任

#### （一）生态环境修复责任概述

**1. “违反国家规定”造成生态环境损害**

《民法典》第 1234 条规定：违反国家规定造成生态环境损害，生态环境能够修复的，国家规定的机关或者法律规定的组织有权请求侵权人在合理期限内承担修复责任。侵权人在期限内未修复的，国家规定的机关或者法律规定的组织可以自行或者委托他人进行修复，所需费用由侵权人负担。

该条规定的“违反国家规定”，是指违反国家有关环境、生态保护的法律、国家政策、行政法规、部门规章和地方规定，以及基于此等规定制定的具体排放标准、控制指标等。要注意两点：其一，这里的“规定”不仅包括法律意义上的规定，还应包括政策意义上的规定；其二，法律意义上的规定，既包括具有直接法律效力的行为规范，还包括没有直接法律效力的技术规范。以往的侵权责任制度并没有重点关注和全面规定生态环境损害赔偿制度，造成了法律制度的重大遗漏。2012 年修订的《民事诉讼法》率先规定了环境民事公益诉讼制度，但其第 55 条只是采用转介条款作出了宣示性、原则性的规定，并无司法上的可适用性。2014 年修订的《环境保护法》第 58 条在此基础上规定了环境民事公益诉讼制度：对于“污染环境、破坏生态，损害社会公共利益的行为”，符合条件的社会组织可以向人民法院提起诉讼。2017 年再次修订的《民事诉讼法》对环境民事公益诉讼作出了较为全面的规定。然而，这些规定都属于程序法的性质，关于生态环境损害赔偿责任的实体法规定一直阙如。

中共中央、国务院高度重视生态环境损害赔偿工作，中国共产党十八届三中全会明确提出对造成生态环境损害的责任者严格实行赔偿制度。2015 年，中共中央办公厅、国务院办公厅印发了《生态环境损害赔偿制度改革试点方案》（中办发〔2015〕57 号），在吉林等七个省市部署开展改革试点，取得明显成效。2017 年 12 月，为进一步在全国范围内加快构建生态环境损害赔偿制度，中共中央办公厅、国务院办公厅在总结各地区改革试点实践经验基础上，印发了《生态环境损害赔偿制度改革方案》，对生态环境损害赔偿制度进行了较为全面的规定。从属性上看，这一改革方案并非法律规范，显然属于政策的范畴。2019 年 6 月，为正确审理生态环境损害赔偿案件，严格保护生态环境，依法追究损害生态环境责任者的赔偿责任，最高人民法院制定了《关于审理生态环境损害赔偿案件的若干规定（试行）》（法释〔2019〕8 号，已被修改），从而建立了较为完善的生态环境损害赔偿及其诉讼制度。2019 年 12 月，修订通过的《森林法》第 68 条规定了森林生态环境损害赔偿制度。

所谓生态环境损害，是指污染环境、破坏生态造成大气、地表水、地下水、土壤、森林等环境要素和植物、动物、微生物等生物要素的不利改变，以及上述要素构成的生态系统功能退化。换言之，这里的“生态环境损害”不是指某一个或者数个民事主体遭到的人身损害或者财产损失，而是指在特定的区域范围里不特定的个人、组织受到的损害，其受到损害的是社会公共利益（《最高人民法院关于审理环境民事公益诉讼案件适用法律若干问题的解释》第 1 条）。此等损害表现为生态环境利益受损，如珍稀自然资源的自然供给锐减、水土流失、地力下降、沙漠化或者荒漠化、空气污染、水源大幅减少等。

需要注意的是，这里的“环境生态损害”仅指生态环境利益损失，不包括“自然资源资产损失”。根据我国《宪法》和《民法典》物权编的规定，除森林、山岭、草原、荒地、滩涂等自然资源中的一部分属于集体所有外，绝大部分自然资源（如矿藏、水流、海域等）都属于国家所有。国家所有的自然资源资产由于环境污染和生态破坏而遭受损害的，国务院、国务院授权的省、市级人民政府及其指定的有关自然资源资产管理部门，有权代表国家提起国有自然资源资产损害赔偿诉讼。

**2. 能够修复的生态环境损害**

《民法典》第 1234 条适用于“能够修复的”情形，即可以通过修复等治理手段救济被污染的环境和被破坏的生态，使其恢复原状或者大致恢复原状。这里的恢复原状应当理解为环境质量达到污染前的标准或者生态功能达到被破坏前的水平。只有对那些通过修复能够实现此等“恢复原状”的案件，才适用《民法典》第 1234 条的规定。如果环境污染和生态破坏特别严重，以致生态环境已无法修复，如对千年冻土、丹霞地貌的破坏，则不适用《民法典》第 1234 条的规定。

**3. 修复责任的构成要件**

《民法典》第 1234 条强调了“违反国家规定造成生态环境损害”是承担修复责任的前提。只有“违反国家规定”造成生态环境损害，才承担该条规定的修复责任；如果造成生态环境损害没有违反国家规定，则不承担该条规定的修复责任。这与《民法典》第 1229 条、第 1230 条规定的责任之构成要件是不一样的。因此，承担《民法典》第 1234 条规定的修复责任之构成要件包括：（1）侵权人实施了污染环境、破坏生态的行为；（2）产生了损害（作为公共利益的环境、生态利益受到损害）；（3）污染环境、破坏生态的行为与损害之间存在因果关系；（4）侵权人的行为具有违法性。要注意的是，只有污染环境、破坏生态的行为存在违法性，例如，超过污染排放控制标准或总量控制标准排放了污染物质，没有采伐许可证或者超过采伐限额砍伐了林木等，才构成生态环境修复责任。换言之，只要行为合法，即使造成了生态环境损害，也是不需承担生态环境损害修复责任的。对此，通常采用税费的方式，譬如，缴纳环境保护税（以前为排污费）、植被恢复费（如森林植被恢复费、草原植被恢复费）、水土保持补偿费等，来实现生态环境负外部性的内部化。

### （二）有权请求修复生态环境的主体

由于《民法典》第 1234 条规定的损害不是民事主体受到的人身损害或者财产损失，

因此自然人、法人或者非法人组织不得依据该条提起损害赔偿或者恢复原状的一般（私益）侵权诉讼。因此，法律规定提起诉讼的主体为“国家规定的机关或者法律规定的组织”。

“国家规定的机关”主要是指法律、国家政策和行政法规、部门规章、地方性法规以及司法解释规定的有权提起环境公益诉讼和生态环境损害赔偿诉讼的国家机关。根据有关规定，这里的国家机关，包括国家行政机关和国家检察机关两大类型。

“国家规定的机关”首先是指国家行政机关。2017 年的《生态环境损害赔偿制度改革方案》规定：国务院授权省级、市地级政府作为本行政区域内生态环境损害赔偿权利人……省级、市地级政府可指定相关部门或机构负责生态环境损害赔偿具体工作。省级、市地级政府及其指定的部门或机构均有权提起诉讼。跨省域的生态环境损害，由生态环境损害地的相关省级政府协商开展生态环境损害赔偿工作。2020 年修正的《最高人民法院关于审理生态环境损害赔偿案件的若干规定（试行）》（法释〔2020〕17 号，以下简称《生态环境损害赔偿规定》）第 1 条规定，省级、市地级人民政府及其指定的相关部门、机构，或者受国务院委托行使全民所有自然资源资产所有权的部门，可以作为原告提起生态环境损害赔偿诉讼。“法律规定的组织”是指《民事诉讼法》第 58 条和《环境保护法》第 58 条规定的社会组织。有权提起环境民事公益诉讼的社会组织，必须符合法律规定的条件：（1）依法在设区的市级以上人民政府民政部门登记；（2）专门从事环境保护公益活动连续 5 年以上且无违法记录。此等组织提起相关公益诉讼，不得牟取经济利益。

除国家行政机关外，“国家规定的机关”还有一类是国家检察机关。《民事诉讼法》第 58 条等规定：人民检察院在履行职责中发现破坏生态环境和资源保护等损害社会公共利益的行为，在没有适格的机关和组织或者适格的机关和组织不提起诉讼的情况下，可以向人民法院提起诉讼。如果有适格的机关或者组织提起诉讼的，人民检察院可以支持起诉。可见，国家检察机关是以候补原告的身份提起生态环境检察诉讼的。

### （三）修复生态环境请求权的实现

#### 1. 合理限度的修复责任

国家规定的机关或者法律规定的组织有权请求侵权人在合理限度内承担修复责任。所谓“合理限度”，有三层含义：（1）达到或者基本达到污染前的环境质量或者破坏前的生态功能水平，即基本达到“恢复原状”的效果；（2）技术上可行；（3）经济上具有合理性，成本上划算。之所以规定“合理限度”的修复责任，是为了防止不计经济技术上的可行性，提出过度修复的不合理要求。《生态环境损害赔偿规定》第 12 条第 1 款规定：受损生态环境能够修复的，人民法院应当依法判决被告承担修复责任，并同时确定被告不履行修复义务时应承担的生态环境修复费用。《生态环境损害赔偿规定》第 13 条规定：受损生态环境无法修复或者无法完全修复，原告请求被告赔偿生态环境功能永久性损害造成的损失的，人民法院根据具体案情予以判决。

#### 2. 侵权人承担修复生态环境的责任

在此等案件中，法院可以判决侵权人在期限内修复生态环境。“期限”是指依据具体情况组织设计、施工在通常情况下所需要的时间期限。之所以规定“期限”，一是因为生态环境修复需要一个过程，不可能一蹴而就；二是因为生态环境修复必须遵循自然规律，必须将季节条件等因素纳入考量，譬如，在冬天不可能实现植被恢复。

**3. 请求权人自行修复或者委托修复：侵权人承担所需费用**

依据《民法典》第1234条的规定，侵权人在期限内未修复的，国家规定的机关或者法律规定的组织可以自行或者委托他人进行修复，所需费用由侵权人负担。生态环境损害侵权人或者缺乏设施设备等技术条件，或者缺乏专业人才，或者没有主观意愿，都有可能在期限内不能完成生态环境修复。为了及时救济受损的生态环境，作为环境民事公益诉讼起诉人的“法律规定的机关和组织”和作为生态环境损害赔偿诉讼起诉人的国家机关可以自行或者委托他人进行修复。当然，根据“损害担责”原则，修复的费用应由造成生态环境损害的侵权人承担。

## 二、生态环境损害赔偿

### （一）生态环境损害赔偿概述

《民法典》第1235条规定，违反国家规定造成生态环境损害的，国家规定的机关或者法律规定的组织有权请求侵权人赔偿下列损失和费用：（1）生态环境受到损害至修复完成期间服务功能丧失导致的损失；（2）生态环境功能永久性损害造成的损失；（3）生态环境损害调查、鉴定评估等费用；（4）清除污染、修复生态环境费用；（5）防止损害的发生和扩大所支出的合理费用。

该条强调“违反国家规定造成生态环境损害”是承担损害赔偿责任的前提。只有“违反国家规定”造成生态环境损害，才承担该条规定的损害赔偿责任；如果造成生态环境损害没有违反国家规定，则不承担该条规定的损害赔偿责任。这与《民法典》第1229条、第1230条规定的责任之构成要件是不一样的。因此，该条规定的损害赔偿责任之构成要件包括：（1）侵权人实施了污染环境、破坏生态的行为，侵权人的行为具有违法性；（2）产生了损害（作为公共利益的环境功能的暂时或者永久丧失以及相关的费用支出）；（3）污染环境、破坏生态的行为与损害之间存在因果关系。

### （二）有权请求生态环境损害赔偿的主体

《民法典》第1235条是以赔偿损失的方式救济环境、生态方面受到损害的社会公共利益。依据该条规定，“国家规定的机关或者法律规定的组织有权请求侵权人赔偿”。对于机关，该条没有使用“法律规定”而是使用“国家规定”，采取了比较灵活的立场，为未来确定请求权人留下了较大的决策空间。从目前的实践情况看，《民事诉讼法》《环境保护法》《海洋环境保护法》《森林法》《生态环境损害赔偿规定》等法律意义上的国家规定，以及《生态环境损害赔偿制度改革方案》等国家政策意义上的国家规定，均规定了有关机关享有损害赔偿的请求权。至于国家机关（包括行政机关和检察机关）与组织的范围，前文已作具体解析。其中的行政机关，主要是指省级、市地级人民政府及其指定的相关部门、机构，或者受国务院委托行使全民所有自然资源资产所有权的部门。其他的，不赘述。

问题是：对于发生的生态环境损害，如果以上多个有权的主体都试图积极提起诉讼，怎么处理？为了搞好环境民事公益诉讼和生态环境损害赔偿诉讼的衔接，《生态环境损害赔偿规定》第 17～18 条就起诉顺位和共同诉讼的问题作出了专门规定：首先，人民法院受理因同一损害生态环境行为提起的生态环境损害赔偿诉讼案件和民事公益诉讼案件，应先中止民事公益诉讼案件的审理，待生态环境损害赔偿诉讼案件审理完毕后，就民事公益诉讼案件未被涵盖的诉讼请求依法作出裁判。换言之，国家行政机关提起的生态环境损害赔偿诉讼具有相对于环保组织提起的环境民事公益诉讼的优先力。其次，生态环境损害赔偿诉讼案件的裁判生效后，有权提起民事公益诉讼的机关或者社会组织就同一损害生态环境的行为有证据证明存在前案审理时未发现的损害的，可以提起环境民事公益诉讼（作为共同原告）。反之，民事公益诉讼案件的裁判生效后，有权提起生态环境损害赔偿诉讼的主体就同一损害生态环境的行为有证据证明存在前案审理时未发现的损害的，也可以提起生态环境损害赔偿诉讼。

### （三）赔偿的损失和费用种类

《民法典》第 1235 条规定了以下五项可以请求赔偿的损失和费用：（1）生态环境受到损害至修复完成期间服务功能丧失导致的损失；（2）生态环境功能永久性损害造成的损失；（3）生态环境损害调查、鉴定评估等费用；（4）清除污染、修复生态环境费用；（5）防止损害的发生和扩大所支出的合理费用。

所谓生态环境受到损害至修复完成期间服务功能丧失导致的损失，是指自生态环境损害发生至生态环境部分恢复或者完全恢复的期间内，因生态环境服务功能丧失或者部分丧失而导致的损失，譬如，受损林地修复期间，因林地水源涵养、水土保持、气候调节等生态服务功能的丧失和降低而导致的损失。这种损失需要由专门的鉴定机构鉴定确定。

所谓生态环境功能永久性损害造成的损失，是指环境污染和生态破坏过于严重，以致受损生态环境已不可修复，完全丧失原有生态服务功能而导致的损失，譬如，野生动物栖息地、丹霞地貌、千年冻土层被永久性破坏而导致的损失。这种损失，也需要由专门的鉴定机构采用专门的方法鉴定确定。

所谓生态环境损害调查、鉴定评估等费用，主要是指调查、勘查、监测受损区域和评估、鉴定损害风险与实际损害所发生的费用。

所谓清除污染、修复生态环境费用，是指清除受损生态环境中的污染物质（如油污）并使生态环境恢复受损前原有功能所需的费用。《生态环境损害赔偿规定》第 12 条第 2 款规定：生态环境修复费用包括制定、实施修复方案的费用，修复期间的监测、监管费用，以及修复完成后的验收费用、修复效果后评估费用等。关于生态环境修复费用，2017 年的《最高人民法院关于审理海洋自然资源与生态环境损害赔偿纠纷案件若干问题的规定》（法释〔2017〕23 号）第 8 条第 1 款规定，限于现实修复实际发生和未来修复必然发生的合理费用，包括制定和实施修复方案与监测、监管产生的费用。

所谓防止损害的发生和扩大所支出的合理费用，是指为防止环境污染和生态破坏的实际发生和后续扩大而支出的合理费用。所谓合理费用，是指在当时技术经济条件的通常水平下所支付的那部分合理耗费的费用，既不提过高要求，也不有意放松要求。

要补充说明的是，关于未来生态环境修复必然发生的合理费用和修复期间服务功能丧失导致的损失，《最高人民法院关于审理海洋自然资源与生态环境损害赔偿纠纷案件若干问题的规定》第 8 条第 2 款规定，可以根据有资格的鉴定评估机构依据法律法规、国家主管部门颁布的鉴定评估技术规范作出的鉴定意见予以确定，但当事人有相反证据足以反驳的除外。这一规定，具有可借鉴性。

此外，由于鉴定技术和人才等方面的原因，难以确定生态环境修复费用和修复期间所致损失的，可以根据责任者因损害行为所获得的收益或者所减少支付的污染防治费用，合理确定损失赔偿数额。如果获得的收益或者减少的污染防治费用也无法认定的，可以参照政府部门相关统计资料或者其他证据所证明的同区域同类生产经营者同期平均收入、同期平均污染防治费用，合理酌定。《最高人民法院关于审理海洋自然资源与生态环境损害赔偿纠纷案件若干问题的规定》的类似规定，值得借鉴和参考。

## 深度阅读

1. 王利明，周友军，高圣平. 中国侵权责任法教程. 北京：人民法院出版社，2010：第十九章“环境污染责任”.

2. 杨立新. 类型侵权行为法研究. 北京：人民法院出版社，2006：第十八章“环境污染的侵权行为”.

3. 张新宝，庄超. 扩张与强化：环境侵权责任的综合适用. 中国社会科学，2014（3）.

4. 竺效. 论环境侵权原因行为的立法拓展. 中国法学，2015（2）.

5. 张新宝，汪榆淼. 污染环境与破坏生态侵权责任的再法典化思考. 比较法研究，2016（5）.

6. 吕忠梅，窦海阳. 以“生态恢复论”重构环境侵权救济体系. 中国社会科学，2020（2）.

7. 浙江省湖州市中级人民法院与中国人民大学法学院联合课题组，李艳芳. 生态环境损害赔偿诉讼的目的、比较优势与立法需求. 法律适用，2020（4）.

8. 曹明德.《民法典》生态环境损害赔偿条款法理辨析. 法律科学（西北政法大学学报），2022（1）.

9. 朱广新. 论生态环境侵权惩罚性赔偿构成条件的特别构造. 政治与法律，2023（10）.

## 问题与思考

### 一、思考题

1. 如何理解环境污染、生态破坏责任的构成要件？
2. 如何确定环境污染、生态破坏责任中的因果关系？
3. 如何在多因一果的情形下认定及分配具体的侵权责任？

4. 如何理解惩罚性赔偿在环境污染、生态破坏侵权案件中的适用？

5. 如何理解生态环境修复责任？

6. 如何理解生态环境损害赔偿责任？

## 二、练习题

1. 简述环境与环境污染、生态与生态破坏。

2. 简述第三人过错污染环境、破坏生态的侵权责任的承担。

3. 甲、乙、丙三家公司生产三种不同的化工产品，生产场地的排污口相邻。某年，当地大旱，导致河水水位大幅下降，三家公司排放的污水混合，发生化学反应，产生有毒物质，致使河流下游丁养殖场的鱼类大量死亡。经查明，这三家公司排放的污水均分别经过处理且符合国家排放标准。后丁养殖场向三家公司索赔。下列哪一选项是正确的？（　）

A. 这三家公司均无过错，不承担赔偿责任

B. 这三家公司对丁养殖场的损害承担连带责任

C. 本案的诉讼时效是 2 年

D. 这三家公司应按照污染物的种类、排放量等因素承担责任

**第二十一章**

# 高度危险责任

**常考知识点**

高度危险致人损害责任　高度危险作业致人损害责任　高度危险物品致人损害责任

## 第一节　高度危险责任概述

### 一、高度危险责任的概念、特征和分类

#### （一）高度危险责任的概念

高度危险责任，是指因从事高度危险作业致人损害或者保有高度危险物品致人损害而承担的侵权责任。《民法典》侵权责任编第八章是关于高度危险侵权责任的规定，共9个条文（第1236条～第1244条）。第1236条规定，从事高度危险作业造成他人损害的，应当承担侵权责任。这是一种无过错责任。营运民用核设施（包括运入和运出核材料，第1237条）、营运民用航空器（第1238条）以及从事高空、高压、地下挖掘活动或者使用高速轨道运输工具（第1240条）造成他人损害的，营运单位（经营者）应当承担无过错责任。占有或者使用高度危险物品造成他人损害的，占有人或者使用人承担无过错责任（第1239条）。《民法典》还对遗失、抛弃高度危险物造成他人损害的侵权责任（第1241条）、非法占有高度危险物造成他人损害（第1242条）的侵权责任分别作出了规定。法律还对不承担责任、减轻责任的事由（第1237条后段、第1238条后段、第1239条后段、第1240条后段、第1243条）以及赔偿限额（第1244条）等作出了规定。

#### （二）高度危险责任的特征

**1. 高度危险责任属于危险责任**

危险责任是德国法中的专用术语，大致相当于美国法中的严格责任，通常也被称作无过错责任。在德国法中，危险责任范围较宽广，包括动物致害、环境污染、产品责任、铁路或悬浮轨道致害、机动车致害、航空器致害、核技术设施致害、能源设施致害、开挖矿山致害、开发基因技术致害等责任。在我国，高度危险责任通常是指高空、高压、

高速运输工具等危险作业活动或者易燃、易爆、剧毒、放射性、高致病性等危险物品致人损害的责任。在我国，产品责任、环境污染责任乃至饲养动物致害责任一般不被列入高度危险责任，不能把我国法上的高度危险责任等同于国外的危险责任，高度危险责任仅仅是危险责任的特定类型。

**2. 因合法行为或合法保有高度危险物品致人损害产生的责任**

高度危险责任所规范的高度危险作业是一种合法行为，至少是不为法律所禁止的行为。保有高度危险物品，也是人类正常生活之必需。保有是指对物（包括高度危险物）的实际控制。所有人直接控制所有物是保有，管理人、营运者（经营人）直接控制他人所有之物也是保有。人类为了享受现代科技文明所带来的巨大经济利益，就必须允许从事某些高空、高压等作业活动以及高速运输工具的存在和发展，并赋予它们合法性。保有危险物品通常也是合法的。在德国法上，区分不法与不幸，过错责任以侵权人不法侵害他人的合法权益为前提，危险责任则是对不幸损害的分配，并非对违法行为的制裁。

**3. 高度危险责任是一种无过错责任**

高度危险责任自诞生之始就是一种典型的无过错责任，很大程度上也被等同于无过错责任。但在我国侵权责任法中，高度危险责任不等于全部的无过错责任：一方面是因为高度危险责任仅仅是危险责任的一个类型，另一方面是因为无过错责任也不限于高度危险责任。

**4. 高度危险责任是自己责任**

在高度危险致人损害的情形，责任主体是相关的经营者或者占有人、使用人，这些主体是为自己的经营活动承担责任而不是对其雇员的过错行为承担责任。高度危险责任与替代责任同属无过错责任的范畴，但两者存在根本区别：高度危险责任是自己责任，而监护人责任、用人者责任等替代责任是对他人的行为造成损害承担责任。

### （三）高度危险责任的分类

高度危险责任可以分为两类：高度危险作业致人损害的责任和高度危险物品致人损害的责任。这种区分的依据在于危险来源不同：高度危险作业致人损害责任的危险来源是作业活动的危险性，高度危险物品致人损害责任的危险来源在于物品自身的危险性。因为危险来源不同，相关责任主体的确定规则也不同。当然，对危险活动的责任和对高度危险物的责任之间并无绝对的区分。如营运民用核设施致人损害的责任，我国《民法典》将之归入对高度危险作业的责任，而德国将之归入对危险物的责任。同样，石油、天然气、电力的运输，既可以从营运行为角度将其归入高度危险作业，也可以从客体的角度将其认定为高度危险物。

## 二、无过错责任原则的适用

### （一）历史沿革

自 19 世纪以来，高度危险作业随着社会化大生产的迅速发展及科学技术的不断进步而兴起。一方面，人们为了提高社会生产力以发展经济和提高物质生活水平，追求高效、快捷，必然借助某些具有高度危险性的作业；另一方面，即使从事高度危险作业者对其行为予以谨慎的关注，也由于高度危险作业本身所具有的对人们的人身和财产安全的巨大潜在危险，而不能完全避免事故的发生。

一般认为，1838 年《普鲁士铁路企业法》开现代高度危险作业赔偿制度之先河。该法规定：铁路公司所运输的人及物，或因转运之事故对别的人及物造成损害，应负赔偿责任。容易致人损害的企业中企业主虽毫无过失，亦不得以无过失为免除赔偿的理由。当时，普鲁士全境内只有 158 公里的铁路，但这条法律所确立的原则完全适合现代大规模铁路运输行业的赔偿责任，它规定了被侵权人的范围、侵权人的无过错责任，甚至指出这种无过错责任应适用于包括铁路公司在内的一切“容易致人损害（从事高度危险作业）的企业”。这确实是人类立法史上的一个创举。在大陆法系国家，关于高度危险作业的侵权责任，大多不是在民法典中直接规定，而是由民法典的附属性单行法规加以规定，如德国 1871 年 6 月 7 日的《帝国责任义务法》（铁路）、1952 年 12 月 9 日的《陆上交通法》（公路交通）和 1922 年 8 月 1 日的《空中交通法》（1959 年 1 月 10 日修订），这些有关高度危险作业的法律均适用无过错责任。法国的情形与德国的基本相同：有关高度危险作业的侵权责任大多规定于单行的民事法规中，如 1985 年的《交通事故赔偿法》。1922 年《苏俄民法典》第 404 条也规定了高度危险作业（铁路、电车、有制造工业规模之企业、可燃烧原料之销售商）致人损害的无过错责任。

在美国侵权行为法中，高度危险作业（或称异常危险行为，abnormally dangerous activities）责任属于严格责任之一种，某些高度危险作业的侵权责任由法律直接规定，但在制定法以外，法官得确认某些行为为高度危险行为，如打桩机的作业被确认为高度危险作业，运输和贮存易爆物品被确认为高度危险作业，用货车运输汽油往来于高速公路和街道很明显具有高度危险，但非法制造和销售某种手枪虽可能构成犯罪，但不属于“高度危险作业”。在美国，调整高度危险作业侵权责任的法律既包括某些制定法，也包括大量判例法。美国的侵权行为法没有对“高度危险作业”进行一一列举，而是给出一组供人们鉴别的因素。它表明此类侵权行为的责任应适用严格责任原则，不得因行为人无过错（或尽最大注意）而免除其责任。

### （二）高度危险责任适用无过错责任原则的理由

高度危险责任适用无过错责任原则具有社会、经济等方面的正当性，主要理由如下。

**1. 开启危险者应当承受其风险**

在高度危险责任中，危险活动经营者或者危险物品持有人制造了特别的危险来源。尽管法律为了社会发展允许经营者从事高度危险作业或持有危险物品，但经营者对其享有特殊权益造成的损害应当承担赔偿责任。

**2. 控制危险的能力**

在高度危险作业中或持有危险物品时，只有相关经营者和危险物品保有人有可能采取措施控制风险，降低危险变为现实的可能性。而受害人对于现代科技所生危险几乎无能为力。要求经营者或者保有人承担无过错责任，可以激发责任主体采取有力措施控制风险。事实证明，与发生损害后的巨额赔偿相比，采取事先的预防措施成本更小一些。所以，无过错责任可以发挥损害预防的作用。

**3. 报偿理论**

享有其利益者，承受其风险。危险活动经营者或危险物品保有者从相关活动中获得利益，理应承担相关风险和损害。

**4. 损害分散与保险机制**

危险活动经营者或危险物品保有者承担无过错责任，通常可以通过价格机制和保险制度分散风险，从而实现风险承担的社会化，比单个受害人承担损害更为有利。

**5. 保护受害人**

危险活动经营者或危险物品保有者承担无过错责任，不光是因为其财力雄厚，足以赔偿，更是因为受害人在高度危险责任中存在巨大的证明困难。由于受害人通常不了解致害的危险活动和危险物质，无过错责任放弃对过错的要求实际上也具有减轻受害人之举证责任的作用。

## 三、特别抗辩事由与责任限制

### （一）特别抗辩事由：受害人擅自进入高度危险活动区域或者高度危险物存放区域

《民法典》第1243条规定：未经许可进入高度危险活动区域或者高度危险物存放区域受到损害，管理人能够证明已经采取足够安全措施并尽到充分警示义务的，可以减轻或者不承担责任。依据该条规定，减轻或者免除管理人责任，仅仅适用于被侵权人（受害人）未经许可进入高度危险活动区域或者高度危险物存放区域受到损害。对于在其他区域发生的损害，不适用该条关于减轻或者免除管理人责任的规定。该条实质上是关于被侵权人（受害人）过失相抵或者说比较过错的责任减轻乃至免除条款。因此，在完全排除考虑被侵权人（受害人）过失减轻责任的无过错责任案件中，该条并不适用。比如在核设施营运场所发生损害以及民用航空器致人损害的案件中，不宜适用该条来减轻或者免除管理者的责任。但是，如果构成受害人故意的，则免除侵权责任。

《民法典》第1243条规定的被侵权人（受害人）“未经许可进入”，是指其无权进入而擅自进入高度危险活动区域或者高度危险物存放区域。任何合法的或者受到明示、默示许可的进入，以及难以判断是否有权进入情况下的进入，都不属于“未经许可进入”。在此，法律没有对被侵权人（受害人）未经许可进入高度危险活动区域或者高度危险物存放区域是故意为之抑或有重大过失为之作出规定。实践中，被侵权人（受害人）进入此等区域往往与违法乃至犯罪行为有关，如盗窃有关设备或者材料。在这样的案件中，在法理上至少可以认为被侵权人存在重大过失，甚至有些是故意的。本质上，《民法典》第1243条规定的可以减轻管理人的责任，甚至免除其责任，是被侵权人（受害人）过失相抵（比较）的结果：在管理人没有过失，尽到了相关注意义务的情况下，被侵权人（受害人）故意或者有重大过失，导致自己受到损害的，对二者的主观状况进行比较，得出减轻或者免除管理人责任的结论，而由被侵权人（受害人）对自己受到的损失的部分或者全部承担后果。

如果减轻或者免除管理人的责任，则要求其已经采取足够安全措施并尽到充分警示义务。与已经废除的《侵权责任法》第76条相比较，《民法典》第1243条将“已经采取安全措施”提升为“已经采取足够安全措施”，将“尽到警示义务”提升为“尽到充分警示义务”，提高了管理人的注意程度。这显然高于一般注意程度，高于一般安全措施和一般警示义务。《民法典》第1243条的这一修改，体现了对被侵权人更高的保护水准。

足够安全措施，是指依据法律法规等的规定或者行业的操作规则等要求所能达到的足够安全措施。在此等“足够安全措施”情形，受害人即使有一般过失也能够避免损害的发生。充分警示义务，是指依据法律法规等的规定或者行业的操作规则等要求所能达到的充分警示义务。在此等“充分警示义务”情形，受害人即使有一般过失也能注意到和理解警示。

管理人依据《民法典》第1243条主张减轻或者不承担责任，负有举证责任，即证明自己“已经采取足够安全措施并尽到充分警示义务”。《民法典》第1243条的抗辩，既可以是不承担责任的抗辩，也可以是减轻责任的抗辩。是不承担责任还是减轻责任，由法官依案件具体情况确定。

《民法典》第1243条规定的“可以减轻或者不承担责任”具有以下含义：(1) 在符合上述条件的情况下，法院得判决减轻管理人的责任或者判决管理人不承担责任，也可以判决不减轻责任，而是由管理人承担全部赔偿责任。“可以”赋予了法官一定的裁量权。(2) 法官裁量的结果可以是管理人被减轻责任，也可以是管理人不承担责任。

### （二）责任限制

《民法典》第1244条规定：承担高度危险责任，法律规定赔偿限额的，依照其规定，但是行为人有故意或者重大过失的除外。

作为一条指引性规范，《民法典》第1244条但书之前的部分本身不能单独作为裁判案件的依据，而只是指向对承担高度危险责任之赔偿限额作出规定的法律条文。但是，该条的但书部分可以作为单独裁判案件的依据。如果行为人有故意或者重大过失，则不论其他法律关于赔偿限额之适用条件的规定为何，行为人确定地不受赔偿限额的限制。

《民法典》第1244条规定肯定了高度危险责任可以是限额赔偿而不是完全赔偿，属于侵权责任法之完全赔偿原则的例外。从比较法的经验来看，危险活动的经营者或危险物品的保有者承担无过错责任并不是实行赔偿限额的充分理由。高度危险责任是否实行赔偿限额制度应当考虑一国（地区）相关经营者的财力、市场状况、社会情形而综合决定。比如对于核设施致害责任，德国、日本都是全额赔偿，并无限制，我国台湾地区则设有赔偿限额。

目前我国法律层面并没有赔偿数额的限制，但不少行政法规对特定高度危险责任规定了赔偿限额。如国务院《关于核事故损害赔偿责任问题的批复》（国函〔2007〕64号）、《铁路交通事故应急救援和调查处理条例》（2012年修订）、《国内航空运输承运人赔偿责任限额规定》、《港口间海上旅客运输赔偿责任限额规定》等，分别针对核事故、铁路交通事故、航空事故和海上运输事故规定了赔偿限额。

《民法典》第1244条后半段规定，“但是行为人有故意或者重大过失的除外”。即使有关的法律、法规规定了责任限额，如果行为人有故意或者重大过失，则不受此等限额规定的限制，被侵权人仍然可以主张全额赔偿。比如，在空难事故中，如果事故是由于航空器经营者（包括其工作人员）的故意或者重大过失造成的，则被侵权人有权请求全额赔偿，不受法律、法规规定的赔偿限额的限制。

## 第二节　高度危险作业致人损害责任

### 一、民用核设施致人损害责任

#### （一）民用核设施、核材料、核事故概述

**1. 民用核设施**

根据《民用核设施安全监督管理条例》第2条和《放射性污染防治法》第62条的规定，我国民用核设施主要包括四种：（1）核动力厂（核电厂、核热电厂、核供汽供热厂等）；（2）核动力厂以外的其他反应堆（研究堆、实验堆、临界装置等）；（3）核燃料生产、加工、贮存及后处理设施；（4）放射性废物的处理和处置设施等。以上核设施之外的核材料，如教学、医疗、科研、工农业生产应用的核材料，不属于专门的核设施，如果致人损害，应当归入高度危险物品致人损害责任的范畴。《民法典》所规范的核设施事故和运入运出核材料事故致人损害责任，仅限于民用核设施营运和核材料运入运出发生事故造成他人损害的侵权责任。如果是军用核设施发生事故，则不能适用《民法典》第1237条的规定，而应按照其他法律法规的规定处理。《放射性污染防治法》第60条规定，“军用设施、装备的放射性污染防治，由国务院和军队的有关主管部门依照本法规定的原则和国务院、中央军事委员会规定的职责实施监督管理”。

**2. 核材料**

核燃料是指能产生裂变或聚变核反应并释放出巨大核能的物质，可分为裂变燃料和聚变燃料两大类。1987年2月8日生效的《核材料实物保护公约》对“核材料”进行了更为严格专业的定义。根据该公约，核材料是指：钚，但同位素钚-238含量超过80%者除外；铀-233；同位素235或233浓缩的铀；非矿砂或矿渣形式的含有天然存在的同位素混合物的铀；任何含有上述一种或多种成分的材料。根据《核安全法》第2条的规定，核材料是指：铀-235材料及其制品；铀-233材料及其制品；钚-239材料及其制品；法律、行政法规规定的其他需要管制的核材料。

**3. 核事故**

根据《民用核设施安全监督管理条例》第24条第5项规定，核事故是指“核设施内的核燃料、放射性产物、废料或运入运出核设施的核材料所发生的放射性、毒害性、爆炸性或其他危害性事故，或一系列事故”。

## (二)营运单位的侵权责任

### 1. 无过错责任与侵权责任构成要件

(1)适用无过错责任原则。

民用核设施或者运入运出核设施的核材料发生核事故造成他人损害的,民用核设施的营运单位应当承担侵权责任。这种侵权责任适用无过错责任原则,不考虑营运单位对事故之发生有无过错。甚至在非《民法典》第1237条明确列举的不可抗力(战争、武装冲突、暴乱等情形)导致事故发生造成他人损害的,不能免除营运单位的侵权责任。

(2)两种高度危险作业。

高度危险作业行为是侵权责任的构成要件之一。《民法典》第1237条规定的“高度危险作业”包括两种作业:一是营运核设施,二是运入运出核材料。在这两种高度危险作业中发生核事故,造成损害的,适用《民法典》第1237条的规定,由营运单位承担侵权责任。

需要指出的是,对于“运入运出核材料”需要作适当的扩大解释。其不仅仅是指核材料“运入”“运出”该核设施的短暂时间,而是指在法律上该营运单位对该核材料拥有权利的全部期间。因此,“运入”应当理解为自核材料的法律权利转移至该核设施运营单位起,“运出”应当理解为至该核设施运营单位不再对该核材料拥有法律权利为止。例如,核电站需要从核材料储存单位处购买核材料;核电站产生的核废料也要交由核废料处理单位进行处理。因此,在核材料从存在到被使用成为核废料并依法封存的全过程中,都有相应的承担法律义务的核设施运营单位,其中在某些阶段可能存在数个义务主体。在存在数个义务主体时,该数个义务主体对损害承担连带责任。

(3)损害与因果关系。

损害和因果关系是侵权责任构成的另外两个构成要件。营运单位承担《民法典》第1237条规定的侵权责任,要求被侵权人受到损害以及其所受到的损害与上述两种高度危险作业之间存在因果关系。法律没有规定因果关系推定,被侵权人对损害和因果关系承担举证责任。

在实践中,发生核事故后,要证明损害和因果关系并不困难,但是要确定具体的损害范围往往比较困难。这主要是因为在核事故致害案件中,因果关系传递的范围很难确定。而且在核事故致害案件中,在很多情况下会同时构成环境污染侵权案件,因此在构成环境污染侵权案件的核事故致害案件中,同样应当适用《民法典》侵权责任编第七章中所规定的因果关系举证责任倒置。

### 2. 责任主体

《民法典》第1237条规定的责任主体是营运单位。《核安全法》第93条规定,核设施营运单位是指在中华人民共和国境内,申请或者持有核设施安全许可证,可以经营和运行核设施的单位。在《国务院关于核事故损害赔偿责任问题的批复》中,责任主体被称作“营运者”,其实质含义与“营运单位”相同,均指“依法取得法人资格,营运核电站、民用研究堆、民用工程实验反应堆的单位或者从事民用核燃料生产、运输和乏燃料贮存、运输、后处理且拥有核设施的单位”。

“单位”通常与个人对应。[①] 在我国，单位包括国家机关、企业和事业单位、社会团体等。在民法意义上，单位包括法人和非法人组织。依据有关规定，在我国从事核设施营运和核材料运入运出的只能是依法取得法人资格营运核设施和从事核材料运入运出的单位。

**3. 赔偿限额**

关于营运民用核设施致人损害责任，《国务院关于核事故损害赔偿责任问题的批复》第 7 条规定：“核电站的营运者和乏燃料贮存、运输、后处理的营运者，对一次核事故所造成的核事故损害的最高赔偿额为 3 亿元人民币；其他营运者对一次核事故所造成的核事故损害的最高赔偿额为 1 亿元人民币。核事故损害的应赔总额超过规定的最高赔偿额的，国家提供最高限额为 8 亿元人民币的财政补偿。”“对非常核事故造成的核事故损害赔偿，需要国家增加财政补偿金额的由国务院评估后决定。”该条规定一方面确认了经营民用核设施致害责任的赔偿限额，另一方面又规定了国家的财政补偿措施。此处的财政补偿是指在赔偿限额之外的补偿。

此外，《民法典》第 1244 条对赔偿限额问题作出了指引性规定：承担高度危险责任，法律规定赔偿限额的，依照其规定，但是行为人有故意或者重大过失的除外。

### （三）不承担责任的特别事由

**1. 一般抗辩事由的排除适用**

《民法典》第 180 条、第 181 条、第 182 条对不承担民事责任的几种情况作出了规定。《民法典》第 1174 条、第 1175 条、第 1176 条、第 1177 条也规定了不承担侵权责任的若干情况。这些不承担侵权责任的抗辩事由是否适用于《民法典》第 1237 条规定的侵权责任呢？笔者以为，这些规定原则上不适用于营运民用核设施或者运入运出核设施的核材料发生核事故造成他人损害的侵权责任。对于后者，《民法典》第 1237 条专门规定了不承担侵权责任的具体事由。

**2. 战争、武装冲突、暴乱等情形**

法律并没有一般性地规定不可抗力属于营运民用核设施发生事故造成他人损害之责任的免除事由，而是将不承担责任的事由限制在战争、武装冲突、暴乱等情形。依据这一规定，仅在发生战争、武装冲突、暴乱等极端严重的情形，营运单位才能免除责任；而一般的自然原因的不可抗力如洪水、台风、地震、海啸等导致事故，造成他人损害的，不能免除营运单位的侵权责任。

这主要是因为核设施及核材料是极端危险的物质，在设计、建设核设施的过程中，这些较为常见的不可抗力都已经被纳入考量范围。质言之，法律要求核设施必须具备能够在洪水、台风、地震、海啸等一般的不可抗力情况下保持安全水平；相应营运单位必

---

① 关于我国民法规定的“单位”及其与“任何组织”的关系，参见张新宝：《我国〈民法典〉中的“任何组织或者个人”文义分析》，载《中国法律评论》，2022（4）。

须具备在上述一般不可抗力下仍然安全进行运入运出核材料的能力（或者必须停止相关作业）。因此，这些一般的不可抗力并不能构成免责事由。而只有战争、武装冲突、暴乱这些完全无法预料、控制的情形，对于核设施营运来说才真正构成法律意义上的“不可抗力”，进而营运单位可以免责。因此，与其说是不可抗力在民用核设施致害案件中不构成抗辩，不如说是针对不同的作业活动，不可抗力可能具有不同的具体含义。

**3. 受害人故意**

受害人故意是适用于所有侵权责任的免责事由，具有不言自明的正当性。受害人故意导致核事故发生造成其损害的，民用核设施的营运单位不承担对该受害人的侵权责任。但是，此等事故造成其他人损害的，民用核设施的营运单位仍然应当承担侵权责任，而且不能因为核事故是第三人过错造成的而主张免除或者减轻责任。《国务院关于核事故损害赔偿责任问题的批复》第 9 条第 2 款规定，核事故损害是由自然人的故意作为或者不作为造成的，营运者向受害人赔偿后，对该自然人行使追索权。

## 二、民用航空器致人损害责任

### （一）民用航空器造成他人损害的侵权责任概述

**1. 民用航空器**

民用航空器致人损害责任的适用范围限于民用航空器。根据《民用航空法》第 5 条的规定，民用航空器是指除用于执行军事、海关、警察飞行任务外的航空器。经营民用航空器致人损害属于民法上的经营活动（高度危险作业）致人损害，公法上的职权活动致人损害不适用侵权责任法。

**2. 民用航空器造成他人损害的侵权责任制度发展**

民用航空器致人损害责任，是指民用航空器造成他人损害时，其经营者应当承担的侵权责任。民用航空器造成他人损害的，除适用《民法典》第 1238 条的规定外，司法实践中主要适用的是《民用航空法》（1995 年 10 月 30 日通过，2021 年修正）以及《统一国际航空运输某些规则的公约》（以下简称《蒙特利尔公约》）等的规定。

民用航空器致人损害责任曾经是《民法通则》第 123 条所规范的使用高速运输工具致害责任的主要类型之一，在《侵权责任法》第 71 条中被单独规定。因为民用航空器致害虽然概率很低，但其后果非常严重，故民用航空器的危险性更高于一般的高速运输工具，如火车、汽车之类的危险性，所以，《侵权责任法》专门针对民用航空器致人损害责任规定了不同于使用高速轨道运输工具致人损害的责任的免责事由。《民法典》第 1238 条基本上承继了《侵权责任法》第 71 条的规定。

### （二）经营者的责任

**1. 经营者是侵权责任主体**

依据《民法典》第 1238 条的规定，民用航空器致人损害侵权责任的责任主体是经营者。关于经营者的认定，《民用航空法》第 158 条第 2 款规定：“前款所称经营人，是指损害发生时使用民用航空器的人。民用航空器的使用权已经直接或者间接地授予他人，本人保留对该民用航空器的航行控制权的，本人仍被视为经营人。”第 158 条第 4 款规定：“民用航空器登记的所有人应当被视为经营人，并承担经营人的责任；除非在判定其责任的诉讼中，所有人证明经营人是他人，并在法律程序许可的范围内采取适当措施使该人成为诉讼当事人之一。”同时，《民用航空法》第 158 条第 3 款规定，“经营人的受雇人、代理人在受雇、代理过程中使用民用航空器，无论是否在其受雇、代理范围内行事，均视为经营人使用民用航空器”。

**2. 适用无过错责任原则**

民用航空器具有高空、高速等高度危险特征，经营民用航空器是一种高度危险的经营行为。经营民用航空器造成他人损害的，适用无过错责任原则确定经营者的侵权责任。

民用航空器发生事故可能导致两种人的损害：一是所搭载的乘客；二是第三人，如飞机坠毁，对陆地上的行人造成损害。对于乘客遭受的损害，适用的是无过错责任原则；同时，对乘客的损害可能引起违约责任与侵权责任的竞合，因为：一方面，乘客与民用航空器所属企业之间有运输合同关系，该企业有将乘客安全运送到目的地的合同义务，一旦发生事故导致乘客的损害，该企业必须依合同的规定对乘客承担违约责任；另一方面，该企业的行为侵犯了乘客的人身和财产权利，同样可以按照侵权责任法的规定来要求该企业承担侵权责任。

应该区分不同性质的损害，适用不同的法律规范：如果事故发生仅仅造成乘客的财产损失，那么应该适用合同法的规定，由承运人对乘客承担违约责任；如果事故造成了乘客的人身伤亡和精神损害，则虽然当事人之间存在合同关系，也应该优先适用侵权责任法的规定，因为一般合同责任并不能对乘客的人身伤亡、精神损害提供救济，只能通过侵权损害赔偿对乘客的这类损害进行救济。如果关于对乘客的人身损害、精神损害赔偿特别法或者司法解释有规定，则它们应当优先适用。

关于对乘客的人身损害赔偿虽然可以适用无过错责任原则，但同时法律、法规一般都规定了最高赔偿限额，因此实际上这种赔偿是一种法定赔偿、概括赔偿。

在民用航空器的运营事故中，关于对第三人的损害赔偿在《民用航空法》中有专章（第十二章）规定。关于对第三人的损害赔偿责任，也适用无过错责任原则。此外还需要注意的是，《民用航空法》第 131 条规定，有关航空运输中发生的损失的诉讼，不论其根据如何，只能依照该法规定的条件和赔偿责任限额提出，但是不妨碍谁有权提起诉讼以及他们各自的权利。因此，在适用《民法典》第 1238 条处理“航空运输中发生的损失”这一部分侵权案件时，需要特别注意《民用航空法》的相关规定。

### （三）侵权责任构成要件

民用航空器经营者对于民用航空器发生事故造成的他人损害承担无过错责任，需要符合如下责任构成要件：（1）经营民用航空器并发生了事故；（2）他人受到人身损害或者财产损失；（3）事故与损害之间存在因果关系。

《民用航空法》对民用航空器发生事故，致人损害责任中的因果关系进行了专门规定。其第124条针对旅客人身伤亡规定："因发生在民用航空器上或者在旅客上、下民用航空器过程中的事件，造成旅客人身伤亡的，承运人应当承担责任；但是，旅客的人身伤亡完全是由于旅客本人的健康状况造成的，承运人不承担责任。"第125条第4款针对货物损失规定："因发生在航空运输期间的事件，造成货物毁灭、遗失或者损坏的，承运人应当承担责任；但是，承运人证明货物的毁灭、遗失或者损坏完全是由于下列原因之一造成的，不承担责任：（一）货物本身的自然属性、质量或者缺陷；（二）承运人或者其受雇人、代理人以外的人包装货物的，货物包装不良；（三）战争或者武装冲突；（四）政府有关部门实施的与货物入境、出境或者过境有关的行为。"

《民法典》第1238条规定的是"民用航空器造成他人损害的"侵权责任，虽然民用航空器造成他人损害在大多数情况下是在其运输期间造成他人损害，但是民用航空器在非运输期间同样可能造成他人损害。例如，民用航空器在维修、补给（加油）的期间以及非执行运输任务的飞行期间，都有可能造成他人损害。因此，对于民用航空器在运输期间的侵权责任，主要是以《民用航空法》的相关规定为依据；对于民用航空器在非运输期间的侵权责任，不适用《民用航空法》，而应当适用《民法典》第1238条的规定。较为复杂的问题是：在一些情况下，民用航空器可能同其他行为或因素结合，进而造成损害。此时，是否对于全部损害后果适用《民法典》第1238条规定的"无过错"责任原则？笔者认为，如果对于同一损害，民用航空器所起的致害原因力是主要的，则对于该同一损害应当全部适用无过错责任原则，此种情形下民用航空器经营者承担的应当是连带责任。如果民用航空器和其他因素结合导致损害，但是民用航空器在其中所起的原因力并不是主要原因力，则应当认为该"同一损害"不再属于"民用航空器造成他人损害"，同时不再适用《民法典》第1238条的规定，而适用《民法典》关于侵权责任的一般规定，或者导致该损害产生的主要原因行为（因素）所应适用的特殊侵权规则。

### （四）受害人故意造成损害的，民用航空经营者不承担责任

《民法典》第1238条后半段"但书"对于经营者不承担侵权责任的事由作出了规定："能够证明损害是因受害人故意造成的，不承担责任。"这里的证明责任在民用航空器经营者一方。需要指出的是，如果能够证明损害是受害人故意造成的，则民用航空器经营者只是不对该受害人遭受的损害承担侵权责任；而对于同一事故中受到损害的其他受害人，民用航空器经营者仍然应当承担侵权责任。

《民用航空法》对于民用航空器经营者的免责事由作出了更宽泛的规定，例如直接导致损害后果的武装冲突和骚乱，可以作为民用航空器致地面第三人损害时的免责事由。对于《民法典》第1238条同《民用航空法》相关规定之间如何适用的问题，还需要作进一步细致的研究，应从普通法与特别法的关系、新法与旧法的关系等方面考虑其适用问题。

### （五）赔偿责任限额和航空责任保险

#### 1. 赔偿责任限额

我国对民用航空器致人损害责任实行责任限额制度：《民用航空法》第129条规定了

国际航空运输的责任限额。2006 年国务院批准的《国内航空运输承运人赔偿责任限额规定》更新了国内赔偿限额的标准，将对旅客的赔偿限额提高到 40 万元。这一限额远远低于《蒙特利尔公约》确定的国际标准，也与我国的经济发展水平严重不相适应，有必要修改和大幅提高。

**2. 航空责任保险**

航空责任保险（aviation liability insurance）是指以航空器的所有人或经营人因航空器造成地面的他人人身损害或财产损失的赔偿责任为标的的责任保险。航空责任保险所承保的风险责任，因不同的保险单所约定的保险责任条款或者除外责任条款而不同，在我国国内主要是指民用航空器地面第三者责任保险和承运人旅客法定责任险。

《民用航空法》第 105 条规定："公共航空运输企业应当投保地面第三人责任险。"第 166 条规定："民用航空器的经营人应当投保地面第三人责任险或者取得相应的责任担保。"可见在我国，地面第三者责任险是强制保险。一般国家或地区都要求航空承运人投保地面第三者责任保险，这对于对受害人损害的及时、充足补偿和承运人的损害分担有着重要的作用。地面第三者责任险的保险责任范围是航空器在起飞、飞行、降落、滑行或者地面停放过程中，因为航空器坠毁或者航空器上坠人、坠物等原因而造成第三人人身伤亡和财产损失，被保险人应该承担的损害赔偿责任。关于保险人的抗辩事由，我国《民用航空法》第 167 条、第 168 条作出了明确规定。

承运人旅客法定责任险的保险责任范围为：被保险人承运的旅客在乘坐或上下飞机时发生意外，造成旅客人身伤亡或所携带和业经交运登记的行李、物件的损失，以及旅客、行李或物件在运输过程中因迟延而造成的损失，依照法律或者合同应当由被保险人承担的赔偿责任，以及因此而支出的诉讼费用。

此外，依据《民用航空法》第 189 条的规定，在国际航空运输中，民用航空器对地面第三人的损害赔偿，适用侵权行为地法律；民用航空器在公海上空对水面第三人的损害赔偿，适用受理案件的法院所在地法律。

## 三、从事高空、高压、地下挖掘作业或者经营高速轨道运输工具造成他人损害的责任

### （一）概述

《民法典》第 1240 条规定：从事高空、高压、地下挖掘活动或者使用高速轨道运输工具造成他人损害的，经营者应当承担侵权责任；但是，能够证明损害是因受害人故意或者不可抗力造成的，不承担责任。被侵权人对损害的发生有重大过失的，可以减轻经营者的责任。法律列举了四种高度危险作业，规定了相关的侵权责任。

**1. 高空作业**

高空作业是指距离坠落高度基准面 2 米及以上，在有可能坠落的高处进行的作业，如高空施工、高空维修、高空安装、高空清洗等工业活动与非工业活动。高空作业产生坠落危险。

**2. 高压作业**

高压作业主要包括以高压制造、储藏、运送电力、液体、煤气、蒸汽等。生活中最常见多发的高压作业致人损害责任是高压电流致人损害责任。

**3. 地下挖掘**

地下挖掘就是在地表下面向下一定深度进行挖掘的行为，如地下挖井、构筑坑道、开挖隧道、修建地铁等。地下挖掘制造坍塌危险。

**4. 使用高速轨道运输工具**

高速轨道运输工具是指普通列车、动车、高铁、地铁、轻轨列车、磁悬浮列车之类。对于列车等高速轨道运输工具运营致人损害，除了适用《民法典》第 1240 条的规定，目前还适用《铁路法》（1991 年 5 月 1 日生效，2015 年修正）、最高人民法院《关于审理铁路运输人身损害赔偿纠纷案件适用法律若干问题的解释》（2021 年 12 月修正）等法律法规和司法解释的规定。

### （二）经营者的责任

**1. 经营者是责任主体**

依据《民法典》第 1240 条的规定，从事高空、高压、地下挖掘、使用高速轨道运输工具造成他人损害的，由经营者承担侵权责任。经营者是指对此等作业或营运实际负责和管控的民事主体。在承揽、承包经营关系中，实际经营的承揽人、承包人是经营者，发包人通常不被认为是“经营者”，进而不是承担此等侵权责任的主体。

**2. 适用无过错责任原则**

鉴于从事高空、高压、地下挖掘、使用高速轨道运输工具所具有的高度危险性，法律规定其经营者对由此造成的他人损害承担无过错责任。经营者的责任之构成，不考虑其是否有过错，不以其有过错为要件。

**3. 侵权责任的构成要件**

经营者承担此等侵权责任，需要符合以下要件：（1）从事了高空、高压、地下挖掘活动或者使用了高速轨道运输工具进行营运活动。（2）他人受到损害，包括人身损害和财产损失。他人是指经营者之外的民事主体，不包括经营者的相关员工。对于后者因此发生损害之情形，按照工伤事故等责任处理。（3）高空、高压、地下挖掘活动或者使用高速轨道运输工具进行营运活动与他人的损害之间存在因果关系。

### （三）不承担责任和减轻责任的事由

**1. 损害是因受害人故意或者不可抗力造成的**

《民法典》第 1240 条之“但书”规定了经营者不承担侵权责任的两项抗辩事由：受害人故意与不可抗力。受害人故意使其失去了获得保护的正当性，经营者自然不应承担侵权责任。就不可抗力而言，法律规定的所有的不可抗力类型均可以作为不承担责任的抗辩事由。经营者对受害人故意或者不可抗力负有举证责任，能够证明受害人故意或者损害是由不可抗力造成的，则可不承担侵权责任；反之，则应当依法承担侵权责任。

**2. 被侵权人对损害的发生有重大过失**

《民法典》第1240条规定：被侵权人的重大过失是减轻经营者之侵权责任的抗辩事由。被侵权人的重大过失可以作为减轻经营者之侵权责任的抗辩事由，但是不能免除经营者的侵权责任；如果被侵权人的过失是一般过失，则不能减轻经营者的侵权责任。经营者主张此等抗辩时，对被侵权人的重大过失负有举证责任。

## 第三节　高度危险物品造成他人损害的责任

### 一、占有或者使用高度危险物品造成他人损害的责任

#### （一）概述

**1. 高度危险物品的概念**

《民法典》第1239条规定：占有或者使用易燃、易爆、剧毒、高放射性、强腐蚀性、高致病性等高度危险物造成他人损害的，占有人或者使用人应当承担侵权责任；但是，能够证明损害是因受害人故意或者不可抗力造成的，不承担责任。被侵权人对损害的发生有重大过失的，可以减轻占有人或者使用人的责任。

高度危险物品是指法律和行政法规等规定的对周围环境有高度危险的易燃、易爆、剧毒、高放射性、强腐蚀性、高致病性物质。《民法典》第1239条列举了易燃物品、易爆物品、剧毒物品、高放射性物品、强腐蚀性物品、高致病性物品等六种对周围环境有高度危险的高度危险物。这是不完全列举，只是列举了最常见的几种高度危险物。为了在司法实践中明确侵权人的责任，更好地保护因高度危险物的固有危险性而可能受到损害的人，有必要先了解危险物品的概念、范围以及分类等。

由原国家质量监督检验检疫总局和国家标准化管理委员会共同发布的《危险货物分类和品名编号》（GB 6944—2012）对危险物品的概念作出了明确的规定。该标准第3条第1款规定的危险货物为“具有爆炸、易燃、毒害、感染、腐蚀、放射性等危险特性，在运输、储存、生产、经营、使用和处置中，容易造成人身伤亡、财产损毁或环境污染而需要特别防护的物质和物品”。该标准第4条按危险物品具有的危险性或最主要的危险性将危险物品分为九个类别，包括：（1）爆炸品；（2）气体；（3）易燃液体；（4）易燃固体、易于自燃的物质、遇水放出易燃气体的物质；（5）氧化性物质和有机过氧化物；（6）毒性物质和感染性物质；（7）放射性物质；（8）腐蚀性物质；（9）杂项危险物质和物品，包括危害环境物质。其中每个类别又可以分为若干项。该标准第4条对于上述每一类别下的每一项危险物品的概念、性质、分类都进行了明确的规定。可见，危险物品实际上指代的是一类对周围环境有高度危险性的物品，它不仅包括法律规定的六种危险物品，而且包括《危险货物分类和品名编号》（GB 6944—2012）中规定的

其他危险物品。

需要注意，核材料在性质上也属于高度危险物品，但是由于核材料的极端危险性，《民法典》对其单独予以规定并设定了更为严格的侵权责任免责事由，故而不受《民法典》第1239条规范。但是，《核安全法》第2条明确区分了核材料与“放射性废物”。所谓“放射性废物”，是指核设施运行、退役产生的，含有放射性核素或者被放射性核素污染，其浓度或者比活度大于国家确定的清洁解控水平，预期不再使用的废弃物。这类放射性废物不属于核材料，而属于高度危险物品，受《民法典》第1239条规范。

**2. 规制高度危险物品的法律制度**

由于高度危险物的固有危险性，它对周围不特定人的人身和财产安全很可能造成现实的损害，因而国家有必要通过法律、行政法规以及单行法规等来对高度危险物品进行管制。除了《民法典》规定对于高度危险物致人损害适用无过错责任原则以外，相关法律法规也对高度危险物的控制作出了规定，如《安全生产法》和《危险化学品安全管理条例》就有相应的详细规定。《民法典》第1239条基本承继了《侵权责任法》第72条，但是增加了“强腐蚀性”“高致病性”，将“放射性”提高为“高放射性”，从而使该条侵权责任规范的规定更加全面和更加科学。“高致病性”高度危险物，是指霍乱病毒、埃博拉病毒、高致病性禽流感病毒、“SARS”病毒等极易传播，对人类健康造成重大威胁的病毒和细菌。

### （二）占有人或者使用人的责任

**1. 高度危险物的占有人或者使用人承担侵权责任**

侵权责任法理论上，将对物包括高度危险物之内在危险具有实际控制力的人称为“保有人”。实践中，物的占有人、使用人往往对物的危险具有实际控制力，是保有人。《民法典》第1239条确立了占有人、使用人对高度危险物致人损害承担无过错责任的规则。如何理解占有人、使用人是责任主体？需要从高度危险物致人损害责任的归责依据出发进行解释：第一，从风险控制的理论出发，占有人是直接的风险控制人，要求其承担责任有利于控制风险；第二，从损益同归的理论出发，享有其利益者承受其风险，使用人享有其利益，应当承受风险。通常情况下，占有人、使用人乃是同一人，由其承担责任合情合理。如果所有人也是占有人或者使用人，当然由其承担侵权责任，因承担侵权责任的依据不是对高度危险物享有所有权而是对该高度危险物具有实际控制力。基于这样的考虑，在所有与占有、使用分离的情况下，由对该高度危险物具有实际控制力的占有人、使用人承担侵权责任，而不是由该高度危险物的所有人承担侵权责任。当然，如果该高度危险物的所有人在转移对该高度危险物的占有状态、使用权的过程中有过错的，其要根据侵权责任的一般规则承担过错责任。其过错与占有人、使用人的行为构成共同侵权的，应当承担连带责任。

**2. 适用无过错责任原则**

对于高度危险物造成损害的侵权责任，应当适用无过错责任原则，即责任之构成不以占有人、使用人有过错为要件。有学者认为：无过错责任（无过失责任）与危险责任实际上意义相同，无过错责任消极指明了“无过失也应负责任”的原则，危险责任的概念能较积极地凸显无过错责任的归责原因。法律规定由高度危险物的占有人、使用人对该高度危险物造成的损害承担无过错责任，既是风险控制和社会公平的需要，也是当事人之间利益均衡的要求。

**3. 侵权责任的构成要件**

高度危险物致人损害的侵权责任与高度危险作业致人损害的侵权责任虽同属高度危险责任的重要类型，但两者在性质上存在重要区别。高度危险物致人损害属于物件造成的损害，为准侵权行为之一种。高度危险作业致人损害属于“行为造成的损害”的范畴。此外，高度危险物致人损害的侵权责任与普通物件致人损害的侵权责任不同：普通物件致人损害的侵权责任一般适用过错责任原则（过错推定），而高度危险物的占有人、使用人对高度危险物致人损害承担无过错责任。

高度危险物的占有人、使用人承担的此等侵权责任主要是损害赔偿责任，其构成要件包括：（1）侵权人是高度危险物的占有人或者使用人；（2）其所占有、使用的物具有致害的高度危险性；（3）受害人遭受了人身、财产损害；（4）此等损害与致害物的高度危险性之间存在因果关系。

需要指出的是，运输高度危险物虽然是一种积极行为，但是仍然受《民法典》第1239条规范。这主要是因为：第一，《民法典》第1236条虽然概括规定了高度危险作业侵权责任，但是并没有规定具体的免责事由。对此，有两种可能解释：一是高度危险作业侵权责任没有任何免责事由，二是高度危险作业侵权责任与其他一般侵权责任具有相同的免责事由。第一种解释明显不合理，因为受害人故意等免责事由对所有侵权责任均可以适用。而《民法典》第1239条明确规定只有“受害人故意”和“不可抗力”才是完全免责事由。因此，对于一般侵权责任可以适用的其他免责事由不能适用于运输高度危险物品致害责任。上述第二种解释即使可以成立，也不适用于运输高度危险物致害责任。因为运输高度危险物相较于储存高度危险物危险性更大，而储存高度危险物明确地受《民法典》第1239条规范。如果将运输高度危险物的解释为受《民法典》第1236条规范，会得出危险性更大的物品致人损害时反而具有更多的免责事由这一无法自洽的结论。因此，运输高度危险物品致害责任不宜由《民法典》第1236条规范。第二，《民法典》第1240条虽然列举了一些高度危险作业类型，但却是封闭式列举，使运输高度危险物品致害责任无法被纳入该条的规范范围。第三，运输高度危险物品虽然存在运输行为，但是运输行为并不是该类侵权案件中危险的主要来源。该类侵权案件中危险的主要来源是物品的高度危险性。因此，运输高度危险物品致害责任为应当受《民法典》第1239条规范。

### （三）不承担责任和减轻责任的事由

**1. 受害人故意或者不可抗力**

《民法典》第1239条之“但书”规定了高度危险物品的占有人、使用人不承担侵权责任的两项抗辩事由：不可抗力与受害人故意。受害人故意使其失去了获得保护的正当性，占有人、使用人自然不承担责任。就不可抗力而言，考虑到高度危险物品致人损害的危险程度低于民用核设施和民用航空器致人损害的危险程度，法律规定所有的不可抗力均可以作为高度危险物品的占有人、使用人不承担责任的抗辩事由，而不限于战争、武装冲突、暴乱等情形。

但是，在适用不可抗力作为抗辩事由时，应当特别注意：只有在不可抗力是导致损害发生的全部原因或主要原因时，高度危险物品的占有人或使用人才可以以不可抗力作为抗辩事由而不承担侵权责任。这是《民法典》第1239条“但书”中“因”字的题中应有之义。如果不可抗力并不是造成损害的原因，或只是造成损害的次要原因，则高度危险物品的占有人或使用人不能以此不可抗力作为免责事由而不承担侵权责任。在这种情况下，根据《民法典》第1239条第二句的立法精神，可以考虑根据该不可抗力而酌定减轻占有人、使用人的侵权责任。

**2. 受害人对损害的发生有重大过失**

《民法典》第1239条规定，受害人的重大过失是减轻占有人、使用人之侵权责任的抗辩事由。受害人的重大过失可以作为减轻占有人、使用人之侵权责任的抗辩事由，但是不能免除其侵权责任；如果受害人的过失是一般过失，则不能减轻占有人、使用人的侵权责任。占有人、使用人主张此等抗辩时，对受害人的重大过失负有举证责任。

## 二、遗失、抛弃高度危险物品造成他人损害的责任

### （一）概述

《民法典》第1241条规定：遗失、抛弃高度危险物造成他人损害的，由所有人承担侵权责任。所有人将高度危险物交由他人管理的，由管理人承担侵权责任；所有人有过错的，与管理人承担连带责任。

该条规定根据风险控制理论和利益—风险理论确定了所有人和管理人对遗失、抛弃的高度危险物品造成他人的损害承担的责任。

在遗失、抛弃高度危险物品后，高度危险物品的高度危险性并不会减弱，反而会因为得不到合理、适当的管理和控制而增加。在抛弃高度危险物品的情形，所有人、管理人存在严重过错，理所当然应承担该危险物致人损害的侵权责任。在遗失高度危险物品的情形，所有人、管理人可能没有过错或过错程度较轻，但基于对高度危险物品的控制义务，所有人、管理人应当对被遗失、抛弃的高度危险物品致人损害承担无过错责任。其即便没有过错，也要对无辜的受害人承担责任。对此，也可以理解为，所有人、管理人对高度危险物品具有高度注意义务，在这一注意义务下，“遗失”当然地构成所有人、管理人的“过错”。

依据《民法典》第1241条的规定，遗失、抛弃高度危险物品造成他人损害的侵权责任适用无过错责任原则。该侵权责任的构成要件包括：（1）所有人、管理人遗失、抛弃高度危险物品；（2）发生他人损害，包括人身损害和财产损失；（3）他人损害是被遗失、

抛弃的高度危险物品造成的，即在二者之间存在因果关系。

### （二）责任主体与连带责任

**1. 所有人责任**

所有人对自己所有之物造成的损害承担侵权责任，这是侵权责任法的基本原理所要求的，因为所有人：(1) 对自己所有之物具有管控能力；(2) 自己因为所有该物而享有财产利益。高度危险物的所有人作为该高度危险物的控制者和利益享有者，理当承担无过错责任。

**2. 管理人责任**

在所有人将高度危险物品交由他人管理的情形，法律要求管理人承担侵权责任的原因在于：管理人更有能力、更有机会控制风险，从而避免损害发生。相对于利益—风险理论，高度危险物品致人损害时责任归责的核心依据在于风险控制，即谁能控制风险谁就承担责任。法律如此设计的目的在于降低整个社会的风险，减少损害的发生。通常情况下，在所有人将危险物品交给他人管理时，管理人（比如危险物品的仓储业者）往往具备专业的保管设备和知识、技能，法律将风险控制义务和损害赔偿责任施加给管理人是完全合适的。

**3. 所有人与管理人的连带责任**

所有人的过错可能体现在但不限于以下方面：所有人对管理人的选任存在过错；所有人对该高度危险物品的相关信息的告知具有过错；所有人在交接该高度危险物的过程中具有过错等。

《民法典》第 1241 条规定，所有人如果对于高度危险物品的遗失或者抛弃有过错，就应当与管理人一起对受害人的损失承担连带责任。其目的在于加强对受害人的保护。此时所有人与管理人可能构成共同侵权，如双方协商一致将高度危险物品抛弃。但在多数情形下，所有人与管理人之间不存在意思联络。从性质上说，所有人的责任是过错责任。而管理人的责任是无过错责任。法律规定二者承担连带责任，仅仅是出于保护受害人的目的。此等连带责任并不要求符合共同侵权行为的构成要件。

需要指出，虽然这一连带责任是一种特别规则设计，但是其具有相当的理论依据。这主要在于所有人的过错与管理人的行为在因果关系上相互联结，被认定为在“法律上”构成不可分割的因果关系。例如，所有人选任了不具资质的管理人来保管高度危险物品。即使该不具资质的管理人的管理行为在事实上完全符合法律法规的相关操作规范，在该高度危险物造成损害的情况下，所有人仍然需要承担连带责任。在这一例子中，所有人在选任管理人过程中的过错与损害后果的发生在事实上其实并不具有因果关系，但是其仍然需要承担连带责任，这是因为其过错仍然构成了“法律上”的原因，即：法律认为，如果所有人当时选任了合格的管理人，那么损害就“可能”不发生，因此，所有人的选任过错仍然与管理人的行为结合，构成法律上的原因，所有人需要承担连带责任。对有过错的所有人课以这一十分严苛的法律责任，其目的就在于尽量降低发生损害后果的可能性，对未来的损害风险进行最大限度的控制。

## 三、非法占有高度危险物品造成他人损害的责任

### (一) 概述

占有是指民事主体对物（主要是有体物）的实际管领或称管控，是一种事实状态。占有分为有权占有与无权占有、合法占有和非法占有。所有人（管理人）对自己所有（管理）之物的占有，是有权占有，也是合法占有；不当得利人对他人之物的占有是无权占有；租赁人对作为租赁标的的他人之物之占有，是非所有（管理）人的占有，也是合法占有。盗窃、抢劫、抢夺等行动的实施者对盗窃、抢劫、抢夺之物的占有，是无权占有，也是非法占有。

对于有体物致人之损害，原则上由该物的所有人、管理人承担侵权责任；如果物的所有（管理）与占有分离，则一般由对物具有实际控制能力的占有人承担侵权责任。所有人或管理人对于其所有或者管理之物被他人占有，尤其是非法占有有过错的，则承担相应的过错责任。

鉴于高度危险物品内在的致害危险性高于其他有体物，法律规定了特别的侵权责任规则：所有人、管理人对于防止非法占有具有高度注意义务；如果没有尽到此等高度注意义务，则他们应当与非法占有人一同向受害人承担连带责任。

### (二) 责任主体与连带责任

#### 1. 非法占有人的责任

在高度危险物品致人损害构成侵权责任之情形，责任主体承担责任的原因在于危险控制。有能力实际控制高度危险物品之高度危险性的人，就应对该危险造成的损害承担责任。在非法占有的情况下，非法占有人对高度危险物具有控制能力，能够控制其内在危险并避免造成对被侵权人的损害，因此，在发生此等损害时，作为高度危险物品之实际控制者的非法占有人理应承担侵权责任。

需要指出的是：《民法典》第 1242 条规定的“非法占有人”的侵权责任，究竟是过错责任，还是无过错责任？笔者认为，虽然该条没有明确规定非法占有人的“过错”要件，但是应当认为，该条规定的非法占有人侵权责任适用的是“过错责任”。原因在于：该条规定的“非法占有高度危险物造成他人损害的”中的“非法占有”本身就包含了过错要件。对于这一表述中的“非法占有”，既可以解释为仅仅是一种非法占有的状态，也可以解释为是一种进行非法占有的行为。在进行非法占有的行为的情况下，非法占有人具有过错当属无疑。但是即使在仅仅是事实上非法占有的状态下，也要求事实占有人具有过错才构成此处所说的“非法占有”。在没有任何过错的情况下，即使实际上“占有”了该高度危险物品，并且该种占有也不“合法”，也不构成此处的“非法占有”，事实占有人并不承担侵权责任。例如，在 A 没有任何过错的情况下，高度危险物品被放置在其车辆中，而 A 对此并不知悉。在这种情况下，可以说 A 事实上非法占有了该高度危险物品，但是 A 并不具有任何过错，因此，A 不承担任何侵权责任。

### 2. 所有人、管理人与非法占有人的连带责任

《民法典》第 1242 条规定高度危险物品的所有人、管理人负有“对防止非法占有尽到高度注意义务”。所谓高度注意义务是指超过正常义务之注意程度的义务。一般而言，一个民事主体达到了如同照管自己事务一样的注意程度，如果没有对价约定或者法律法规的特别规定，就认为其达到了一般注意程度而没有过错。在有对价约定或者当然的有偿关系中，一个民事主体达到了一个理性人（大陆法系称为“善良家父”）应当达到的注意程度，就认为其达到了一般注意程度而没有过错。但是，法律对特定行为人的注意程度有特殊要求的，应当依据法律的相关规定来判断该当事人是否有过错。《民法典》第 1242 条规定的“尽到高度注意义务”是指尽到超过理性人之注意程度的注意义务。到底该注意义务有多“高”，由专门的法律、法规或规章等作出规定。因为高度危险物品脱离所有人、管理人的实际控制，造成损害的风险是极大的，所以《民法典》第 1242 条必须规定所有人、管理人负有“高度注意义务”以管控风险，避免或者减少相关侵权事故的发生。

如果高度危险物品的所有人、管理人对于防止非法占有没有尽到高度注意义务，则应当与非法占有人一同向被侵权人承担连带责任。这里的连带责任之构成要件包括：（1）非法占有人所占有的高度危险物品存在高度的内在危险；（2）被侵权人受到损害；（3）高度危险物品的高度内在危险是损害发生的原因，即二者之间存在因果关系；（4）高度危险物品的所有人、管理人未尽到高度注意义务。

需要指出的是，这里的“所有人、管理人未尽到高度注意义务”是法律作出的推定。在这种推定之下，法律给予所有人、管理人通过反证的方式证明其尽到了高度注意义务的机会：如果所有人、管理人不能证明自己尽到了高度注意义务，就确定其承担连带责任；反之，则由非法占有人对被侵权人受到的损失承担侵权责任。

## 深度阅读

1. 张新宝. 明俊. 空难概括死亡赔偿金性质及相关问题. 法学研究，2005（1）.

2. 张新宝. 关于高度危险作业致人损害的赔偿责任的几个问题. 政法论坛，1994（4）.

3. 王利明. 论高度危险责任一般条款的适用. 中国法学，2010（6）.

4.《统一国际航空运输某些规则的公约》（《蒙特利尔公约》）.

5. 薛军.“高度危险责任”的法律适用探析. 政治与法律，2010（5）.

6. 窦海阳.《侵权责任法》中“高度危险”的判断. 法学家，2015（2）.

7. 曹险峰. 独立责任类型抑或减责事由：《中华人民共和国侵权责任法》第 76 条的定位. 法商研究，2018（1）.

8. 胡帮达. 民法典核损害责任规范的适用及疏漏弥补. 法商研究，2023（2）.

## 问题与思考

### 一、思考题

1. 如何认定高度危险作业？

2. 如何理解及适用高度危险责任的一般条款?

3. 试述高度危险责任的免除与减轻责任的事由。

**二、练习题**

1. 简述高度危险作业致人损害适用无过错责任的依据。

2. 如何确定高度危险物品致人损害责任的责任主体?

|第六单元|

# 典型侵权责任（下）

## 第二十二章
# 饲养的动物损害责任

**常考知识点**

饲养动物损害责任　禁止饲养的危险动物　动物园饲养动物损害责任　第三人过错

## 第一节　饲养的动物损害责任的一般规则

### 一、饲养的动物造成他人损害的侵权责任概述

#### （一）饲养的动物：概念与特征

“饲养的动物”是指处于人的饲养、管束之下的动物。动物乃具有生命且可以自主活动之物。一方面，它区别于不可自主活动之植物，因此，它可以自己独立地实施某种加害举动；另一方面，它又区别于作为民事法律关系之主体的人，动物只能成为民事法律关系的客体而非主体，它只能实施某种加害举动而非加害行为。因此，动物造成他人损害责任既不同于树木等造成他人损害责任，也不同于无民事行为能力人等造成他人损害责任。此外，微生物不属于动物，病菌和病毒传播造成他人损害的，不属于饲养动物造成他人损害，而属于高度危险物造成他人损害。

如何界定“饲养的动物”？从比较法的角度看，各国或不同时期的法律对动物造成他人损害责任中的“动物”的限定和理解并不一致。古代法（罗马法和日耳曼法）将它局限于“家畜”；近代大陆法系民法典一般地规定为“动物”；美国法采取了分别列举的方式，既包括“放牧牲畜”，也包括“家养动物”和野兽。我国《侵权责任法》继受了《民法通则》的规定，规定为“饲养的动物”。我国《侵权责任法》的这种规定比较科学，它具有一定的抽象性而不必一一列举：既不像古代法的规定那么狭窄，也不像德、日、法等国的民法典的规定那么宽泛；而且它给出了“饲养的”这一定性因素，表明了动物与人类活动之间的关系，便于分析和理解。《民法典》侵权责任编继受了《侵权责任法》的相关规定。

“饲养的动物”应同时具备以下特征：

（1）为特定的人所饲养或管理。这是由饲养人、管理人承担责任的法理基础。野生

动物，如处于野生状态的虎、豹、狮子、毒蛇等，不属于饲养的动物。

（2）饲养人或管理人对动物具有适当程度的控制力。也正因为如此，自然保护区（或野生动物保护区）的野兽虽可能为人们在一定程度上所饲养或管理（如定期投放食物），但是人们对它的控制力较低，不能认定它为“饲养的动物”。

（3）该动物依其自身的特性，有可能对他人的人身或财产造成损害。那些对他人人身或财产不具有可能的危险性的动物，如家养的金鱼，则不构成《民法典》第1245条规定的饲养的动物造成他人损害责任意义上的“饲养的动物”。

（4）该动物可以为家畜、家禽、宠物或驯养的野兽、爬行类动物等。例如，人们家养的牛、马、狗、猫或驯养的野生动物（如猛兽、毒蛇、鳄鱼），如果同时符合上述四个条件，应被认定为“饲养的动物”；某些实行封闭管理而且收费的场所（如动物园）所驯养的猛兽等动物，同时符合上述四个条件，属于“饲养的动物”。本章列举的饲养动物类型有：饲养的一般动物、饲养的危险动物、动物园里的动物、遗弃或逃逸的动物。在实践中，人们饲养的狗咬伤人导致损害的案件最为常见，而国内外报道的最小的造成他人损害的饲养动物是蜜蜂。

### （二）饲养的动物造成他人损害的侵权责任的法律规定

自罗马法以来，饲养动物造成他人损害就被认为是一种“准侵权作为”，是饲养的动物造成他人损害而不是其所有人、占有人的行为造成他人损害的，由其所有人、占有人承担侵权责任。近现代各国民法也规定了这种侵权责任，而且一般适用无过错责任原则或者过错推定。我国《民法典》第七编第九章规定了饲养动物造成他人损害的侵权责任，共7个条文（第1245条～第1251条）。第1245条是对饲养动物造成他人损害之侵权责任的一般规定。第1246条规定了违反管理规定未对动物采取安全措施造成他人损害情形的侵权责任。第1247条规定了禁止饲养的烈性犬等危险动物造成他人损害的侵权责任。第1248条规定了动物园对其动物造成他人损害的侵权责任。第1249条规定了遗弃、逃逸的动物造成他人损害的侵权责任。第1250条规定了第三人过错致使动物造成他人损害的侵权责任。第1251条是一条关于饲养动物的行为规范规定。除动物园对于其动物造成他人损害承担过错推定责任外，饲养动物造成他人损害的，侵权人（动物的饲养人或者管理人、动物的原饲养人或者管理人等）承担无过错责任；有过错的第三人致使动物造成他人损害的，被侵权人可以向动物饲养人或者管理人请求赔偿（无过错责任），也可以向第三人请求赔偿（过错责任）。法律对不承担责任和减轻责任的若干情况作出了规定（第1245条后段、第1246条后段、第1248条后段）。

### （三）责任主体：饲养人或者管理人责任

关于饲养动物造成他人损害的赔偿义务人，各国法律的规定不尽一致。《民法典》第1245条规定的责任主体是动物饲养人或者管理人。有学者认为，“动物的饲养人是指动物的所有人”，“动物的管理人是指实际控制和管束动物的人”。这样的解释使我国法律的规定兼采了所有者责任与保有者责任。

在大多数情形下，动物的饲养人或管理人是比较确定的：在饲养或管理自己所有的动物的情形下，动物的饲养人和管理人均是指动物的所有人，可以通过占有状况以及登记情况来确定。但在动物的占有人与饲养人相分离的场合，对责任主体的确认可能出现分歧：既可能由作为所有人的饲养人承担责任，也可能由作为直接占有人的管理人承担责任。应区分如下情形。

**1. 雇用或委托他人照管**

于动物所有人（饲养人）雇用或委托他人照管其饲养的动物的情形，所有人（饲养人）是动物的管理人。受雇者或受托者仅是为他人的利益而照管动物，尽管他们对动物具有一定的实际控制力，但不属于管理人。此种情形应由所有人（饲养人）承担责任。

**2. 动物出租或出借**

于将饲养的动物出租给他人使用的情形，所有人无法对动物直接进行控制，而是由承租人实施管理、控制行为，原则上应当由作为承租人的管理人承担责任。在将饲养的动物出借给他人使用的情形也是一样，原则上应由作为实际使用人的管理人承担责任。但如果动物的所有人对动物的保有或出租、出借行为本身存有过错，如非法保有禁止饲养或限制饲养的动物，或者对于具有特定危险性的动物明知或应知他人不具有管理资质或能力而将动物出租或出借给他人，则应由所有人（饲养人）与管理人（承租人、实际使用人）承担连带责任。

**3. 非法占有人的责任**

在实践中，还会出现这样的情况：某人非法占有（如盗窃）他人饲养的动物，在其非法占有期间该饲养的动物造成他人损害。这时，应该由谁承担赔偿责任呢？笔者以为，解决这一问题涉及两个方面：一是对占有人的解释，二是对“第三人过错”的理解。按照保有人责任理论，非法占有人可以被解释为“保有人”，从而由其直接承担责任。将非法占有人解释为管理人似乎显得牵强，应当按照《民法典》第1175条规定的“第三人”处理。被侵权人可以向饲养人或者管理人请求赔偿，也可以向作为第三人的非法占有人请求赔偿，动物饲养人或者管理人赔偿后，有权向第三人追偿。

## 二、侵权责任的构成要件

### （一）“准侵权行为”：需饲养的动物独立实施了某种致害举动

在饲养的动物造成他人损害案件中，饲养人或管理人并没有对他人实施某种积极的行为导致损害，动物自身的“举动”是造成损害的直接原因，但造成损害的后果要由动物的饲养人或管理人承担。因此，饲养人或管理人并不是对自己的行为负责，而是对与其具有一定关系（作为所有人、管理人）的“物”造成的损害负责，是对其所控制、管领的物造成对他人的损害承担责任。责任的承担，来自其所饲养或管理的动物这种“物”的内在危险性之实现。饲养的动物本身对他人具有一定的内在危险性，在某种特定的条件下这种内在危险性得以爆发。这种危险性的爆发是通过动物实施某种加害举动实现的。由于动物不具有民法上的意思能力，其实施的“加害行为”不能被称为行为，而只能被称为举动。此种举动可以是某种积极的作为，也可以是某种消极的“不作为”。比如，恶犬咬伤孩童是其积极加害举动造成损害。恶犬立于某学童上学所必经之路，导致学童因害怕而不敢上学。[①] 恶犬的消极举动对他人造成了妨碍，甚至恐吓，学童得请求恶犬之饲养人、管理人排除妨碍。

此外，饲养的动物实施的加害举动应具有一定的独立性，而非受人的意志支配或驱使。在此，需要区别饲养的动物造成他人损害与以饲养的动物作为侵权工具的情形。在一些案件中，当事人利用饲养的动物作为侵害他人权益的工具，或者饲养的动物造成他人损害的情形中包含了当事人的过错因素，例如饲养的动物由于人的过错（如当事人的驱使、挑逗）造成他人损害，这时的侵权责任之承担不应当按照饲养的动物造成他人损害的民事责任规则处理，而应当按照行为人的过错责任规则处理：有过错的行为人应当对损害后果承担责任；如果行为人（侵权人）和受害人（被侵权人）均有过错，则他们按照过错程度或原因力大小分担责任。

### （二）被侵权人受到损害

只有在被侵权人遭受人身损害或财产损失的情况下才可能构成饲养的动物造成他人损害的侵权责任。如果没有损害，也就不存在相应的责任。饲养的动物造成他人损害，与其他侵权案件中的损害并无不同，既可以是人身损失，也可以是财产损失，以及精神损害。饲养的动物造成他人损害，常见的损害情形有如下几种：纯粹的财产损失，如地里的庄稼被牲畜吃掉或践踏；对人身造成暂时损害，被侵权人经过一定时间得到恢复，但需付出医疗、护理费用，损失误工工资或其他收入；对人身造成永久性损伤，如致残或留下难看的疤痕，丧失劳动能力，同时也需付出医疗、护理费用，失去误工工资或其他收入，甚至产生精神损害；致人死亡的，也涉及救治费用、丧葬费、死亡赔偿金、精神损害赔偿等。

### （三）因果关系

饲养的动物造成他人损害案件中的因果关系，是指动物的致害举动与被侵权人所遭受的损害之间存在因果关系。首先，需要证明饲养的动物本身具有危险性，某些饲养的动物对他人的人身和财产具有内在危险性，这种内在危险性爆发出来导致他人损害。如果饲养的动物根本就不具有对他人人身、财产的内在危险，将导致对因果关系的否定。其次，需要证明饲养的动物之内在危险以一定的方式爆发出来（如狗确实咬了被侵权人）。如果不能证明饲养的动物的内在危险曾爆发出来、它“实施”了加害“举动”，将导致对因果关系的否定。最后，也是最重要的，即是判断饲养的动物的举动与损害之间是否存在因果关系。判断因果关系的一般规则和方法在此均可适用。

因果关系的证明责任由被侵权人承担。但在某些案件中，只需被侵权人对因果关系的证明达到一定程度，即可将举证责任转移至饲养人、管理人一方。设甲之 3 岁幼儿在其家设有一米多高的木栅栏的后院玩耍，被翻越木栅栏入院的德国狼犬咬伤。甲未能看清该犬的形状和颜色。查明后院里有两只德国狼犬脚印；周围 200 平方公里内仅有两人豢养两只

---

① 参见王家福主编：《中国民法学·民法债权》，525 页，北京，法律出版社，1991。

此等德国狼犬；医生检查不能断定咬伤为一只或两只狼犬所为。遇此情况时，甲只需提供上述医院检查证明、现场勘查报告，即在一定程度上证明了因果关系之存在，从而转由两只狼犬的主人证明他们的狼犬的“举动”与损害之间没有因果关系，否则即应承担责任。

### （四）关于归责原则

从比较法的角度观察，对于饲养的动物造成他人损害适用无过错责任的归责原则或者严格责任（如过错推定）的归责原则是基本潮流。1922 年《苏俄民法典》规定，饲养的野兽造成他人损害属于高度危险造成他人损害。1964 年《苏俄民法典》虽未专门规定饲养的动物造成他人损害的问题，但学理上仍将其解释为高度危险来源造成他人损害之一种。我国学者对《德国民法典》第 833 条、《日本民法典》第 718 条以及《法国民法典》第 1385 条进行了比较分析，认为德、日之民法典采取的是“相对的无过错责任”或严格责任，而《法国民法典》采取的是“严格的无过错（责任）原则”。

我国法律规定的饲养的动物造成他人损害的侵权责任原则上为无过错责任，以动物园的过错推定责任为例外。除动物园的责任外，其他民事主体构成饲养动物损害责任不以其有故意或者过失为要件。此外，第三人承担侵权责任，以有过错为要件（《民法典》第 1250 条）。

## 三、关于被侵权人的故意或者重大过失

法律规定，能够证明损害是因被侵权人故意或者重大过失造成的，可以不承担或者减轻责任。侵权人对此负举证责任。因此，被侵权人的故意或者重大过失可以成为侵权人不承担责任或者减轻责任的抗辩事由。被侵权人仅因一般过失或者轻微过失造成损害的，不得免除或减轻饲养的动物所有人或管理人的赔偿责任。

被侵权人的故意或者重大过失，常常表现为盗窃饲养人、管理人的动物，投打动物，投喂或者挑逗动物等行为。被侵权人不听警告或者无视明显的警示私自进入危险动物饲养区域等，也属于具有重大过失的行为。①

被侵权人的故意或重大过失作为法定免责条件，在不同的案件中并不完全相同。当被侵权人的故意或重大过失为引起损害的全部原因时，动物的饲养人或管理人可以免责。如果被侵权人的故意或重大过失只是引起损害的部分原因，则不能免除动物饲养人或管理人的赔偿责任，而应当适用过错相抵规则减轻侵权人的责任。

---

① 如“7·23 北京八达岭野生动物园老虎伤人事件”：2016 年 7 月 23 日 15 时许，北京八达岭野生动物园东北虎园内发生一起老虎伤人事件，造成 1 死 1 伤。造成这此次事件的原因：一是赵某未遵守八达岭野生动物园猛兽区严禁下车的规定，对园区相关管理人员和其他游客的警示未予理会，擅自下车，导致其被虎攻击受伤。二是周某见女儿被虎拖走后，救女心切，未遵守八达岭野生动物园猛兽区严禁下车的规定，施救措施不当，导致其被虎攻击死亡。（参见李铁柱：《八达岭老虎伤人案 18 日将开庭》，载《中国青年报》，2017 - 09 - 06，A07。）该案被诉讼到北京市延庆区人民法院。类似地，还有 2017 年发生在浙江省的“1·29 宁波动物园老虎咬人事件”：经园区的视频录像证明，涉事游客是在未买票的情况下，直接翻越动物园外面的围墙跳进虎园，被园区老虎咬伤，经抢救无效死亡。（参见 360 百科，https：//baike. so. com/doc/24232139-25023601. html，最后访问时间：2020 - 02 - 12。）这两起事件均表明，被侵权人不听警告或者无视明显的警示私自进入危险动物饲养区域，是具有重大过失的行为。

需要指出的是，《民法典》总则编第八章“民事责任”关于不承担民事责任的事由，如不可抗力、紧急避险、正当防卫等，对饲养动物损害责任都是适用的。

## 第二节　违反管理规定未对动物采取安全措施情形的饲养动物损害责任

### 一、对“违反管理规定，未对动物采取安全措施”的理解

#### （一）“管理规定”

《民法典》第1246条规定：违反管理规定，未对动物采取安全措施造成他人损害的，动物饲养人或者管理人应当承担侵权责任；但是，能够证明损害是因被侵权人故意造成的，可以减轻责任。关于饲养动物的管理规定，通常由省、直辖市、自治区以及较大的市的地方立法机关制定。比如，北京市1994年就制定了《北京市严格限制养犬规定》，此后经过数次修订，并更名为《北京市养犬管理规定》。

“违反管理规定”是指违反此类地方立法或者地方规章性质的“管理规定”。《民法典》第1246条所规范的饲养动物，是此等管理规定中许可饲养的动物，但是需要进行登记并采取必要的安全措施。

#### （二）“安全措施”

“安全措施”是管理规定中所要求采取的规范饲养行为，保护他人人身、财产安全，避免饲养动物造成他人损害事故发生的各种措施。《北京市养犬管理规定》第17条明确规定：养犬人应当遵守下列规定：（1）不得携犬进入市场、商店、商业街区、饭店、公园、公共绿地、学校、医院、展览馆、影剧院、体育场馆、社区公共健身场所、游乐场、候车室等公共场所；（2）不得携犬乘坐除小型出租汽车以外的公共交通工具；携犬乘坐小型出租汽车时，应当征得驾驶员同意，并为犬戴嘴套，或者将犬装入犬袋、犬笼，或者怀抱；（3）携犬乘坐电梯的，应当避开乘坐电梯的高峰时间，并为犬戴嘴套，或者将犬装入犬袋、犬笼；居民委员会、村民委员会、业主委员会可以根据实际情况确定禁止携犬乘坐电梯的具体时间；（4）携犬出户时，应当对犬束犬链，由成年人牵领，携犬人应当携带养犬登记证，并应当避让老年人、残疾人、孕妇和儿童；（5）对烈性犬、大型犬实行拴养或者圈养，不得出户遛犬；因登记、年检、免疫、诊疗等出户的，应当将犬装入犬笼或者为犬戴嘴套、束犬链，由成年人牵领；（6）携犬出户时，对犬在户外排泄的粪便，携犬人应当立即清除；（7）养犬不得干扰他人正常生活；犬吠影响他人休息时，养犬人应当采取有效措施予以制止；（8）定期为犬注射预防狂犬病疫苗；（9）不得虐待、遗弃所养犬；（10）严格履行养犬义务保证书规定的其他义务。①

---

① 各省、直辖市、自治区大致都有类似的规定，如《上海市养犬管理条例》（2016年2月23日修正）、《天津市养犬管理条例》（2005年12月8日天津市第十四届人民代表大会常务委员会第二十四次会议通过）。

### （三）整体理解

“违反管理规定，未对动物采取安全措施”，是指饲养人、管理人违反了管理规定的要求，没有对饲养的动物采取管理规定所要求的安全措施。如果不存在相关管理规定、管理规定没有对安全措施作出要求，或者采取了管理规定所要求的安全措施，则不能依据《民法典》第1246条认定饲养人、管理人的侵权责任。

## 二、归责原则与侵权责任的构成要件

### （一）无过错责任原则

饲养依规定可以饲养的动物，但是饲养人、管理人违反管理规定没有对动物采取安全措施，饲养的动物造成他人损害的，饲养人、管理人承担无过错责任。此等情况下无须考虑其“违反管理规定，未对动物采取安全措施”有无过错，只要符合该侵权责任的其他三个构成要件，饲养人、管理人就应当承担侵权责任。

### （二）构成要件

构成《民法典》第1246条规定的侵权责任，除了需要符合上述该条规定的适用条件，还需要符合以下构成要件：（1）存在“准侵权行为”，需饲养的动物独立实施了某种致害举动；（2）被侵权人受到损害；（3）“准侵权行为”与被侵权人受到的损害之间存在因果关系。

## 三、被侵权人故意：减轻责任的抗辩事由

在被侵权人故意造成损害的情况下，可以减轻侵权人的责任。需要指出的是：（1）仅仅是在被侵权人故意造成损害的情况下，方可减轻饲养人或者管理人的侵权责任。被侵权人的过失，包括重大过失，不是减轻责任的抗辩事由。（2）被侵权人的故意行为与其受到的损害之间存在因果关系，即“损害是被侵权人的故意造成的”。（3）“能够证明”是对举证责任进行的分配，即由侵权人举证证明。侵权人能够证明损害是因被侵权人故意造成的，可以主张减轻侵权责任。

这里的被侵权人“故意”之内容如何确定是需要考虑的。被侵权人以其行为追求损害的发生（直接故意）和明知道损害发生的概率很大而放任损害的发生（间接故意），被认定为故意当无问题。被侵权人在盗窃动物过程中被动物伤害，应当被认为是故意造成自己损害。但是，故意违反管理规定、无视警告进入危险区域，是否为《民法典》第1246条所称的“故意”，需要通过司法实践由司法解释等加以确认。

需要指出的是，《民法典》总则编第八章“民事责任”规定的不承担民事责任的事由如不可抗力、紧急避险、正当防卫等，对《民法典》第1246条规定的侵权责任都是适用的。

# 第三节 饲养的烈性犬等危险动物造成他人损害责任

## 一、禁止饲养的烈性犬等危险动物概述

《民法典》第1247条规定：禁止饲养的烈性犬等危险动物造成他人损害的，动物饲养人或者管理人应当承担侵权责任。有关管理规定对禁止饲养的烈性犬等危险动物有专门的规定，比如，《北京市养犬管理规定》第10条第1款规定："在重点管理区内，每户只准养一只犬，不得养烈性犬、大型犬。禁养犬的具体品种和体高、体长标准，由畜牧兽医行政部门确定，向社会公布。"

北京市农业局发布了《关于发布北京市养犬重点管理区准养犬类的公告》（京农畜字〔2003〕47号），规定：（1）重点管理区内原则上应饲养成年体高35厘米以下（含35厘米）的小型玩赏犬，如巴哥、北京犬、博美、查理士王小猎犬、蝴蝶犬、吉娃娃、马尔吉斯、迷你杜宾、西施、约克夏、迷你贵宾犬等犬种。（2）重点管理区内应禁止饲养烈性犬及成年体高超过35厘米的犬种，如獒犬、德国杜宾犬、圣伯纳犬、大丹犬、大白熊犬、波恩山犬、罗威纳犬、威玛猎犬、雪达犬、阿富汗猎犬、猎狐犬、寻血猎犬、爱尔兰狼犬、沙克犬、灵缇、巴仙吉犬、法兰德斯牧羊犬、长须牧羊犬、苏格兰牧羊犬、德国牧羊犬、古典英国牧羊犬、英国斗牛犬、松师犬、斑点犬、荷兰毛狮犬、秋田犬、纽芬兰犬、雪橇犬、贝林登梗、伯德梗、牛头梗、凯利兰梗等犬种。（3）重点管理区内盲人和肢体重残人饲养的用于导盲和生活扶助的工作犬，不受35厘米体高的限制。

## 二、动物饲养人或者管理人的侵权责任

### （一）无过错责任原则

违反禁止规定，饲养烈性犬等危险动物造成他人损害的，饲养人、管理人承担无过错责任。此等情况下无须考虑其违反禁止规定有无过错以及对造成的损害是故意的还是过失的，只要符合侵权责任的其他三个构成要件，饲养人、管理人就应当承担侵权责任。司法解释规定，禁止饲养的烈性犬等危险动物造成他人损害，动物饲养人或者管理人不得主张不承担责任或者减轻责任。[①] 被侵权人的过错、第三人的过错不是动物饲养人或者管理人不承担责任或者减轻责任的抗辩事由。可见，这是一种更为严格的无过错责任。

### （二）侵权责任的构成要件

构成《民法典》第1247条规定的侵权责任，除了需要符合上述该条规定的适用条件，还需要符合以下构成要件：（1）存在"准侵权行为"，需饲养的烈性犬等危险动物独立实施了某种致害举动；（2）被侵权人受到损害；（3）"准侵权行为"与被侵权人受到的

---

① 参见《侵权责任编解释（一）》第23条。

损害之间存在因果关系。

## 三、抗辩事由

《民法典》第1247条没有对抗辩事由作出规定。通过对侵权责任编第九章相关条文以及《民法典》第1173条、第1174条和第1175条等作体系解释，可以得出以下结论：(1) 被侵权人有过失（包括有重大过失），造成损害的，不减轻饲养人、管理人的侵权责任；(2) 被侵权人故意造成损害是否减轻饲养人、管理人的侵权责任，不确定；(3) 第三人的过错造成他人损害的，被侵权人可以向此等危险动物的饲养人、管理人请求赔偿，也可以向第三人请求赔偿。

之所以说被侵权人故意造成损害是否减轻饲养人、管理人的侵权责任不确定，一方面是因为《民法典》第1174条规定受害人故意是行为人不承担责任的一般抗辩事由，而《民法典》第1247条没有明文排除适用第1174条。另一方面是因为《民法典》第1246条仅将被侵权人故意造成损害作为减轻责任的抗辩事由，而第1247条规定的侵权人方面的情况更为恶劣：饲养禁止饲养的烈性犬等危险动物。依照“举轻明重”的解释方法，在第1247条规定情形似乎被侵权人故意造成损害也不足以成为饲养人、管理人不承担侵权责任的抗辩事由。

# 第四节 动物园的动物造成他人损害责任

## 一、动物园的动物造成他人损害概述

### （一）动物园与动物园的动物

《民法典》第1248条规定：“动物园的动物造成他人损害的，动物园应当承担侵权责任；但是，能够证明尽到管理职责的，不承担侵权责任。”法律法规和部门规章尚没有对“动物园”进行专门界定。《城市动物园管理规定》第2条规定：“本规定适用于综合性动物园（水族馆）、专类性动物园、野生动物园、城市公园的动物展区、珍稀濒危动物饲养繁殖研究场所。”① 这一规定大致可以被理解为关于动物园的分类规定。

百科知识认为：动物园（zoological garden）是搜集饲养各种动物，进行科学研究和迁地保护，供公众观赏并进行科学普及和宣传保护教育的场所。动物园有两个基本特点：一是饲养、管理着野生动物，一般不包括家禽、家畜、宠物等家养动物；二是向公众开放。符合这两个基本特点的场所即是广义上的动物园，包括水族馆、专类动物园等类型；狭义上的动物园指城市动物园和野生动物园。动物园的基本功能是对野生动物的综合保

---

① 1994年8月16日建设部令第37号发布，根据2001年9月7日《建设部关于修改〈城市动物园管理规定〉的决定》、2004年7月23日《建设部关于修改〈城市动物园管理规定〉的决定》、2011年1月26日《住房和城乡建设部关于废止和修改部分规章的决定》修正。

护和对公众的保护教育。①

### （二）动物园的动物造成他人损害的侵权责任的特征

**1. 对准侵权行为责任**

动物园的动物造成他人损害的侵权责任，首先属于动物造成他人损害的侵权责任，是“物”造成他人损害的责任，而不是人的行为造成他人损害的责任。因此，此等侵权责任也属于“准侵权行为”责任。

**2. 未尽到管理职责的责任**

国家有关部门对动物园的管理作出了专门规定。比如《城市动物园管理规定》第21条规定：“动物园管理机构应当完善各项安全设施，加强安全管理，确保游人、管理人员和动物的安全。”在这样的安全规定之下，动物园的管理者应制定符合专业要求的各种安全措施和紧急情况处理预案等，确保游人、管理人员和动物的安全。只要达到这些安全措施的要求，并且在发生紧急情况时按照预案处理，就能够做到各方安全。因此，法律规定，“尽到管理职责”的不承担责任，未尽到管理职责的要承担责任。

**3. 对造成“他人”损害的责任**

尽管上述管理规定强调确保游人、管理人员和动物的安全，但是《民法典》第1248条规定的侵权责任仅仅适用于“他人”受到损害的情况。“他人”当然包括游人，但是不限于游人。任何不属于动物园一方的人均属于“他人”。动物园的动物脱逃，造成园外周围不特定的人员人身损害或者财产损失的，也适用《民法典》第1248条的规定。

动物园的管理人员、工作人员（兽医、研究人员、技术人员、饲养员、保洁人员等），不属于《民法典》第1248条规定的“他人”。此等人员如果遭受动物伤害，适用其他法律法规的规定以及劳动合同、劳务合同的约定等来救济其所受到的损害。

## 二、动物园的过错推定责任

一般的动物饲养人或者管理人不得以尽到管理职责作为其抗辩事由，主张减轻或者免除其所饲养的动物造成他人损害的侵权责任。但是，《民法典》第1248条明确规定，动物园“能够证明尽到管理职责的，不承担侵权责任”。

依据该条规定，动物园的动物造成他人损害的，动物园承担过错侵权责任，即只有在有过错的情况下才承担侵权责任，没有过错则不承担侵权责任。动物园承担的过错责任是推定的过错责任，即在其动物造成他人损害的情况下推定动物园有过错，但是给予动物园一个证明自己没有过错的机会。动物园如果能够证明自己没有过错，则不承担侵权责任。

动物园证明自己没有过错的方法和路径是证明自己“尽到管理职责”。动物园证明自己尽到管理职责实际上是证明自己没有过错。因此，动物园的动物造成他人损害的侵权

① 参见百度百科，https：//baike.baidu.com/item/动物园/2943，最后访问时间：2020-01-27。

责任，属于过错推定的侵权责任，并且法律对“没有过错”的证明方法和路径作出了规定。由此可见，动物园承担的此等侵权责任比其他民事主体就饲养动物造成他人损害所承担的侵权责任要轻一些。法律作出这样的规定，一方面是考虑到动物园动物的特殊性（野生动物），另一方面也考虑到动物园的社会服务、动物保护和科学研究的特殊功能。

依据《民法典》第 1248 条和《民法典》第 1165 条的规定，动物园承担《民法典》第 1248 条规定的侵权责任，需要符合以下构成要件：（1）动物园在履行管理职责上有过失；（2）其所管理的动物具有造成他人损害的内在危险性；（3）他人受到人身损害、财产损失；（4）此等人身损害、财产损失与动物的内在危险性之间存在因果关系。

需要指出的是，《民法典》总则编第八章“民事责任”关于不承担民事责任的事由如不可抗力、紧急避险、正当防卫等，对此类侵权责任都是适用的。

## 第五节　遗弃、逃逸的动物造成他人损害责任

### 一、遗弃、逃逸的动物在遗弃、逃逸期间造成他人损害的侵权责任概述

#### （一）遗弃饲养的动物与饲养的动物逃逸

**1. 饲养过的动物**

《民法典》第 1249 条规定：遗弃、逃逸的动物在遗弃、逃逸期间造成他人损害的，由动物原饲养人或者管理人承担侵权责任。这里的动物，当然是指“饲养的动物”，即原来由饲养人、管理人饲养管理的动物，而不是一直处于野生状态的动物。通俗地说，造成他人损害的动物是侵权人曾经饲养、管理的动物。

**2. 遗弃、逃逸的动物**

遗弃动物是原饲养人、管理人有意思的行为。从法律行为的角度来看，此等行为以一个处分所有物（管理物）最终命运的内在意思为驱动，实施一个外在的遗弃行为。所以，遗弃饲养的动物，是一个法律行为，在有些情况下也发生行为人期望得到的效果——处分而使所有权归于消灭。但是，遗弃的动物在遗弃期间造成他人损害的，遗弃该动物的原饲养人或者管理人应当承担侵权责任。

动物逃逸，非出于其饲养人、管理人的本意，而是动物基于其本能逃离饲养人、管理人管束的“行为”。动物逃逸与饲养人、管理人的内在意思无关，但是可能与其疏忽大意或盲目轻信有关。

由于适用无过错责任原则归责原饲养人或者管理人的责任，不考虑其有无过错，因而对于遗弃和逃离的原因不在责任构成要件中予以考虑。

#### （二）侵权责任构成要件

依据《民法典》第 1249 条的规定，由动物原饲养人或者管理人承担侵权责任，需要

符合以下构成要件：（1）遗弃、逃逸的动物具有造成他人损害的内在危险性；（2）他人受到人身损害、财产损失；（3）此等人身损害、财产损失与遗弃、逃逸动物的内在危险性之间存在因果关系。

## 二、承担责任的依据与举证责任

### （一）由动物原饲养人或者管理人承担侵权责任的依据

法律规定由动物原饲养人或者管理人承担侵权责任并非基于其过错，而是基于其对危险的控制力。饲养和管理动物，实际上是控制着一项危险。饲养人、管理人不仅要对其饲养、管理期间的此等危险加以管控避免对他人造成损害，也要对其遗弃的动物或者逃逸的动物的危险加以管控。将这一危险推向社会或者听任这一危险流向社会，动物原饲养人或者管理人对此等动物造成他人损害应当承担侵权责任。

需要指出的是，动物原饲养人或者管理人对此等动物造成他人损害承担侵权责任的时间不是无限的，而是对“在遗弃、逃逸期间造成他人损害”承担侵权责任。遗弃或者逃逸的时间足够长，动物原饲养人或者管理人对此等动物完全失去管控能力，社会也已经将此等动物当作“无主”的流浪猫、流浪狗等对待和防范。此等情形下，动物原饲养人或者管理人无须对其造成他人损害承担侵权责任。“遗弃、逃逸期间”到底有多长，应当依具体情况依“理性人”的认知、判断能力确定。投喂已经处于野化状态的流浪猫、流浪狗，投喂者对此等动物造成的损害承担侵权责任。

### （二）举证责任

根据“谁主张谁举证”的法则，受害人向某人主张此等侵权责任，需要举证被请求的人是致害动物原来的饲养人或者管理人。如果不能证明这一事实，则不支持其请求。

# 第六节　第三人过错与责任承担

## 一、因第三人的过错致使动物造成他人损害概述

### （一）第三人过错

《民法典》第1250条规定：因第三人的过错致使动物造成他人损害的，被侵权人可以向动物饲养人或者管理人请求赔偿，也可以向第三人请求赔偿。动物饲养人或者管理人赔偿后，有权向第三人追偿。该条规定的“因第三人过错致使动物造成他人损害”，是指动物的饲养人、管理人以及被侵权人之外的第三人实施了有过错的行为，激发动物的内在危险（野性），造成他人人身损害、财产损失。

法律规定“因第三人的过错”，表明第三人所承担的侵权责任为过错责任，即其只有在有过错的情况下才承担侵权责任，没有过错则不承担侵权责任。在实践中，第三人投

打、挑逗动物致使其“发飙”造成他人损害是常见的第三人过错的表现形式。

### (二) 两层因果关系

法律规定“因第三人的过错致使动物造成他人损害”，表达了两层因果关系：(1) 第三人有过错的行为是激发之动物危险性的原因，动物的内在危险之所以爆发出来，是由于第三人的过错行为；(2) 动物的“举动”造成了他人的损害，动物的“举动”是造成他人损害发生的原因。从单纯的条文措辞看，《民法典》第 1250 条规定的第三人的责任不涉及多因一果的情况。如果存在多因一果的情况，还应考虑《民法典》第 1172 条等条文的综合适用。

## 二、被侵权人的损害赔偿选择权

被侵权人对损害赔偿有选择权：被侵权人受到损害，可以向动物饲养人或者管理人请求赔偿，也可以向第三人请求赔偿。需要注意的是，这两个选择是相互排除的：如果选择了向动物饲养人或者管理人请求赔偿，则不能再选择向第三人请求赔偿；反之，如果选择了向第三人请求赔偿，则不能再选择向动物饲养人或者管理人请求赔偿。动物饲养人或者管理人与第三人不构成共同侵权责任，也不构成按份的侵权责任，因此不能同时选择二者作为被告请求赔偿。

在此等情况下，法院通常要向作为原告的被侵权人进行释明，告知其选择权的内容以及正确的行使方式。

## 三、动物饲养人或者管理人赔偿后的追偿权

如果被侵权人选择动物饲养人或者管理人作为被告请求其承担赔偿责任，则动物饲养人或者管理人应当依据《民法典》第 1250 条的规定承担相应的赔偿责任。其在承担赔偿责任之后，可以依据该条后半段向有过错的第三人追偿。如果损害完全是第三人的过错激发动物野性造成的，则承担了赔偿责任的动物饲养人或者管理人得向该第三人追偿全部赔偿金额；如果损害的一部分是第三人的过错激发动物野性造成的，则承担了该部分赔偿责任的动物饲养人或者管理人得向该第三人追偿相应部分的赔偿金额。

追偿权是单向的，仅仅承担了赔偿责任的动物饲养人或者管理人有权向该第三人追偿赔偿金额。第三人承担赔偿责任的，无权向动物饲养人或者管理人追偿。第三人有过错激发动物野性造成损害的，第三人应当对自己的过错行为引起的损害承担责任。这一过错责任是最终的责任，不发生追偿、分担的问题。

**深度阅读**

1. 张新宝. 侵权责任构成要件研究. 北京：法律出版社，2007：第四章“准侵权行为：动物和物件致人损害”.

2. 张新宝. 饲养动物致人损害的赔偿责任. 法学研究，1994（2）.

3. 杨立新. 饲养动物损害责任一般条款的理解与适用. 法学，2013（7）.

4. 房绍坤. 试论动物致人损害的民事责任. 中外法学，1992（6）.

5. 杨立新. 修订侵权责任编应对动物园动物损害责任归责原则进行调整. 河南财经政法大学学报，2018（2）.

6. 朱晓峰. 比较法上动物侵权责任主体的界定标准及启示. 比较法研究，2018（3）.

7. 季若望. 论动物致害责任中的动态危险性：《民法典》第 1245 条与第 1247 条的联动解释. 北方法学，2021（4）.

8. 杨巍.《民法典》第 1245 条（饲养动物损害责任的一般规定）评注. 清华法学，2023（4）.

## 问题与思考

### 一、思考题

1. 第三人的过错对饲养动物损害责任的承担有何影响?

2. 被侵权人的过错在不同类型的饲养动物损害责任中的影响有何不同?

3. 为什么动物园的动物造成他人损害的责任采用过错（推定）责任的归责原则?

4. 如何正确认识地方性“养犬规定”?

### 二、练习题

1. 在饲养动物损害责任中，如何界定“饲养的动物”?

2. 以“所有者”为中心的侵权责任人确定规则和以“控制力”为中心的侵权责任人确定规则有何联系和区别?

3. 甲将数箱蜜蜂放在自家院中槐树下采蜜。在乙家帮忙筹办婚宴的丙在帮乙喂猪时忘关猪圈，猪冲入甲家院内，撞翻蜂箱，使来甲家串门的丁被蜇伤，经住院治疗后痊愈。下列哪一种说法是正确的?（　　）

A. 甲应对丁的医疗费用承担全部民事责任

B. 乙应对丁的医疗费用承担全部民事责任

C. 丙应对丁的医疗费用承担全部民事责任

D. 乙和丙应对丁的医疗费用承担连带责任

4. 赵某将一匹易受惊吓的马赠给李某，但未告知此马的习性。李某在用该马拉货的过程中，雷雨大作，马受惊狂奔，将行人王某撞伤。下列哪一选项是正确的?（　　）

A. 应由赵某承担全部责任

B. 应由李某承担责任

C. 应由赵某与李某承担连带责任

D. 应由李某承担主要责任，赵某也应承担一定的责任

5. 关于动物致害侵权责任的说法，下列哪些选项是正确的?（　　）

A. 甲 8 周岁的儿子翻墙进入邻居院中玩耍，被院内藏獒咬伤，邻居应承担侵权责任

B. 小学生乙和丙放学途经养狗的王平家，丙故意逗狗，狗被激怒而咬伤乙，只能由

丙的监护人对乙承担侵权责任

C. 丁下夜班回家途经邻居家门口时，未看到邻居饲养的小猪趴在路上而被绊倒摔伤，邻居应承担侵权责任

D. 戊带女儿到动物园游玩时，动物园饲养的老虎从破损的虎笼蹿出，将戊女儿咬伤，动物园应承担侵权责任

第二十三章
# 建筑物和物件损害责任

**常考知识点**

建筑物损害责任　建筑物抛掷物（坠落物）致人损害的责任与补偿　物件损害责任　地面施工人责任　地下设施管理人责任

## 第一节　建筑物损害责任

### 一、在建建筑物等倒塌、塌陷造成他人损害的责任

#### （一）侵权责任主体：建设单位与施工单位

《民法典》第 1252 条第 1 款规定："建筑物、构筑物或者其他设施倒塌、塌陷造成他人损害的，由建设单位与施工单位承担连带责任，但是建设单位与施工单位能够证明不存在质量缺陷的除外。建设单位、施工单位赔偿后，有其他责任人的，有权向其他责任人追偿。"该款法律是关于在建建筑物等发生倒塌、塌陷造成他人损害的侵权责任，承担侵权责任的主体是建设单位与施工单位，而不是建筑物的所有人、管理人、使用人。

#### （二）在建建筑物、构筑物或者其他设施界定

"建筑物"主要是指房屋，是人工建造的固定在地面，用于居住、生产、储存等的相对封闭空间，如住宅、办公楼、车间、仓库等。"构筑物"是指桥梁、码头、堤坝、隧道、井架、电线杆、路灯、水塔、围坊、纪念碑、雕塑等。"其他设施"指建筑脚手架、起重塔吊、缆车、索道、电线、路标、广告牌、标语牌等。服务于高空、高压、易燃、剧毒、放射性和高速运输工具作业的某些设施（如高压输电线、高速公路上的设施）不宜被纳入此类"建筑物""构筑物""其他设施"，因为它们属于高度危险作业的设施，其造成侵权损害时，应当适用不同的法律条文（如《民法典》第 1240 条等）。

依据《民法典》第 1252 条第 1 款的规定，发生损害的原因是在建的建筑物、构筑物或者其他设施倒塌、塌陷。这里的倒塌包括建筑物等完全倒塌，也包括部分倒塌。考虑到本条第 1 款和第 2 款的逻辑关系，这里的建筑物、构筑物或者其他设施是指在建的建筑物、构筑物或者其他设施，不包括已经竣工交付给所有人（业主）使用的建筑物、构

筑物或者其他设施。

### (三) 侵权责任的构成要件

构成的侵权责任《民法典》第1252条规定的侵权责任，需要符合以下要件：(1) 有质量缺陷的建筑物等倒塌、塌陷。这一“质量缺陷”包含了导致发生倒塌、塌陷的危险性。(2) “他人”受到损害，包括人身损害、财产损失。“他人”是指建设单位、施工单位之外的其他人。建设单位、施工单位及其工作人员因建筑物等倒塌、塌陷受到人身损害和财产损失的，不适用该条规定。(3) 因果关系。这里有两层因果关系：其一，质量缺陷导致建筑物等倒塌、塌陷。质量缺陷是建筑物等倒塌、塌陷的原因。其二，建筑物等倒塌、塌陷，导致他人损害。建筑物等倒塌、塌陷是被侵权人的损害发生的原因。(4) 建设单位、施工单位对建筑物等存在质量缺陷有过错。

### (四) 建设单位与施工单位承担连带责任

#### 1. 责任主体：建设单位与施工单位

《民法典》第1252条规定的侵权责任不是行为责任即建设单位或者施工单位并不是因为实施了某种过错行为造成损害而承担责任，而是其所“保有”的在建建筑物等倒塌、塌陷造成他人损害的侵权责任，是建筑物等物的内在危险之爆发造成损害的责任。法律之所以规定建设单位与施工单位承担此等侵权责任，是因为其对造成他人损害的建筑物有控制力。

#### 2. 过错 (推定) 责任

《民法典》第1252条第1款规定了过错推定责任：……但是建设单位与施工单位能够证明不存在质量缺陷的除外。其含义是：法律推定建设单位与施工单位有过错，被侵权人无须对其过错举证和证明。但是给予建设单位与施工单位证明自己没有过错的机会。建设单位、施工单位如果能够证明自己没有过错，则不用承担侵权责任；反之，则需要承担侵权责任。证明没有过错的方法和路径是证明在建的建筑物等“不存在质量缺陷”。关于是否存在质量缺陷，应当依据有关建筑质量的法律法规和部门规章、行业标准进行判断。

这里需要指出的是，建设单位或者施工单位不能仅仅单方面证明自己没有过错而主张不承担责任，还需要证明在建的建筑物等不存在质量缺陷才能被免除侵权责任。

#### 3. 连带责任

《民法典》第1252条第1款规定了建设单位与施工单位的连带责任。其对外（向被侵权人承担赔偿责任）和内部分担、清偿等，按照连带责任的规则（《民法典》第178条）处理。作出此等规定，加重了建设单位、施工单位的责任负担。规定连带责任的正当性在于：(1) 建设单位与施工单位对于在建建筑物的质量管控具有密切合作关系；(2) 被侵权人往往是在相关信息、知识等方面处于劣势地位的自然人，规定建设单位与施工单位承担连带责任有利于被侵权人实现其损害赔偿请求权。

#### 4. 建设单位与施工单位承担连带责任后的追偿权

《民法典》第 1252 条第 1 款进一步规定，建设单位、施工单位赔偿后，有其他责任人的，有权向其他责任人追偿。这里的“其他责任人”从文义上看，可以包括：（1）其行为导致没有质量缺陷的在建建筑物倒塌、塌陷的第三人；（2）其行为导致本身有质量缺陷的在建建筑物等倒塌、塌陷的第三人；（3）对建筑物产生质量缺陷有过错的人，如建筑物的设计人、施工监理人等。

上述（1）所述其行为导致没有质量缺陷的在建建筑物倒塌、塌陷的第三人，不属于《民法典》第 1252 条所规定的“其他责任人”，因为建设单位与施工单位能够证明建筑物等不存在质量缺陷就无须承担责任了，也就不发生追偿问题。遇到此等情形时，被侵权人应当依据《民法典》第 1175 条的规定，直接请求其行为导致没有质量缺陷的建筑物等倒塌、塌陷造成损害的第三人承担侵权责任。

上述（2）和（3）所述第三人属于《民法典》第 1252 条规定的可以追偿的“其他责任人”。是全额追偿还是部分追偿，取决于“其他责任人”之过错大小以及其有过错的行为对损害发生的原因力大小。

## 二、已交付的建筑物等倒塌、塌陷造成他人损害的责任

### （一）侵权责任主体：所有人、管理人、使用人或者第三人

《民法典》第 1252 条第 2 款规定：因所有人、管理人、使用人或者第三人的原因，建筑物、构筑物或者其他设施倒塌、塌陷造成他人损害的，由所有人、管理人、使用人或者第三人承担侵权责任。该款是关于已经竣工、交付给所有人（业主）使用的建筑物等倒塌、塌陷造成他人损害的侵权责任之规定。依据所有权原理，所有人对其所有的物（包括建筑物、构筑物和其他设施）享有占有、使用、收益和处分的权利，同时也承担其所有物造成他人损害的赔偿责任。故而，已经交付的建筑物等倒塌、塌陷，造成他人损害的，如果倒塌、塌陷是所有人的原因引起的，应当由所有人承担侵权责任。

一些建筑物等的所有与管理、使用相分离。在此等情况下，管理人、使用人享有如同所有人的大部分权利，同时也承担相应的义务和责任。在建筑物等发生倒塌、塌陷，导致他人损害时，管理人、使用人如同所有人一样承担侵权责任。

第三人原因导致已经交付的建筑物倒塌、塌陷，造成他人损害时，第三人依据过错责任原则承担侵权责任。第三人既包括对建筑物等存在质量缺陷有过错的原施工单位、设计单位，也包括其过错行为直接导致建筑物等倒塌、塌陷的第三人。

### （二）过错责任与责任构成要件

#### 1. 过错责任

《民法典》第 1252 条第 2 款规定的“因所有人、管理人、使用人或者第三人的原因，建筑物、构筑物或者其他设施倒塌、塌陷造成他人损害”，包含了此等侵权责任的主体（所有人、管理人、使用人或者第三人）、归责原则和构成要件。

该款没有规定无过错责任和过错推定，应当将该款规定的侵权责任理解为一般过错责任，即所有人、管理人、使用人或者第三人在有过错的情况下才承担责任，没有过错就不承担责任。其过错应当由被侵权人进行举证和证明。

**2. 侵权责任构成要件**

所有人、管理人、使用人承担侵权责任，需要符合以下构成要件，包括：(1) 其所有的、管理的或者使用的建筑物等发生倒塌、塌陷；(2) 他人受到损害，包括人身损害、财产损失；(3) 此等损害与建筑物等的倒塌、塌陷之间存在因果关系；(4) 所有人、管理人、使用人存在管理、养护、维修等方面的过失，使建筑物等具有发生倒塌、塌陷事故的危险。

对于“第三人”而言，其责任构成在原因、结果以及因果关系三方面与上述责任构成相同，但是过错要件的内容并不相同：有的是对建筑物等存在质量缺陷有过错，有的是对建筑物等直接实施了有过错的侵害行为，导致其倒塌、塌陷，如驾驶机动车撞击建筑物使其倒塌。

## 三、建筑物等发生脱落、坠落造成他人损害的责任

### (一) 建筑物等发生脱落、坠落造成他人损害概述

**1. 造成损害的物**

《民法典》第 1253 条规定：建筑物、构筑物或者其他设施及其搁置物、悬挂物发生脱落、坠落造成他人损害，所有人、管理人或者使用人不能证明自己没有过错的，应当承担侵权责任。所有人、管理人或者使用人赔偿后，有其他责任人的，有权向其他责任人追偿。第 1252 条规定的造成损害的“物”包括建筑物、构筑物或者其他设施。第 1253 条除规定了建筑物、构筑物或者其他设施外，还规定了搁置物、悬挂物。

搁置物、悬挂物致害责任是我国法律的独特规定。搁置物、悬挂物并非建筑物的组成部分或者从物，仅仅是搁置、悬挂在建筑物上的物件而已。放置在窗台上的花盆是搁置物，安装在建筑物过道的吊灯是悬挂物。龙门吊车的吊斗、吊钩是龙门吊车的组成部分，不是悬挂物。因为搁置物、悬挂物与建筑物存在物理联系，可能发生坠落风险，故而将其与建筑物放在一起进行规范。

**2. 造成损害的原因：脱落、坠落**

《民法典》第 1252 条规定的致害原因是倒塌、塌陷，即建筑物等倒塌、塌陷，导致他人损害。第 1253 条规定的致害原因是脱落和坠落而不是倒塌、塌陷。建筑物、构筑物或者其他设施及其搁置物、悬挂物发生脱落、坠落是损害发生的原因。“脱落”是指部分与整体相分离并掉落，如玻璃窗的玻璃从窗子框架脱落，建筑物的墙皮包括外墙砖等脱落。坠落一般指从高处向低处掉落，如搁置的花盆从窗台坠落。

**3. “准侵权行为”责任**

《民法典》第 1253 条规定的侵权责任不是行为责任，所有人、管理人或者使用人并不是因为实施了某种过错行为造成损害而承担责任，而是因为其所“保有”的建筑物等发生

脱落、坠落，造成他人损害而承担责任，承担的是建筑物等物的内在危险爆发，造成损害的责任。建筑物等物的内在危险在于其结构的松懈和处于相对高度所聚集的物理势能。

## （二）责任主体与过错推定

### 1. 责任主体

《民法典》第1253条规定的责任主体包括所有人、管理人或者使用人。需要指出的是，就一个具体的案件而言，责任主体原则上只能是其中之一，不大可能二者或者三者同时成为责任主体。在所有人、管理人和使用人之间，也鲜有可能对该条规定的责任承担连带责任或者按份责任。

该条规定的管理人是与所有人相并列的责任主体，但对此处的"管理人"宜作限制性解释：依照法律、法规或者行政命令对国有建筑物进行经营管理的人，包括全民所有制企业、事业单位、国家机关等；依承包、租赁等法律行为而经营管理国家、集体所有的建筑物等的自然人、法人或者非法人组织。但如果承包、租赁者能证明其管理没有过错或为防止损害发生尽了必要注意，则应由所有人承担赔偿责任。所有人也可以与管理人约定此类责任的承担问题，但其约定一般不能对抗第三人。

使用人是在所有人、管理人之外因为租赁、借用或者其他情形而使用建筑物等设施的人。原则上使用人不对建筑物或其他设施发生脱落、坠落造成他人损害承担赔偿责任，此类责任应由所有人或者管理人承担。使用人对于其在建筑物上的搁置物、悬挂物（由所有人设置者除外）发生脱落、坠落造成的损害负赔偿责任，但有两个例外情况：一是国有或集体房屋的承租这类租赁关系带有很大的福利性，不是不动产市场关系的反映，所有人也很难像一个以营利为目的的房东那样对房屋进行严格的管理。因此，承租人可能搭建小厨房一类的"其他设施"。于此情形，承租人应对其建造的或改建的部分（"其他设施"）造成他人损害承担赔偿责任。二是旅店不得以房客占有某间客房（甚或房客有过错）为由，拒绝承担客房的搁置物、悬挂物（如花盆等）造成他人损害的赔偿责任。

### 2. 过错推定

《民法典》第1253条规定，所有人、管理人或者使用人不能证明自己没有过错的，应当承担侵权责任。最高人民法院《关于民事诉讼证据的若干规定》（2019年修正）第10条规定，"根据法律规定推定的事实"，当事人无须举证证明，当事人有相反证据足以反驳的除外。法律推定所有人、管理人或者使用人有过错，被侵权人无须证明其存在过错。所有人、管理人或者使用人有相反证据能够证明自己没有过错的，不承担侵权责任；不能证明自己没有过错的，应当承担侵权责任。

"证明自己没有过错"，通常是证明其尽到了法律、法规等要求的注意义务，同时在所有、管理、维护、使用等方面尽到了一个作为"理性人"的所有人、管理人或者使用人应当达到的注意程度。

### 3. 侵权责任构成要件

构成《民法典》第1253条规定的侵权责任，需要符合以下要件：（1）建筑物、构筑物或者其他设施及其搁置物、悬挂物发生脱落、坠落。（2）他人受到损害，包括人身损害或财产损失。“他人”不包括应当承担侵权责任的所有人、管理人或者使用人及其员工等。(3) 他人受到的损害与脱落、坠落之间存在因果关系。(4) 过错。此处的过错是推定的，如果所有人、管理人或者使用人不能证明自己没有过错，即认定其有过错。

### (三) 所有人、管理人或者使用人的追偿权

依据《民法典》第 1253 条的规定，所有人、管理人或者使用人赔偿后，有其他责任人的，有权向其他责任人追偿。其他责任人通常是指两种人：一是其行为造成建筑物、构筑物或者其他设施及其搁置物、悬挂物发生脱落、坠落，造成损害的人；二是对建筑物、构筑物或者其他设施及其搁置物、悬挂物发生脱落、坠落的隐患有过错的人，如施工单位、设计单位以及维修单位等。

是全额追偿还是部分追偿，取决于其他责任人的过错以及其过错与建筑物、构筑物或者其他设施及其搁置物、悬挂物发生脱落、坠落造成损害的原因力大小。

## 四、建筑物抛掷(坠落)物造成损害的责任

### (一) 建筑物抛掷 (坠落)物造成损害责任概述

有关建筑物抛（坠）物（俗称“高空抛物”）造成他人损害的侵权责任规则，十多年前在制定《侵权责任法》时就是一个争议焦点。《侵权责任法》第 87 条的起草受到了“重庆烟灰缸案”等一些建筑物抛（坠）物造成他人损害案件的影响，当时的法律条文是对社会需求的回应。但是，该条文实施以后遇到了进一步的问题：不考虑有关机关依法调查的职责，不考虑物业服务企业的安全保障义务，甚至不对侵权人的侵权责任作出直接规定，而过分强调可能加害的建筑物使用人给予补偿，带来了一些负面社会效果：(1) 有关机关懒政，不依法履行调查的职责，即使是在被侵权人死亡或者遭受严重人身伤害的案件中，有些机关也不依法进行调查，以“《侵权责任法》第 87 条提供了民事救济，被侵权人可以到法院起诉”为由进行推诿，使本来可以依法查明的案情得不到调查。(2) 过分强化由“可能加害的建筑物使用人给予补偿”，采取和稀泥的办法处理侵权案件，没有分清是非曲直，所做的“补偿”缺乏正义性基础，相关当事人不服气，加大了法院判决的执行难度。(3) 由于物业服务企业缺位，不利于调动利益相关方面治理“高空抛物”的积极性。

编纂《民法典》侵权责任编的一个重要任务就是修改《侵权责任法》第 87 条的规定，使建筑物抛（坠）物造成他人损害案件的责任分配与承担更为公正合理，也为“高空抛物”的治理提供必要的立法资源。在《侵权责任法》实施 9 年多之后，最高人民法院在《民法典》侵权责任编有关“高空抛物”责任条文立法草案基本成型的情况下，于 2019 年 10 月 21 日发布《关于依法妥善审理高空抛物、坠物案件的意见》(法发〔2019〕25 号)，规定：(1) 加强源头治理，监督支持依法行政，有效预防和惩治高空抛物、坠物行为；(2) 依法惩处构成犯罪的高空抛物、坠物行为，切实维护人民群众生命财产安全；(3) 坚持司法为民、公正司法，依法妥善审理高空抛物、坠物民事案件；(4) 注重多元化解，坚持多措并举，不断完善预防和调处高空抛物、坠物纠纷的工作机制。具体

条文达 16 条之多。

《民法典》第 1254 条规定：“禁止从建筑物中抛掷物品。从建筑物中抛掷物品或者从建筑物上坠落的物品造成他人损害的，由侵权人依法承担侵权责任；经调查难以确定具体侵权人的，除能够证明自己不是侵权人的外，由可能加害的建筑物使用人予以补偿。可能加害的建筑物使用人补偿后，有权向侵权人追偿。”“物业服务企业等建筑物管理人应当采取必要的安全保障措施防止前款规定情形的发生；未采取必要的安全保障措施的，应当依法承担未履行安全保障义务的侵权责任。”“发生本条第一款规定的情形的，公安等机关应当依法及时调查，查清责任人。”

与《侵权责任法》第 87 条比较，《民法典》第 1254 条有以下主要修改：(1) 从行为规范的角度规定禁止从建筑物中抛掷物品。(2) 强调从建筑物中抛掷物品或者从建筑物上坠落物品造成他人损害的侵权人的责任。(3) 规定了可能加害的建筑物使用人补偿后有权向侵权人追偿。(4) 引入物业服务企业的安全保障义务以及未尽到安全保障义务的侵权责任。(5) 强调公安等机关依法及时调查的职责。

### (二) 禁止从建筑物抛掷物品

《民法典》第 1254 条开宗明义即规定“禁止从建筑物抛掷物品”。结合全部条文内容看，除了禁止从建筑物向建筑物的外部空间抛掷物品，还有防范建筑物上或者建筑物内的物品坠落的立法旨意。所以，这是一条禁止性规定而非授权或者许可性规定，这是一条行为规范而非裁判规则。其基本意义在于通过设定禁止事项为人们的民事活动提供行为规范，告诫人们不得为从建筑物抛掷（坠落）物品的行为。从更广阔的视野看，这一规定也是贯彻《民法典》第 1 条规定的“弘扬社会主义核心价值观”，建设“诚信、友善”的人际关系，尤其是邻里关系所要求的。

### (三) 侵权人依法承担责任

在发生建筑物抛（坠）物造成他人损害的案件中，应当由侵权人依法承担侵权责任。此处的“侵权人”包括：(1) 实施抛物行为的人（或者其监护人、用人单位、个人雇主等）；(2) 致害物品的所有人、管理人、使用人（或者其监护人、用人单位、个人雇主等）。此处的“依法”是指依据《民法典》有关条文和其他法律的规定。《民法典》的有关条文包括第 1253 条、第 1165 条、第 1188 条、第 1191 条、第 1192 条等。

在损害发生时侵权人明确的，被侵权人应当请求侵权人承担侵权责任。在诉讼进行中查明了具体侵权人的，被侵权人应当变更诉讼请求，直接请求侵权人承担侵权责任

### (四) 可能造成损害的建筑物使用人给予补偿

#### 1. “经调查难以确定具体侵权人”

《民法典》第 1254 条中规定：经调查难以确定具体侵权人的，除能够证明自己不是侵权人的外，由可能加害的建筑物使用人给予补偿。这里的“经调查难以确定具体侵权人”，是指通过被侵权人的举证、法院依职权进行调查以及该条第 3 款规定的“公安等机关……依法及时调查”仍然不能确定具体侵权人的情况。

**2. 使用人承担“补偿”后果**

承担“补偿”后果的是建筑物的使用人，而不是建筑物的所有人。当然，如果建筑物的所有人同时也是使用人的，他应依据《民法典》第1254条承担“补偿”的后果。法律之所以规定由建筑物的使用人承担，是因为使用人在案发时实际使用、控制建筑物，最有可能是抛物行为的实施者或者对防范物品坠落负有义务的人。

**3. “证明自己不是侵权人”**

“证明自己不是侵权人”包括两层含义：其一，举证责任被分配给被告。在上述“经调查难以确定具体侵权人”的情况下，被告承担证明自己不是侵权人的举证责任。其二，被告对一个“不存在的事实”进行举证，是防范“有罪推定”前提下的辩护。此等被告可以提供自己没有“作案时间”、没有能力实施此等抛物行为、没有也不可能拥有致害物品、在力学上其所在位置的抛（坠）物不可能造成本案中的损害等证据，来“证明自己不是侵权人”。如果能够证明自己不是侵权人，不承担侵权责任，也不承担“补偿”的后果；不能证明自己不是侵权人的，则要承担“补偿”的后果。

**4. “补偿”的含义与数额确定**

“补偿”有以下几层含义：(1) 补偿是被告拿出金钱支付给被侵权人（受害人），于此等被告而言，其在经济上承担了不利的后果。(2) 在性质上，“补偿”不同于“赔偿”。承担补偿后果，不意味着此等被告实施了侵权行为或者应当对侵权损害后果承担法律上的赔偿责任，质言之，承担补偿后果不意味着司法裁判对此等被告的行为作出了否定判断。

补偿的数额，视具体情况确定。总体上补偿的数额要少于赔偿数额；同时，不同被告对损害承担补偿后果，应当适当考虑致害的可能性、被告自身的负担能力等情况。

**5. 关于追偿权的规定**

《民法典》第1254条第1款进一步规定，“可能加害的建筑物使用人补偿后，有权向侵权人追偿”。行使这一追偿权的前提是在案件审理结束且判决得到执行后，查明了真正的侵权人。在此情况下，“可能加害的建筑物使用人”已经支付的补偿失去了支付的原因，因此需要通过向侵权人追偿来填补“可能加害的建筑物使用人”的财产损失。

### （五）物业服务企业的安全保障义务以及未尽到安全保障义务的侵权责任

**1. 物业服务企业的安全保障义务**

《民法典》第1254条第2款规定了建筑物的物业服务企业等主体采取安全保障措施防止该条规定的损害发生的义务，未尽到此等安全保障义务应当承担侵权责任。

建筑物的物业服务企业等主体采取安全保障措施由物业管理法规、物业管理公约、物业服务合同等确定。此等义务，有些是保护物业业主利益的，有些是保护不特定第三人的人身和财产安全的。《物业管理条例》第45条规定：“对物业管理区域内违反有关治安、环保、物业装饰装修和使用等方面法律、法规规定的行为，物业服务企业应当制止，并及时向有关行政管理部门报告。”“有关行政管理部门在接到物业服务企业的报告后，应当依法对违法行为予以制止或者依法处理。”第46条规定：“物业服务企业应当协助做好物业管理区域内的安全防范工作。发生安全事故时，物业服务企业在采取应急措施的同时，应当及时向有关行政管理部门报告，协助做好救助工作。”“物业服务企业雇请保安人员的，应当遵守国家有关规定。保安人员在维护物业管理区域内的公共秩序时，应当履行职责，不得侵害公民的合法权益。”第 55 条规定：“物业存在安全隐患，危及公共利益及他人合法权益时，责任人应当及时维修养护，有关业主应当给予配合。”“责任人不履行维修养护义务的，经业主大会同意，可以由物业服务企业维修养护，费用由责任人承担。”

随之监控技术的发展与监控设备的普遍应用，物业服务企业一般有义务安装必要的监控设施，记录和保存有关影视资料，以备查清责任人。

**2. 未尽到安全保障义务的侵权责任**

依据《民法典》第 1254 条第 2 款的规定，物业服务企业等未采取必要的安全保障措施的，应当依法承担未履行安全保障义务的侵权责任。物业服务企业等承担的此等法律责任是侵权责任而不是违反合同的违约责任，也就是说此等责任是由法律直接加以规定的，不依赖于物业服务合同等是否有规定。

物业服务企业等承担此等侵权责任的构成要件是：（1）未履行安全保障义务，具有消极不作为或者不适当作为的行为。（2）被侵权人遭受了损害，包括人身损害、财产损失。（3）未履行安全保障义务与损害发生之间存在因果关系，具体表现为：如果适当履行安全保障义务，就能够防止损害的发生或者减少损害发生。（4）过错。凡是违反安全保障义务产生的侵权责任都是过错责任。

物业服务企业在多大程度上承担侵权责任?《民法典》第 1254 条没有作出明确规定。在有些案件中，物业服务企业没有尽到安全保障义务是损害发生的主要乃至唯一原因，其承担全部赔偿责任当无争议。而在另一些案件中物业服务企业没有尽到安全保障义务对于损害发生所起的作用比较小，由其承担全部赔偿责任显然不合理。此等情况下，可以考虑参考《民法典》第 1198 条第 2 款的规定确定物业服务企业等的侵权责任。

### （六）公安等机关的调查职责

《民法典》第 1254 条第 3 款是一个提示性条款，提示公安等机关应当依法及时调查以查清责任人。公安等机关是依法负有调查刑事案件和社会治安案件职责的国家机关。

该款没有民法上的直接功能，不是民法的典型规范。但是提示公安等机关应当依法及时调查以查清责任人，有利于相关案件的审理，保护被侵权人的合法权益，减少乃至避免“可能加害的建筑物使用人补偿”的适用，也为前述追偿权的行使提供前提条件。

### （七）赔偿（补偿）顺序与追偿

依据司法解释的规定，将具体侵权人、物业服务企业列为共同被告的，由具体侵权人承担侵权责任，未采取必要安全保障措施的物业服务企业在法院就具体侵权人的财产依法强制执行后仍不能履行的范围内承担与其过错相应的补充责任。① 在未能查明具体侵权人的情况下，将物业服务企业、可能加害的建筑物使用人作为共同被告的，先由物

① 参见《侵权责任编解释（一）》第 24 条。

业服务企业承担与其过错相应的责任，被侵权人其余部分的损害，由可能加害的建筑物使用人给予适当补偿。如果事后发现和确定具体侵权人，已经承担责任的物业服务企业和可能加害的建筑物使用人有权向该具体侵权人追偿。①

## 第二节　物件损害责任

### 一、物件损害责任概述

#### （一）物件损害责任的概念

物件损害责任也称物件造成他人损害的侵权责任，是指物件的所有人、管理人或者其他主体对其所管领的物件致人损害承担的侵权责任。物件损害责任并不是对自己的不当行为承担责任，而是对物的损害承担责任，因而属于“准侵权行为”责任。

#### （二）物件的概念与分类

在物件损害责任的概念中，核心问题是物件的范围。物件，或者说物品、物质、物，其范围包罗万象，涉及社会生活的方方面面，物件损害责任中的“物件”显然不是随便一个什么物件。比如产品责任中的产品，环境污染致人损害责任中的工业废水，高度危险物品致人损害责任中的高度危险物品，饲养动物致人损害责任中的动物，这些都是物或物件，却显然不是物件损害责任中的物件。生活中的各类物件，如桌椅板凳、锤头斧子、羽毛球拍、运动鞋、电线电缆、图书唱片等，这些物件也都不是物件损害责任中的物件。究竟什么是物件损害责任中的“物件”呢？“物件”的范围由法律明确规定。

自《法国民法典》以来的近代民法多将物件损害责任中的物件限制在建筑物或者其他地上工作物等。日本、韩国增加了竹木。我国法律增加了林木、堆放物、地下设施、妨碍通行物。

《荷兰民法典》进一步将责任从不动产扩展到动产，确立了动产致害的一般条款。法国法院则在司法实践中将《法国民法典》第1384条第1款关于物所致损害的规定发展成一般条款，用来解决现代社会中的产品责任、高度危险致害等各种情形。在此发展过程中，我们看到物件损害责任的范围不断扩大。其中，法国法院的做法主要是针对该国危险责任立法滞后的情况，不具有普遍性，比较突出的是荷兰在具体规定之外创设了物件损害责任的一般条款。

#### （三）物件损害责任的种类

我国《民法典》规定了物件致人损害的多种情形。从致人损害物的种类着眼，物件致人损害可以分为六类：（1）建筑物、构筑物或者其他设施致人损害；（2）地下设施致人损害；（3）林木致人损害；（4）搁置物、悬挂物致人损害；（5）堆放物致人损害；（6）妨碍

① 参见《侵权责任编解释（一）》第25条。

通行物致人损害。其中，前三种在比较法上较为常见，后三种则是我国法律的独创。《民法典》侵权责任编第十章对建筑物等致人损害的责任与其他物件致人损害的责任分别进行规定，本节讨论建筑物之外的其他物件致人损害的责任。

### (四) 物件损害责任的特征

#### 1. 物件致人损害的原因是物而不是人的行为

物件损害责任是基于物件的特殊危险而产生的一类损害赔偿责任，造成损害的直接原因不是人的行为而是物件危险的实现，如建筑物倒塌、搁置物坠落等。在物件损害责任中，如果说存在人的行为的话，也是物件所有人或者管理人对作为义务的违反，因为物件设置和维护缺陷而致人损害。如果行为人积极地利用物件侵害他人权益，如从建筑物中投掷物品击打他人，则构成一般侵权责任而不是物件损害责任。

#### 2. 物件致人损害责任原则上适用过错 (推定)责任原则

物件损害责任中物件的危险高于一般生活物品的危险，但未达到高度危险物品的危险程度，因而适用过错推定归责其责任，受害人一方无须证明物件所有人或者管理人的过错，而由物件所有人或者管理人证明自己没有过错。如果不能证明自己没有过错，应依法承担相应的侵权责任。

## 二、堆放物倒塌、滚落或者滑落造成他人损害的责任

### (一) 堆放物倒塌、滚落或者滑落造成他人损害的责任概述

《民法典》第1255条规定：“堆放物倒塌、滚落或者滑落造成他人损害，堆放人不能证明自己没有过错的，应当承担侵权责任。”堆放物倒塌、滚落或者滑落造成他人损害责任，是指堆放物整体倒塌或者个别物件滚落、滑落，造成他人损害，堆放人依据该条规定应当承担的侵权责任。这种侵权责任主要是赔偿责任。

关于堆放物倒塌、滚落或者滑落造成他人损害的侵权责任是我国法律独有的规定，其立法的理论依据与建筑物等造成他人损害责任的相似。堆放物倒塌、滚落或者滑落造成他人损害的侵权责任属于对物造成损害的责任，是“准侵权行为”责任，而不是行为人对自己的侵害行为承担责任。

堆放物是人工堆积存放之物。日常生活中，常见的堆放物包括堆放的货物、堆放的农副产品、堆放的建筑材料以及堆放的原木、矿石等。堆放物为固体物，是人工堆积之物，堆放是为了临时或者较长时间的存放用途。但是，人工建筑物、构造物等不是堆放物，其发生倒塌造成他人损害，按照《民法典》第1252条和第1253条等条文确定侵权责任。

“倒塌”是指堆放物在力学结构上的坍塌和崩溃，包括部分倒塌和完全倒塌。滚落是指堆放物从堆放的高处滚动下落到低处；滑落是指堆放物自身平移从高处下落到低处。

### (二) 过错 (推定)责任

依据《民法典》第1255条的规定，堆放物倒塌、滚落或者滑落造成他人损害的，由

堆放人承担侵权责任。在此处，堆放人承担的是过错推定的侵权责任：法律推定其有过错，使其依据过错责任原则承担侵权责任，被侵权人无须对其过错举证明；但是，法律给予堆放人证明自己没有过错的机会，如果能够证明自己没有过错就无须承担侵权责任，如果不能证明自己没有过错则应当承担侵权责任。

堆放人是指以自己的行为或者以其工作人员（雇员）等的行为设置了堆放物的人。堆放人通常课以通过以下方式和路径证明自己没有过错：（1）设置堆放物不违反法律、行政法规、部门规章等的禁止性规定，是其有权实施的行为；（2）堆放的选址没有过错；（3）在堆放的规模、结构、方式等方面没有过错；（4）在堆放物的管理、维护、警示等方面没有过错。

堆放人如果能够证明自己没有过错则无须承担侵权责任。《民法典》第1255条没有规定“代负责任”和追偿权等，一旦认定堆放人没有过错就应当直接确认其不承担责任。如果损害是由第三人的过错造成的，则被侵权人应当另行起诉，请求第三人承担侵权责任。如果是被侵权人自己故意或者过失造成损害的，则不能请求他人赔偿损失。

### （三）侵权责任的构成要件

构成《民法典》第1255条规定的侵权责任，需要符合以下要件：（1）堆放物倒塌、滚落或者滑落。堆放物由于其自身的重量、堆积高度积累的势能以及结构的松散性而具有内在危险。此等危险一旦以倒塌、滚落或者滑落的方式爆发出来，就可能成为造成他人损害的原因。（2）被侵权人受到损害，包括人身损害、财产损失。（3）被侵权人受到的损害与堆放物倒塌、滚落或者滑落之间存在因果关系。（4）堆放人有过错。在过错推定的情况下，堆放人不能证明自己没有过错即被认定有过错。其被认定有过错是其承担的侵权责任的构成要件之一。

## 三、妨碍通行物品造成他人损害责任

### （一）行为人责任

#### 1. 行为人在公共道路上堆放、倾倒、遗撒妨碍通行物品的行为

《民法典》第1256条规定：在公共道路上堆放、倾倒、遗撒妨碍通行的物品造成他人损害的，由行为人承担侵权责任。公共道路管理人不能证明已经尽到清理、防护、警示等义务的，应当承担相应的责任。依据该条规定，在公共道路上堆放、倾倒、遗撒妨碍通行的物品造成他人损害的，由行为人承担侵权责任。“公共道路”是指国家或者集体所有，开放供公众使用的道路。属于民事主体私有的专用道路，以及国有、集体所有的专用道路，不属于公共道路。只有在公共道路上堆放、倾倒、遗撒妨碍通行的物品造成他人损害的，才适用该条的规定。

行为人是指在公共道路上堆放、倾倒、遗撒妨碍通行的物品的人。尽管法律规定由行为人承担侵权责任，但是《民法典》第1256条规定的侵权责任并非行为责任而是物件造成损害的责任——法律规定行为人承担侵权责任，不是因为其在公共道路上堆放、倾

倒、遗撒物品，而是因为此等物品妨碍了通行。

“造成他人损害”是指在公共道路上处于妨碍通行状态或者说对正常通行起到妨碍作用的堆放物、倾倒物、遗撒物造成他人损害。“他人”是指《民法典》第1256条规定的行为人、管理人（及其工作人员）之外的任何使用公共道路的第三人。常见的损害主要是交通事故损害。

**2. 归责原则**

《民法典》第1256条没有直接对行为人承担侵权责任的归责原则作出规定。这种侵权责任仍然适用过错责任原则，即行为人只有有过错才承担侵权责任，没有过错则不承担侵权责任。堆放、倾倒属于故意违法设置道路障碍物，而遗撒则是过失违法制造了道路障碍物。在公共道路上堆放、倾倒、遗撒妨碍通行的物品，属于违反法律、行政法规之规定的行为，行为违法，当然也就判定行为人有过错。而对于此等在公共道路上的妨碍通行物品极大可能造成损害是行为人知道或者应当知道的。对于知道或者应当知道可能发生的损害，行为人或者漠不关心或者疏忽大意或者轻信不会发生损害，都表明其存在过错。行为人的过错有两层含义：一是实施在公共道路上堆放、倾倒、遗撒妨碍通行物品的违法行为，二是对于极可能发生的损害疏忽大意或者轻信能避免。

关于在公共道路上堆放、倾倒、遗撒妨碍通行的物品造成他人损害的责任，也有学者主张适用无过错责任原则。

**3. 侵权责任的构成要件**

行为人承担《民法典》第1256条规定的侵权责任主要是损害赔偿责任，需要符合以下构成要件：(1) 公共道路上存在妨碍通行的物品，此等物品具有妨碍通行造成损害的内在危险。(2) 他人受到损害，包括人身损害、财产损失。(3) 他人受到的损害与公共道路上存在妨碍通行的物品存在因果关系。(4) 行为人有过错。

### （二）管理人责任

**1. 管理人责任的确定**

《民法典》第1256条与《侵权责任法》第89条相比较，一个最大的变化是将侵权责任区分为行为人责任与管理人责任，而不是笼统规定“有关单位或者个人应当承担侵权责任”。该条规定，公共道路的管理人对此等损害承担过错推定的侵权责任。公共道路的管理人是指实际管理、营运、养护公共道路的民事主体，比如高速公路的营运人，城市道路的管理、养护人。在无法确定具体管理人时，公共道路的所有人应当被认为是管理人。

**2. 管理人承担过错推定的侵权责任**

法律推定管理人有过错，被侵权人无须证明管理人有过错，但是法律给予其证明自己没有过错的机会。管理人如果能够证明自己没有过错，则无须承担侵权责任；如果不能证明自己没有过错，则应当承担相应的侵权责任。“相应”是指与其过错的种类和程度相应，同时考虑其过错行为（作为或者不作为）对损害发生的原因力。

法律规定了管理人证明自己没有过错的方式与路径：应当从尽到清理、防护、警示等义务方面证明自己没有过错。只有在这些方面都证明没有过错，才认为其没有过错，进而不承担侵权责任。反之，在上述任何一个方面不能证明自己没有过错，就认为其有过错，进而应当承担相应的侵权责任。

**3. 管理人侵权责任的构成要件**

管理人依据《民法典》第1256条第2款承担的侵权责任主要是损害赔偿责任，需要符合以下构成要件：（1）公共道路上存在堆放、倾倒、遗撒妨碍通行的物品，这些物品具有造成他人损害的内在危险。（2）他人受到损害，包括人身损害、财产损失。（3）他人受到的损害与此等物品的内在危险存在因果关系。（4）管理人有过错。法律推定管理人有过错，管理人不能证明已经尽到清理、防护、警示等义务。

**4. 管理人责任与行为人责任的关系**

管理人承担相应的侵权责任不排斥、不取代行为人的侵权责任，二者之间构成不真正连带关系。比如在一个案件中，造成的全部损害是100万元，行为人当然要对100万元承担全部赔偿责任。同时，由于管理人有过错，其应当承担30万元的赔偿责任。此时，被侵权人可以向行为人主张100万元的损害赔偿。如果被侵权人选择如此主张，则不能向管理人主张任何损害赔偿，行为人承担侵权责任后也不得向管理人追偿。被侵权人如果向管理人主张30万元的损害赔偿，则只能就剩余的70万元向行为人主张损害赔偿。行为人、管理人各自承担相应数额的损害赔偿责任之后，不产生单向或者双向的追偿权。

## 四、林木折断、倾倒或者果实坠落等造成他人损害的责任

### （一）林木折断等造成他人损害的责任概述

**1. 林木与林木折断等造成他人损害**

《民法典》第1257条规定：因林木折断、倾倒或者果实坠落等造成他人损害，林木的所有人或者管理人不能证明自己没有过错的，应当承担侵权责任。该条规定的“林木”是指固定种植于土地的树木和竹子。从不动产法的角度看，林木属于土地上的附着物。树木是木本植物的总称，有乔木、灌木和木质藤本之分，中国约有八千种树木。竹子为多年生禾本科竹亚科植物，茎为木质，是禾本科的一个分支。

林木折断、倾倒导致他人受到损害的案件时有发生，很常见的是风雨交加导致大树倾倒，砸坏路边停放的机动车，脱落的干枯树枝砸伤路人。果树的果实脱落造成行人损害的情况也偶有发生。

**2. 物致害责任**

《民法典》第1257条规定了林木折断、倾倒或者果实坠落三种情形造成他人损害的侵权责任。这三种情形均属于物致人损害的责任，不是行为责任。

**3. 责任主体**

依不动产法律制度的原理，土地的所有人同时也是土地上附着物的所有人。不动产

所有人对不动产及其附着物发生事故造成的损害承担侵权责任。在土地（及其附着物）的所有与占有、使用和管理等发生分离时，法律规定由管理人（如承租人、国有土地使用权人、集体土地承包经营权人等）享有相关权利并承担相应义务的，依照其规定。《民法典》第1257条规定由林木的所有人、管理人承担相关的侵权责任。

### （二）所有人或者管理人的责任

#### 1. 归责原则：过错（推定）责任

依据《民法典》第1257条的规定，造成损害的折断、倾倒的林木或者其坠落果实的所有人或者管理人承担过错推定的侵权责任，即只有在有过错的情形才承担侵权责任，没有过错则不承担侵权责任。但是该条规定是推定过错：推定此等所有人、管理人有过错，被侵权人无须对所有人或者管理人的过错进行举证证明。在推定过错的同时，法律给予所有人或者管理人证明自己没有过错的机会。如果能证明自己没有过错，就不承担侵权责任；反之，如果不能证明自己没有过错，则应当承担侵权责任。证明自己没有过错就是证明自己尽到了合理的注意义务，其证明方式和路径通常是：（1）在特定的地点种植林木没有过错，不违反禁止性规定；（2）尽到了养护、管理职责，如及时清除干枯树枝、枯朽或者病害的危险树干，及时采摘成熟果实；（3）遇到不可抗力或者恶劣天气、地质灾害后作出了及时和适当的处理；（4）在第三人原因造成某种危险的情形进行了及时处理和警示。需要指出的是，在不同区域、不同性质的场所，所有人或者管理人应当达到的注意程度是不一样的。一般说来，对公共场所的林木等的养护、管理要求更高一些；对于私人场所或者不对外开放的场所的林木等的养护、管理要求会低一些；对于山林等的养护、管理要求会更低。受害人无视法律法规规定和相应的警示，进入禁止进入的林区受到损害，林木的所有人或者管理人没有过错的不承担侵权责任。

如果所有人或者管理人没有过错，损害是第三人或者被侵权人的过错造成的，则所有人或者管理人不承担侵权责任。被侵权人应当向第三人请求赔偿损失或者自己承担损害后果。

#### 2. 侵权责任的构成要件

折断、倾倒的林木以及坠落果实的所有人承担《民法典》第1257条规定的侵权责任（主要是损害赔偿责任），需要符合以下构成要件：（1）林木折断、倾倒或者其果实坠落。（2）被侵权人受到损害，包括人身损害、财产损失。（3）林木折断、倾倒或者其果实坠落是损害发生的原因，二者之间存在因果关系。（4）所有人或者管理人有过错。法律推定所有人或者管理人有过错，所有人或者管理人不能证明自己没有过错。

## 五、地面施工人责任和地下设施管理人责任

### （一）地面施工人责任

#### 1. 施工人

《民法典》第1258条第1款规定：在公共场所或者道路上挖坑、修缮安装地下设施

等造成他人损害，施工人不能证明已经设置明显标志和采取安全措施造的，应当承担侵权责任。该款规定的"施工人"，是指在公共场所或者道路上从事挖坑、修缮安装地下设施等施工活动的民事主体。在实践中有一些地面工程的所有者（或管理者）并不直接进行施工，而是通过承包（承揽）等方式发包给他人进行施工；有的工程还存在分包、转包等情形。当施工人也是工程的所有者或者管理人时，比较容易确定责任主体。直接进行施工的不是工程的所有者（或管理人）时，会出现认定责任主体困难的问题。对此，提出以下认定规则：（1）当直接进行施工者为独立的承包建筑商时，该独立的承包建筑商即为施工人，应被认定为责任主体。（2）当某项地面工程是以某一特定主体的名义进行施工时，认定该以其名义施工的特定主体为施工人，而不问真正的直接施工者是谁，也不问是否存在转包、分包等情形。（3）工程的所有者、管理人雇用零散人员进行施工的或者被侵权人无法判断施工人的，应推定工程的所有者、管理人为施工人，但工程的所有者、管理人可以提出反证。（4）工程的所有者、管理人作为发包人在指示或选任上有过失的，应当承担相应的赔偿责任。

**2. 地面施工行为**

在公共场所、道旁或者通道上挖坑、修缮安装地下设施，一般称作地面施工。它不包括高空作业（如架设高压输电线路），也不包括纯粹的地下施工（如地下采掘、隧道施工等）。《民法典》第 1258 条第 1 款强调了地面施工的场所：并非在一切场所进行地面施工产生的损害都适用该条之规定；只是在公共场所、道旁或者通道上从事挖坑、修缮安装地下设施等施工，造成他人损害时，才适用该条第 1 款规定确定施工人的侵权责任。

**3. 施工人的安全保障义务**

《民法典》第 1258 条第 1 款设定了施工人的安全保障义务：设置明显标志和采取安全措施。行为人不设置明显标志或者不采取安全措施，或者其所设置的标志不够明显或其所采取的措施不够安全，就违反了施工人的安全保障义务。

**4. 施工人的侵权责任**

（1）施工人的行为责任或者物件损害责任。

关于《民法典》第 1258 条第 1 款规定的侵权责任到底是行为责任还是物件损害责任，在理论上是有争议的。从立法安排来看，将其规定在"建筑物和物件损害责任"一章，表明立法者倾向于认为此等侵权责任属于物件损害责任。但是，在此等案件中，造成损害的往往不是某个特定的处于稳定状态的物而是施工人的具体行为。这种行为在人的行为性质上与"高度危险作业"行为有相似之处，不同的是危险性低一些。造成损害很难归咎于物件的内在危险，而更容易归责为施工人的不当行为。所以，学理上也可以将此等侵权责任理解为施工人的行为责任。

（2）过错责任。

一般认为，《民法典》第 1258 条第 1 款规定的侵权责任适用过错责任原则：施工人有过错的，承担侵权责任；没有过错的，不承担侵权责任。由于法律设定了施工人的安全保障义务，施工人违反安全保障义务即被认定为有过错，应当承担侵权责任。对于《民法典》第 1258 条规定的到底是过错推定责任还是一般过错责任，理论上有不同的认识。主张一般过错责任者认为：被侵权人仍然需要证明施工人的过错，无非该责任中过错的证明采取了客观标准，即被侵权人只要证明施工人没有“设置明显标志和采取安全措施”，施工人就存在过错，应当承担侵权责任。主张过错推定责任者认为，《民法典》第1258条第1款推定施工人有过错，被侵权人无须对过错进行举证证明，但是施工人可以通过证明自己没有过错而不承担侵权责任，证明自己没有过错的方法和路径是证明自己已经“设置明显标志和采取安全措施”。

（3）责任构成要件。

施工人构成《民法典》第1258条第1款规定的侵权责任，主要是损害赔偿责任，需要符合以下要件：1）施工行为，即在公共场所或者道路上挖坑、修缮安装地下设施等行为。2）被侵权人受到损害，包括人身损害、财产损失，但是不包括施工人及其工作人员、雇员等受到的损害。3）施工行为与被侵权人受到的损害之间存在因果关系。4）施工人有过错，没有“设置明显标志和采取安全措施”。

### （二）窨井等地下设施造成他人损害责任

#### 1. 概述

《民法典》第1258条第2款规定：“窨井等地下设施造成他人损害，管理人不能证明尽到管理职责的，应当承担侵权责任。”窨井是指下水道或者其他管线工程中用于检修和疏通而建造的井状构造物。地下设施是指窨井、水井、地下通道等处于地面之下的人力修建的构造物。窨井是最常见的地下设施。

地下设施原本包含在建筑物、构筑物或者其他设施的范围之内，地下设施造成他人损害责任完全属于建筑物等造成他人损害责任的范畴。只是因为我国相关立法强调物件造成他人损害的不同方式，才将地上物脱落、坠落，建筑物倒塌、塌陷与地下设施致人跌落、碰伤的责任分别规定，其责任依据和构造原理相同。窨井等地下设施造成他人损害的侵权责任是物件（建筑物）损害责任，不是行为责任。

#### 2. 管理人的侵权责任

窨井等地下设施造成他人损害的，应当由相应的管理人承担责任。管理人是指对地下设施负有管理职责的单位或者个人。管理人与所有人可能是同一人。如果管理人与所有人为不同的主体，则侵权责任由管理人承担。如果不存在明确的管理人或者无法确认管理人的，则所有人被认为是管理人，由其承担侵权责任。

《民法典》第1258条第2款规定管理人承担过错推定的责任：管理人不能证明尽到管理职责的，应当承担侵权责任。依据这一规定，被侵权人无须对管理人的过错进行举证证明。法律推定管理人有过错，但是给予其证明自己没有过错的机会。如果能够证明自己没有过错，则管理人不承担侵权人；反之，不能证明自己没有过错，则管理人应当承担侵权责任。管理人证明自己没有过错的方法和路径是证明尽到了管理职责，包括达到了法律法规、部门规章和行业规范等的管理要求，尽到了一个作为“理性人”的管理人的注意义务。

管理人承担《民法典》第1258条第2款规定的侵权责任，需要符合以下构成要件：

(1) 窨井等地下设施存在造成他人损害的内在危险。(2) 他人受到损害，包括人身损害、财产损失。他人是指管理人（及其工作人员、雇员等）之外的任何第三人。(3) 此等损害与窨井等地下设施存在的内在危险之间有因果关系。(4) 管理人有过错。法律推定其有过错，管理人不能证明尽到了管理职责。

## 深度阅读

1. 张新宝. 侵权责任构成要件研究. 北京：法律出版社，2007：第四章"准侵权行为：动物和物件致人损害".

2. 姚辉，金骑锋，民法典高空抛物致人损害责任的解释论展开. 法学适用，2021 (7).

3. 焦富民. 罗马法物件损害责任制度的设计及其启示. 法学杂志，2009 (11).

4. 王竹，赵尧. 论建筑物抛掷物、坠落物致害道义补偿责任：兼论建筑物抛掷物、坠落物强制责任保险制度的建立. 政法论坛，2010 (5).

5. 张新宝，吴婷芳. 物件致人损害责任的再法典化思考. 现代法学，2017 (2).

## 问题与思考

**一、思考题**

1. 我国的物件损害责任有何特殊之处?

2. 如何理解《民法典》第 1254 条的规定（比较《侵权责任法》第 87 条)?

**二、练习题**

1. 试述建筑物、构筑物或其他设施致人损害责任。

2. 在堆放物、妨碍通行物、林木、地下设施致人损害责任中，如何确定责任主体?

3. 大华商场委托飞达广告公司制作了一块宣传企业形象的广告牌，并由飞达公司负责安装在商场外墙。某日风大，广告牌被吹落，砸伤过路人郑某。经查，广告牌的安装存在质量问题。关于郑某的损害，下列哪一选项是正确的?（　　）

A. 大华商场承担赔偿责任，飞达公司承担补充赔偿责任

B. 飞达公司承担赔偿责任，大华商场承担补充赔偿责任

C. 大华商场承担赔偿责任，但其有权向飞达公司追偿

D. 飞达公司承担赔偿责任，大华商场不承担责任

4. 甲路过乙家门口，被乙叠放在门口的砖头砸伤。甲起诉，要求乙赔偿。关于本案的证明责任分配，下列哪一说法是错误的?（　　）

A. 乙叠放的砖头倒塌的事实，由原告甲承担证明责任

B. 甲受损害的事实，由原告甲承担证明责任

C. 甲所受损害是由于乙叠放的砖头倒塌砸伤的事实，由原告甲承担证明责任

D. 乙有主观过错的事实，由原告甲承担证明责任

**图书在版编目（CIP）数据**

侵权责任法／张新宝著. --6版. --北京：中国人民大学出版社，2024.10. --(新编21世纪法学系列教材／曾宪义，王利明总主编). --ISBN 978-7-300-33354-0

Ⅰ.D923.7

中国国家版本馆CIP数据核字第2024KM6291号

"十二五"普通高等教育本科国家级规划教材
新编21世纪法学系列教材
总主编　曾宪义　王利明
**侵权责任法**（第六版）
张新宝　著
Qinquan Zeren Fa

| | | | |
|---|---|---|---|
| **出版发行** | 中国人民大学出版社 | | |
| **社　　址** | 北京中关村大街31号 | **邮政编码** | 100080 |
| **电　　话** | 010－62511242（总编室） | | 010－62511770（质管部） |
| | 010－82501766（邮购部） | | 010－62514148（门市部） |
| | 010－62515195（发行公司） | | 010－62515275（盗版举报） |
| **网　　址** | http://www.crup.com.cn | | |
| **经　　销** | 新华书店 | | |
| **印　　刷** | 北京七色印务有限公司 | **版　　次** | 2006年4月第1版 |
| **开　　本** | 787 mm×1092 mm　1/16 | | 2024年10月第6版 |
| **印　　张** | 22.25 插页1 | **印　　次** | 2025年2月第3次印刷 |
| **字　　数** | 487 000 | **定　　价** | 65.00元 |

## 《　　　　　　》※任课教师调查问卷

为了能更好地为您提供优秀的教材及良好的服务，也为了进一步提高我社法学教材出版的质量，希望您能协助我们完成本次小问卷，完成后您可以在我社网站中选择与您教学相关的 1 本教材作为今后的备选教材，我们会及时为您邮寄送达！如果您不方便邮寄，也可以申请加入我社的**法学教师 QQ 群：436438859（申请时请注明法学教师）**，然后下载本问卷填写，并发往我们指定的邮箱（cruplaw@163. com）。

邮寄地址：北京市海淀区中关村大街甲 59 号文化大厦中国人民大学出版社 1202 室收

邮　　编：100872

再次感谢您在百忙中抽出时间为我们填写这份调查问卷，您的举手之劳，将使我们获益匪浅！

**基本信息及联系方式：**※

姓名：________ 性别：________ 课程：________

任教学校：________ 院系（所）：________

邮寄地址：________ 邮编：________

电话（办公）：________ 手机：________ 电子邮件：________

**调查问卷：**※

1. 您认为图书的哪类特性对您选用教材最有影响力？（　　）（可多选，按重要性排序）
   A. 各级规划教材、获奖教材　　B. 知名作者教材
   C. 完善的配套资源　　D. 自编教材
   E. 行政命令
2. 在教材配套资源中，您最需要哪些？（　　）（可多选，按重要性排序）
   A. 电子教案　　B. 教学案例
   C. 教学视频　　D. 配套习题、模拟试卷
3. 您对于本书的评价如何？（　　）
   A. 该书目前仍符合教学要求，表现不错将继续采用
   B. 该书的配套资源需要改进，才会继续使用
   C. 该书需要在内容或实例更新再版后才能满足我的教学，才会继续使用
   D. 该书与同类教材差距很大，不准备继续采用了
4. 从您的教学出发，谈谈对本书的改进建议：________

________

________

**选题征集：**如果您有好的选题或出版需求，欢迎您联系我们：

联系人：黄　强　联系电话：010-62515955

**索取样书：**书名：________

书号：________

**备注：※ 为必填项。**